석유전쟁

석유 전쟁

하이케 부흐터 지음 | 박병화 옮김

율리시즈

독일인 저자가
한국의 독자들께

새로운 석유전쟁.

지금 여러분이 읽고 계신 이 책을 마무리한 뒤로 세계는 근본적으로 변한 것처럼 보입니다. 코로나 19 팬데믹이 사회구조를 뒤흔들고 경제를 마비시켰습니다. 그 결과는 미래세대나 알겠지만, 현재로서는 그러한 사태와 그것이 몰고 올 엄청난 파장을 예측하기 힘듭니다. 다만 이 코로나 위기는 여러 면으로 볼 때, 디지털화나 자동화 같은 지금의 추세를 가속화할 것입니다. 소득이나 재산, 건강보험 같은 문제에서 보듯 지금까지 사회는 심각한 균열을 보여왔습니다.

에너지 시장 또한 전례 없는 회오리에 휘말렸습니다. 비슷한 예를 찾으려면 70년대 초의 오일쇼크까지 거슬러 올라가야 합니다. 단지 그때와 차이가 있다면 이번에는 공급부족이 아니라 수요가 급격히 무너졌다는 것입니다. 수요의 붕괴는 심지어 선물시장에서 유가의 마이너스 거래로 이어지기까지 했습니다. 이 말은 생산자가 더 이상 석유를 사갈 구매자를 찾지 못해 잉여분을 보관하려면 저장시설에 돈을 내야 하는 실정이라는 뜻입니다. 이런 사태는 석유시장의 현대사에서 일찍이 없었던 일입니다.

침체 상황은 미국이 석유 초강대국으로 회귀하는 결과를 낳았습니다. 이 책은 이렇게 불가피한 미국의 재부상과 그 배경, 그리고 무엇보다 그 후원자들을 다루고 있습니다. 코로나 쇼크를 예측 불허라고는 하지만, 검은 황금에 대한 수요의 위기는 꽤 오래전부터 우려해온 것입니다. 여기서 주도적 역할을 하는 것은 기후 온난화와 각국 정부 및 세계적인 활동가들이 추진하는 재생에너지로의 전환입니다. 한국의 에너지 정책도 이런 목표 아래 화석연료, 특히 석탄과 석유에 대한 의존도를 줄이려 하고 있습니다.

그렇다면 독일인 저자가 미국의 에너지 권력을 설명하면서 한국의 독자에게 무엇을 제공할 수 있을까요? 한마디로 말하자면 독특한 관점이라 하겠습니다. 한국과 독일은 서로 매우 유사한 에너지 구조를 갖고 있습니다. 두 산업국은 에너지 수입에 대한 의존도가 높습니다. 독일과 마찬가지로 한국은 역사적으로 석탄을 국내의 에너지원으로 사용했습니다. 독일에서처럼 한국에서도 20세기의 산업화는 정세가 불안한 중동 석유에 의존하는 결과를 낳았습니다. 제철, 조선, 석유화학 부문은 오랫동안 한국 경제에서 중추적인 역할을 해왔습니다. 모두 다른 어떤 분야보다 에너지 집약적인 산업입니다. 이런 현상은 한국이 자동차산업으로 관심을 돌리면서 강화되었습니다. 자동차는 내 나라 독일이 둘째가라면 서러워할 정도로 관심을 쏟는 분야입니다. 비록 지난 수년간 원자력발전소 건설로 인해 외국산 석유와 천연가스의 의존도가 낮아졌다고는 해도 더 중요한 것은 산업국가에서 기술 중심 국가로 변하면서 외국산 화석연료가 한국의 번영에 지금도 결정적인 역할을 한다는 것입니다.

그리고 독일처럼 한국은 미국이라는 강대국의 보호에 의존해왔고 지금도 의존하고 있습니다. 특히 안정적인 에너지 공급에서는 더욱 그러합니다. 하지만 지정학적, 경제적인 측면에서 미국의 우선적인 지위는 트럼프 대통령 치하에서 계속 흔들리고 있습니다. 트럼프 정부에서 에너지 정책은 특별한 국제적 의미가 있습니다. 사우디아라비아와 쿠웨이트에 이어 미국이 한국의 세 번째 에너지 공급국이 된 것이 왜 우연이 아닌지를 여러분은 이 책에서 알게 될 것입니다. 그리고 왜 여러분의 나라가 미국 액화천연가스의 최대 수입국이 되었는지도 알게 될 것입니다. 이 책은 동시에 우리 양국 간에 아주 중요하면서도 여러 면에서 여전히 낯선 친구로 남아 있는 국가를 들여다보는 흥미로운 독서여행이 될 것입니다.

2020년 7월, 뉴욕에서
하이케 부흐터

| 차례 |

석유전쟁의 서막

2019년 독일을 둘러본 사람이라면 독일은 이상적인 녹색국가라고 쉽게 결론 내릴 것이다. 독일에서는 대부분의 방송 매체가 기후변화를 다룬다. 선정적인 《슈테른Stern》부터 여성 패션지인 《브리기테Brigitte》 등까지 '이제 우리가 살아가야 할 방법'에 대한 조언을 내놓는다. 심지어 화보 중심의 타블로이드 신문인 《빌트Bild》지마저 '기후-에코백·바이오·청정에너지를 둘러싼 사실들'이라는 제목으로 환경 관련 기사를 실을 정도다. 머리를 파랗게 염색한 '레초'라는 이름의 유튜버는 유럽의회선거 기간에 시청자를 선동하는 동영상에서 기민당CDU을 향해 "미래를 파괴하고 환경을 짓밟음으로써 생명을 경시한다"고 맹비난했다. 이 26세 청년이 방송한 '기민당의 파괴행위'라는 동영상은 조회 수가 1,100만을 넘어섰다.

독일의 유럽의회 선거에서 녹색당은 두 번째로 많은 표를 얻어 사민당^{SPD}을 넘어섰다. 그 직후 실시된 여론조사에서는 한때 연방의회에서 지나치게 급진적이라는 평가를 받았던 녹색당이 기민당보다 많은 지지를 받았다. 녹색당 당수인 로베르트 하베크는 언론과 인터뷰할 때마다 연방 총리 직무와 관련된 질문을 받는 실정이다. 이보다 더 믿을 수 없는 것은, 2018년 가을 실시된 바이에른 주의회 선거에서 녹색당이 제2당의 지위를 차지했다는 것이다. 바이에른에서는 종의 다양성을 위한 '벌 살리기' 시민청원에 100만 명이 서명했다. 전에 '농민의 진정한 친구로서' 관련 법안 발의에 반대했던 기독사회연합^{CSU} 대표 겸 바이에른 주지사인 마르쿠스 죄더마저 마침내 찬성으로 돌아설 정도였다. 연방 총리는 기민당이 참담하게 패배한 뒤 의원총회에서 '손바닥 뒤집듯' 간단하게 정책을 바꿔서는 안 되며, 모든 결정이 '파괴적' 변화로 이어질 수 있음을 알아야 한다고 강조했다.

독일 기업들은 이미 오래전에 문제를 자각했다. 스포츠용품 제작사인 아디다스는 홈페이지에 회사의 환경정책을 위해 '야심 찬 목표'로 가득한 '2020년에 대비한 지속가능성 로드맵[1]'을 게재했고, 온라인 판매사인 찰란도^{Zalando}는 쓰레기 발생을 막기 위해 앞으로 신발과 옷을 재활용 포장방식으로 고객에게 발송한다고 알렸다.[2] 이 밖에 니베아 제조사인 바이어스도르프는 '위 케어^{We care}' 지속가능성 전략을 '상품·지구·사람' 등 기억하기 쉬운 머리글자와 결합해 구호로 내걸었다.[3] 루프트한자 항공사는 이산화탄소 배출이라는 유난히 어려운 과제에 직면했지만 "기후와 환경문제를 집중적으로 책임지는" 방향의 정책을 홈페이지에 내세웠다.[4] 제과회사인 하리보 Haribo는 앞으로 어린이 고객을 만족시키는 데 그치지 않고 "기업의 사회적 책임 담당 비서를 채용해 특히 환경과 기후 보호 전략"에 치중하겠다는 계획을 밝혔다.[5] 은행들은 지속적인 프로젝트에 재정을 지원하는 '녹색채권'을 발행한다. 이것으로 소비자들은 비료로 사용할 수 있는 기저귀부터 친환경 매장 이용 등 녹색 대안을 선택할 수 있다.

하지만 이와 다른 모습의 독일도 존재한다. 이 나라는 여전히 화석연료 의존율이 80퍼센트에 이른다. 화석연료가 없으면 전기도 사용할 수 없고, 주유소에서 채울 연료도, 추운 겨울에 훈훈한 난방도 기대할 수 없다. 물론 2018년 독일의 전력생산 부문에서 재생에너지 비율이 40퍼센트로 올라가기는 했지만[6], 석탄과 원자력 에너지의 비율은 여전히 50퍼센트에 이른다.[7] 기후전문가들에 따르면, 환경을 심하게 훼손해 더 이상 사용하면 안 되는 갈탄의 비율이 화석연료 중 24퍼센트나 된다고 한다.[8] 또 가구의 4분의 1은 여전히 석유로 난방을 한다.[9]

차량의 경우, 환경 당국의 요구와 현실 사이에 틈이 더 벌어진다. 온라인쇼핑 때문에 점점 더 많은 상품이 차량으로 운송되며, 갈수록 화물차의 운행비율이 늘어간다. 고속도로에서 만성적 정체를 겪어본 사람이라면 이런 실태를 알 것이다. 전기자동차의 비율은 하이브리드카를 포함해도 1퍼센트 언저리를 맴돈다. 내연기관이 달린 자동차는 아직도 독일의 주력 수출품목이자 누가 뭐래도 가장 중요한 상품이다. 독일에서 직·간접적으로 자동차 관련 분야에서 일하는 사람은 취업인구의 약 4퍼센트로 200만 명이 넘는다.

그렇다면 기후 관련 목표치에 도달하기 위해 정부가 야심차게 약속한 이산화탄소 배출의 극적인 감축은 어찌 됐을까? 그것은 실현 가능성 제로다. 2010년부터 2018년까지 이산화탄소 배출량은 사실상 줄어들지 않았다.

파리협약: 파국의 시작

설사 독일이 약속대로 경제와 사회의 근본적 변화를 완수한다 해도, 지속 가능한 성공을 이루자면 다른 나라의 협조가 있어야 한다.

2015년 12월은 전 세계적인 노력으로 기후 위기를 극복할 것처럼 보였다. 20년에 걸친 온갖 노력이 수포로 돌아간 뒤, 전 세계의 195개국이 파리에 모여 온실가스 배출을 의무적으로 감축하는 협약을 성사시켰다. 산업화 이전을 기준으로 지구 기온의 상승폭을 섭씨 1.5도로 제한하기로 한 것이다. 과학자들에 따르면 그 정도는 아직 통제할 수 있는 온도라고 한다. 게다가 기후변화를 통제하도록 선진국들은 개발도상국에 해마다 1,000억 달러를 지원하겠다는 약속까지 했다. 교토의정서 체결 때와는 달리, 이번에는 양대 환경오염국이 그에 필요한 정치적 의지가 있는 것처럼 보였다. 이듬해 9월 미국의 버락 오바마 대통령과 중국의 시진핑 국가주석은 항저우에서 개최된 G20에서 이 조약을 비준했다. 오바마는 이 결정을 "지구를 위한 전환점"이라고 불렀다. 시진핑도 이에 뒤지지 않고 "기후변화에 대한 우리의 투쟁이 중국 인민과 온 인류의 미래를 결정할 것"이라는 의미심장한 말을 남겼다.

파리기후협약은 미국과 서방 선진국이 세워놓은 세계질서의 최대 고비였다. 인류 역사에서 가장 절박한 문제, 즉 자연과 자연에 속한 종의 파멸을 막기 위해 이제 중국까지 끌어들인 것처럼 보였다. 전 세계의 환경기구는 협정이 성사된 것을 축하했다. 워싱턴의 기후 싱크탱크인 세계자원연구소의 데이비드 와스코 소장은 영국의《가디언》지와 인터뷰에서 "2대 온실가스 배출국이 기후변화와 싸우기 위해 힘을 합침으로써 우리는 마침내 올바른 방향을 찾게 되었다"라고 말했다. 과거에는 양국이 지구의 문제를 해결하기 위해 이처럼 긴밀하게 협력한 적이 한 번도 없었다는 것이다. 와스코 소장은 그러면서 "이 역사적인 협력이 오바마 대통령의 업적으로 남을 것은 의심할 여지가 없다"[10]라고 덧붙였다.

하지만 이것은 사실상 파국의 시작이었다. 불과 4년 만에 중국이

지배하고 미국이 주도하는 이 분야에서 세계의 균열을 막을 방법이
더는 없어 보이기 때문이다. 무엇보다 오바마가 파리에서 거둔 외교
적 승리는 후임자 도널드 트럼프가 대선에서 승리하는 발판을 마련
해주었다. 트럼프를 지지하는 유권자들은 파리협정을 미국의 패배
로 여겼다. 자칭 미국의 엘리트라는 해안지역 주민들에 의해, 비행
기를 타고 재빨리 지나가는 것이 좋다는 의미에서 '상공비행지역Fly-
over-States'으로 불리는 주의 각 도시에서는 철강공장과 자동차공장
의 일자리가 사라진 지 이미 오래였다. 파리기후협약의 목표를 달성
하기 위해 오바마는 화력발전소의 폐쇄를 선언할 수밖에 없었다. 물
론 천연가스 가격이 하락하는 바람에 석탄 수요가 줄어든 것은 사실
이었지만, 탄광의 광부와 가족이 볼 때는 대통령이 그들에게 전쟁을
선포한 것으로 비쳤다. '오바마의 석탄과의 전쟁'이라는 말이 실감
나는 분위기였다. 진보 진영에서는 이런 말은 물정 모르는 사람들의
허튼소리라고 일축하면서 해고된 광부들은 소프트웨어 프로그래머
나 남자간호사처럼 현대 미국에서 새로운 수요가 생긴 일자리를 찾
으면 될 것이라고 했다. 광부들에게 이런 말은 굶주리는 파리 시민
들에게 빵이 없으면 케이크를 먹으면 될 것 아니냐고 했던 마리 앙
투아네트의 대꾸와 다를 게 없었다.

한술 더 떠 오바마는 하필 중국과 공동사업을 추진했다. 중국의
저임금과 정부 지원에 따른 덤핑으로 미국의 공장은 더 이상 경쟁할
수가 없었다. 오래전부터 이 경쟁은 역부족이라는 것을 알았던 해당

지역 주민들은 이제 무시당한다는 느낌을 받았다. 해안 지역의 엘리트와 나머지 서방세계로부터 오바마의 후계자로 간주된 힐러리 클린턴은 2016년 만찬에서 이들에 관해 이야기한 적이 있다. 바버라 스트라이샌드가 초대한 이날 만찬은 1인당 5만 달러짜리였는데, 당시 청중은 힐러리의 선거전에 기금을 낸 부자들이었다. 힐러리는 자신의 후원자들에게 말하길 수백만 명에 이르는 트럼프 지지자 중 절반은 "인종주의자와 성차별주의자, 외국인 혐오자, 이슬람 혐오자 등 불쌍한 무리"라면서, 이들은 완전히 '구제 불능'이라고 덧붙였다. 만찬에 참석한 사람들은 웃음을 터트렸다.

하지만 이 장면을 보며 미소 짓던 남자가 또 있었으니, 힐러리와 그 후원회로부터 텔레비전에서 목청을 높이다 망할 것이라고 매도된 도널드 트럼프였다. 트럼프는 이들 '불쌍한 무리'의 감정을 제대로 파악했고 그것을 노련하게 이용했다. 트럼프는 장황한 선거유세를 벌이며 기후변화는 위대한 미국을 속박하기 위한 중국의 음모라고 주장했다. 그러면서 '미국을 다시 위대하게!'라는 구호를 내걸었다. 철강노동자와 강인한 석탄 광부, 연기를 내뿜는 굴뚝, 대형 자동차의 미국을 다시 건설하겠다는 것이었다. 자신이 철없이 방랑하던 청년 시절에도 미국은 초강대국으로서 우방과 적국을 지배했다며, 다시 그런 강대국으로 돌아가야 한다는 주장이었다. 트럼프는 자신의 포부를 밝히며 약속했다. "우리는 승리하고 또 승리할 것입니다. 너무 승리가 잦은 나머지 여러분이 '대통령님, 승리는 이제 그만. 머리가 아플 지경이에요'라고 말하게 될 것입니다"라고 유세에서 목청을 높였다. 그리고 이러한 강대국으로 돌아갈 수단으로 석유·가스·석탄을 지목했다.

대재앙 6.0

　　　　대륙붕은 끝없는 산호의 숲 같다. 해파리가 떼를 지어 활동하고 바닥에는 해면동물과 불가사리·말미잘이 우글거린다. 뒤에는 상어가 숨어 있는 것이 보인다고 사람들은 말한다. 껍데기를 뒤집어쓴 앵무조개가 방문객들 앞에서 우아한 동작으로 떠다닌다. 서부 텍사스가 해저였던 약 2억 5,000만 년 전의 모습은 이랬다. 이렇게 멋지게 재구성해놓은 대륙붕이 퍼미언분지의 석유박물관에 있다. 선물용품점에서는 친절한 박물관 안내원이 모형 굴착기와 오일펌프를 주제로 한 쟁반을 판다.[11] 오늘날 서부 텍사스의 퍼미언분지가 세계 최대의 석유 매장지가 된 것은 태고의 대륙붕과 연관이 있다. 당시 지구 역사상 최대 규모의 대량 멸종 사태에 휩쓸려, 생존하던 종의 대부분이 사라졌다. 원인으로 의심받는 것은 시베리아의 화산 폭발이나 운석의 충격이다.[12]

오늘날 석유 시추업자들은 그 옛날의 대륙붕에서 나온 화석에 압력을 가한다. 그들이 채굴하는 석유는 인류가 대량 멸종을 향해 다가가는 데 결정적 역할을 한다. 그런 일이 또 발생한다면, 지구 역사에서 여섯 번째 멸종 사태가 될 것이다. 그리고 그 원인 제공자는 인간일 것이다. 석유박물관의 대륙붕 모형도에서 보다시피, 이 책은 긴 역사의 주역과 일화, 사건, 통계로 이루어져 있다. 전체적으로 이 책은 어떻게 지구가 현재의 상태에 이르렀는지, 그리고 그것이 지구의 기후와 인류의 안녕 및 미래에 어떤 의미를 지니는지 분명히 보여줄 것이다.

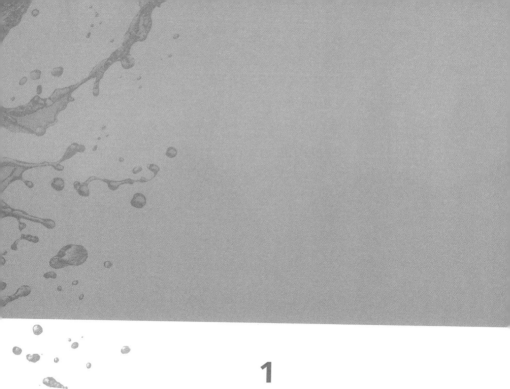

1

새로운 석유 시대로의 급변

미국이 석유 초강대국으로 새롭게 부상 중이다.
이는 미국의 지질학적 우연성에 따른 현상이지만
그보다는 텍사스 사람들의 줄기찬 고집 덕분이다.

2017년 6월 1일, 도널드 트럼프 미국 대통령은 백악관 로즈가든에 있는 연단에 올랐다. 봄바람이 살랑거리는 화창한 일요일이었다. 성조기 앞에서 트럼프는 미국과 미국민을 보호하는 것이 자신의 신성한 의무라며 입을 열었다. 이어 이 의무를 수행하기 위해 미국은 파리기후협약에서 탈퇴할 것이라고 발표했다. 그는 파리보다 피츠버그(과거 미 철강산업의 중심지)가 우선이라고 강조했는데 이 대목에서 잠시 말을 멈춰야 했다. 그 자리에 모인 정부 요인들이 우레와 같이 손뼉을 치며 환호했기 때문이다.

전임자 오바마가 최대 업적 중 하나로 꼽았던 2015년의 기후협정은 트럼프 눈에는 남 좋은 일만 시키는 형편없는 거래였다. "반면, 미국 노동자들과 '내가 사랑하는' 납세자들은 직장을 잃거나 저임금에 시달리며, 공장은 문을 닫고 경제성장이 뚜렷이 퇴조하는 대가를 치러야 했다"는 것이 그의 주장이었다. 트럼프는 자신이 중요하게 여기는 것을 거침없이 말했다. "미국은 세계 최대의 에너지 자원국이지만 기후협정 때문에 그 지위를 내던져야 할 것이고, 결국 미국의 부를 포기하게 될 것"이라는 것이 이날 그의 요지였다.[1] 1퍼센트의 성장은 재생에너지로도 가능하지만 3~4퍼센트 성장하려면 이제부터 에너지를 관리해야 한다는 것이 트럼프가 말한 골자였다.

독일과 마찬가지로 트럼프도 에너지 전환정책을 채택한 것이다. 다만 전속력으로 화석연료 시대로 회귀하는 것이 다를 뿐이다. 이러한 에너지 전쟁은 광범위한 파급효과를 불러와 우선 지정학적인 지각변동을 유발할 것이다. 이 변화는 독일의 안보와 에너지 공급을 해친다. 다른 한편으로 미 대통령이 외친 새 시대는 기후변화를 자극할 것이다. 이는 세계의 다른 국가들에는 재앙이다.

트럼프의 발표로 역사적인 파리기후협정은 중요한 파트너를 잃게되었다. 단지 미국이 세계 2위의 환경오염국가라서가 아니다. 1위와 3위를 차지하는 중국과 인도 같은 경제대국도 미국을 따라 단기적인 경제적 이익에 눈이 멀어 기후변화를 저지하려는 노력을 포기하거나 최소한 제한하려 들 것이기 때문이다. 인간이 초래하는 기후변화에 무감각한 트럼프 하나만의 문제가 아니라는 것이다. 그런 정책을 추진하려면, 화석연료와 임박한 환경재앙의 상관관계를 부인할수밖에 없다. 이 등식이 성립하지 않아야만 화석연료로 미국의 산업을 부활시키려는 트럼프의 중대한 구상은 정당화될 것이다.

역대 어느 미국 정부도 이런 식으로 무분별하게 화석연료에 몰두한 적은 없었다. 트럼프의 보복관세는 베를린에서 베이징에 이르기까지 각국 국가원수들의 불안을 불러일으켰다. 그가 '나쁜 놈들'의 월경을 막겠다고 멕시코 국경에 '아름다운 장벽'을 세우는 데 들어가는 수십억 달러에 집착하는 것도 미국 내에선 격렬한 반발을 불렀으며, 러시아와의 내통 의혹, 플레이보이 모델이나 포르노 배우와의 스캔들, 혼란을 부추기는 직무수행 방식도 끊임없이 기자들의 특종욕구를 자극한다. 이 모든 것은 몇 년 지나지 않아 대중의 기억에서사라지겠지만, 제45대 미국 대통령이 남길 근본적 변화는 에너지 차원을 넘어 돌이킬 수 없는 결과를 초래할 것이다.

트럼프는 자신의 에너지 정책으로 지금까지 유지되어온 세계질서를 뒤집어엎었다. 한때 미국의 맹방이던 유럽 국가는 이제 미국의 가신으로 전락했다. 특히 에너지 수입에 의존하는 독일 같은 산업 국가는 더욱 그러하다. 1990년 이후 석탄이나 천연가스 같은 에너지 자원은 독일에서 생산량이 40퍼센트나 감소했다. 독일연방환경청 자료에 따르면 요즘 독일의 생산량은 약 4,000페타줄(10^{15}J)에 이른다고 한다. 이것으로 독일은 1차 에너지 소비의 3분의 1을 충당할 수 있다. 독일은 천연가스·우라늄·석탄·석유를 수입하며, 뒤의 3가지 품목은 100퍼센트 외국에서 들여온다.[2] 불과 몇 년 전까지만 해도 미국은 이런 운명을 공유하는 것처럼 보였다. 대서양 건너 초강대국 역시 석유와 천연가스의 수입국으로서 무엇보다 중동에 의존하는 실정이었다. 서방 산업국이 이 같은 에너지 자원, 특히 '석유'에 걸림돌 없이 접근하는 것은 이들 국가의 공통 관심사다. 독일과 달리 미국은 이 관심사를 위해 필요할 경우 군사적 지원을 해줄 수 있었고 또 항상 그래왔다. 정치적으로 워싱턴과 (후에 베를린으로 바뀐) 본 정부가 늘 같은 노선을 걸어온 것은 아니지만, 에너지 안보 문제에서만은 한 배를 탔다.

셰일 혁명

트럼프가 목표로 설정한 석유전쟁은 그가 등장하기 오래전부터 시작되었다. 그가 대선에 출마하기 10년 전만 해도 미국은 머잖아 자체 석유자원을 바닥낼 때까지 앉아서 기다리는 수밖에 없는 것처럼 보였다. 닉슨 대통령 시절인 1970년에는 하루 석유 생산량이 1,000만 배럴이었다. 하지만 드라마 〈댈러스〉에서 혐오스러운 석유업계의 거물 J. R. 어윙이 음모와 사기극을 펼치던 당시, 현실에서는 이미 생산 감축이 시작되었다. 그러다 〈댈러스〉의 각본에도 나오듯이 극적인 변화가 생기면서 미국은 다시 산유국 중 선두로 올라섰다. 혁명적 채굴기술인 수압파쇄법, 즉 프래킹Fracking 공법으로 셰일을 추출하면서 몇 년 새 다시 세계 최대 산유국으로 떠오른 것이다. 2019년 초 미국은 하루 1,200만 배럴의 원유를 퍼냈다. 에너지 정보관리국EIA의 평가에 따르면, 2020년까지 노스다코타와 뉴멕시코 사이에 있는 시추공에서 하루 1,300만 배럴 이상의 석유가 솟아날 것이라고 한다.[3] 이 정도면 최대 산유국인 사우디아라비아와 러시아를 능가할 것이 명확하다. 석유뿐만이 아니다. 얼마 전까지만 해도 미국의 에너지 전문가들이 점점 늘어나는 천연가스 수요를 어떻게 충당할 것인지를 우려하는 토론을 했다면, 이제는 거의 매일 텍사스와 루이지애나 항구에서 액화가스가 유조선에 실린다. 목적지는 아시아와 유럽이다. 그동안 미국의 천연가스 가격은 지나치게 낮아서 시추회사들이 그대로 태워버릴 정도였다. 저장할 가치가 없었기 때문이다.

화석연료 의존도를 줄이고 지속적으로 기후변화에 대응하기 위한 국제사회의 약속을 독일은 의무로 생각하지만, 트럼프는 이 합의를 어겼다. 이로써 적어도 단기적으로는 미국에 경쟁우위를 안겨줄 것이다. 석유·가스·석탄의 무제한 사용은 기업의 비용을 낮출 것이다. 하지만 지난 몇 년간 석유·천연가스 수요가 많은 석유화학 회사들은 미국에서 투자 규모 2,000억 달러가 넘는 프로젝트 300가지를 발표했다.[4] 워싱턴산업협회에 따르면 그중 3분의 2는 외국에서 참여하는 것이라고 한다. 동시에 수십억 달러 규모의 투자금이 미국 에너지 부문으로 흘러 들어갔다. 석유업계로서는 트럼프의 최종 승리를 의미한다. 그런 바탕에서 관련 사실은 그야말로 철근과 콘크리트를 쏟아붓듯 탄탄하게 만들어진다. 파이프가 매설되면 정유소 허가가 나고 채굴권이 확보된다. 트럼프의 후임자는 이제 다시 원상으로 복구하기 힘들어질 것이다. 과거 뉴욕의 트럼프타워에서 부동산 거래를 성사시킨 것과 같은 방식으로 백악관에서 집무하는 트럼프는, 에너지의 과잉 속에서 뉴욕사람들이 '레버리지'라고 부르는 것을 안다. 이점을 끌어내는 데 활용할 수 있는 지렛대 말이다.

트럼프는 특히 수출 강국인 독일을 '자신의' 기업에 불공정한 경쟁국이라고 생각한다. 이미 전임자인 오바마도 나토 동맹국, 특히 독일은 미군의 방위활동에 더 많은 대가를 지급해야 한다고 요구한 적이 있다. 목소리를 높이는 것은 주독일대사인 리처드 그레넬도 마찬가지다. 그는 독일 정부가 '불성실'하다고 투덜댔다. 그런 비외교적 외교관은 '극우파 식민지 장교'(전 사민당 당수인 마르틴 슐츠의 표현) 처럼 처신한다는 이유로 본국으로 보내야 한다고 많은 독일 정치인들이 주장한다. 그레넬과 트럼프가 유난히 눈엣가시로 여기는 것은 독일기업과 러시아의 석유 · 가스 추출기업인 가스프롬이 참여하는 프로젝트 '노르트스트림Nord Stream 2'다. 트럼프는 "에너지 공급 때문에 독일이 러시아에 예속되었다"고 끊임없이 불만을 표했다. 그는 노골적으로 앙겔라 메르켈 독일 총리에게 독일의 에너지 수요를 미국의 유정에서 충당해야 한다고 주장했고, 결국 메르켈 총리는 미국에 양보했다.

 여기서 형성된 독·미 동맹은 미국의 천연액화가스 터미널을 건설하는 사업을 지원하게 된다. 2019년 3월《슈피겔》지의 보도에 따르면, 이 비용을 독일의 납세자뿐 아니라 천연가스 사용 고객도 부담하게 된다는 것이다. 보도가 나오기 전에 기자가 경제장관의 내부 기안을 들여다보았는데, 이 계획은 전반적으로 가스 추출방법에 반대하는 환경운동가들의 반발을 고려한 것이다. 자샤 뮐러-크레너 독일환경보호협회 사무총장은《슈피겔》지와 인터뷰에서 "프래킹 공법으로 환경을 오염시키는 가스를 수입하고 가스 소비자가 그 값을 지불하는 것은 안 된다"고 말했다.[5]

 하지만 트럼프 말에 따르면, 독일은 미국에서 퍼낸 가스뿐만 아니라 디트로이트에서 생산한 자동차까지 사용하게 될 것이라고 한다. 지금까지 미국 자동차는 독일에서 인기가 없었다. 무엇보다 연비가 낮았기 때문이다. 이 때문에 트럼프는 미국에 비해 높은 독일의 유류세를 미국의 자동차 제조사에 대한 불공정한 무역장벽으로 본다. 그는 이미 2017년 "유류세 때문에 독일에서 미국 차를 팔지 못하는 겁니다. 엄청난 무역의 불균형이에요"라고 불만을 표했다. 그는 그런 실태를 바꾸려는 것이다. 트럼프의 무역담당 핵심참모인 피터 나바로는 다음과 같이 말했다. "우리가 독일에 자동차 한 대를 팔 때, 그들이 우리에게 세 대를 파는 일은 더는 지속되지 않을 것이다. 디트로이트는 활기를 되찾을 것이다. 바람직한 상황이다. 트럼프 대통령이 세계적으로 무역을 주도할 것이다."[6] 트럼프의 측근이 되기 전 무명에 가까웠던 캘리포니아의 교수로서 "비가 오면 스타벅스 주식을 사라"라는 투자조언을 하던 나바로는 유럽 자동차에 보복관세를 물리라고 요구한 인물이기도 하다. 이것은 특히 독일 자동차기업을 겨냥한 조처였다. 2019년 2월, 미 상무부는 수입 자동차가 미국의 국가안보를 위협한다는 성명을 발표했다. 이에 앙겔라 메르켈 독일 총리는 뮌헨안보회의 직후 우려를 표명하며 그런 평가가 독일에는 '충격'이라고 말했다.

화석연료에 대한 트럼프의 공세가 어떤 제지도 받지 않고 계속된다면 지구 온도는 섭씨 1.5도 상승이라는 한계를 훌쩍 뛰어넘을 것이다. 기후전문가들에 따르면, 이 한계는 최악의 경우를 막을 수 있는 온도라고 한다. 이미 지금도 미국에서는 그 여파를 똑똑히 볼 수 있다. 통계적 확률로 볼 때 500년 만에 발생한 홍수로 미국 중서부는 물에 잠겼고, 허리케인은 전례 없는 위력을 떨치며 플로리다 해안 일대를 파괴했으며, 캘리포니아에서는 수개월째 산불이 꺼지지 않고 있다. 기후재난에 따른 손실은 상황이 좋다면 매년 2,800억 달러에 그치겠지만, 최악의 경우 해마다 5,000억 달러로 규모가 늘어날 것이다. 그 밖에 금융위기는 재난에 대비한 사전연습 같은 작용을 할 것이다. 그러나 재난이 북아메리카에 한정되지 않는다는 것이 문제다. 세계의 다른 지역도 재난을 면치 못할 것이며 인류 모두에게 타격이 미칠 것이다.

이제 석유전쟁 이후 형성될 새로운 힘과 위험의 지형도를 설명하고 동시에 그것을 촉발한 주역들도 살펴볼 것이다. 그 주역이란 엑슨·셰브런 같은 재벌이 아니라 일단의 투기꾼을 말한다. 프래킹 시추업자들은 카우보이 같은 고집과 황금사냥꾼 같은 열정으로 초원을 파헤치고 그 과정에서 우리의 미래를 바꿔놓는다. 우리의 지구에 어떤 일이 일어나는지 알고 싶다면 그들에 대해 알아야 한다. 그리고 그들을 알려면 그들을 만나보아야 한다.

세계가 가장 주목하는 유전

31.9453611,−103.0093889. GPS 좌표를 보면 계속 도로가 좁아지는 가운데 메스키트·유카 같은 관목이 드문드문 자라는 돌투성이 황량한 풍경으로 점점 더 깊이 들어간다. 텍사스 서부에 있는 퍼미언분지는 텍사스 사람들도 위협을 느끼는 지역이다. 텍사스 토박이로서 서부극 소설가이자 영화 〈브로크백 마운틴Brokeback Mountain〉의 각본을 쓰기도 한 래리 맥머트리Larry McMurtry[7]는 이곳을 '잔인할 정도로 무심한 하늘, 비 한 방울 오지 않고 이글거리는 날씨'라고 묘사한 적이 있다. 지금은 오전 6시가 조금 지난 시각, 해는 아직 뜨지 않았지만 연속해서 번개가 번쩍이는 바람에 멀리까지 시야가 잡힌다. 비가 무섭게 쏟아지며 급류를 이루고 시야를 가릴 정도로 빗줄기가 굵어서 와이퍼도 소용없다. 운전자가 쉴 새 없이 가속페달을 밟아대던 대형화물차조차 한순간 속도가 떨어졌다. 그러다 빗줄기가 가늘어지자마자 화물차 운전자들은 다시 시속 120킬로미터로 속도를 높였다. 그들은 태고의 자취를 간직한 풍경을 감상할 시간이 없기 때문이다. 태고의 바다가 출렁거리던 퍼미언분지는 오늘날 '세계에서 가장 주목받는 유전'이라고 경제지 《포브스Forbes》는

소개했다.[8] 이곳에서 시간은 엄청난 돈이다.

"목적지에 도착했습니다." 마침내 내비게이션의 목소리가 안내를 마쳤다. 국도에서 나가는 출구에는 '아틀라스샌드'라고 쓰인 커다란 간판이 서 있다. 거기서부터 새로 아스팔트를 깐 도로가 사구 사이로 길게 뻗어 있다. 그 길을 따라가면 신기루가 보일 것만 같았다. 갑자기 7개의 저장고가 강철 감시탑처럼 눈앞에 불쑥 나타났다. 그 옆에는 굴착기로 퍼낸 모래가 컨베이어에 쌓여 있다. 폭풍우는 물러가고 강철 파이프와 굴뚝, 건물 유리창이 아침 햇살에 번쩍였다. 20대 중반의 조던 세비는 현장 물류팀장이다. 안전모에 반사조끼를 착용한 그는 3톤짜리 검은색 롱혼 2500램에 우리를 태우고 현장을 안내했다. 평소 세비는 방문객에게 시간을 낼 틈이 없다. "사업이 급성장하고 있다"라고 그는 말했다. 이 날은 악천후 때문에 의외로 짬이 난 것이다.

사막 한가운데 있는 현장 시설은 너무 초현실적인 느낌을 주었고, 시설이 어떤 역할을 하는지 들었음에도 기이하기만 했다. 모래는 각각의 홀에서 세척되고 건조된 다음 알갱이 크기에 따라 분류된다고 세비가 설명했다. 공정은 완전자동에 가깝다고 한다.

폭풍우가 멎자 조금 전 도로를 질주하던 트럭이 5분 간격으로 덜컹거리며 지나갔다. 트럭들은 저장고 밑에 있는 충전장치를 통과하는데 이 모든 과정은 컴퓨터로 통제된다. 트럭이 신호등 지시에 따라 주입구 위치에 들어서자마자 25톤 분량의 모래가 탱크로 쏟아져 들어간다. 잠시 후 거의 40톤이나 되는 모래를 잔뜩 실은 트럭이 덜컹거리며 국도를 달렸다. 이 모래는 아이들이 좋아하는 케이크 형태로 만들 것도 아니고 콘크리트 혼합기에 들어갈 것도 아니다. 아틀라스에서 공급하는 모래는 모래광산 주변에서 진행되는 수압파쇄법의 핵심 재료라고 할 수 있다. 프래킹, 즉 수압파쇄는 '수리학적 파쇄 Hydraulic Fracturing'의 일상적 표현이다. 셰일층에서 석유나 천연가스를 얻기 위해 높은 압력을 이용해 물과 모래를 시추공에 뿌리는 것을 말한다.

아틀라스샌드 공장은 2018년 여름에 가동을 시작했다. 기대감에 부푼 사업의 출발이었다. 《휴스턴크로니클Houston Chronicle》의 기자가 '프래킹 사업가의 해'라고 부른 데는 그럴 만한 이유가 있었다.[9] 퍼미언분지에서는 때로 500개에 가까운 시추탑이 석유를 찾아 암반을 뚫고 들어갈 때도 있다. 그 위는 옛날 코만치족이 말을 달리고 이후에는 카우보이가 소떼를 몰던 곳이었다. 말과 소떼가 트럭으로 바뀐 것이다. 이것이 얼마나 엄청난지를 알기 쉽게 말하자면, 당시 전 세계에서 가동 중인 시추탑의 절반에 가까운 규모였다.

프래킹 업자들이 퍼미언분지에서 퍼 올린 석유 덕분에 미국은 이해 9월에 러시아와 사우디아라비아를 따돌리고 세계 최대 원유생산국이 되었다. 불과 몇 년 전만 해도 머지않아 매장량이 완전히 바닥날 것처럼 보였던 나라에 이런 대전환이 가능했던 데에는 특히 퍼미언분지의 몫이 컸다. 그러다 미국은 과거 어느 때보다 많은 석유를 퍼내게 되었다. 2018년 일일 생산량은 1,100만 배럴을 넘었는데 그중 300만 배럴은 퍼미언분지에서 생산됐다. 에너지를 담당하는 미국 에너지관리청EIA의 평가에 따르면, 2019년에는 이곳에서 하루 400만 배럴이 생산됐다고 한다. 바이에른주 크기의 3배쯤 되는 이 지역은 '프래킹 사업가의 해'에 미국이 다시 역사적 이정표를 통과하는 데 결정적 역할을 했다. 12월에 EIA는 멕시코만에 있는 미국 항구의 절반이 75년 만에 처음으로 그곳으로 들어오는 수입 석유보다 더 많은 석유를 수출하게 되었다고 발표했다.[10] 이 목표에 도달하기 위해 시추회사들은 2018년에만 고압을 이용해 350억 킬로그램의 모래를 암반에 뿌리는 등 지구전을 전개했다. 이런 식으로는 유정 한 곳에 구멍을 내는 데만 9,500만 리터의 물이 필요하다. 독일의 카이저스라우테른이나 코트부스 같은 도시의 전체 주민이 일주일간 사용하는 수량이다. 발전기는 시추현장과 천공장비를 가동하기 위해 거의 24시간 쉬지 않고 전력을 공급한다. 1,900만 마력의 에너지를 공급해야 하기 때문이다.[11]

호경기는 흔적을 남긴다. 낮에 비행기를 타고 퍼미언분지 상공을 통과하는 사람은 선과 사각형 형태로 뒤덮인 풍경을 보게 된다. 어쩌면 어떤 신비스러운 문명의 흔적으로 지구에 상처가 난 곳이라는 느낌을 받을 수도 있다. 사실 그것은 구멍이 뚫린 지표면과 그곳으로 들어가는 진입로다. 야간비행을 하면 깜박거리는 불빛 때문에 별이 빛나는 낯선 밤하늘처럼 보일 수도 있다. 빛은 유정에서 나오는 천연가스가 탈 때 보이는 '불꽃'인데, 적절한 기반시설(특히 파이프라인 같은)이 없어 저장하지 못한다. 퍼미언분지에서는 이미 수만 개의 유정이 개발되었다. 지질학자들의 추산에 따르면, 20세기 초 이후 이곳에서 생산된 석유는 300억 배럴이 넘는다고 한다. 독일이 무려 33년간 사용할 수 있는 양이다. 2018년 약 4,000개의 유정이 새로

뚫렸고 아직 가동에 필요한 연결이 안 되었을 뿐이다.[12] 프래킹 시추업자들은 생산을 시작하기 위해 유가가 더 오르기를 기다릴 때가 많다. 또 전문가들은 퍼미언분지에서 얼마나 더 퍼낼 수 있는지, 수치를 끊임없이 상향 조정했다. 그러던 중 2018년 11월, 평소 과장하지 않는 것으로 알려진 미국 지질조사국이 '사상 최대의 석유·천연가스 매장 가능성'을 확인했다는 내용을 신문기사를 통해 알렸다. 울프캠프와 본스프링 등 퍼미언분지 일부와 델라웨어분지 두 군데의 셰일층에 460억 배럴이 넘는 석유와 약 8조 입방미터의 천연가스, 200억 배럴의 액화가스가 매장되어 있다는 것이었다.[13] 지질학 덕분에 하필 황량하고 인적이라곤 없는 지역이 오늘날 세계 정치에 영향력을 행사하게 된 것이다. 하지만 그 못지않게 결정적 역할을 한 것은 아주 유별난 서부 텍사스인의 사고방식과 그들의 "무슨 일이 있어도"라는 문화다.

모든 것은 장미의 기적에서 비롯되었다

퍼미언분지에서 비공식적으로 중심도시 역할을 하는 곳은 미들랜드다. 미들랜드의 좌우명은 '우리에게 한계는 없다'이다. 과거에는 야망이 그리 크지 않던 때도 있었다. 그때는 '중간 어름의 미들랜드'가 구호였다.[14] 2010년 미 통계국 자료에 따르면 미들랜드 인구는 14만 명이었는데 최근 통계로는 17만 명이다. 이 자료로 보면 미국에서 가장 급속히 성장한 도시 중 하나라고 할 수 있다.[15] 1881년 6월 미들랜드가 세워진 것은 텍사스&퍼시픽 철도 덕분이다. 처음엔 엘파소와 댈러스 포트워스의 철도 구간 중간에 있는 정거장이었던 이유로 스테이션 미드웨이Station Midway라고 불렸다. 그러다 다른 정거장도 같은 이름으로 불리는 곳이 많다는 걸 알고, 3년 후 최초의 우체국이 문을 열었을 때 이름을 바꾸기로 했다. 아마 이때가 더 인상적인 이름을 붙여줄 기회였을 것이다. 그러나 주민들은 그 기회를 날려버렸다. 이제는 미드웨이 대신 미들랜드라고 부른다. 아마 오늘날 미들랜드가 오래전 역사의 뒤안길로 밀려나 기억에서 사라진 간이역에 지나지 않았다면 장미의 기적은 일어나지 않았을 것이다.

루퍼트 폴 리커 가족은 포장마차를 타고 퍼미언으로 들어왔다.[16] 1906년의 일이었다. 리커 부자는 목장 경영에 실패한 뒤 목장 대신 텍사스&퍼시픽 철도회사에서 일했는데, 아들 리커에게는 야망이 있었다. 그는 텍사스대학교에서 법학을 공부하고 제1차 세계대전에 참전했다 귀향한 뒤 빅레이크에 정착했다. 분지 남서쪽 장터를 낀 작은 마을이었다. 이 젊은이가 빅레이크를 떠나지 못한 데는 이유가 있었다. 대학에서 스웨덴 태생의 지질학자인 요한 우덴Johan Udden에게 배우며 서부 텍사스의 황량한 땅에 석유가 매장되었을 가능성이 있다는 것을 알았기 때문이다. 당시 이곳에 있던 대학교 부지는 대학교가 설립될 때 기부받은 땅이었다. 그러다 1917년 텍사스에 결정적 역할을 하는 새로운 법이 탄생했다. 대학교 부지 같은 공유지는 민간기업이 석유 생산을 위해 이용할 수 있다는 내용이었다.

돈은 없고 아이디어만 풍부했던 루퍼트 리커는 땅을 소유하지 않고도, 또 시추에 거액을 날리며 헛수고할 위험을 감수하지 않고도 부자가 될 계획을 세웠다. 텍사스에서는 투기가 오늘날까지도 사업에 속한다. 리커는 모교를 찾아가 그때까지 별 쓸모없는 것으로 여겨지던 학교 땅을 1헥타르에 20센트에 임대해달라고 제안했다. 그런 다음 석유 시추업자들에게 1헥타르에 10달러까지 받고 이용권과 채굴권을 줄 생각이었다. 계획대로 계약이 이루어졌다. 리커는 텍사스대학교와 축구장 3만 5,000개 크기에 해당하는 260평방킬로미터의 땅에 대해 임대차계약을 했다. 그리고 동업자와 함께 동해안과 중서부로 가서 투자자들을 찾아 나섰다. 대학에 곧 치러야 할 임대료와 그가 기대하는 이익을 위해 자금을 지원할 사람을 물색한 것이다.

그러나 당시 투자자들은 석유 투기사업에 흥미를 잃은 상태였다. 리커에게는 정말 불리하기 짝이 없는 시기였다. 신문마다 일명 '알파벳'이라고 불린 어니스트 제이콥슨 콕스라는 사기꾼 관련 기사가 지면을 가득 채웠는데, '검은 황금'으로 벼락부자를 만들어주겠다며 투자자들의 돈을 사취한 자였다. 그러다 마침내 리커는 엘파소의 부유한 상인으로 의류공장을 운영하던 헤이먼 크럽으로부터 투자 약속을 받아냈다. 크럽은 리커에게 2,500달러를 주고 계약에 따른 권리를 사들였다. 그러나 크럽도 처음에는 다시 자신에게 투자할 사람을 쉽게 찾지 못했다. 그렇게 시간을 끌다 결국 동업자 프랭크 피크렐과 함께 직접 시추하기로 결심한다. 뉴욕에 사는 가톨릭 여신도들이 두 사람에게 돈을 맡겼는데, 이들은 신부에게 자문을 구했다. 그러자 신부는 궁지에 빠진 사람을 구해준다고 전해지는 성녀 리타에게 빌어보라고 충고했다. 전설에 따르면, 리타 성녀가 임종하면서 수도원 정원에 장미가 피게 해달라고 기도했는데 한겨울임에도 실제로 장미가 피어났다는 것이다. 독실한 신자인 뉴욕의 여인들은 신부가 축성해준 장미 한 송이를 피크렐에게 건넸다.

텍사스로 돌아온 피크렐은 시추탑으로 올라갔다. "나는 부인들이 요구한 대로 했죠. 장미 잎사귀들을 목제 구조물과 굴착기 위로 흩날리게 뿌렸어요"라고 그는 후에 말했다. 그곳 남자들은 그 시추공을 산타리타Santa Rita 제1호라고 명명했다.[17] 하지만 시추작업은 지지부진했다. 시추에 투입된 인부들은 단단한 사암을 뚫느라 646일이나 고생했다. 1923년, 성녀 리타 축일에서 6일이 지난 5월 28일 오전 6시, 작업반장 부인은 요란하게 쉭쉭거리는 소리를 들었다. 그녀가 문밖으로 나와 보니 석유와 가스가 섞인 분출물이 시추공에서 솟구치고 있었다. 이 유정은 이내 주변 일대를 석유로 뒤덮었다. 너무도 인상적인 광경이어서 멀리 포트워스에서도 구경꾼이 몰려올 정도였다. 이후 산타리타 유정은 67년간 석유를 생산하다 1990년에야 비로소 폐쇄되었다.

물론 서부 텍사스에서 성공적인 시추를 한 것이 이곳이 처음은 아니었지만, 어쨌든 산타리타는 퍼미언분지의 기반을 굳혔다. 오늘날까지도 이때의 시추는 전설로 통한다. 텍사스대학교는 오스틴에 있는 캠퍼스 안에 그 시추탑의 조형물을 세워놓았다. 그때까지 초라한 건물 몇몇이 얼기설기 모여 있던 대학교로서는 산타리타가 대전환을 가져다준 셈이다. 특히 이 대학교는 한때 이 학교에 다닌 리커의 백일몽 덕분에 오늘날 공인된 지위와 기본자산을 갖추게 되었다. 산타리타가 석유를 내뿜게 만든 모험가와 투기꾼, 지질학자와 기사들의 협동은 지금까지 텍사스의 석유 탐사를 성공시킨 모범적 사례로 남아 있다.

한때의 광풍

　　　　산타리타 제1호가 5월 그날, 시커먼 원유를 간헐천처럼 쏟아낸 뒤 미들랜드는 석유시장의 부침과 공동운명체가 되었다. 초기에 세워진 시추탑은 그때까지 물을 퍼 올리던 풍차를 밀어냈다. 그 밑으로 주변의 뾰족탑과 무어아치로 장식된 신고딕 양식의 석유빌딩은 오늘날 실제로 구 미들랜드를 장식하는 풍경이다. 도시는 이내 멀리 뻗어 나가 평원 너머에서도 보였다. 그러면서 '초원의 여왕'이라는 자랑스러운 이름이 생겼다. 하지만 1930년대의 대공황이 닥치면서 미들랜드가 최초로 중요한 위치로 도약하려는 시도는 끝나고 만다. 그리고 1945년 이후 새로운 유전들이 다시금 열정을 불태우는 계기가 되었다. 그에 필요한 노동력은 제2차 세계대전이 끝나고 돌아온 귀환 병사들이 제공했다.

　지금까지 알 수 있는 것은 미들랜드의 운명을 좌우한 것이 시장의 위력이라는 것이다. 언젠가《뉴요커》지의 기자가 이 도시를 '조울증 환자'라고 부른 적이 있다.[18] 한때는 돈을 물쓰듯 낭비하다 언젠가부터 극심한 궁핍에 허덕인다는 것이다. 석유빌딩 주변에 형성된 중심가는 1980년대의 기능적인 고층건물들로 이루어졌다. 미국의 주 이름이 붙은 빈 도로 사이로 바람이 불었다. 카페나 상점은 눈에 띄지 않는다. 마지막 침체기의 상처가 뚜렷하다. 먼지 쌓인 창에는 색 바랜 플래카드가 걸려 있고 그 위에는 '2016년 12월까지' 상점과 사무실이 개장하고 고급 아파트의 입주가 시작된다는 글이 쓰여 있지만 이 약속은 없던 일이 되고 말았다. 모든 건물이 버려진 채다.

하지만 이번은 전혀 다르다고 미들랜드 시장 제리 모랄레스는 말한다. 그의 가문은 텍사스가 멕시코 땅이던 시절, 유럽의 이주민들이 몰려오기 전에 이곳에 들어왔다. 모랄레스는 사업가이자 미식가이기도 하다. 식민지풍의 육중한 가구가 들어선 그의 사무실은 패스트푸드점·모텔·자동차 부품점·주유소 같은 건물이 늘어선 간선도로의 초라한 건물에는 어울리지 않았다. 타코로 유명한 패밀리 레스토랑 '게라르도 방갈로'와 '게라르도 비스트로' '게라르도 케이터링'이 그의 소유다. 모랄레스가 자기 고향에 대해 낙관적이라고 말한다면 꽤 절제된 표현일 텐데, 한창 위기로 치닫던 2016년에 카페를 하나 더 차렸기 때문이다. 시장으로서 그는 새로 수천 명의 시민이 들어올 것에 대비한다. 그는 시내 전 구간에 먼지를 뒤집어쓴 간선도로를 따라 석유 관련 노동자들이 살던 합숙소와 주거용 컨테이너를 말끔히 치우고 그 자리에 머지않아 유치원과 공원을 조성할 계획이다. 이번에는 호경기와 불경기가 반복됨으로써 실망하는 일은 없을 것이라고 확신한다. "우리는 새로운 에너지의 수도가 될 겁니다."

모랄레스는 오히려 미들랜드가 발전 속도를 따라가지 못하지나 않을까 걱정한다. 교사·경찰관·의사·건축노동자, 그리고 식당

종업원이 부족하기 때문이다. 무엇보다 필수적인 사회기반시설이 부족하다. 도로 정체로 소형 트럭들이 몇 시간씩 서 있는 일이 드물지 않다.

외곽으로 나가면 간선도로에는 제임스 뷰챔프가 맞서 싸워야 할 황량한 서부가 펼쳐진다. 그는 인근의 교통계획연맹인 모트란Motran의 회장이다. 이 거구의 남자는 공항 바로 옆 사무실에서 방문객을 맞이했다. 사무실 사방 벽면에는 책이 가득하고 바닥에는 아늑한 카펫이 깔렸고 벽에는 온갖 유리 장식품이 즐비하다. 할리우드 영화에 나오는 보안관이 실수로 귀부인 방에 들어갔을 때의 느낌이다. 다만 화분 옆에 놓인《화석연료에 대한 도덕적 논쟁》이라는 제목의 책이 의외랄까. 박쥐처럼 생긴 불독 한 마리가 책상 밑에서 튀어나오더니 처음 보는 손님에게 요란하게 인사한다. 개가 조용해지자 뷰챔프는 가동 중인 굴착시설이 들어간 지도를 꺼냈다. 매월 화물차 60만 대분의 자재와 담수가 운송된다고 한다. 그 옆에는 프래킹 업자들이 유독성 폐수를 버릴 수 있는 전체 폐기물처리장 지도가 있었다. 이를 위해 유조차들이 다시 해마다 수천 마일을 이동한다. 그리고 모래 채취장이 들어간 지도가 또 하나 있었는데, 여기서 다시 매년 트럭 170만 대분의 화물 운송이 필요하다고 한다.

이 정도의 엄청난 교통량이라면 세계 어디서나 정체를 일으킬 것이 분명하다. 다만 여기서는 그런 정체가 여기저기 흩어진 몇몇 목장주를 위해 만든 도로에서 발생하는 것이 다를 뿐이다. 미들랜드의 도로는 전국에서 가장 위험한 곳에 속한다. 여기서는 평원의 주 연결로인 285번 도로를 죽음의 도로라고 부른다. 2017년에만 9,758건

의 교통사고가 발생해 37만 명의 인구 중 173명의 사망자가 발생했다.[19]

이런 상황에서 뷰챔프가 간절히 바라는 것은 순환도로다. 이 순환도로를 건설하자면 주 정부에서 적잖은 투자를 해야 할 것이라고 한다. "주민대표들이 교통 통계를 보기만 해도 투자가 필요하다고 생각할 것"이라고 뷰챔프는 말했다. 구간 측정과 확인을 위한 예산만 따내도 좋겠다고, 퍼미언에서 나오는 석유·천연가스 수입만으로도 주도인 오스틴의 국고를 채우는 데 충분하다는 것이다. 이를 증명하기라도 하듯 뷰챔프는 책더미에서 뭔가를 꺼내 보여주었다. 2017년에만 프래킹 시추업자들로부터 170만 달러가 국고로 들어갔다. 또한 뷰챔프는 불확실한 상황에서도 긍정적 측면을 언급하는 것을 잊지 않았다. "우리에게는 아무 준비 없이도 뭔가를 시작할 기회가 있습니다." 가령 화물차 운전자의 경우, 초보자라도 연간 10만 달러를 벌었고 경력자는 16만 달러까지 벌었다는 것이다. "면허증을 갖고 운전대만 잡으면 되는 거죠"라고 그는 말했다.

그러나 미들랜드에서도 기회는 공평하게 주어지지 않는다. 예컨대 스티븐 프루이트 같은 사람은 화물차 운전대를 잡지 않는다. 텍사스 토박이인 그는 회색 양복을 입고 석유회사에 근무한다. 멕시코만 연안의 텍사스 항구도시 코퍼스크리스티에서 성장한 프루이트는 텍사스대학교에서 과거에 장미의 기적으로 리커를 부자로 만들어준 석유공학을 전공했다. 미들랜드의 석유회사 엘리베이션 리소시스 Elevation Resources의 사장인 그는 수십 년간 세계 곳곳을 두루 돌아다녔지만, 지금은 가족과 함께 미들랜드에 정착했다. "이곳의 생활은 아주 안락해요"라고 그는 자랑스럽게 말한다. 집마다 수영장이 있다. 11층에 있는 프루이트의 사무실에서 보면 각 주택 사이로 파란 사각형 모양을 한 수영장이 햇빛에 반짝인다.

프루이트 같은 부자에게 안락함이란, 비행기를 타고 업무회의를 위해 댈러스로 가거나 황무지 환경을 벗어나 자기 소유의 별장이 있는 로키산맥으로 날아가 주말을 보낼 수 있음을 의미한다. 미들랜드를 찾는 외지인이 흔히 듣게 되는 유명한 농담이 있다. "우리는 최고의 사냥터와 낚시터 한복판에 살고 있답니다. 사방 어느 쪽으로든 5시간만 가면 되니까요." 월스트리트의 그릴에서 업무를 겸한 오찬을 할 때, 지역의 석유사업가가 트럼프에 대한 불만을 늘어놓았다. 대통령이 석유사업에 대단히 우호적이기는 하지만 무척이나 곤혹스럽다는 말이었다. 그는 이곳 사람들 대부분이 그렇듯 완전히 보수적인 인물임에도 그랬다. 트럼프 지지자를 만나고 싶다면 '선술집'으로 가는 것이 낫다. 그곳에 가면 47세 생일을 자축하는 크리스 같은 남자가 혼자 앉아 있다. 가족은 댈러스에 사는데 그는 2주마다 집에 들어간다. 전에는 자동차회사에 근무했지만, 프래킹 시추회사에서 하는 일이 더 마음에 들었다. 그 일이 적성에 더 맞았다는 것이다. 그는 사막의 암석들에서 숱한 화석을 발견했다. "이곳에는 역동적인 인간의 삶이 있었어요"라고 그는 말한다. 프래킹 작업을 하며 이 부근의 텍사스 지역에서 수백만 년 전의 생명의 자취를 감지해낸다. "그것이 끊임없이 나를 매혹시키죠." 그때 종업원이 다가와 노래를 부른다. "해피 버스데이, 크리스!"

미들랜드와 공화당의 관계는 조지 W. 부시의 어릴 적 고향인 도시가 박물관으로 바뀌었다는 사실이 보여준다. 그것은 1940년대 지어진 수수한 회색 건물로(주거면적 130평방미터) 커다란 나무들이 도로 양옆에 늘어선 주거구역에 있다. 아버지 부시는 1951년 명문 예일대학교에서 학업을 마치고 아내와 여섯 자녀를 데리고 미들랜드로 들어왔다. 그때 자수성가했음을 보여주기 위해 9,000달러를 주고 산 집이 바로 이 건물이다. 당시 그가 산업계의 수장이나 은행가를 배출한 동해안 명문가의 후손이라는 것이 큰 도움이 된 것은 확실하다. 부시 가문은 오랫동안 국가를 지배했던 부유한 귀족의 일원으로서 미국에서는 '조상 대대로 부자'로 불렸다(다른 예로는 케네디 가문이 있다). 월가의 은행 감사로 있던 아버지 프레스콧 부시의 사업상 연고 덕분에 H. W. 부시는 미들랜드에 컨베이어 기술을 제공하는 드레서 인더스트리즈Dresser Industries의 대리로 취업했다. 명목상 월급은 300달러밖에 되지 않았다. 자서전에서 그는 집안의 지원은 제한적이었다며 이렇게 썼다. '우리는 젊었고 우리 길을 가려고 했다. 시행착오를 겪으며 자신의 미래를 개척하고 싶었다.' 그렇다고 해도 부친과 삼촌이 35만 달러를(오늘날의 가치로 300만 달러에 이르는) 투자해 부시 가문의 석유회사를 출범한 것이 그에게 손해가 되었을 리는 없다. 이 회사는 그를 백만장자로 만들어줄 수 있었다.

텍사스 석유와 정치의 밀착은 그다음 세대에도 계속될 수밖에 없었다. 조지 W. 부시는 훗날 미들랜드 시절을 또렷이 기억했다. 31세에 이곳으로 돌아왔지만, 아버지와 마찬가지로 퍼미언의 석유로 돈을 벌려던 시도는 실패로 돌아갔다. 그가 설립한 아르부스토 에너지Arbusto Energy(아르부스토는 스페인어로 덤불Busch을 뜻한다)는 성공을 거두지 못했다. 그는 기분전환을 위해 하원의원에 입후보했지만 여기서도 실패했다. 다시 석유사업으로 복귀해 회사명을 부시 엑스플로레이션Bush Exploration 으로 바꾸었어도 소용없었다. 1984년 조지 W. 부시는 돈이 바닥날 지경에 이르렀다. 이때 스펙트럼 세븐Spectrum 7이라는 회사가 그에게 손을 내밀었다. 두 회사는 합병하고 부시는 당시로써는 적잖은 7만 5,000달러라는 연봉에 새 회사의 지분까지 받으면서 사장이 되었다. 그러나《뉴욕타임스》보도에 따르면, 스펙트럼 세븐은 석유 발견에 따른 이익보다 세금에 따른 손실이 더 컸다고 한다.[20] 세법이 바뀐 것이 불운이었다.

즉시 부시는 새로운 구원자를 찾아 나섰다. 이때 하켄Harken이라는 회사가 나타났다. 조지 소로스George Soros라는 투자자의 석유·천연가스 투자를 관리하는 회사였다. 소로스는 이후 8년이 지난 다음에야 잉글랜드 은행에 10억 달러를 맡긴 승부수로 유명해진다. 조지 W. 부시는 하커와 자문계약을 하고 처음에는 8만 달러, 나중에는 12만 달러의 연봉을 받았다. 이 밖에 그는 주식과 감사위원회의 자리도 하나 받았다. 1987년부터 부친의 대선 기간 내내 선거운동에 매달렸음에도 조지 W. 부시가 하커와 맺은 자문계약은 유지되었다. 1990년 그는 프로야구 텍사스 레인저스의 공동 소유주가 되기 위해 자신의 지분을 매각했다. 인기 야구단 운영에 참여한 것은 그가 텍사스 주지사 선거나 훗날 대통령 후보로 나서는 밑바탕이 되었다. 그런데 하커 주식 매각은 미 증권거래위원회의 의심을 사고 내부자 거래 혐의로 조사받게 된다. 부시의 주식 매각 직후 나머지 주주들이 충격을 받을 만큼 하커사에 대량손실이 발생했기 때문이다. 하지만 조지 W. 부시는 조사관들로부터 전혀 조사받지 않았다. 증거가 부족하다는 이유였다.

어쩌면 조지 W. 부시가 미들랜드로 돌아온 시기는 자칫 최악일 수 있었다. 그 얼마 전인 1970년대, 석유노동자들은 캐딜락을 몰고 다니며 미들랜드를 누볐고 그들의 관리자들은 롤스로이스를 몰았다. 텍사스와 퍼미언의 호황은 그 누구도 막을 수 없을 것만 같았다. 아이로니컬하게도 그들은 경쟁자의 번영에 간접적인 덕을 보았다고 할 수 있다. 아랍석유수출국기구OPEC는 1973년 가을 석유 생산을 제한했다. 제4차 중동전쟁에서 이스라엘을 지원하는 서방국가에 압력을 가하려는 의도였다. 1973년 10월 17일, 유가는 1배럴에 3달러에서 5달러로 70퍼센트나 치솟았고 그 이듬해에는 12달러로 껑충 뛰었다. 이는 세계경제로서는 충격이었지만 텍사스로서는 팔뚝에 비타민 주사를 맞는 격이었다. 1979년에 테헤란에서는 혁명이 일어나 왕이 쫓겨났고 그 여파는 오늘날까지 영향을 미친다. 이 사건으로 유가는 다시 최고기록을 달성했다. 텍사스 사람들에게는 석유로 더 많은 돈이 들어온다는 의미였다. 그러나 경제위기로 에너지 수요가 줄어들면서, 동시에 타격을 입은 서방의 석유 수입국들이 소비를 줄이기 위해 차 없는 일요일 같은 조치를 취하기 시작했다. 1981년 《뉴욕타임스》는 1면에 '넘쳐나는 석유'라는 제목을 달았다. 이후 유가는 차츰 떨어지다 급기야 곤두박질쳤고 1986년이 끝나기 전에 반토막이 났다. 미들랜드와 텍사스에는 참담한 결과였다.

텍사스 사례: 거품과 붕괴

　　1986년의 경기침체는 오늘날까지도 텍사스 사람들의 집단기억 속에 깊이 각인돼 있다. 그들에게 이보다 더 깊은 상처라 할 게 있다면, 1839년 멕시코와의 독립전쟁에서 산타 안나^{Santa Anna} 장군에게 패배한 것쯤일 것이다. 휴스턴에서는 불과 수개월 만에 22만 5,000명이 일자리를 잃었고, 곧 20만 채의 빈집이 생겼다고 《휴스턴크로니클》은 보도했다. 은행 수백 곳이 파산했다. 굴착시설은 고철값이라도 건지려는 생각에 매각되었다. 파산관재인만 정신없이 바빴다. 미들랜드에서는 집을 잃고 다시 텐트를 치고 사는 노동자들이 생겼다. 보도에 따르면 어떤 남자는 바로 얼마 전에 구매한 냉장고 포장 박스 안에 들어가 잠을 잔다고 했다. 석유사업으로 성공해 백만장자의 지위에까지 올랐던 남자가 캘리포니아로 이주해 구두 수선으로 생계를 잇는 사례도 있었다.

　호황의 거품이 갑자기 꺼진 여파는 참담했지만, 미국 석유의 위력이 사정없이 떨어지는 사실에 가려 주목받지 못했다. 1970년에 하루 1,000만 배럴이 넘던 미국의 석유 생산량은 정점을 찍은 이후 끝없이 떨어졌다. 전문가들은 몇십 년 가지 않아 미국의 매장량이 고갈될 것이라고 진단했다. 이 예언은 현실화할 것처럼 보였다. 1986년 미국의 유정에서 하루 700만 배럴 생산되던 것이 10년 뒤에는 650만 배럴로 줄어들었다. 생산량은 계속 감소되다 2008년 하루 495만 배럴로 최저점을 기록했다. 텍사스의 역사에서 이익의 시대를 장식한 석유는 이제 돌이킬 수 없이 종착역을 향해 치닫는 것 같왔다.

자랑스럽게 여겨온, 외로운 별 하나가 주기州旗에 들어간 텍사스주(이 때문에 텍사스주는 '론 스타 스테이트Lone Star State'라는 별칭을 갖고 있다-옮긴이)를 강타한 운명은 이것이 처음이 아니었다. 석유 이전에 모험가와 투자가들을 유혹한 것은 목축업이었다. 1875년 코만치족과 더불어 최후의 원주민들이 정복되고 소탕돼 쫓겨난 이후 이 땅은 백인 정착민들의 차지가 되었다. 서부에 '임자 없는' 초원이 널렸다는 소문은 유럽의 이주민을 끌어들였다. 특히 끝없이 펼쳐진 푸른 하늘과 눈부신 햇살이 있다는 말에 매혹된 영국인이 많았다. 그야말로 개척자들의 시대였다. 1865년에 끝난 남북전쟁의 유혈극으로 황폐화의 위기가 닥쳤고, 이 뒤를 이은 미국의 팽창과 제2의 산업화는 미국이 마침내 서구 열강으로 도약하는 발판이 되었다.

복지의 확대로 육류 소비가 늘어났고 덩달아 소 값이 올라갔다. 곧 수많은 소떼가 초원에서 풀을 뜯는 광경이 펼쳐졌다. 스페인 사람들이 텍사스로 이주할 때 데려온 들소가 널리 퍼진 것인데, 이 소는 갈빗살은 적지만 대신 물이나 풀이 부족한 곳에서도 잘 버텼다. 우후죽순으로 생겨나는 도시마다 다양한 민족이 모여들었다. '이 말은 마시고 즐기며 더 많은 돈을 쓰고 더 많은 것을 얻는다는 의미였다'라고 당시의 기자 돈 햄프턴 비거스는 썼다. '영국 회사의 위탁에 따라 이곳으로 파견된 영국 귀족과 토박이 백만장자와 카우보이가 한 테이블에 앉아 어울렸고, 같은 바에 앉아 한잔 걸치며 카드게임을 했다. 그러다 나중에는 모두 똑같은 불행에 빠졌다.'[21] 텍사스에서 한 마리에 3~6달러 하는 롱혼 종의 소가 수백 마일 떨어진 캔자

스에서는 38달러였고, 가축이 귀한 뉴욕의 정육점에서는 마리당 80달러에 들여왔다.

훗날 '리얼 맥코이'로 자칭한 조지프 맥코이는 이런 흐름의 잠재력을 간파하고 최초로 가축 운반차를 만들었다. 가축을 싣기 위해서는 먼저 철도와 연결되어야 했다. 맥코이는 유니언 퍼시픽 철도가 지나는 구간의 작은 마을을 매입해 애빌린Abilene이라는 이름을 붙이고 텍사스 전역에 화물 적재역이라는 광고를 했다. 곧 수천 마리의 소와 더불어 카우보이가 모는 가축떼가 크리스홀름 트레일Chrisholm Trail을 거쳐 북쪽으로 이동했다. 이런 가축의 행렬은 존 웨인 주연의 〈붉은 강〉 같은 할리우드 서부극을 통해 전설이 되었다. 가축 열풍이 절정에 달했을 때는 텍사스주에서 풀을 뜯는 롱혼 종의 소가 1,000만 두나 되었다. 카우보이 중에는 수많은 남북전쟁 참전용사들이 있었는데, 훗날 세계대전 참전용사들이 유전으로 흘러들어온 경우와 같았다. 이들은 고된 작업에 매달리며 수많은 난관에 부닥쳤고, 이 과정에서 회계원이나 면화 농부 같은 민간생활에서는 볼 수 없는 동지애가 싹텄다.

많은 사람이 돌아갈 고향을 잃었다. 전쟁이 끝나고 전국이 폐허가 되었기 때문이다. 동시에 텍사스의 '가축왕국'도 무너졌다. 무엇보다 환경 과부하가 원인이었다. 당시에는 물을 둘러싸고 치열한 싸움이 벌어졌다. 가시철망이 발명되면서 목장주들은 자기 땅에 철망을 두르기 시작하면서 경쟁업자들이 수원지에 접근하는 것을 막았다. 과도한 방목도 몰락의 원인을 제공했다. 소규모 목장주는 급수를 감당하지 못해 결국 목장 경영을 포기할 수밖에 없었다. 몇 년간은 증기선 선장 출신의 캡틴 킹 같은 가축귀족이 초원을 지배했다. 텍사스-멕시코 전쟁의 혼란 중에 여기로 들어온 그는 별다른 방해를 받지 않고 초원을 장악했다. 1886~1887년 겨울에는 폭설이 맹위를 떨쳤다. 목격자들 말로는 엄청난 재난이었다고 한다. 수많은 소가 탈진과 추위, 굶주림으로 고통스럽게 죽어갔다. 수 마일에 걸쳐 죽은 소가 풀이 뜯겨나간 초원을 뒤덮었다. 이 재난은 텍사스의 역사에서 '대사멸'로 기록되었다.

전체적으로 소 사육 열풍은 20년 가까이 지속되었다. 이 시기에 왕실이나 다름없는 거대한 재산이 축적되었고 수많은 사람이 다시 몰락했다. 비거스가 보도한, 한 텍사스 목장주의 사례를 보자. 1882년, 돈은 많지만 목축업에 문외한인 사람들이 그가 소유한 4만 5,000두의 소와 말, 방목권을 150만 달러에 팔라고 했지만 남자는 그 제안을 거절했다. 그리고 불과 4년이 지난 1886년 어쩔 수 없이 그것을 팔게 되었는데, 이때는 5만 달러의 빚을 지게 되었다는 것이다. '누구나 대부분은 그랬다'고 비거스는 보도했다. '이런 운명을 비껴간 사람은 아주 부자였거나 한 푼도 없는 빈털터리뿐이었다.' 텍사스의 인상을 결정한 것은 20년간 이어진 '가축왕국'만이 아니다. 텍사스 사람들의 기질 또한 외부인에게 깊은 인상을 준다. 기꺼이 위험을 감수하는 성향과 풍부한 상상력, 끈기가 뒤섞인 그들의 특징은 롤러코스터처럼 기복이 심한 상황을 극복하는 전제조건이다. 오늘날 텍사스에서 가장 중요한 산업, 즉 석유 덕분에 '론 스타 스테이트'는 그런 환경을 극복하는 것이다.

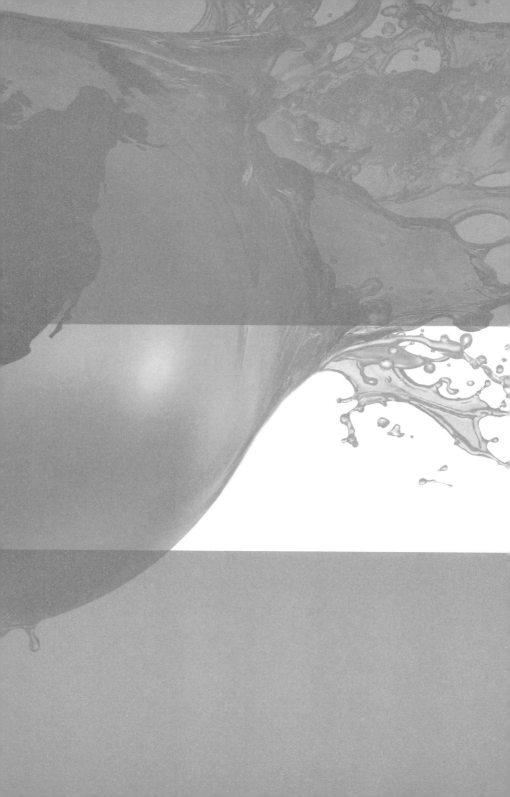

2

수압파쇄,
지구가 요동칠 때까지

실수와 텍사스 레인저스에서의 만남은
어떻게 리야드와 테헤란, 모스크바까지
감지되는 폭발로 이어졌는가?

S. H. 그리핀 에스테이트 #4

전 세계의 정치와 경제를 지속해서 변화시킨 것에 비해 디시^{Dish}는 존재조차 모를 정도로 초라한 곳이다. 약 400명의 주민이 농경지 사이로 난 좁고 울퉁불퉁한 길을 따라 널리 퍼져 산다. 디시에는 우체국도 없고 학교도 없다. 랜디스 클라크라는 사람이 댈러스에서 70킬로미터 떨어진 이곳에 처음 정착한 것은 2000년 6월이었다. 그는 새로 생긴 동네를 클라크라고 이름 짓고 자연스럽게 초대 면장이 되었다. 클라크의 후임은 위성TV 사업자인 디시 네트워크^{Dish Network}와 계약했다. 마을 이름을 디시로 바꾸면 모든 주민에게 10년간 텔레비전 시청료를 받지 않고 비디오 리코더도 무상으로 제공한다는 조건 때문이었다. 그래서 이름이 바뀐 디시에는 구시가지를 대표하는 것처럼 보이는, 이론적으로만 이동식인 트레일러 주택 외에 새로 들어선 황갈색 벽돌집도 보인다. 일종의 영국식 농가를 모방한 집이다. 풀밭에서는 말 몇 마리가 풀을 뜯고 있다. 그 사이의 자갈이 깔린 땅에 2미터 높이의 철조망이 둘러져 있고 그 뒤로 쇠말뚝이 보였다. 꼭대기에서는 적색과 백색이 나란히 배열된 풍향기가 바람에 나부꼈다. 이곳이 최초로 성공을 거둔 현대적 수압파쇄식 시추의 결과라고 할 S. H. 그리핀 에스테이트 #4 천연가스정이다. 당시 《월스트리트 저널》은 '리야드와 테헤란, 모스크바까지 뒤흔들 만큼 대대적인 폭발이었다'라고 전했다.[1]

그 폭발을 끌어낸 조지 미첼은 디시만큼이나 첫눈에 띄지 않는 인상이었다. 하지만 신중한 영국의 경제학자가 언젠가 미첼만큼 재계에서 세계의 흐름을 바꿔놓은 인물도 없을 것이라고 말했을 정도다.[2] 미국의 경제지 《포브스》는 그를 에너지 분야의 헨리 포드라고 한껏 치켜세웠다.[3] 미첼이 텍사스 해안 부근의 섬인 갤버스턴에서 태어났을 때만 해도 이런 명성은 멕시코만이 런던이나 뉴욕에서 떨어진 것만큼이나 상상과는 거리가 먼 것이었다. 1528년, 최초의 유럽인으로서 배가 난파해 해안으로 표류해온 스페인 정복자들은 낙심하여 이 섬을 '이슬라 데 말라도Isla de Malhado', 즉 '불운의 섬'이라고 불렀다. 그로부터 약 250년 후, 탐험가인 호세 데 에비아가 이 지역의 지도를 그리면서는 이 섬을 갈베스타운이라고 불렀다. 한때 누에바에스파냐의 총독으로 재직한 베르나르도 데 갈베스 공작의 이름에서 따온 것이다. 공작은 미국 독립전쟁 중에 스페인 사람들에게도 똑같이 미움을 받던 영국인들을 꼼짝하지 못하게 통제한 일로 잠시 세계무대에서 활약한 적이 있는데, 이 일로 그는 궁지에 몰렸던 조지 워싱턴의 반군에 결정적 도움을 주었다. 그 후 해적 장 라피트는 1821년 미 해군에 쫓겨날 때까지 이 섬을 자신의 왕국으로 선포하기도 했다.

미첼의 아버지가 이곳에 정착하기까지의 과정은 갤버스턴의 역사와 비슷하게 전개되었다. 그는 그리스 아카디아에 있는 네스타니에서 태어나 사바스 파라스케보포울로스로 불렸으며, 염소를 치는 목동으로 일하다 미국으로 건너가 더 좋은 일거리를 찾아보기로 했다. 1901년 뉴욕항 앞에 있는 엘리스섬에 도착했는데, 이곳은 1954년까지 숱한 이주민의 운명이 결정된 곳이었다. 이 청년은 남쪽으로 이동해 당시 전망이 좋던 철도회사에서 일하기 시작했다. 그런데 급여담당자가 파라스케보포울로스라는 이름이 어렵다고 번번이 불평하자 그 말이 듣기 싫어 마이크 미첼이라는 급여담당자의 이름을 쓰기로 한다. 아무튼 가족들의 이야기는 그랬다. 그렇게 이름을 바꾼 마이크 미첼은 그리스 이주민을 위한 신문에서 예쁜 그리스 처녀의 사진에 반해 그녀를 만나러 플로리다로 향한다. 그리고 약혼자가 있던 그 처녀를 유혹해 갤버스턴으로 데려왔다. 신혼부부는 구두를 닦고 빨래를 하는 점포를 얻었고, 그 위 다락방에서 살림을 차렸다. 조지 피디아스 미첼은 1919년 그곳에서 태어났다. 그가 열세 살이었을 때 어머니가 세상을 떠났다. 4년 뒤, 조지는 유전에서 일하는 형 자니를 찾아갔다. 미첼 형제는 시카고의 마권업자가 포트워스 부근의 땅 한 뙈기를 주었을 때 기회가 왔다고 생각했다. 그 지역은 석유업계에서 '탐사꾼의 공동묘지'로 부를 만큼 평판이 나빴지만 형제는 개의치 않았다. 그들은 13개의 유정을 팠고 파는 족족 발견에 성공했다. 이렇게 해서 조지는 '와일드캐터Wildcatter', 즉 '닥치는 대로 뚫는 사람'이 되었다.[4]

텍사스에서 영웅이 나타나면 와일드캐터다. 이미 알려진 유전과 무관한 곳에서 행운을 노리는 탐사꾼들을 그렇게 불렀다. 이들은 지질학자의 말을 따르기보다 자신의 육감에 의존하는 경우가 많았다. 와일드캐터라는 말은 펜실베이니아의 협곡인 와일드캣 할로우에서 나왔다고 하는데, 일설에는 그곳에서 초기의 탐사꾼들이 들고양이를 사냥한 다음 박제해서 굴착기 위에 장식해놓았다는 것이다. 하지만 그 말은 사냥이나 석유 관련 용어로는 잘 어울리지 않기 때문에 다른 데서 차용되었을 가능성이 더 크다. 와일드캐터는 석유가 관심의 초점이 되기 전인 1830년대에 이미 위험을 무릅쓰는 업자들을 가리키는 표현이었다. 1850년대에 들어서면서는 가치를 보장해주지 않는 특이한 지폐를 발행하는 은행가들이 그렇게 불렸다(지폐 도입 이전이었다). 마크 트웨인Mark Twain이 자서전에서 토로한 바에 따르면 '와일드캣 머니'로 사례금을 받았을 때 그것을 쓰라리게 경험했다고 한다.

미첼 형제가 와일드캐터로 정신없이 지낸 시절은 이후 끝난 것처럼 보였다. 조지 미첼은 텍사스 A&M대학교에서 공부하고 1940년에 졸업하며 석유기사 자격을 땄다(그때만 해도 미국은 가난한 부모 밑에서 자란 아이가 평생 빚을 안 지고도 공부할 수 있던 시절이었다). 그는 천연가스를 전문으로 다루는 미첼 에너지를 설립했고 이후 수십 년간 지역 뉴스의 범위를 넘어 널리 유명해질 것 같은 조짐은 전혀 없었다. 물론 회사가 바넷에서 나오는 천연가스를 시카고에 공급하는 수익 사업을 계약하기는 했다. 바넷은 그와 자니가 시카고의 마권업자 덕분에 발견한 포트워스 주변 부지였다. 자신의 성공에 감사하는 뜻에서 미첼은 자선단체에 엄청난 기부금을 약속했다.[5] 그러나 78회 생일을 맞을 때까지도 그 약속을 지키지 못할 것처럼 보였다. 미첼 에너지의 가스전 매장량이 줄어든 데다, 그 사이 회사 상장주식의 가격이 떨어졌기 때문이다. 그 자신의 유산과 명성을 걱정할 정도였지만 나이 든 와일드캐터는 마음속으로 확신했다. '말도 안 돼! 바넷에는 셰일층에 매장된 천연가스가 얼마든지 있다고!' 암반을 뚫고 수지가 맞는 천연가스를 생산한다는 것을 믿는 사람은 아무도 없었다. 미첼은 전에 엑슨의 관리자로서 그가 직접 고용한 경영자의 충고를

무시하고 고집을 꺾지 않았다. 천연가스를 얻기 위해 그는 '수리학적 파쇄'를 선택한 것이다.[6]

어뢰를 지하로

수리학적 파쇄 혹은 프래킹은 전혀 새로운 기술이 아니었다.[7] 이 번뜩이는 아이디어를 맨 처음 떠올린 사람은 프레스턴 바모어였다. 관을 짜는 목수의 아들인 바모어는 20대에 뉴욕주의 소도시인 프레도니아로 갔다.[8] 그는 그 일대의 하천과 강에서 천연가스가 쫄쫄 흘러나온다는 말을 듣고 돈을 벌어보기로 결심했다. 유정 깊은 곳에 있는 가스를 직접 끌어올려 파이프로 유도한 다음 지역의 사업가들에게 팔겠다는 생각이었다. 암반 밑으로 뚫어놓은 처음의 가스정들이 별 성과를 내지 못하자, 그는 1857년 늦여름에 8파운드의 화약을 시추공으로 집어넣었다. 이어 시뻘겋게 달아오른 쇳덩어리를 구멍 속으로 떨어뜨렸다. 꽝! 최초의 프래킹은 성공이었다고 당대의 목격자들은 생각했다. 아무튼, 이 폭발에 이어 풍부한 가스가 솟아 나왔다고 지역신문인 《프레도니아센서Fredonia Censor》는 보도했다.[9] 그러나 엄청난 성공에도 바모어는 돈을 벌지 못하고 이 직후 알코올중독으로 사망했다.

이와 달리 에드워드 로버츠는 혁신적인 프래킹 공법의 결과로 부유한 노후를 보냈다. 로버츠 대령은-그는 남북전쟁 때 북군 편에서 싸웠다- 프레더릭스버그 전투에서 포병이 운하를 포격하는 것을 보고 영감이 떠올랐다. 전쟁이 끝난 뒤 로버츠는 '폭발하는 어뢰'로 특허를 출원했다. 어뢰는 그가 말한 대로 작동했다. 로버츠는 어뢰를 화약과 함께 철판으로 감싸고 물을 채운 시추공 속으로 집어넣었다. 이어 심지에 불을 붙였다. 꽝! 1866년 7월, 《타이터스빌 모닝헤럴드 Titusville Morning Herald》는 행운을 잡은 베이커리 유정의 소유주에 대해 보도했다. 이 유정의 생산량은 1일 8배럴에서 어뢰 발사 이후 100배럴로 급증했다는 것이었다. 《헤럴드》지는 '어마어마한 사건'이라고 묘사했다.[10] 그러나 부작용도 있었는데, 폭발로 인해 파편과 돌멩이, 석유와 가스가 구멍에서 솟아 나와 손을 쓸 수 없게끔 일대에 흘러 넘쳤다. 부상자는 물론이고 사망 사례도 드물지 않았다. 화약 대신 니트로글리세린을 투입하는 것도 나을 것이 없었다. 깐깐한 사람들이 당시 프래킹이라고 불리던 '유정 자극'을 위해 더 나은 방법을 모색하기 시작한 것은 당연한 수순이었다.

그러나 혁신을 위한 그다음의 대도약은 거의 100년이 지난 후에야 이어졌다. 1940년대 중반, 오클라호마 털사에 있는 스태노린드 오일의 기술자였던 라일리 '플로이드' 해리스와 동료 보브 패스트는 이상한 현상에 고개를 갸우뚱했다. 유정을 단단히 하기 위해 넣은 시멘트 일부가 깊은 바닥으로 사라진 것이었다. 이들은 시추작업을 하면서 시멘트를 주입할 때 사암沙岩에 균열이 생겨 사방으로 흩어진다는 것을 확인했다. 그렇다면 의도적으로 이 효과를 일으킬 수도 있지 않을까 하는 것이 해리스의 생각이었다. 이들은 시멘트 대신 물과 사광沙鑛(사금, 사철, 사석 따위의 금속 광물을 통틀어 이르는 말-편집자), 모래를 섞은 다음 이것을 텍사스의 고갈되어가는 유정에 고압으로 분사해 넣었다. 생산량이 하루 1배럴로 떨어졌을 때였다. 프래킹 공법을 사용하자 이 유정의 생산량은 갑자기 하루 50배럴로 급증했다. 새로 얻은 석유 덕분에 프래킹으로 생긴 균열을 통해 구멍으로 통하는 길이 발견되었다. 모래알은 프래킹에 따른 미세한 균열이 넓게 벌어지도록 작용했고, 이를 통해 석유와 가스가 계속 솟아나왔다. 바로 이거야! 곧 이 기술은 '자극'을 위해 일상적으로 투입되었다.

1970년대의 석유 위기로 인해 수리학적 파쇄에 대한 관심이 높아졌다. 제럴드 포드 대통령은 1975년, 심지어 유엔총회 연설에서 이 공법을 언급하면서 외국의 에너지 의존에서 미국이 벗어날 기회라고 주장했다. 물론 포드의 희망은 보란 듯이 실현되기는 했지만, 수십 년이 지난 뒤의 일이었다. 연구기관들은 셰일층에서 석유와 가스를 얻는 방법을 두고 실험을 거듭했다. 수억 년 넘도록 단단하게 뭉쳐진 퇴적암의 모공에 석유와 가스가 마치 스펀지에 흡수돼 있듯 들어 있음을 알았기 때문이다. 셰일층에 난 구멍은 매우 미세해서 거의 빈틈이 없다. 지하에 매장되어 있던 석유는 곳곳에서 사암같이 틈새가 더 느슨하고 구멍 많은 층을 통해 빠져나갈 길을 찾아냈다.

지하의 천연자원은 그런 상태로 매장되어 있었다. 업계에서는 먼저 이렇게 매장상태를 파악하고, 이어 구멍을 뚫은 다음, 빨대로 빨아들이듯 끌어올리는 전통방식을 고수했다. 이러한 전통 채굴방식은 많은 석유·가스 전문가들에게 오랫동안 유일한 합리적인 방법으로 간주되었다. 전문가들은 모두 셰일층에서 극소량의 석유나 가스를 퍼내는 데 성공한다 해도 어마어마한 비용이 드는 점을 지적했다. 비용이 너무 비싸게 먹힌다는 것이었다. 그러다 에너지 시장이 다시 활성화하면서 비전통적 방식은 먼지를 뒤집어쓰고 구석에 처박히게 되었다. 그러한 사고방식에 머무르지 않고 비전통적인 생각을 하는 사람이 필요했다. 달리 말하면 의문시되는 방법에 안주하는 것에 의문을 품는 누군가가 있어야 했다. 이 두 가지 요건을 갖춘 사람이 조지 미첼이었다. "내가 고용한 기사들은 항상 '그만둬요. 미첼, 돈을 낭비하는 겁니다'라고 말하죠. 그러면 나도 늘 같은 대답을 해줍니다. '빌어먹을, 다시 뚫어보자고'. 내가 볼 때, 저 아래 80미터 지하에 두툼한 가스층이 형성된 암반이 있다는 것은 의심할 여지가 없으니까요."

미첼이 말한 가스층이 바넷이었다.[11] 텍사스가 바다로 뒤덮여 있던 3억여 년 전, 석탄기의 미시시피기에 형성된 검고 화석이 풍부한 셰일층이었다. 바넷에 대해서는 지질학자들에게 알려진 것이 별로 없었다. 1992년에야 국가석유협의회는 전국 천연가스 매장량을 공식적으로 평가하면서 바넷을 외부에 개방했다. 미첼 덕분에 바넷은 몇 년 지나지 않아 미국 최대의 천연가스 매장지 중 하나가 되었다. 2003년부터 이곳에서 15조 입방피트가 생산되었는데, 이것은 1년간 2억 2,500만 가정에 난방을 공급할 수 있는 양이다. 미국지질조사국USGS은 2015년의 보고서에서 이 셰일층에 아직도 53조 입방피트가 매장되어 있다고 발표했다.

하지만 이런 성공을 가져다준 것은 공학기술이 아니라 실수와 야구를 통한 우연한 만남이라고 훗날 니콜로스 스타인스버거는 말했다. 그는 바넷에서 미첼을 위해 프래킹 공법을 시도한 기사였다. 구멍을 팔 때마다 허탕을 치자 사장인 미첼은 초조해졌다. 미첼은 무기력한 작업팀을 나무라며 욕설을 퍼부었다. 이들은 16년 동안 바넷에서 시추작업을 하며 2억 5,000만 달러를 퍼부었지만 이렇다 할 성과를 내지 못했다. 스타인스버거가 보기에 곧 새 일자리를 찾아야 한다는 것은 분명했다. 그때 그에게 시추작업을 하는 하청업자 한 사람이 보였는데, 시추공으로 너무 묽은 혼합물질을 퍼붓고 있었다. 이때까지 업계에서는 프래킹에 화학물질과 소량의 물이 뒤섞인 일종의 젤을 사용했다. 하지만 이 묽은 수용액이 가져다준 결과는 스타인스버거도 놀랄 만큼 기대했던 것보다 훨씬 좋았다.

몇 주 뒤 그는 텍사스 레인저스의 게임을 보러 갔다(한때 조지 W. 부시가 소유했던 그 야구팀이다). 시추업자협회의 초대였다. 그는 유니언 퍼시픽 리소시스UPR에서 일하는 동료들과 함께 맥주와 핫도그를 먹으며 이야기를 나누었다. 그들은 고압의 프래킹 공법을 위해 물만 투입하며 거기다 윤활제로 약간의 화학물질을 섞는다고 설명했다. 하지만 UPR 사람들이 뚫는 것은 셰일이 아니라 구멍 난 사암이었다. 그렇기는 해도 그는 '잘못된' 프래킹 젤을 사용해봤던지라 바넷에서 실험해보고 싶었다. 그의 말에 동료들은 손을 내저으며 만류했다. 묽은 수용액으로 어떻게 두꺼운 셰일층을 폭파한다는 말인가? 셰일층은 점토 성분이므로 뭔가를 하려면 점토에 구멍을 내야 할 터였다.[12]

스타인스버거가 새로운 처방으로 시도한 첫 번째 프래킹 굴착의 결과는 보잘것없었지만 그래도 이 방법으로 굴착한 그리핀 에스테이트Griffin Estate #4(지주의 이름을 따서 명명함)에서는 3개월이 지나자 바넷의 다른 어떤 유정보다 생산량이 많았다. 스타인스버거는 현대적 '비법'을 발견한 것이다! 셰일을 뚫을 수 있는 혼합성분의 비밀을 말이다.

문제는 이 발견이 너무 늦었다는 것이었다. 미첼은 파산 직전에 몰린 상태였다. 갖가지 실험을 하고 시추를 하느라 회사는 너무 많은 빚을 졌고 더구나 아내 신시아에게는 알츠하이머 진단이 내려졌다. 미첼 자신 역시 전립선암에 시달렸다. 그는 회사를 매각하려 했지만 사려는 사람이 없었다. 업계에서는 여전히 스타인스버거의 성공에 회의적인 사람이 많았다. 대형 석유회사나 가스회사가 손사래 치는 것으로 보아, 앞서나가는 방식이 그들의 기준에서는 너무 한심하게 보인 것 같았다. 하지만 이때 가스 생산이 마침내 눈에 띄게 증가세를 보이기 시작했고 이 일에 흥미를 보인 업체가 나타났다. 규모는 미첼의 회사보다 별로 크지 않았지만, 재정 여건은 훨씬 좋은 데번 에너지^{Devon Energy}였다. 데번은 마침내 2001년 미첼 에너지를 31억 달러에 인수했다. 미첼은 이 가운데 20억 달러를 손에 쥐었다. 구두닦이의 아들이 와일드캐터에서 프래킹 덕분에 억만장자가 된 것이다. 그러나 미첼 말고도 자신의 기술로 거부가 된 사람이 또 있었다.

열렬한 아마추어 천문학자였던 미첼은 많은 자선단체 외에 모교인 텍사스 A&M대학교도 후원했는데, 물리학부와 천문학부의 새 건물 건축을 위해 5,000만 달러를 기부했다. 그리고 칠레 아타카마 사막의 2,500미터 고지에 설치되는 거대 마젤란 망원경^{GMT} 프로젝트에 3,000만 달러를 기부했다. 이 프로젝트는 2025년 완료될 예정이다. 이 프로젝트의 홈페이지는 GMT가 완성되면 빅뱅으로부터 1억 년 후 생성된 은하를 탐사할 수 있게 될 것이라고 말하고 있다. 하지만 미첼은 이 모든 것을 더 이상 볼 수 없게 되었다. 2013년 10명의 자녀와 많은 손자가 지켜보는 가운데 고향 갤버스턴에서 94세를 일기로 사망했기 때문이다. 죽기 전에 그는 자신의 선구적 업적을 무책임하게 다뤄 초래될 결과를 경고했다. 미첼은 엄격한 환경규제를 옹호했는데 2012년《워싱턴포스트》특집기사에서 '이성적인 프래킹을 할 때 안전한 프래킹을 할 수 있다'라고 업계 동료들에게 경고한 적이 있다.[13] 그러나 이 경고는 수많은 시추탑의 소음 속에 묻히고 말았다.

미첼의 기술적 성공은 그에 고무된 석유기사들에 대한 자극 정도로 끝났을지도 모르겠다. 텍사스에서 멀리 떨어진 전혀 다른 곳, 즉 월스트리트에서 전혀 다른 방식의 프래킹 개척자가 새로운 유정을 파지만 않았다면 말이다.

셰일 왕

2016년 3월 2일 아침, 은색의 쉐보레 타호 한 대가 오클라호마시티의 미드웨스트 대로 지하도 교각을 향해 질주했다. 홀로 차에 타고 있던 운전자는 그 자리에서 즉사했다고 경찰은 사고보고서를 발표했다. 수사관들은 운전자가 국도에서 과속했고, 충돌을 피하려는 흔적이 없었음을 확인했다. 자살에 대한 단서는 나오지 않았다. 마침내 사고사라는 조사결과가 나왔다. 운전자는 오브리 매클렌던이었다. 일찍이 미국 경제에 매우 화려한 자취를 남긴 인물 하나가 그렇게 세상을 떠났다. 그가 주력해온 에너지업계에서 매클렌던은 '셰일 킹shale king'으로 알려졌다. 무엇보다 미국이 가장 저렴한 유가를 유지하고, 그 결과 전력요금을 안정시킨 것은 그의 덕분이었다. 금융위기 이후 미국이 경쟁력을 회복한 원인 중 상당 부분은 그에게 공을 돌려야 한다. 하지만 동시에 그는 자신이 이룩한 전부를 날릴지도 모르는 위험에 승부를 거는 도박사이기도 했다. 그는 죽기 전날 미 재무부에 의해 불법적인 가격담합 혐의로 피소되었다. 그리고 이것은 그의 문제 중 일부에 지나지 않았다.[14]

조지 미첼이 자신의 기술로 선구적 작업을 하며 '셰일혁명'을 일으켰다고 해도, 오브리 매클렌던이 없었다면 곧 물거품이 되었을 것이다. 매클렌던은 물과 모래의 수용액에 자본이라는 첨가물을 넣어 강력한 프래킹을 가능하게 만든 인물이다.

매클렌던은 여러 면에서 몸을 사리는 미첼과 대조적이었다. 미첼은 이주민 가정에서 태어나 홀아버지 밑에서 자라며 초원의 성공을 말 그대로 쥐어짜듯 일궈냈다. 이와 달리 매클렌던은 1959년, 오클라호마시티의 석유가문에서 태어났다. 증조부인 로버트 커는 오클라호마 주지사이자 1926년에 세운, 당시로서는 전국에서 가장 비중 있는 에너지 재벌 중 하나인 커-맥기Kerr-McGee사의 공동설립자였다. 매클렌던은 형제들과 마찬가지로 미국 남서부의 명문 듀크대학교에 다녔다. 그는 어려서는 집안사람들과는 달라 보였다. 역사를 공부했고, 미국 노동계급의 가혹한 운명을 주제로 한 브루스 스프링스틴의 노래를 즐겨 들었다. 그는 회계사가 되고 싶어 했다.

그러다 일종의 영감을 얻은 모양이다.《월스트리트저널》에서 두 남자에 관한 기사를 읽었는데, 이들이 애너다코분지로 석유 탐사를 하러 가서 매장지를 굴착하고 유정을 발견해 그것을 워싱턴 가스라이트WGL에 1억 달러에 팔았다는 내용이었다. 그는 훗날《롤링스톤》지와의 인터뷰에서 "두 사람이 어딘가를 파서 대성공을 거두었다는 말에 바짝 구미가 당긴 거죠"라고 말했다.[15] 대학을 졸업한 뒤에는 삼촌의 석유회사에서 일했다. 회사에서는 그를 랜드맨팀에 배치했는데, 기사나 지질학자의 업무에 비해 매력 없어 보이던 분야였다. 랜드맨의 임무는 석유탐사업자들에게 채굴권을 확보해주는 것이다. 가능하면 유리한 조건으로 경쟁자보다 먼저 거래를 성사시켜야 한다. 미국에서 석유 채굴이 이루어지는 한 랜드맨은 계속 존재할 터였다.

여기서 알아야 할 것은, 오클라호마·텍사스·노스다코타 같은 주에서는 합법적 지위의 범위가 독일과는 다르다는 것이다. 가령 독일에서는 누군가 플렌스부르크와 보덴제 사이에 있는 자기 밭에서 '검은 황금'이 솟아나는 유정을 발견했다 해도, 마음대로 유조차에 석유를 채워 비싼 값에 내다 팔 수 없다. 석유는 석탄과 마찬가지로 채굴권의 적용을 받는다. 다시 말해, 그것은 채굴권을 확보한 사람의 소유라는 말이다(오스트리아에서는 규정이 조금 달라서 석탄은 채굴이 허용되지만 탄화수소, 특히 석유는 연맹 소유다. 스위스에서는 주 단위로 관리된다). 이런 제도는 광산경영자에게 채굴권을 대여하는 해당 지역의 영주에게 지하자원이 귀속되었던 시대의 유산이다.

엄청난 지하자원을 가진 미국 대부분 주에서는 이와 달리 채굴권과 시굴권이 사유재산이다. 이런 광업권은 지하자원이 묻힌 토지 주인의 소유일 때가 많다. 하지만 광업권이 유산 분배나 금융거래 등을 통해 다른 사람의 소유로 넘어가는 일도 드물지 않다. 그러므로 토지 표면만 소유한 농부에게 어느 날 프래킹팀이 들이닥쳐 농부의 창고 옆에 시추탑을 세우는 일이 생길 수 있다. 농부와 그의 가족이 하룻밤 새 들어선 성가신 산업시설을 이웃으로 두고 살 수밖에 없는 처지에서 석유와 가스만 나온다면 멀리 떨어진 광업권 소유주가 떼돈을 벌 수도 있다는 말이다. 농부는 손실보전만 받아도 다행이다. 이 업계에서 성공하고 싶다면 소심해서는 안 된다. "'온유한 자는 복이 있나니 땅을 기업으로 받을 것'이라고 하지만 석유시굴권은 아니다." 인색하기로 유명한 석유부호이자 예술애호가인 J. 폴 게티가 한 말이다. 이 사람은 런던에 있는 자신의 저택에 손님용 공중전화를 설치할 정도로 인색했고, 손자가 납치된 상황에서도 납치범이 요구한 돈을 거부해 급기야 납치범이 아이의 한쪽 귀를 자르기까지 했다.[16] 끈질긴 협상과 허세, 이것은 게티가 석유사업에서 익힌 자산이었다. 시굴권이 누구에게 있는지 알아내는 것이야말로 랜드맨의 중요한 임무다. 하지만 이보다 더 중요한 것은 농부든, 목장주든, 소유자가 누구든 상관없이 유정이나 가스정의 채굴권을 채굴회사에 넘길 때 가능하면 적은 지분을 양도하도록 그 권리의 주인을 설득하는 것이다.

이 부분에서 매클렌던은 자신의 천부적 자질을 발견했다. 그는

1982년《롤링스톤》과 인터뷰에서 이렇게 말했다. "지질학자나 석유기사는 중요한 역할을 하지만, 그들의 생각이 아무리 뛰어나도 채굴권을 확보하지 못하면 쓸모없다는 것을 곧 알게 되었죠. 채굴권이 있으면 돈을 벌고, 없으면 못 버는 겁니다."[17] 1982년 23세가 되었을 때, 매클렌던은 랜드맨으로 자립했다. 그는 타자기를 한 대 사고 사무실을 임대한 다음, 유전·가스전 채굴권 소유자들의 명함 몇 장을 구했다. 꽤 큰 회사도 그에게는 성에 차지 않았다. 그는 자신의 1인 회사에 거창하게 '체서피크 인베스트먼트Chesapeake Investments'라는 이름을 붙였는데, 가족과 휴가를 갔던 버지니아의 체서피크 지역이 매우 아름다웠기 때문이라는 말도 있지만, 다른 사람들에게는 회사 경영에 실패할 경우 자신의 명성이 손상될지도 몰라 의도적으로 중립적인 이름을 붙인 것이라고 했다. 매클렌던은 동갑내기 랜드맨인 톰 워드를 사업파트너로 결정했다. 두 사람은 처음에 전혀 실적을 올리지 못했다. "우리는 오클라호마의 작은 땅이나 넘보며 밤이면 팩스로 정보를 보냈습니다"라고 훗날 워드는 회고했다. 1989년, 이들은 5만 달러를 끌어모은 다음 체서피크 에너지Chesapeake Energy를 설립했다. 이후 체서피크는 수십억 달러 가치의 대기업으로 성장한다. 이 회사는 적어도 당분간은 엑슨과 대등하게 거론될 정도였다.

매클렌던과 워드가 성공한 것은 무엇보다 미첼의 혁신 덕분이었다. 프래킹에 앞서 중요한 것은 지하의 석유와 천연가스가 어디에 묻혀 있는지 가능한 한 정확하게 그 위치를 찾아내는 것이다. 지질학자와 시추기사들이 착오를 일으킬 때, 회사가 비싼 대가를 치르며 확보한 채굴권은 진흙 웅덩이만 잔뜩 파놓은 결과밖에 안 남긴다.

그런데 새 프래킹 공법이 도입됨으로써 유명한 셰일층, 예컨대 바넷·퍼미언·바켄·마셀러스 같은 매장지 위에 좀 과장해서 굴착장비만 설치하면 되었다. 이 방식은 특히 암반에서 퍼 올리는 것이 훨씬 쉬운 천연가스에 적용되었다(이 당시 미첼이 명명한 수리학적 파쇄는 아직 본격적으로 석유 채굴에 사용되지 않았다). 그러기 위해 가능하면 신속하게 셰일층에 대한 많은 채굴권을 확보하는 것이 중요했다. 그리고 이것은 랜드맨 매클렌던에게 꼭 들어맞는 임무였다.

매클렌던의 야망이 꿈틀거렸다. 그와 워드는 회사를 설립한 지 4년 만인 1993년 2월 체서피크를 뉴욕증권거래소에 상장했다. 세계에서 가장 크고 가장 명망 높은 증권시장이었다. 두 사람은 증권거래소에 첫발을 내디디면서 투자자들로부터 2,500만 달러를 끌어모았는데 이건 시작에 지나지 않았다.

석유시대의 개척기에도 이미 그랬듯, 석유탐사꾼들에게 중요한 것은 그들에게 필수적인 자금을 대주며 모험을 즐기는 투자자를 찾아내는 것이었다. 퍼미언에 최초의 석유 열풍을 불러일으킨 산타리타 1호도 뉴욕에서 투자한 가톨릭 여신도들이 없었다면 솟구치는 석유를 구경하지 못했을 것이다. 또한 매클렌던이 그랬듯, 석유업자치고 월스트리트와 공생관계를 구축하지 않은 사람은 없었다. 그는 가능하면 차입금으로 일했다. 다른 사람의 돈인 '차입금'은 특히 월스트리트가 애용하는 돈이기도 했다. 어떤 의미에서 매클렌던은 석유업자라기보다 근본적인 의미에서 금융업자였다. 체서피크 특유의 사업모델은 천연가스의 채굴과 판매가 아니라 채굴권의 확보와 판매였기 때문이다. 다른 말로 하면, 그를 비난하던 사람들의 표현대로 '토지 횡령'이 주 사업이라고 할 수 있었다.

매클렌던 일파는 가능하면 신속하게 또 대량으로 전도유망한 매장지의 채굴권을 사들였다. 그런 다음 회사는 가능성이 있음을 보여주기 위해 몇 군데를 시추한 다음, 훨씬 비싼 가격에 채굴권을 경쟁사에 팔아넘겼다. 매클렌던은 2008년의 투자설명회에서 아직도 자신들의 사업형태를 이해하지 못하는 사람이 많을 것이라고 노골적으로 말하기도 했다. 그러면서 에너지 분야에서 돈을 버는 방법에는 두 가지가 있음을 강조했는데, 하나는 유정을 개발한 다음 석유와 가스를 생산해서 파는 것이고, 또 하나는 재산가치가 있는 것을 돈으로 만드는 것이라고 했다. "장담하건대, 1입방피트에 5~6달러의 천연가스를 생산하는 것보다 어느 한 유정의 채굴권을 매입해 5~10배를 받고 파는 것이 훨씬 많은 이익을 냅니다."[18]

이 모든 것은 월스트리트의 은행가들이 부동산을 갖고 장난치다 나중에 엄청난 신용공황과 불경기를 유발한 도박과 다를 것이 없었다. 하지만 체서피크가 이처럼 공격적인 매점행각을 하기 위해서는 현금이 필요했으며, 그것도 거금이 있어야 했다. 천연가스에서 나오는 수입만으로는 이런 거래를 감당할 수 없었다. 다시 매클렌던은 투자자들을 쥐어짰다. 다만 이번에는 주식시장에 데뷔할 때처럼 소유 지분, 즉 주식을 준 것이 아니라 채무증서라고 할 채권을 내주었다. 이 방법에서도 체서피크는 선구자였다. 이 회사는 최초의 하이일드 채권High Yield Bonds, 즉 고수익 고위험 채권을 발행했다. 하이일드 채권은 월스트리트가 투자자들에게 써먹는, 그럴듯하게 치장한 표현이다. 이런 유가증권을 좀 더 엄밀하게 부른다면 정크본드,

즉 쓰레기 채권이 맞다. 채권을 발행한 회사의 신용도가 높지 않다는 말이다. 이런 증권은 해당 회사가 지불 기한을 유예할 위험이 크기 때문에 그 대가로 투자자에게 돌아가는 금리가 높다. 하지만 이런 식의 자금조달은 기업에 비싼 대가를 치르게 만든다. 체서피크는 2011년에만 이런 쓰레기 채권으로 10억 달러가 넘는 자금을 조달했다.

그렇다고 해도 이 회사가 발행한 수십억 달러의 정크본드는 매클렌던이 궁리해낸 다른 거래와 비교하면 건실한 편에 속했다. 2012년 《로이터》 통신이 보도한 기사 제목은 '체서피크의 최대 유정: 월스트리트'였다.[19] 매클렌던의 새로운 아이디어는 이른바 생산량 기준 지급방식(VPP)이었다. 악명 높은 모기지 서류의 이해하기 어려운 언어와 2008년의 금융위기를 부른 복합금융상품을 쏙 빼닮았다는 점에서 VPP는 그에게 꼭 들어맞는 수법이었다. 에너지기업은 미래에 채굴할 석유나 천연가스를 VPP로 대체하는 것이다. 매클렌던은 여전히 암반 밑에 묻힌 천연가스를 수십 년간의 담보로 저당잡혔다. 체서피크 설립자들이 보기에 이 거래는 커다란 장점이 있었다. 회계 측면에서 볼 때 VPP는 대출이 아니라 자산가치의 매각에 속했고, 이 작지만 미세한 차이 덕분에 이 거래는 대차대조표의 대변에 기록되지 않는다. 그러므로 대차대조표는, 적어도 언뜻 볼 때는 건실해 보인다.

매클렌던은 적극적인 후원자들을 찾아냈다. 2007년 12월 매클렌던이 최초로 VPP 계약을 한 것은 도이치뱅크의 자회사인 DB에너지트레이딩과 스위스연방은행UBS의 한 지점이었다.[20] 여기서 체서피크는 11억 달러를 챙겼고, 대신 은행들은 15년간 유정 4,000곳의 생산량을 확보했다. "우리가 맺은 최초의 VPP 거래는 투자자들에게 큰 관심을 불러일으켰습니다"라고 매클렌던은 한 기자회견에서 설명했다. "그런 성공적 거래가 계속 이어지면 좋겠습니다." 그리고 그는 체서피크에서 더 많은 복합상품을 개발해 블루 데블이나 글렌 풀, 아르고너트 같은 이름으로 실체를 가리고자 애썼다. 앞의 은행 외에 영국의 바클레이 · 모건스탠리 · 웰스파고 같은 국제적 대형은행들도 달려들었다.

물론 매클렌던이 상장함으로써 회사가 주주의 소유가 되기는 했지만, 그렇다고 그가 체서피크를 이용해 사익을 취할 길이 막힌 것은 아니었다. 매클렌던은 감사위원회에 많은 친구와 지인을 배치하고 자신이 익명 동업자로서 모든 유정에 관여하기로 합의했기 때문이다. 업계에서는 이례적이라고 할 이 협정에 대하여 그는 늘 창의적인 사람답게 설립자유정참여계획FWPP이라고 불렀다. 이 '설립자유정참여계획'을 통해 그는 주주들에 앞서 원천적으로 잠재적인 이익을 뽑아낼 수 있었다. 하지만 동시에 개발비용도 분담해야 했다. 그러면 그는 순식간에 수억 달러로 불어나는 개발비용을 어떻게 부담했을까? 당연히 차입금으로 해결했다.

《로이터》 통신의 기자는 2012년 체서피크 사장이 11억 달러 규모의 융자를 받았다고 보도했다.[21] 채권단이 담보를 요구하자 매클렌던은 FWPP 합의서를 넘겼다. 이렇게 해서 자신의 이익을 보장하고 위험의 상당 부분을 채권단에 떠넘기는 그의 재주는 성공했다. 박수! 이뿐만 아니라 그는 사장으로서의 활동 외에 문화유산 관리라는 명목으로 2억 달러 상당의 천연자원 헤지펀드도 관리했다. 다만 이 분야는 다루기가 조금 까다로웠다. 그의 주된 특기는 미국 굴지의 천연가스 생산업체에서 사장 노릇을 하는 것이었기 때문이다. 아무튼, 그는 주주들에게 자신이 어떻게 그런 부업을 맡게 되었는지 알리지 않았다. 주주들은 2009년 1억 1,200만 달러 규모로 미국 최고 연봉의 기업체 수장이 된 자신들의 최고경영자가 수익성 좋은 취미를 가지고 있다는 사실을 《로이터》 통신의 보도가 나오고서야 알았다. 물론 매클렌던은 이사회 의장의 지위를 잃기는 했지만(이때까지 사실상 그가 자신의 지위를 스스로 결정한 것은 미국기업에서 이례적인 일이 아니었다) 회장 직함은 계속 유지했다. 석유업계의 슈퍼스타를 감히 자르지는 못했기 때문이다.

매클렌던은 오랫동안 의심스러운 협정을 숱하게 맺으며 버텼다. 은발의 곱슬머리에 무테안경이 트레이드마크인 이 남자는 적과 동지의 모습을 동시에 보여주듯, 설득력과 공격력으로 충만했다. 또 사교성이 아주 좋았다. 금융거래는 대부분 1962년 보이드 제퍼리스가 설립한 제퍼리스앤코 투자은행을 통해 이루어졌다. 증권중개인으로서 제퍼리스의 특기는 인수할 준비가 된 회사의 주식을 사 모은 다음 이것을 다시 기업사냥꾼과 차익거래자에게 연결해주는 것이었다. 제퍼리스는 시세조작으로 피소되면서 사업에 타격을 받았다. 그는 이반 보에스키라는 사람과 이와 관련한 음모를 꾸몄는데, 보에스키는 내부자 거래로 3년 반 동안 옥살이를 한 사람이었다. 이 사건은 월스트리트의 이미지에 먹칠한 스캔들의 하나였다. 흥행에 성공한 할리우드 영화 〈월스트리트〉의 악역 주인공인 고든 게코도 부분적으로는 보에스키를 모델로 한 캐릭터다. 언젠가 보에스키는 학생들 앞에서 이렇게 말했다. "나는 탐욕이 건전한 것이라고 생각합니다. 사람은 얼마든지 탐욕을 부리고 좋은 기분을 만끽할 수 있어요." 〈월스트리트〉의 올리버 스톤 감독은 이 말에 영감을 받아 시나리오에 삽입했다.

그 사건으로 제퍼리스는 5년간 취업금지라는 관대한 처분을 받았지만, 자신이 설립한 은행의 자리는 내놓을 수밖에 없었다.[22] 설립자가 나간 뒤 이 은행은 규모는 작아도 야심만만한 월스트리트 업체로 발전했다. 제퍼리스가 이렇게 된 것은 -사람보다 은행- 금융위기 덕분이었다. 반면 리먼브라더스나 베어스턴스와 같이 더 유명한 일련의 경쟁사들은 파산하거나 경영을 대폭 축소해야만 했다. 하지만 제퍼리스 은행이 1류 기업으로 성장하게 된 것은 무엇보다 체서피크와 매클렌던과의 거래를 통해서였다. 그것은 결코 우연이 아니었다. 제퍼리스 은행의 부회장은 매클렌던이 듀크대학교 학생 시절부터 알고 지낸 랠프 이즈 3세였다. 두 사람은 같은 학생클럽에서 활동했다. 이들은 또 고급 와인을 즐기는 취미도 공유했고, 공동으로 보르도에 클로 듀브레일이라는 포도농장을 소유할 정도였다. 이곳의 생테밀리옹 그랑크뤼는 맛이 '일품'이라고 《포브스》지의 직원은 찬사를 아끼지 않았다.[23] 또 당시 35세의 체서피크 최고재무책임자[CFO]였던 도미니크 델로소도 제퍼리스 출신이었다. 누이 좋고 매부 좋은 격으로 밀착된 관계였다.

이즈와 동료들의 도움, 그리고 정교한 금융곡예 덕분에 매클렌던은 제국을 건설했다. 그전에 체서피크는 6만 평방킬로미터의 채굴권을 확보해 절정에 올랐을 때였다. 독일연방에서 가장 큰 바이에른주의 면적이 7만 평방킬로미터라는 것과 비교한다면 어느 정도인지 가늠이 될 것이다. 하지만 이 때문에 회사는 2000년과 2012년 사이에 부채 규모가 400억 달러까지 치솟기도 했다.[24] 제퍼리스는 대출 알선과 인수를 비롯해 여러 거래에 대한 컨설팅 수수료로 수억 달러를 거둬들였다. 또 체서피크가 주거래은행으로 삼아준 것은 에너지 분야의 고객을 끌어들이는 데 도움이 되었다. 이것은 지금까지도 이어지고 있다. 2017년 1월, 월스트리트의 온라인신문《스트리트The Street》는 '바삐 돌아가는 제퍼리스의 에너지 부문은 끝내준다'라는 제목을 달았다. 이 말을 부드럽게 풀이하면 '제퍼리스의 분주한 에너지 부문은 시장을 꿰뚫고 있다' 정도가 될 것이다.[25] 이 은행은 그전에 12개월 동안 52건의 합병을 성사시켰는데, 제퍼리스의 임원들은 각각 1억 달러 이상의 컨설팅 수수료를 챙기면서 최고 투자은행 대열에 올랐다. 세계적으로 부러움을 사는 골드만 · 모건스탠리 · JP모건 같은 대형 투자은행과 업계순위에서 별 차이가 없었다.

월스트리트의 새로운 금맥

매클렌던이 월스트리트에서 돈을 빨아들인 시점은 아마도 별일만 없었으면 그보다 더 좋을 수 없었을 것이다. 2007년 부동산 투기는 최고점을 찍었다. 2006년 월스트리트의 은행들은 1,450

억 달러 이상의 이익을 챙겼다. 그런 다음 거품은 꺼졌고 월스트리트의 돈을 찍어내는 기계는 망가졌다. 은행이 정치권에 의해 구제받는 동안, 나머지 세계는 1930년대의 대공황 이래 최악의 위기에 몰렸다. 투자자와 주택소유자, 노동자들은 뉴욕과 런던의 금융계 거물들이 흥청망청 소비한 대가를 지불했다. 금융위기에 따른 비용은 의회 추산으로 미국에서만 20조 달러에 이르렀다. 이것은 2018년의 미국 총생산량과 맞먹는 규모다. 900만 개 이상의 일자리가 사라졌고 수백만 명의 미국 시민이 집을 잃었다. 세계적으로 수십억 달러의 구제자금이 세금을 집어삼켰다. 경제적 측면에서는 피해규모가 2001년 9월 11일 테러를 능가했다.

금융시스템이 붕괴한 결과는 여전히 전모를 파악할 수 없었다. 그때 뉴욕의 은행들은 새로운 활동 분야를 찾아 나섰다. 석유와 천연가스는 땅속에 그득한 것으로 보였다. 한쪽에는 현금에 굶주린 프래킹 업자들이 있었다. 그들의 현금 수요는 그들이 뚫는 시추공의 깊이만큼이나 끝이 안 보였다. 다른 한쪽에는 금융위기 이후의 대대적인 손실을 다시 만회할 기회를 엿보는 펀드매니저와 연금관리자들이 있었다. 월스트리트의 은행가들은 큰손들을 대상으로 손실 만회의 기회가 프래킹 업자들에게 있음을 필사적으로 입증해야만 했다. 그것이야말로 월스트리트의 전문 분야 아니던가. 그들은 즉시 새로운 구호를 주문처럼 외고 다녔다. 에너지 수요는 줄지 않을 것이며, 석유나 천연가스의 가격은 오르면 올랐지 떨어질 일은 없다는 것이었다. 이 말은 그전에 미국의 부동산 가격이 전국적으로 동시에 하락하는 일은 결코 없을 거라는 규칙만큼이나 설득력이 있어 보였다.

또 다른 이유에서 투자자를 다시 유혹하는 데는 어려울 것이 없었다. 불황을 극복하고, 결정적으로 재난을 일으킨 은행을 구제하기 위해 각국의 중앙은행이 기준금리를 '제로'로 낮췄기 때문이다(후에 독일은 심지어 마이너스 금리로 떨어뜨리기까지 했다). 연기금·보험사·투자기금 같은 대형투자기관은 국채 혹은 그와 비슷한 유가증권에 대한 투자가 인플레이션을 막아주지 못하는 문제에 직면했다. 연금 및 보험수급자들에 대한 약속을 지키기 위해 이들 투자기관에 필요한 것은 최저수익률이다. 가령 미국의 연기금은 연리를 8퍼센트 정도로 예상한다. 따라서 투자자는 필사적으로 인플레이션의 허점을 메워주거나 적어도 더 커지지 않게 해줄 투자수단을 찾았다.

부동산 열풍이 일었을 때처럼, 월스트리트에서는 부채를 가장 적극적으로 추천했다. 에너지 부문에서 돈을 벌기 위해 (사실 쓰레기 채권에 가까운) 하이일드 채권을 발행한 체서피크를 모방하는 기업들이 줄을 이었다. 미국 증권산업·금융시장협회Sifma에 따르면 2008년에 이 세분화한 시장의 규모는 430억 달러에 이르렀다. 그리고 5년 후에는 3,360억 달러로 늘었다.[26] 무려 7배나 증가한 것이다. 2008년 5퍼센트를 차지했던 에너지기업의 비중은 5년 후 17퍼센트로 늘어났다. 오늘날까지 에너지 분야에서 가장 활발한 것은 정크본드 사업이다. 지급능력이 열악한 주택구매자의 불량담보와 마찬가지로 채권을 발행하는 투자은행의 장점은 위험을 투자자에게 떠넘긴다는 데 있다(금융위기 이전에 독일 은행들도 즐겼던 방식이다). 그들은 중개수수료로 거액을 챙기기 때문이다.

모기지 열풍과의 유사점은 또 있다. 이른바 '에너지 운송 기반시설 집중투자(MLP)'는 인기를 끄는 투자 프로젝트에 속했다. MLP라는 세 글자는 CDS(신용부도스와프)·MBS(주택담보증권)·CDO(부채담보부증권)처럼 금융위기 당시에 악명을 떨치던 약자에 어울린다. 상장된 이 공동투자 방식은 미국 에너지기업(에너지 생산기업 및 그들에게 종속된 파이프라인 및 저장시설의 운영사)의 주식을 기반으로 한다. 1981년 오클라호마에 본거지를 둔 석유시추회사 아파치Apache가 최초의 MLP를 발행했다.[27] 그리고 2000년에는 20개 사로 늘어났는데, 금융위기 이후에 투자자들은 바로 이 유가증권으로 몰려들었다. 2007년 약 1,000억 달러가 에너지 MLP에 투자되었던 것이, 2014년에는 5,000억 달러로 폭증했다.

리먼의 파산 후 수년간 많은 기업은 자금조달에 애로를 겪었다. 이와 달리 프래킹 업자들은 때로 석유나 천연가스를 발견하는 것보다 더 수월하게 자금원에서 돈을 뽑아 썼다. 금융위기 이전에 프래킹 업자들은 주로 은행 대출을 통해 자금을 조달해오다 2008년 이후에는 이 자금원이 고갈되었다. 처음에는 은행이 더 이상 대출할 형편이 못되었고, 그다음에는 금융감독위원회에서 기준을 엄격하게 강화했다. 하지만 프래킹 업자들은 이내 새 후원자를 찾아냈다. 사모펀드사가 석유와 천연가스에 집중적으로 투자했기 때문이다. 2014년의 유가 하락도 이 흐름을 막지는 못했다. 에너지 투자 컨설팅사인 오퍼튠Opportune의 평가에 따르면, 2014년 중반부터 2017년 중반 사이에만 지분이나 회사를 매입하는 데 1,000억 달러 이상을 투자했다. 오퍼튠의 애널리스트들은 고객을 위한 보고서에서 '국제적 중소기업이 자금조달에 어려움을 겪는 동안, 연준(미국 발권은행)

의 제로금리정책은 북아메리카의 지하자원 투자 열기에 재정적 도움을 주었다'고 진단했다.[28]

여기에 2000년대의 부동산 거품과 유사한 점이 있음을 간과해서는 안 된다. 그때도 수익률에 굶주린 투자자들은 제한된 시장에서 대출로 수천억대를 뽑아 쓰면서 끝없이 집값을 치솟게 만들었다. 애리조나와 플로리다에서는 하룻밤 새 마을들이 들어섰다 유령도시로 변했다. 그 위에서는 마치 찌꺼기를 먹으려는 상어떼가 우글대는 형국이었다(수면이 요동치는 수영장에 악어떼가 숨어 있는 격이라고 할 수도 있다).

부동산 거품 때와 마찬가지로 내막을 아는 사람들은 숙취의 쾌감 다음에 이어질 고통에 대하여 연일 경고를 보냈다. 2011년 《뉴욕타임스》는 감독 당국의 투명성 요구를 통해 규제기관과 변호사, 월스트리트 대표, 지질학자, 회사직원 사이에 주고받은 전자우편을 들여다볼 기회가 있었다.[29] 가령 은행의 어떤 애널리스트는 한 업계 대표에게 '셰일가스'는 근본적으로 이익이 되지 않는데도 "엄청난 자금이 흘러다닌다"라고 말하며 "닷컴열풍 때를 연상시킨다"라고 덧붙였다. 《뉴욕타임스》 보도에 따르면 또 다른 애널리스트는 모든 것이 거대한 다단계 사기라고 말했다고 한다.

여기서 그가 암시하는 것은 천연가스뿐 아니라 석유 역시 세일 유정에 전반적인 문제점이 있다는 것이었다. 단지 생산량을 유지하기 위해, 특히 생산량을 늘리기 위해 끊임없이 새로운 유정을 개발해야 한다. '우리 기사들은 이 유정들의 20~30년 전망치를 제시하는데,

내 생각에는 먼저 그 방법이 실행 가능한지 입증해야 할 것입니다.' 이것은 하필 체서피크의 지질학자가 연방정부 대표에게 보내는 보고서에서 내린 부정적 평가다. '생산 첫해에 양이 감소한 것을 보면 제 판단은 회의적입니다.' 《뉴욕타임스》 보도에 따르면, 이 보고서가 작성되던 시점에 매클렌던은 투자자들을 부추기며 지금이야말로 "천연가스에 집중할 때"라고 목소리를 높였다 한다.

2018년 《월스트리트저널》의 조사를 보면 사람들은 그때 이후로 별다른 변화가 없다고 생각한다. 기자들은 셰일 생산업체들이 몇 해 전 앞으로 유정에서의 생산량을 예상한 수치와 실제 생산량을 비교했다. '지난 5년간 개발된 1,000여 군데의 셰일 유정은 소유주들이 투자자 앞에서 예상한 것보다 생산량이 적었다'는 것이 《월스트리트저널》 기자의 냉정한 결론이다. 전체적으로 볼 때, 면밀하게 조사한 유정 1만 6,000개의 생산량은 투자자들에게 말한 것보다 약 10퍼센트가 적었다. 10퍼센트라면 대수롭지 않게 들릴지 모르지만 《월스트리트저널》의 추산으로는 프래킹 업자가 약속한 것보다 약 10억 배럴이 적은 양이다.[30] 그렇다고 미국의 생산량이 고갈되었다는 말은 아니다. 다만 매장된 셰일층을 채굴하는 비용이 올라간다는 것이다. 생산량이 감소하면 기업은 생산량을 유지하기 위해 끊임없이 새 유정을 개발해야 한다는 압박을 받는다. 그러자면 새로운 자금이 필요하다. 이상적인 것은 외부차입이 아니라 기존에 개발된 유정에서 보상받는 방법일 것이다. 자본금을 마련하기 위해 새로 부채를 지는 것은 심한 압박을 받기 때문이다.

셰일혁명은 아무튼 투자자들에게는 지금까지 엄청난 손해를 보는 장사였다. 컨설팅사인 에버코어[51]는 《월스트리트저널》의 보도를 통해 2007년 이후 프래킹 업자들이 투자자로부터 거둬들인 이익과 그들의 생산량 사이에는 2,800억 달러라는 틈이 생겼다고 평가했다. 이것은 대략 칠레의 연간 총생산량과 맞먹는 규모다.[31]

반대로 많은 프래킹 업자는 이 시기에 엄청난 돈을 벌어들였다. 예컨대 매클렌던은 억만장자가 되었으며, 가능하다면 언제나 낭비가 심한 생활을 지속하기 위해 체서피크를 이용했다. 가령 그와 가전업체 월풀 가문의 상속녀인 부인 캐슬린이 회사 전용기를 타고 파리에 갔을 때 이 여행에 들어간 10만 8,000달러는 매클렌던이 회사 비용으로 처리했다고 2012년 《로이터》 통신은 설명했다.[32] 한 번은 캐슬린의 친구들이 매클렌던 부부가 타지도 않았는데 버뮤다로 비행한 적도 있다. 《로이터》 통신에 따르면 이때 들어간 2만 3,000달러도 마찬가지였다. 매클렌던은 시애틀 슈퍼소닉스의 지분을 사들이고 이 NBA 농구팀을 오클라호마시티로 옮겼다. 여기서 팀은 선더로 이름이 바뀌었다. 미국에서는 떠들썩한 빅딜이었다.

그러나 '셰일 왕'은 차입금 없이는 열정을 불사를 생각이 전혀 없었다. 이에 따라 체서피크는 선더 팀과 3,600만 달러 규모의 후원을 계약했고 홈구장에 연간 400만 달러의 보조금을 지급했다. 매클렌던은 버뮤다와 하와이, 로키산맥에 별장을 사들였다. 그는 남들이 우표를 수집하듯 골동품 요트를 수집했다.

《로이터》 통신 기자가 2012년 6월 이 모든 사실을 세상에 알리자 체서피크 주주들은 분노했다. 하지만 매클렌던이 자신이 설립한 회사를 떠나야만 했던 실제 이유는 다른 데 있었다. 셰일 왕은 그 자신의 성공에 희생되었다고 할 수 있다. 갈수록 많은 채굴회사가 그의 뒤를 따르는 가운데 미국은 마침내 러시아를 제치고 최대 천연가스 생산국이 되었다. 이것은 물론 소비자들에게는 더없이 좋은 일이었다. 가격이 계속 떨어졌고 덩달아 전력요금도 떨어졌다. 발전소가 석탄에서 천연가스로 연료를 대체했기 때문이다. 그러나 체서피크로서는 재앙이었다. 매클렌던은 한 번 더 방식을 바꿀 수 있을 것이라고 생각했다. 곧 겨울의 혹독한 추위가 닥칠 것이고, 그에 따라 천연가스는 순식간에 가격이 오를 것이라고 확신했다. 실제로 그는 자신이 체서피크의 금융부문에 적당한 선물거래를 지시해서 바닥 시세로 떨어지는 것을 회사가 막을 수 있을 것으로 확신했다고 《블룸버그 비즈니스위크Bloomberg Businessweek》는 보도했다. 매클렌던의 계산은, 값비싼 연계매매(hedging) 계약을 하지 않아도 그의 예상대로 가격이 오르기만 하면 훨씬 더 많은 돈을 벌게 된다는 것이었다. 하지만 그 예상은 빗나갔다. 포근한 겨울 날씨로 가격이 바닥을 친 것이다.[33] 이것이 최후의 결정타가 되었다. 당시 체서피크의 감사위원이던 칼 아이칸은 위험을 마다하지 않았다. 이 거칠기 짝이 없는 뉴욕의 기업사냥꾼은 특히 투기를 통해 부자가 된 인물이다. 이제 그는 매클렌던의 목을 요구했다. 그리하여 2013년 4월 1일, 매클렌던은 자신이 설립한 회사를 떠났다.

매클렌던은 바로 다음 날 '아메리칸 에너지 파트너스AEP'라는 새 회사를 설립했다. 오클라호마시티의 고층건물에 차린 새 사무실 창밖으로는 바로 옆에 자리한 체서피크 본부 건물이 내려다보였다. 그리고 월스트리트는 여전히 셰일 왕을 버리지 않았다. 얼마 지나지 않아 그는 다시 수십억 달러 규모의 차입금을 얻었다. 하지만 과거를 그렇게 간단히 떨쳐버릴 수는 없었으니, 검찰은 채굴권 가격을 올리기 위해 경쟁사와 담합한 혐의로 그를 수사했다. 체서피크는 내부문서를 새로 차린 회사로 몰래 빼돌렸다며 그를 고소했다. 매클렌던은 모든 혐의를 공개적으로 반박했다. 그는 모든 의혹을 말끔히 해소하고 명예를 되찾을 것이라고 말했다.

2016년 2월 27일, 56세의 매클렌던은 VIP석에서 선더 팀이 쓰라린 패배를 당하는 모습을 지켜보아야 했다. 그리고 3일 후, 검찰에서 그를 기소할 것이라는 우편물이 왔다.

사실 그날 밤 매클렌던은 회원 전용의 비콘 클럽으로 손님들을 초대했었다. 그중에는 비센테 폭스 멕시코 전 대통령도 있었다. 손님들에게는 어린 양고기와 농어요리가 제공되었으며, 이들이 마신 나파밸리 와인은 매클렌던의 개인 저장실에서 가져온 것이었다. 하지만 매클렌던은 양해를 구하고 참석하지 않았다. 그가 피소되었다는 소식을 들은 손님들은 얼큰하게 취한 상태에서 자리에 없는 주인을 향해 저녁 초대에 감사를 표했다. 그들은 이튿날인 3월 2일 매클렌던에게 전달하기 위해 빈 와인잔에 서명을 했다.[34]

그러나 서명한 잔은 전달되지 않았다. 이날 아침 9시 12분 셰일왕이 사망했기 때문이다.

텍사스 대 사우디

　　　프래킹 작업을 할 때는 시추공에서뿐만 아니라 모든 것이 고압으로 진행된다. 작업반과 감독관, 지질학 팀이 투입돼 크레인·시추장비·발전기·펌프·이동식 주택·컴퓨터 장비·투광조명등, 심지어 옥외화장실까지 모든 산업시설을 운송하고 설치해야 한다. 시설과 장비는 프래킹 업자들이 임대하며 직원들은 대부분 하청업자를 위해 일하거나 자기 지분을 위해 작업한다. 하지만 이 말은 동시에 굴착이 진행되는 시간마다 비용이 발생한다는 의미이기도 하다. 그러므로 프래킹이 완료될 때까지 쉬는 시간은 없다. 장비와 인력(시추시설과 작업팀)은 석유나 가스가 솟아날 때까지 24시간 쉬지 않고 교대로 투입된다. 이 과정에서 발생하는 비용은 많으면 40퍼센트까지 고압 펌프 가동비가 차지한다. 하나의 유정이 개발돼 생산을 시작할 때까지는 500만~1,000만 달러의 비용이 들어간다. 무엇보다 어디서 시추작업이 이루어지는지, 얼마나 인력과 장비가 집중적으로 투입되는지에 달렸다. 채굴 열기가 한창일 때는 모든 것이 그만큼 비쌌다.

　그런 이유로 많은 전문가는 오랫동안 셰일유에서 틈새시장의 효과만 노렸다. 전체적 비용은 유가가 장기간 고공행진할 때만 보상받을 수 있기 때문이다. 가격이 내려가면 소규모 독립회사들은 사업을 접을 수밖에 없다. 하지만 프래킹 업자와 그들에게 자금을 대주는 월스트리트의 자본가들은 역사적인 호기의 도움을 받았다. 2008년 9월 리먼브라더스가 파산한 뒤 전 세계가 금융시장 붕괴의 여파와 싸우는 동안 석유시장은 예외적인 특수를 누리는 것처럼 보였다. 가격은 하늘 높은 줄 모르고 계속해서 올라갔다. 유가는 오랫동안 배럴당 90달러 이상을 유지했는데 인플레를 감안한다면 이것은 세계적으로 두 번밖에 전례가 없던 일이다. 이란에서 혁명이 일어난 뒤인 1979년, 그러다 1981년 북해에서 새 유전이 발견되었을 때 고공행진은 멈추었다. 2008년에는 중국에서 수요가 꾸준히 증가하는 바람에 중국은 순수출국에서 대표적인 원유수입국으로 변했고, 이것이 기록적인 가격상승 요인이 되었다. 리먼브라더스가 파산하기 몇 달 전인 6월에는 배럴당 150달러라는 최고기록에 접근했다. 그 후 미국과 다른 서구 선진국에 불황이 찾아오면서 수요는 급감했고, 이와 더불어 유가도 배럴당 40달러로 폭락했다.

하지만 저가행진은 기간이 짧았다. 한쪽에서는 OPEC가 생산량을 감축했고 다른 한쪽에서는 미국 발권은행이 은행을 구제하고 경기침체를 막기 위해 금리를 인하했다. 미국의 저금리정책은 다시 달러를 압박했다. 재산을 달러로 보유하는 것은 더 이상 이익이 되지 않았다. 석유는 달러로 거래되었기 때문에 미화의 가치하락은 자동으로 유가를 올려놓았다. 배럴당 석유의 달러 구매가가 올라갔다는 말이다. 세계적 경제재난이 중국까지 덮치지 않을까 두려워했던 베이징 정부는 효과가 입증된 정책을 펼치며 공항·고속도로·기차역을 건설했다. 제철소는 생산량을 5억 톤에서 12억 톤으로 늘렸다(중국의 이러한 대대적인 생산과잉은 결국 2018년 트럼프의 보복관세로 이어졌다). 하지만 에너지 시장으로 볼 때, 이것은 무엇보다 수요를 의미했다. 그리고 2010년 말 튀니지의 시위와 더불어 마침내 아랍의 봄이 끝났다. 소요사태는 **빠른** 속도로 이집트·리비아·시리아·바레인 왕국으로 번졌다. 오늘날보다 석유시장에 훨씬 결정적 영향을 주었던 중동의 불안한 정세는 유가 상승을 부채질했다. 2014년 초여름, 유가는 다시 100달러를 넘어섰다.

미국인들이 전국적으로 직장을 잃고 집을 압류당하는 동안 텍사스의 퍼미언과 노스다코타의 바켄, 콜로라도와 와이오밍의 나이오브라라 셰일층에서는 프래킹 업자들이 쉴 새 없이 작업에 매달렸다. 그들은 바닥에 채굴시설을 설치하고 작업반 숙소를 세우고 파이프라인을 설치하느라 눈코 뜰 새 없었다. 그와 동시에 그들은 끊임없이 미국의 석유 생산량을 늘렸다.

리야드에서는 이런 추이를 의혹의 시선으로 지켜보았다. 1973년의 석유 금수조치 이후 사우디아라비아 왕실은 사실상 석유시장을 지배했다. 이들은 최대 산유국으로서 OPEC의 정책에 최종결정권을 행사했다. 시추회사들은 시장지분을 몰수하겠다고 사우디를 위협했다. 1980년대의 북해유전이나 1990년대 러시아의 개방정책 등 과거의 경험을 통해 사우디아라비아는 지분을 다시 거두어들이기 힘들다는 것을 알았다. 사우디아라비아는 계획이 있었지만 먼저 나머지 OPEC 회원국을 설득할 필요가 있었다. 2014년 11월, 이 석유 카르텔의 연례회의에서 회원국들은 생산량을 감축하지 않기로 결정했다. 이전에 비슷한 조건에서 OPEC가 생산할당량을 낮추었기 때문에 이는 예상 밖의 결정이었다. 얼핏 이 결정은 실제로 역효과를 부를 것처럼 보였다. 사우디아라비아 관점에서 더 낮은 가격은 국가 최대의 수출사업에 따르는 수익도 줄어든다는 의미였다. 그러나 사우디아라비아 왕실이 볼 때는 그로 인해 프래킹 업자들을 제압할 수 있다면 가치 있는 일이었다.

사우디아라비아에서 확실하게 예측했듯, 갈수록 침체하는 경기로 인해 가뜩이나 수요가 줄어든 마당에 생산량을 유지하자 석유 과잉 현상이 나타났다. 사우디아라비아의 계획은 단순했다. 그들은 미국 석유회사의 아킬레스건이 유가라는 것을 꿰뚫고 있다고 믿었다. 당시 프래킹 업자들의 유가는 배럴당 70달러가 넘는 수준이었다. 예상대로 유가는 무너졌다. OPEC의 결정 이후 18개월 동안 배럴당 30달러 아래로 떨어질 때도 있었다. 이 정도의 가격 폭락은 사우디아라비아에서도 생각하지 못한 것이었다.

유가 폭락의 결과는 참혹했다. 사우디아라비아의 경제는 이후 수년간 그 여파로 시달렸다. 하지만 어쨌든 기대했던 대로 미국 석유회사를 겨냥한 효과는 달성되었다. 부채비율이 높은 미국의 중소 채굴회사들은 대부분 연달아 파산했다. 2015년과 2016년 사이에 100여 회사가 파산신고를 했다. 채굴탑 절반 정도가 폐쇄되었고 이미 프래킹 공법으로 채굴이 시작된 곳도 그대로 가동이 중단되었다. 석유회사의 직원 15만 명이 직장을 잃었다.[35] 수천 명이 실업자가 된 퍼미언에서는 1986년의 망령이 되살아났다. 석유업계에서는 이런 농담이 유행했다. 경기가 좋을 때 미들랜드 사람은 가장 먼저 별장을 사고 다음에 요트를 사고 맨 나중에 애인을 구한다. 그런데 경기가 나쁠 때는 맨 먼저 애인을 버리고 다음에 요트를 팔며 마지막에 별장을 처분한다는. 그 말대로라면 2015년과 2016년에는 도시에서

부동산 가격이 폭락할 때처럼, 분명히 값싸게 나온 요트나 독신녀가 많았을 것이다.

미국이나 그 밖의 나라에서 숨 가쁘게 석유 열기를 뒤쫓던 언론은 이제 유가 폭락에 따른 기사를 쏟아냈다. 기사 내용은 튀김 전문 요리사로 변신한 과거의 석유업계 종사자들, 부모의 보호를 받지 못하고 방치된 아이들, 20번 주간고속도로를 따라 녹슨 채 방치된 채 굴탑들에 관한 것이었다. 프래킹 열풍은 제대로 시작도 해보기 전에 끝난 것처럼 보였다. 세상은 프래킹 업자들을 잊어버렸다.

하지만 사우디아라비아 사람들은 상대를 과소평가했다.[36] 초대형 유조선의 전략적 기동성을 갖춘 주변의 석유재벌에 익숙한 그들은 새로운 경쟁자들의 중요한 장점을 간과했다. 새 상대는 규모가 더 작았기 때문에 성공의 문턱도 더 낮았다. 무엇보다 그들은 대재벌보다 유연했으며 특히 끈질기고 위험을 마다하지 않았다.[37] 이런 특징은 그토록 고달픈 세파를 이미 겪어본 텍사스인의 기질에 어울렸다. 대부호가 되겠다는 희망에 부푼 이들의 조상이 소를 키우고 면화를 심은 것도 오로지 놀라우리만치 가격이 오르기를 기대했기 때문이 아니던가. 석유는 긴 불황의 늪에서 최근에 맛본 실망에 지나지 않았다. "스테이크를 먹다 콩을 먹을 수도 있고, 문을 활짝 열어젖히며 명령하다 반대로 흠칫 놀라며 뒤로 나자빠질 수도 있는 거죠"라고 레이 스미스는《허핑턴포스트》기자들에게 말했다. 그는 유전의 기사로 근무하다 일자리를 잃고 자동차부품 매장 오토존에서 시급 9달러짜리 아르바이트를 하는 사람이었다.[38]

원가 압박은 프래킹 업자들이 기발한 생각을 하도록 만들었다.[39]

그들은 물처럼 넉넉하지 못한 자원을 재활용하기 시작했다. 수압파쇄 작업을 하자면 먼저 담수를 실어와야 하는데, 여전히 이 작업은 대부분 탱크로리로 이루어진다. 굴착을 위해 수도관을 설치하는 경우는 드물다. 따라서 1회 운행할 때마다 비용이 발생한다. 프래킹 작업을 할 때는 셰일층에서 석유나 천연가스뿐 아니라 염분이 섞인 기수汽水도 퍼낸다. 그런데 기수는 화학물질로 더럽혀지거나 때로는 방사능에 오염된 상태이므로 적절하게 제거하거나 폐기한다. 일부 전문기업은 여기서 직접 석유탐사를 하지 않아도 얼마든지 돈벌이가 된다는 것을 알아챘다. 이들의 배후에는 월스트리트 대기업들이 있었다. 처리되는 물의 양이 엄청나기 때문이다. 가령 퍼미언에서 석유생산이 100만 배럴 증가하면 같은 기간에 유독성 프래킹 용수는 1,000만 배럴까지 늘어난다. 여전히 많은 프래킹 업자는 지하에서 퍼 올린 기수를 탱크로리로 운반해 이른바 주입정에 쏟아붓게 한다. 그 지역의 지하수층보다 더 깊이 들어가는 시추공이다. 또 어떤 기업은 유독성 폐수를 재활용해 담수 대신 프래킹 작업에 투입한다.[40]

텍사스의 프래킹 업자들은 모래에서도 엄청난 비용절감 가능성이 있음을 알아냈다.[41] 이들은 모래광산에서 퍼낸 하얀 모래를 화물열차로 실어 날랐는데, 가격이 떨어질 때까지는 1,700킬로미터 떨어진 위스콘신주에서 전부 주문했다. 석영성분이 많은 이 '노던화이트'는 최고의 프래킹용 모래로 알려져 텍사스인들은 톤당 60달러까지 값을 쳐주었다. 그러다 갑자기 더 저렴한 대용품을 찾게 되었다. 아틀라스 샌드의 조던 세비는 "'아하!' 하고 깨닫는 순간이 있었죠. 회사 사람들은 '바로 눈앞에 두고도 몰랐네!' 하며 무릎을 쳤어요"라고 말했다. 그의 고용주는 가능성을 깨달은 공급업자였다.

요즘 퍼미언에서 모래광산을 여럿 운영하는 곳은 아틀라스뿐만이 아니다. 엘도라도 광산을 소유한 블랙 마운틴 샌드Black Mountain Sand와 알파인 실리카Alpine Silica도 지역 내 사구를 열심히 퍼낸다. 소소한 금액이 걸린 사업이 아니다. 모래와 물은 많게는 프래킹 비용의 3분의 1까지 차지한다. 아틀라스 샌드 같은 지역회사의 모래를 쓰면 프래킹 유정 한 군데서만 40만 달러까지 비용을 절감할 수 있다. 왜 퍼미언의 프래킹 업자들은 진작 이런 생각을 하지 못했을까? "석유업자들은 경기가 좋을 때는 닥치는 대로 쓰다가도 필요할 때는 재빨리 효율성을 따져요." 석유업계를 잘 아는 미들랜드 사람의 말이다. 댈러스 연준의 설문조사에 따르면 퍼미언에서 가장 효율성을 따지는 채굴회사는 새로운 유정의 개발비용을 보전하기 위한 유가를 배럴당 47달러로 본다고 한다. 다만 이미 개발된 유정의 생산비용을 보전하는 데는 최적화된 프래킹 업자들의 경우 배럴당 25달러면 충분하다.

프래킹은 한때 미첼이 그랬던 것처럼, 이제는 버터 교반기에서 손으로 버터를 으깨는 것과 같은 과정을 거친다. 여기에 디지털화와 자동화가 도입된 지는 얼마 안 된다. 프래킹 업자들은 물과 모래의 수요만 줄이려 한 것이 아니라 인건비까지 깎으려고 했다. 석유업계에서 일하는 사람들은 유정을 파는 인부를 '러프넥Roughneck'이라고 부르는데, 이들은 세상에서 가장 험한 직업에 종사하는 것에 자부심을 느낀다. 이미 아버지와 할아버지 때부터 뼈 빠지게 일한 경우도 흔하다. 저학력 노동자가 이만큼 돈을 버는 곳은, 유일하지는 않더라도 드물 것이다. 한창 경기가 좋을 때는 10만~20만 달러의 연봉을 받으니 말이다.

《월스트리트저널》에 보도된 퍼미언의 이발사는 석유노동자들을 이발해주고 1년에 18만 달러를 벌었다고 한다.[42] 프래킹 열기에서 기대되는 것 중 하나는 대학을 나오지 않은 사람에게도 고액연봉의 일자리가 생긴다는 것이다. 석유산업의 로비스트들은 이런 식으로 홍보하며 텍사스·오클라호마·노스다코타 같은 주의 정치인들을 찾아다녔다. 하지만 로봇과 컴퓨터가 임무를 담당하면서 그런 기회는 차츰 사라지고 있다. 에릭 니스 같은 '유정 검사관'도 그런 예에 속한다. 텍사스 태생인 니스는 시추공을 측정하는 일을 했다. 얼마 전까지 안전모와 보호장갑을 착용하고 시추공을 검사했다. 그는 불황에 시달리던 2015년 제너럴 일렉트릭의 에너지 부문 자회사인 GE Oil & Gas에서 해고되었다.[43] 이전에 해고 선풍이 불 때와 달리, 유가가 회복되고 기업들이 다시 활기를 찾았는데도 일자리를 구할 수 없었다. 그는 "회사의 인력 수요가 줄어든 거죠"라고 《월스트리트저널》기자에게 설명했다. 니스가 전에 맡아 하던 '유정 검사'는 전반적으로 컴퓨터가 담당하게 되었다는 것이다. 아버지가 러프넥으로 일했던 니스는 마침내 풍력터빈 기술자로 일자리를 구했다.

구글·페이스북·아마존 같은 기업의 성장에 세계가 매혹당한 사이, 석유와 천연가스 업계에서도 조금은 주목할 만한 혁신이 일어났다. 다른 산업 분야를 보면 공개토론회나 인터뷰 같은 것을 할 때 경영자들이 인공지능(AI)이나 증강현실(AR) 같은 개념을 언급하는 경우가 흔하다.

프래킹 업자들도 일찍이 이런 기술을 도입했다. 유전의 자동화에 수십억 달러를 쓰는 실정이다. 노동자 대신 로봇이 시추탑을 세우고 파이프라인을 연결하는 경우가 점점 흔해진다. 채굴 시설과 펌프도 지금까지 기사들이 하던 것과 달리 센서와 알고리즘이 현장에서 감시한다. 이들이 수집한 데이터는 흔히 수천 킬로미터 떨어진 데이터센터로 전달된다. 그러면 여기서는 테라바이트 단위로 지진 데이터가 처리된다고 한다. 2017년 휴스턴에서 열린 석유 관련 기업 연례회의인 CERA에서 애너다코 대표 앨 워커 같은 사람은 지금까지 그중에서 5퍼센트밖에 활용하지 못했다고 아쉬워한다.[44] 실리콘밸리에서도 그의 발언을 주목했는지, 그 후 얼마 되지 않아 애너다코는 구글과 협력관계를 구축했다. 가령 구글 클라우드의 부사장 대릴 윌리스는 《파이낸셜타임스》와 인터뷰에서 다음과 같이 말했다. "석유업계와 천연가스업계는 엄청난 데이터를 기반으로 합니다. 끊임없이 생산되는 새로운 데이터가 문서파일에 쌓입니다. 우리에게는 엄청난 기회죠."[45]

측정한 데이터를 잘 활용하면 더욱 효율적인 굴착과 생산으로 이어진다. 그리고 이 모든 것은 가능한 한 실시간으로 이루어진다. 즉, 밖에서 텍사스의 시추기가 점토와 암반을 뚫는 것과 동시에 데이터 처리 과정이 일어난다는 말이다. 아마존과 마이크로소프트는 에너지기업도 찾아냈다. 게이머들에게는 비디오게임용 고성능 칩 생산업체로 잘 알려진 엔비디아는 대형 추출기술기업의 하나인 베이커휴즈와 손잡았다.

그러므로 디지털화와 자동화는 프래킹의 미래를 위해서도 중요하다. 앞에서 말한 것처럼 프래킹 유정은 전통적인 유정보다 더 빨리 고갈되기 때문이다. 셰일 유정에서는 처음 3년 동안 생산량의 70~90퍼센트가 줄어든다. 이런 가파른 생산량 감소에 맞서 현상유지를 하려면 끊임없이 새 유정을 개발하거나 기존의 유정을 새로 프래킹해야 한다. 여기에는 비용이 많이 든다. 내부관계자들은 끊임없이 프래킹해야 하는 이런 문제를 '붉은 여왕 효과의 문제'라는 개념으로 접근한다. 루이스 캐럴Lewis Carroll의 《이상한 나라의 앨리스》에 나오는 붉은 여왕이 지적한 문제를 말하는 것인데, 제자리를 유지하기 위해서는 갈수록 빨리 뛰어야 하는 상황에 착안한 명칭이다. 석유업계는 '붉은 여왕 효과의 문제'에서 발생하는 비용을 로봇 투입으로 분명히 상쇄할 수 있을 것으로 기대한다.

슈퍼프래킹의 등장

비용에 따른 끊임없는 부담이 계속해서 기업을 압박한다. 채굴회사들은 퍼미언에 그물망처럼 촘촘히 시추공을 뚫고 있다. 잘 모르는 사람이 보면 사막 한복판에 공상과학영화의 세트장을 차려놓았다고 생각할지도 모른다. 그 속에 모래언덕의 신비로운 시설이 들어선 것으로 볼 수도 있다. 어쩌면 영화 007의 악당본부처럼 보일지도 모르겠다. 하지만 진실은 평범하다. 퍼미언의 메스키트 덤불숲에 있는 엔카나Encana의 프래킹 공장의 모습이다. 이 공장은 축구장 8개 규모의 길이와 2개 폭의 직사각형 모양이다. 화물차 세트에 조립한 1,500마력의 발전기로 구동되는 4개 채굴탑의 굴착기는 동시에 10일간 울프캠프 셰일층을 뚫는다. 랩 데이비슨RAB Davidson(시설의 공식적인 명칭)의 작업과정이 너무 요란했기 때문에 금융 전문 통신사《블룸버그》의 기자들이 거대한 시설에 대해 물었을 때 설립자들은 군대용어로 '점령군'이라는 말을 했다.[46] 너무도 깊은 인상을 받은 기자들은 그것을 보고 '슈퍼프래킹'이라는 개념을 만들어냈다. 투자은행 JP모건의 분석가들이 평가한 바에 따르면, 이 시설에는 1억 2,000만 달러가 들어갔고, 매일 2만 배럴의 석유를 퍼 올린다고 한다. 이 시설을 세운 캐나다 에너지기업 엔카나는 '프래킹 큐브'를 선호한다. 마치 애플의 멋진 기기처럼 들리지만 사실 석유와 천연가스를 암반에서 뽑아 올리는 일은 지금까지 아주 공격적인 과정이었다. 정육면체라는 의미의 큐브는 3차원을 나타낸다. 즉, 엔카나가 동시에 여러 암반층에 프래킹을 한다는 말이다. 이 작업은 티라미수 케이크처럼 생긴, 석유가 매장된 지층이 지구 내부를 향해 뻗어 있는 퍼미언 같은 셰일에서 특히 가치가 있다.

물론 프래킹의 기본원칙은 유지된다. 땅속을 향해 수직으로만 파들어가는 전통적인 굴착과 달리, 프래킹은 목표로 삼은 암반층에 닿자마자 굴착기가 층을 따라 수평으로 방향을 바꾼다. 이것은 프래킹의 개척자인 조지 미첼이 사용해 엄청난 성공을 거둔 혁신적인 수법 중 하나였다. 전통적인 채굴이 빨대 원리에 따라 매장된 석유를 단순하게 빨아올리는 데 비해, 프래킹에서는 가능하면 석유가 풍부한 암반에 도달하는 것이 중요하다. 그 사이에 측면 굴착은 점점 더 구간이 늘어난다. 지상 플랫폼에서 지하로 3킬로미터 이상 내려가는 것이 오랫동안 굴착에 적용된 기준이었다. 하지만 엔카나와 데번에 너지 같은 경쟁사들이 시도하는 방식은 전혀 새로운 차원이다.

미첼 시절 프래킹 업자들은 한 번의 굴착으로 하나의 암반층을 뚫고 하나의 유정을 개발하는 방식을 사용했다. 엔카나는 2016년에 최초로 큐브 프랙에서 지하로 14개의 유정을 동시에 팠다. 2017년에는 다시 4개의 시추탑을 가져와 19개의 유정을 팠다. 투자자를 위한 설명회에서 엔카나 사람들은 다중굴착의 의미를 설명하는 모형도를 보여주었다. 그에 따르면 낱낱의 굴착은 전체 프래킹 비용에서 35퍼센트를 차지한다. 가장 큰 몫은 물탱크와 처리시설, 파이프라인 설치 같은 요인이 차지한다. 전에는 모든 유정에 이런 시설을 세워야 했지만, 이제는 하나의 시설을 이용해 동시에 여러 개의 유정을 개발한다. 따라서 많을수록 비용이 적게 든다는 것이 슈퍼프래킹 업자의 계산이다. 엔카나의 투자설명회에서 제시한 모형도는 시추탑에서 다양한 굴착이 일어나는 인상적인 그림을 보여준다. 강철 구조물이 마치 촉수 같은 흡입판을 지하로 뻗는 형상이다.

전에 미첼의 회사가 인수한 데번이라는 기업은 오클라호마에서 '쇼보트Showboat'라는 프로젝트를 가능한 한계까지 밀어붙였다. 허풍쟁이로 번역할 수 있는 쇼보트는 슈퍼프래킹의 하나로 24개의 유정을 팠다.[47] 다만 다른 프래킹 기업들은 아직도 동시에 두 자릿수의 유정과 맞닥뜨리는 것을 망설인다. 엔카나가 의존하는 슈퍼프래킹에 대해서는 업계 내부에서도 우려를 제기한다.

이 밖에 사우디아라비아에서 나름대로 조치를 취해 석유 과잉을 유발한 이후 변한 것이 또 있다. 이 에너지 수도(미들랜드 시장 제리 모랄레스의 희망)에 대해서는 여전히 알려진 것이 많지 않다. 유가가 늦여름만 해도 76달러 하던 것이 불과 1~2주 사이에 30퍼센트나 떨어진 2018년 가을의 폭락 현상은 다시 많은 사람에게 의구심을 불러일으켰다. 석유업계의 온라인신문인 《오일프라이스닷컴》은 '프래킹 업자의 낙원에서 벌어진 문제들'이라는 제목으로 비관적 반응을 보였다.[48] 하지만 모랄레스의 자신감은 엑슨 · 셰브런 · 셸 · 비피 같은 이름의 후원 덕분이다. 와일드캐터가 시작한 1차 프래킹 열기 때와는 달리, 이제 투자자는 다국적 석유대기업들이다.[49] 사실 회사에 종속된 '컴퍼니맨'들은 계속해서 텍사스에서 채굴하는 업자들을 오래전부터 경멸했다. 그 사이에 이들은 소속 재벌에 의해 미래가 펼쳐지고 있다는 러시아 · 멕시코 · 남아메리카 등지로 파견되어 활동했다. 이들의 관점으로 보면, 전통적인 석유탐사의 절정기인 1970년대 이후 퍼미언에 남은 석유업자들은 업계의 경력을 파묻는 '영구적인 지하실'에 달라붙어 있던 셈이다. 그만큼 대기업 직원들은 최근까지 와일드캐터의 방법을 대수롭잖게 여겼다. 그들은 '비전통적'인 영역에서 활동하는 사람은 사실상 '비상업적'인 영역에서 활동하는 것이라고 비난했다. 그러나 대형 석유회사는 뒤늦게 후회하며 국내 유전으로 돌아왔다.[50]

사우디아라비아처럼 다국적 석유회사들도 처음에는 프래킹을 과소평가했다. 그러나 이제는 재정능력과 규모의 장점을 총 가동하려고 한다. 재벌은 소규모 업자들이 즉흥적인 사업을 하며 하청업자에게 의존하는 곳에서 임시공장 같은 형태로 프래킹 사업을 펼친다.

이런 곳에서 엑슨은 2017년 토지와 채굴권을 위해 약 60억 달러를 지불했다. 이 최대의 민간 석유회사가 확보한 땅은 7만 평방킬로미터가 넘는다. 이것은 바덴-뷔르템베르크주의 2배에 해당하는 면적이다. "우리는 퍼미언에 장기계획이 있습니다"라고 엑슨의 대표 대런 우즈는 2018년 가을에 말했다. 2025년까지 엑슨은 퍼미언의 사업을 3배로 확대할 것이라고 한다.[51] 비피의 경우 2018년 여름에 퍼미언의 유전을 105억 달러에 매입했다. 그리고 2000년 실망해서 셰일층에 등을 돌린 로열 더치 셸Royal Dutch Shell은 2012년 다시 매입에 나섰다. 물론 1,000평방킬로미터밖에 되지 않았지만, 대신 '노른자' 땅이라고 책임경영자는 기자들에게 말했다.[52] 주주들이 희망을 건다고는 하지만 아무튼 이 회사는 19억 달러를 투자했다.

미국 석유재벌 순위 3위에 해당하는 셰브런은 퍼미언을 떠난 적이 없다. 하지만 이곳에서의 활동은 사실상 휴면상태였다. 미들랜드 사람들 사이에 떠도는 농담이 있다. "셰브런 땅이라는 것을 어떻게 아는가?"라는 물음에 대한 답은 "시추탑이 없으면 거기가 셰브런 땅이다"이다. 지금은 셰브런 직원들이 북적댄다. 셰브런은 채굴권과 유정 개발에 수십억 달러를 쏟아부었을 뿐만 아니라 최근에는 미들랜드의 오피스파크에 지역본부를 차리기까지 했다. 피트니스 스튜디오와 공원, 카페테리아 같은 지극히 현대적인 편의시설을 갖춘 강철과 유리로 된 복합시설은 실리콘밸리 사람들에게도 깊은 인상을 줄 것이다. 이곳에 근무하는 직원만 800명이다. 낙관적인 사람들은 퍼미언을 모든 유전의 모태라고 할 사우디아라비아의 가와르 유전에 비유하기도 한다.

이런 비유는 작은 머리에 지나치게 큰 카우보이모자를 쓴 것 같은, 텍사스인 특유의 과장으로 들릴지도 모르겠다. 게다가 국영 석유회사 아람코Aramco의 자료에 따르면 사우디아라비아의 생산비용은 3달러까지 오른 적도 없다. 하지만 전문가들은 사우디아라비아가 실제로 이익을 내려면 유가가 40달러는 되어야 한다고 평가한다. 그리고 사우디왕국은 경제적으로 완전히 석유 수출에 의존하기 때문에 배럴당 80달러 이하의 가격을 장기간 지속할 수는 없다는 것이다.[53] "석유왕족 같은 부자"라는 말이 서구에서 유명해진 이유가 없는 건 아니지만, 유정에서 나오는 번영을 통해 지배계급이 부유해진 것만은 아니다.

사우디왕국의 불안한 사회평화를 유지하기 위해서는 소득이 반드시 있어야 한다. 다시 말해 프래킹 업자를 굶주리게 한 사우디아라비아의 계획은 역효과였다는 것이다. 미들랜드 사람들의 말을 인용하자면 "여기서는 많은 사람이 그들이 채굴하는 석유와 천연가스가 우리나라를 중동의 불량국가로부터 독립시킨다는 것에 긍지를 느낀다." 새로운 현실은 사우디아라비아가 더 이상 유가를 좌우할 수 없다는 것을 의미한다. 동시에 프래킹 업자들은 전통적인 생산자보다 유가에 훨씬 민감하고 신속하게 반응한다. 이것이 지금 석유시장에는 더 강력한 여파를 낳았다. 그리고 유가가 널뛰듯 요동친다면, 그 효과는 텍사스와 중동으로부터 멀리 떨어진 에너지 시장의 노리개나 다름없는 유럽에서도 느낄 수 있다.

프래킹 업자가 우리 미래와 관련해 어떤 의미를 갖는지 이해하기 위해서는, 석유와 석유탐사가 우리의 과거를 어떻게 규정했는지 알아야 한다.

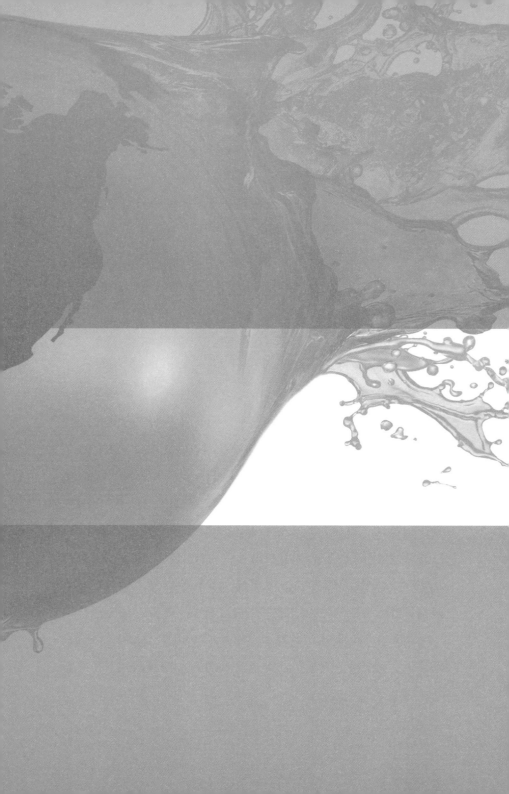

3

시대를 지배하는 석유

처음에는 등불의 광원으로,
말 그대로 산업화의 윤활유로 사용하고
그다음에는 대량운송의 연료로 사용하면서
석유는 오늘날의 의미를 획득했다.
그러나 석유는 그 이전부터 알려져 있었다.

최초로 석유 채굴에 성공한 것은 독일!

비체^{Wietze}는 뤼네부르거하이데의 남쪽 모퉁이에 있는 작은 동네다. 이 동네에는 생물의 다양성이 살아 숨 쉬는 자연보호구역 호른보스텔러후트바이데와 그 옆으로 알러강을 따라 난 자전거길이 눈길을 끈다. 이곳의 홈페이지에 따르면, 특히 눈길을 사로잡는 것은 헤크 소와 야생마다.[1] 하지만 비체를 이 지역의 다른 여행지와 구분해주는 것은 무엇보다 현재의 산업구역이다. 거기서 1858년 4월, 왕립 하노버제염소의 검사관 게오르크 빌헬름 하제는 지질학 교수인 게오르크 크리스티안 콘라트 후네우스의 지도 아래 광부들의 표현으로 "구멍을 내렸다." 교수에게 이 지역의 시추를 위임한 왕국의 행정당국은 갈탄이 나오기를 바랐다. 7월에는 27미터 깊이까지 파고 들어갔다. 그러다 모래와 진흙, 단단한 암반이 나오면서 더 이상 진척이 어려워졌다. 게다가 하제가 석유 시추를 맡긴 농부들은 본격적인 수확기를 맞아 농사에 매달려야 할 때였다고 라이너 칼쉬^{Rainer Karlsch}의 《오일팩터^{Faktor Öl}》에는 기술되어 있다.[2]

작업은 이듬해가 되어서야 재개되었다. 그즈음 후네우스의 관심은 더 이상 석탄층의 발견 가능성이 아니라 '수수께끼 같은 석유의 매장 여부'였다. 사실 후네우스가 벌판에서 헤맨 데는 다 이유가 있었다. 1652년 이후, 비체에 타르 구덩이가 있다는 것은 문서기록으로도 알 수 있는 사실이었다. 특히 농부 로만의 땅에 있는 타르 구덩이는 오일샌드가 분명하게 드러난 곳이었다. 모래와 중유를 분리하기 위하여 당시에는 타르를 나무통에 담아 따뜻한 물로 씻어냈다.

그다음 주걱으로 계속 저으면 물 표면에 더 가벼운 중유가 뜨고, 그것을 판자로 걷어낼 수 있다고, 첼러 호프메디쿠스 요한 타우베가 1769년에 간행한《뤼네부르크 공작령의 박물학》은 설명한다.[3]

비체 사람들은 석유를 윤활유와 치료제로 팔았다. 특히 석유는 개나 사마귀, 벌레에 물린 데 바르는 약으로 이용되었다. 하지만 이런 용도로는 치료 효과가 의문시되기 때문에 돈벌이 수단이 되었다고 볼 수는 없다. 아무튼 최근에 발굴된 당대 기록을 보면 타르 구덩이는 벌이가 되는 사업임이 분명했다.[4] 로만의 구덩이는 그 사이 발만 Wallmann 가문의 소유로 넘어갔다. '타르와 타르 토지'에서 나오는 이 집안의 소득은 1843년에만 3,945탈러 16그로셴 1페니히였다. 비용 625탈러 16그로셴 10페니히를 공제하고도 3,000탈러 이상의 이익이 남았다. 어마어마한 금액이었지만 발만이 사들인 땅값은 2,000탈러밖에 되지 않았다. 또 다른 판로는 도로를 정비하려는 도시였다. 가령 함부르크의 융퍼른슈티크에는 1838년 황무지의 타르로 아스팔트가 깔렸다.[5]

1859년 7월, 제2차 시추에서 35미터를 파 내려간 다음 제염소 감독관인 하제는 상관인 내무장관에게 시추 성공을 보고할 수 있었다. 그는 "탐사 결과, 아주 간단하게 얻을 수 있는 순수한 타르는 양이 적지 않으니 조국과 특히 비체 마을에, 그리고 현재의 소유주인 발만에게 엄청난 번영과 은총을 가져다줄 것입니다"라고 썼다.[6]

이로부터 몇 주 지나지 않은 1859년 8월 27일, 미국 펜실베이니아주에서 타이터스 드레이크가 석유를 발견했다. 이런 이유로 독일의 전문가들은 최초의 성공적인 석유 시추가 독일의 위업이라고 내

세웠다. 이에 대해서는 논란이 있다(게다가 아제르바이잔의 시추 장소인 비비헤이바트에서는 최초의 시추가 1846년이라고 주장한다). 후네우스와 하제 팀의 우선권을 인정한다고 해도, 그들의 채굴은 드레이크의 성공 같은 광범위한 지지를 받지 못하고 있다(사업에 큰 재미를 본 발만의 예를 제외한다면). 따라서 석유시대는 미국인의 시추로 시작되었다고 할 수 있다.

하지만 자체의 '욀도라도Oldorado(석유에 해당하는 독일어 '욀'과 황금향이라는 '엘도라도'를 합쳐 석유의 이상향이라는 의미로 썼다-옮긴이)'에 대한 독일인의 희망은 다시 한번 불붙게 된다. 후네우스의 시추 이후 10여 년이 흐른 뒤 뤼네부르거 벌판의 '타르'가 다시 주목받았다. 적극적인 전문가들의 견해와 주목할 만한 발굴을 둘러싸고 끊임없이 쏟아지는 미국발 뉴스에 자극받은 브레멘의 영사 마이어는 토지와 채굴권을 취득하고 1879년 당시에는 적잖은 100만 마르크의 출자금으로 독일 석유시추회사를 차렸다. 마이어는 미국의 노하우를 습득하여 사업을 시작했다. 라이너 칼쉬는 독일의 석유경제사라고 할 저서《오일팩터》에서 '적어도 겉으로 볼 때 독일에서 그 정도의 전문성을 갖추고 석유 시추 계획을 시작한 적은 없었다'라고 썼다.[7]

초기의 연속적인 성공에 고무된 마이어는 곧 자체 정유소를 차렸다. 경쟁도 만만치 않았다. 마이어처럼 브레멘의 사업가였던 아돌프 모르도 똑같이 황무지와 채굴권을 확보했다. 이때 생긴 것이 '제3호 모르 시추공'이다. 이것은 1881년 7월 21일, 가스의 압력으로 석유를 지상으로 뿜어 올린 시추공으로 잠시 독일을 석유에 도취하게 했다. 유전 부근의 어떤 동네는 석유 매장지라는 의미로 욀하임Oelheim

이라는 이름이 붙었는데 오늘날 에데미센의 동쪽 구역에 해당한다. 미국과 마찬가지로 석유 열풍은 일확천금을 노리는 수많은 사람을 끌어들였다. 마차를 타고 독일의 석유 생산지로 가려는 관광객은 파이네행 특별열차로 몰려들었다. 황무지에는 순식간에 시추탑이 우후죽순처럼 들어섰다. 당시 막 설립된 《케미커차이퉁Chemiker-Zeitung》은 하노버에 '뉴 펜실베이니아'가 생겼다고 보도했다. 더구나 폴카 리듬의 노래까지 만들어졌다. "윌하임, 윌하임, 마침내 날이 밝네. 팔뚝만 한, 팔뚝만 한 분수가 솟구치네. 펜실베이니아는 죽고 이제 파이네가 살아나네."[8]

하지만 이런 소동은 채 3년도 안 되어 끝이 났다. 1881년 11월, 갑자기 모르가 채굴량이 늘어난 것처럼 보이려고 석유에 물을 탄다는 소문이 발단이었다. 이 소문은 다른 회사의 투자자들에게까지 번졌다. 많은 시추공이 너무 서둘러 파는 바람에 구멍으로 염수가 들어간 것이었다. 석유 탐사꾼들은 오염된 물을 주변의 시내와 강으로 흘려보냈고 이것은 생태계의 재앙으로 이어졌다. 농부들이 당국에 탄원하면서 처음으로 채굴이 금지되었다. 더욱이 탐사꾼들은 농부들에게 손해배상까지 해주었다. 10여 개의 시추회사가 파산신고를 하고 투자자들은 수백만 마르크를 날렸다. 윌하임 폴카에는 다음과 같은 구절이 추가되었다. "석유 나는 윌하임, 윌하임, 누구나 바보가 되었네, 바보가!"

윌하임 일화는 1990년대의 '노이어 마르크트Neuer Markt(신시장이라는 뜻으로 미국 나스닥을 본떠 독일 증권거래소에 개설됐다 폐쇄된 기술주 거래시장-옮긴이)'를 연상시킨다. 당시 독일 투자자들은 미국의 증권시장에서 보이는 기술주의 경이적인 이익에 기대를 걸었다. 독일인이 가장 애용하는 금융상품이라고 할 저축예금은 마차가 그렇듯 옛날 물건이 될 것처럼 보였다. 윌하임 주변의 황무지가 그렇듯, 노이어 마르크트에도 게임의 규칙은 별로 없고 온통 투기뿐이었다. 주가조작이 횡행하다 마침내 2003년 독일 증권거래소는 폐장하기에 이른다. 이 충격은 깊은 상처를 남겼고 독일의 예금주들은 주식과는 계속 거리를 두었다.

물론 이후에도 채굴은 계속되었지만(특히 비체에서), 1881~1882년의 오일쇼크는 긴 후유증을 남겼다. 깜짝 놀란 투자자들은 등을 돌렸고 이 때문에 다시 체계적인 개발을 위한 자본은 부족해졌다. 무엇보다 독일 탐사꾼들은 뤼네부르크가 결코 펜실베이니아나 텍사스처럼 될 수 없음을 인정하지 않을 수 없었다. 또 독일의 매장량은 미국에 견줄 만큼 풍족한 것도 아니었다. 그러므로 이미 석유시대 초기에 독일은 수입에 의존하게 될 것이 확실해졌다. 제1차 세계대전 기간에 자국의 석유를 관리한 프랑스 상원의원 앙리 베렌저는 1919년 다음과 같이 예언했다. "석유를 차지한 사람이 세계를 지배할 것이다. 중유로 공해를, 경유로 육지를, 휘발유로 공중을 지배할 것이고 석유에서 나오는 엄청난 부로 인류를 지배할 것이기 때문이다." 베렌저가 열변을 토한 대로 '금보다 고귀한' 이 천연자원의 부족으로 독일은 그 역사에 뚜렷한 영향을 줄 수밖에 없었다. 독일이 원정을 나가 외국을 정복하고 두 차례의 세계대전을 일으켰지만 처참하게 패전한 것도 그 때문이라는 것이다.

미국이 초강대국으로 부상한 것도 석유와 밀접한 관련이 있다. 그 배후에는 이 천연자원을 거의 독점적으로 확보한 사람이 있었으니, 그가 바로 존 록펠러John D. Rockefeller다.

록펠러, 카르텔의 원조

허드슨강 쪽 골짜기 너머로 펼쳐지는 풍경은 그야말로 가치를 따질 수 없을 만큼 뛰어나다. 바로 카이커트Kykuit의 베란다에서 보이는 전망이다. 카이커트는 미국의 모든 벼락부자 중 가장 똑똑하면서 동시에 가장 배척받은 존 록펠러가 한때 살았던 집이다. 절제를 모르는 자본가이자 훌륭한 자선가의 전형이던 그는 석유시장을 자신의 의지대로 만들었다. 그가 내린 결정은 오늘날 우리 일상에까지 영향을 미치고 있으며 그가 설립한 스탠더드오일Standard Oil은 지금까지 모든 석유회사의 유산 속에 자리 잡고 있다.

록펠러의 정원사는 저택의 이름에 최고의 명예를 붙여주었다. 카이커트는 망루라는 뜻이다. 이 말은 이곳에 정착한 네덜란드인들에게서 나온 것으로, 그들이 강변 40킬로미터를 따라 살던 곳은 뉴욕이 아니라 뉴암스테르담으로 불렸다. 요즘 가이드의 안내로 대저택 관람이 허용된 일반 관광객의 눈에는 보자르 양식이 부의 상징이 된 록펠러라는 성을 가진 남자의 영광을 보여주는 것으로 비칠지도 모르겠다. 근육질의 오케아노스 상이 있는 분수는 피렌체의 조반니 다 볼로냐Giovanni da Bologna의 조각상을 모방한 것으로 광장 전체를 장식한다. 전면의 풍요로운 장식 위로 난 박공에는 돌로 조각한 독수리가 날개를 활짝 펼친 채 발톱으로 지구를 단단히 움켜쥐고 있다. 또 밑에서 올려다보는 방문객들에게 분명한 의미를 전달하려는 듯, 지구의에는 한껏 멋을 부린 글씨체로 'R'자가 붙어 있다.

하지만 '도금시대Gilded Age'의 기준에 비하면, 즉 산업화의 전환기를 개인적 강점으로 이용한 꽤 교활하고 파렴치한 사업가들(철도왕 코모도어 밴더빌트, 강철왕 카네기, 금융가 J. P. 모건 등)의 황금기에 비하면 카이커트는 수수한 저택이다. 괜찮은 시골집 정도랄까. 집안의 부녀자들이 손님을 맞기 위해 야회복을 입고 우아하게 내려오는 옥외계단 같은 것은 없다. 건축 감독이 그런 시설을 포기한 것은 록펠러가 파티 같은 행사를 좋아하지 않았기 때문이다. 수정 샹들리에 아래서 펼쳐지는 무도회도, 화려한 중국제 자기에 담긴 요리도, 브리지게임을 벌이는 테이블도 없었다. 대신 여럿이 다정하게 둘러선 가운데 경건한 찬송가를 연주하기 위한 파이프오르간이 있었다. 목사가 참석하는 때도 많았다. 존과 집안에서 '세티'라고 불리는 그의 아내 로라 셀레스티아가 독실한 침례교 신자였기 때문이다.

이 집은 아들 존 록펠러 2세, 혹은 좀 더 세속적 취향을 지닌 며느리 애비 부인의 설득으로 지어졌다(먼 친척 중에 건축가가 있었다). 따라서 록펠러가 새로운 생활양식에 전적으로 적응한 것은 아니었는데, 이것이 집안의 자녀들과 끊임없는 갈등의 도화선이 되었다고 그 일대를 안내하는 가이드는 설명한다. "예를 들어 록펠러는 집안의 하인들과 격의 없이 지냈어요. 그는 그런 태도가 자기 신분에 더 이상 걸맞지 않는다는 것을 이해할 수 없었죠"라며, 록펠러에게 우월의식이 없었다는 점을 지적한다. 록펠러 2세도 자주 어린 시절을 떠올렸던 모양이다. 당대 최고 부호의 외아들인데도 그는 여덟 살 때까지 누나들이 입던 옷을 입고 다녔다고 한다. 록펠러도 반질반질 윤이 날 때까지 헌 옷을 입고 다녔다.

그러나 사생활에서 너무 검소한 태도를 보인 록펠러도 –호의적이지 않은 사람들은 그것을 인색하다고 할 것이다– 사업에서는 절제력이 없었다. 어렸을 때부터 그는 '호모 외코노미쿠스(경제적 인간)'의 전형적인 특징을 보여주었다고 론 체르노Ron Chernow는 록펠러의 700쪽짜리 전기에서 말한다.[9] '그는 어렸을 때 사탕을 파운드 단위로 사서 더 잘게 쪼갠 다음 누이들에게 이문을 남기고 팔았다.' 그가 최초로 장사의 재능을 보인 것은 일곱 살 때였다. 이때 록펠러는 칠면조를 살금살금 따라가 새끼들을 둥지에서 꺼내온 다음 키워 팔았다. 꽤 나이가 들었을 때까지 록펠러는 야생 칠면조 수컷과 우연히 마주치면 기뻐했다. "나는 틈만 나면 칠면조를 관찰했다"라고 그는 회고록에서 말했다. 그는 10대 때 곧이듣지 않는 학교 친구들에게 언젠가 자신은 백만장자가 될 것이라고 큰소리쳤지만, 결과적으로 보면 자신의 운을 너무 과소평가한 것이라고 봐야 할 것이다.

록펠러는 부모로부터 서로 판이한 특징을 물려받았다. 모친 일라이자는 엄격한 스코틀랜드 침례교 가문 출신으로, 독실한 부친에게 반항한 적이라곤 자유의사로 윌리엄 에이버리 록펠러와 결혼한 것이 유일했다. 어린 처녀가 평생 후회할 철없는 선택이었지만 그럴 만한 이유가 있었다. 당시 29세의 나이로 이웃들에게 '빅 빌'로, 훗날 '데블스 빌'로 불리던 록펠러는 세속과 등진 분위기에서 자란 농부의 딸에게 거역할 수 없는 인상으로 다가왔기 때문이다. 2미터의

키, 훤칠한 이마, 억센 턱, 거친 붉은 수염이 달린 록펠러는 거의 파가니니급으로 바이올린 연주 솜씨가 뛰어났고 떠돌이 행상 경험이 많아서 시골 사람을 구슬리는 것쯤은 식은 죽 먹기였다. 서로 인사를 나누었을 때, 그는 동정심을 유발하기 위해 청각장애인 흉내를 냈다. 이어 처녀가 500달러라는 적잖은 지참금을 가져올 수 있다는 것을 알고 갑자기 말을 하기 시작했지만, 일라이자는 그것을 불길한 징조로 보지 않은 것이 분명하다. 1837년 2월 두 사람은 결혼했다. 이어 1838년 큰딸 루시가 태어났고 이듬해 존이 태어났다.

빅 빌은 이미 일라이자와 혼인한 첫해부터 집을 나가 사라지기 일쑤였다. 그리고 그사이 록펠러 집안은 살림이 쪼들렸다. 그러다 갑자기 빅 빌은 세련된 옷차림에 화려한 마차를 타고 나타났다. 그는 한동안 목재사업으로 돈벌이가 좋았다. 하지만 그보다는 떠돌이 생활을 하면서 암을 치료하는 의사 행세를 할 때가 더 많았다. 이것을 본 지인들은 '닥 록펠러Doc Rockefeller'라는 새로운 별명을 붙여주었다. 아버지의 그런 행태에 대하여 어떤 생각을 했든 상관없이 큰아들도 치료행위에 관심을 보였다. 신경과민에 시달릴 때면 그는 샐러리 같은 채소를 날로 씹어 먹었다. 훗날 록펠러의학연구재단을 설립하기도 했지만 무엇보다 존 록펠러가 아버지 빅 빌과 공유한 것은 돈에 대한 애착이었다. 언젠가 그의 친구가 "그 노인은 돈이라면 광기를 보일 정도로 집착했다. 그토록 돈을 좋아하는 사람을 본 적이 없다"라고 말할 정도였다.[10] 존은 훗날 부친이 항상 1,000달러를 수중에 지니고 다녔다고 말한 적이 있다. "아버지는 자신을 돌볼 능력이 있었기 때문에 불안이라는 걸 몰랐습니다."

빅 빌이 여러 부인을 거느리고 많은 자녀를 낳았다는 것을 −일라이자와 이혼하지 않은 상태에서 두 번째 결혼함으로써 중혼을 범했다− 존 록펠러는 무시했다. 강간과 다름없는 비난을 받을 수 있었지만, 이 일로 빅 빌이 기소당한 적은 없다.

일라이자는 결혼생활에 실망과 굴욕을 느꼈지만, 한층 더 독실한 신앙과 엄한 규율로 집안을 다스렸다. 존은 언젠가 학교에서 나쁜 행실을 했다는 이유로 어머니에게 회초리를 맞고는 억울함을 호소했다. 그때 어머니는 회초리를 든 채 "상관없어"라고 말했다고 록펠러는 회상했다. "우리 집에서는 이미 체벌이 시작되었고 아이들을 다스리는 데 회초리는 계속 필요했다."[11] 그래도 존 디John D(동급생들이 부르던 표현)와 그의 누이들은 어머니를 좋아했다. 록펠러는 일라이자가 세상을 떠날 때까지 돌보았으며 또 어머니의 신앙도 평생 간직하며 따랐다. 그는 자신의 성공을 신의 은총으로 여겼다. 이런 태도는 그가 신의 지혜와 의지를 불신하며 자신을 비난하는 사람들과 거리를 두는 것을 수월하게 해주었다. 그로서는 그런 비난보다 더 나쁜 것은 없었다. 다른 벼락부자들이 열심히 프랑스의 샤토나 영국의 캐슬 같은 대저택을 짓고, 최고급 요트를 앞다투어 마련하며 애인을 두고 즐길 때, 록펠러는 그 모든 것들과 거리를 두었다. 그가 즐기는 유일한 '악덕'이 있었다면 혈통이 좋은 말들을 키우는 것이었다. 그는 말을 타고 센트럴파크를 질주하기를 즐겼다. 말년에 록펠러는 맨해튼 남단에 새로 마련한 본사로 출근할 때면 아침마다 정확한 시간에 도시철도를 이용했다.

록펠러의 자의식은 힘들게 쟁취한 것이었다. 빅 빌의 불안정한 기질 때문이기도 했지만, 록펠러 가족은 끊임없이 이사를 다녔다. 그리고 이런 환경 아래 빌의 소득을 최소한 두 번째 가정과 나누어야 했기 때문에 집안은 갈수록 쪼들렸다. 이러니 작은 동네에서 수다와 험담이 난무하리라는 것은 두말할 나위가 없을 것이다. 그 와중에도 빅 빌은 존과 동생 윌리엄을 제대로 교육하려고 했다. 당시 초등학교 이상의 교육은 대세가 아니라 오히려 예외적 경우에 속했는데, 존과 윌리엄 형제는 뉴욕주 서부의 번창하는 동네인 오웨고에서 신흥 자본계급 자녀들이 다니는 중학교인 오웨고아카데미에 다녔다. 이들은 적어도 재정적으로는 보조를 맞추지 못했던 것이 분명하다. 학급사진을 찍을 때 형제는 옷이 남루하다는 이유로 옆으로 비키라는 말을 들었으니 말이다. 빌이 분명한 이유가 있어서 주 경계에 살고 싶어 했기 때문에, 록펠러 가족은 오하이오주 클리블랜드에서 멀지 않은 곳으로 이사했다. 여기서 빌의 아들은 미국 역사상, 아니 세계 역사상 가장 인상적인 사업경력을 쌓기 시작한다.

우선 존 D는 대학에 진학할 생각을 접어야만 했다. 빅 빌은 집에 들르는 일이 점점 잦아지면서 아들에게 학교를 그만두고 대신 일자리를 찾으라고 권고했다. 그래서 존 D는 센트럴고등학교 졸업을 얼마 안 남기고 중퇴했다. 수중에 돈이 생긴 ─쪼들리는 아버지에게 은행이자로 빌린 돈이었다─ 그는 클리블랜드의 사립 직업학교인 E. G. 폴솜 상업전문대에 설치된 10주짜리 부기 과정에 등록했다. 1855년 여름, 16세가 된 존 D는 부기 과정을 마치고 일자리를 찾아 나섰다. 훗날 말하기를, 그는 언제나 가장 크고 튼튼한 건물을 찾아다녔다고 말했다. 그는 당시에 말 그대로 근대의 기관차라고 할 철도회사나 은행, 도매점 같은 곳을 두드렸다. 하지만 겉늙어 보이는, 지나치게 진지한 태도에 삐쩍 마른 청년을 원하는 곳은 없었다. 그래도 록펠러는 포기하지 않고 여러 회사를 계속 찾아다녔다. 그러다 마침내 그를 받아준 히위트&터틀 운송업 및 채소도매상을 만났다.[12]

록펠러가 사업주들의 장부에 꼼꼼하게 수치를 기재하고 미지급 청구서 및 임대료를 냉혹하게 징수할 때, 바깥세상 펜실베이니아의 삼림에서는 그뿐만 아니라 지구상 모든 인간의 삶을 송두리째 바꿔놓을 일이 벌어지고 있었다.

가짜 대령과 엉클 빌리

훗날 프래킹 업자들의 경우와 마찬가지로, 미국에서 최초로 발견된 유정에 결정적 역할을 한 것은 세 가지 요인이었다. 그것은 혁신과 자본, 그리고 더 중요한 것으로 부에 대한 끈질긴 희망이다.

첫 번째 결정적 요인이라고 할 혁신은 피츠버그의 소금장수인 새뮤얼 키어로부터 온 것이다. 그는 결핵을 앓는 아내에게 석유를 먹였는데, 떠돌이 돌팔이 의사에게 산 것이었다(닥 록펠러에게는 당시 경쟁자가 몇몇 있었다). 끈적거리고 악취가 나는 그 물질은 그의 염정(염분이 들어 있는 우물-편집자)을 더럽힌 분출물과 똑같이 생긴 것이었다. 그는 기회를 잡았다고 생각했다. 키어는 불순물을 걷어낸 원유를 병에 담았다. 그리고 자신의 '석유'를 만병통치약이라고 떠벌리며 팔았다. 하지만 잘 팔리지는 않았다. 키어는 석유를 연료로 쓸 수 있다는 것을 알았지만, 그을음과 악취가 문제였다. 그는 실험을 거듭하다 마침내 원유를 새 상품으로 정제하는 과정을 알아냈다. 그것을 그는 '카본 오일'이라고 불렀다. 그리고 이번에는 폐병 환자 대신 점점 확대되는 시장을 염두에 두고 조명 연료로 팔았다.[13]

원유를 정제해서 얻은 석유는 그때까지 어둠이 찾아왔을 때 인류가 의존한 모든 조명수단을 능가했다. 당시에 쓰이던 연료로는 깜빡이는 양초나 향유고래를 거의 멸종단계로 이끈 고래기름, 알코올과 집 전체를 순식간에 다 태워버리는 단점이 있는 테레빈유의 혼합물인 캄핀 등이 있었다. 키어가 광고 목적으로 인쇄한 전단에는 그의 염정에 설치된 굴착기가 보였다. 이것을 본 조지 비셀은 그런 굴착기로 석유를 채굴할 생각을 한다. 변호사로 불리기를 좋아했던 비셀은 그전에 기자·교수·교장 등 대여섯 가지의 다른 신분으로 행세하며 여기저기를 전전하던 인물이었다. 당시까지 석유 생산은 비체에서처럼 자연분출물로 혹은 키어의 소금 생산에서처럼 부산물로 얻는 방법에 의존했다. 비셀은 1855년(록펠러가 회계원으로서 일자리를 찾은 해) 타운센트라는 은행가와 공동으로 펜실베이니아 석유회사를 설립했다. 이름과 달리 회사는 코네티컷주에 있었다. 펜실베이니아는 법이 엄격했기 때문이다.[14]

이제는 실제로 석유를 발견할 사람이 필요했다. 새 회사에서 그 임무를 맡은 사람은 에드윈 드레이크였다. 38세의 드레이크는 지질학 교육을 받은 적도 없고 유정을 파는 방법도 몰랐다. 다만 철도회사에 근무한 전적 덕분에 무임승차권으로 마음대로 철도를 이용할 수 있었다. 이것은 유망한 석유사업가들에게 전문가에게 들어갈 비용을 절감해주었다.[15] 비셀은 이미 최초로 시추할 장소를 염두에 두고 있었기 때문이다. 바로 타이터스빌이었다. 드레이크는 한적한 시골구석 사람들에게 좋은 인상을 주기 위해 대령을 자처했다. 세네카 부족은 유럽인이 들어오기 훨씬 전부터 인디언 의식을 벌일 때 부근의 석유 시추업자들을 활용한 적이 있어 시추는 낯선 풍경이 아니었다. 드레이크는 땅을 파보았지만 이내 포기하고 말았다. 자금이 달리거나 시추 인력이 부족할 때도 있었다. 최초의 시추로부터 몇 달이 지난 1859년 6월, 그는 노련한 시추공 윌리엄 스미스를 고용하는 데 성공했다. 엉클 빌리라고 불리던 스미스는 대장장이 출신이었다. 토요일인 8월 27일 저녁, 현지 토박이들이 이 프로젝트를 '드레이크의 장난'이라며 깎아내릴 때, 모래층으로 들어간 채굴장치가 석유층에 도달했다. 이 사실을 눈치채지 못한 시추꾼들이 또 하루를 공쳤다며 장비와 도구를 챙기고 작업을 마쳤을 때였다. 이튿날 아침 시추공을 내려다보던 엉클 빌리의 눈에 암갈색 유동 물질이 고여 있는 광경이 들어왔다. 석유다! 이렇게 미국의 석유 열기는 비교적 눈에 띄지 않게 시작되었다.

그동안 록펠러는 저축한 돈과 아버지에게 빌린 돈으로—당시 은행 금리보다 비싼 10퍼센트 이자였다— 모리스 클라크라는 젊은 영국인과 공동으로 석유를 포함해 온갖 상품을 취급하는 독립사업체를 차렸다. 상호도 클라크와 록펠러라는 자랑스러운 이름을 내걸었다. 그러나 돈이 많은 동료가 추가로 합류하면서 록펠러라는 이름은 회사

명에서 빠졌다.[16]

　석유 수요가 꾸준히 늘자 이 젊은이들은 새롭게 부상하는 이 사업에 투자하기로 하고 클리블랜드의 정유사 지분을 확보했다. 록펠러는 이 사업에 매력을 느꼈다. 거대한 잠재력을 지닌 사업이라는 냄새를 맡았는데 그의 짐작이 옳았다. 하지만 파트너들이 볼 때는 너무 위험했다. 남의 흥을 깨는 데 능한 록펠러는 아무튼 그들을 성가시게 만들었다. 동업자들이 자꾸 고집부리면 폐업하겠다고 끊임없이 위협하자 은행으로부터 호의적인 신용평가를 받던 록펠러는 은밀히 대출을 신청했다. 그리고 동업자들이 다시 재촉하자 마지못해 그들의 정리 방침을 따랐다. 이후 회사를 경매에 부쳤을 때, 젊은 록펠러는 동업자들보다 더 비싼 값을 불러 그들을 놀라게 했다.[17] 부채가 많았지만 그는 앞뒤 가리지 않고 거침없이 정유사업을 확대했다.

　서부 펜실베이니아의 황무지에서 펼쳐지는 시추사업은 신앙이 독실한 록펠러로서는 신성모독 같은 느낌이 들기도 했지만, 그보다 수치에 밝고 냉정한 그에게 진짜 문제는 너무 휘발성이 강한 사업이라는 것이었다. 석유가 너무 부족해서 이내 고갈될 것처럼 보일 때는 유가가 간헐유정에서처럼 순식간에 올라갔다. 또 여러 유정에서 동시에 많은 석유를 뿜어 올려서 공급과잉일 때는 유가가 곤두박질쳤다. 중개인으로서 록펠러는 소득이 안정된 더 나은 자리를 찾아야 했다. 경쟁사와 차별화하고 들쑥날쑥한 품질을 균등화하기 위해 그와 새로운 파트너는 회사명을 '스탠더드오일'이라고 불렀다. 그리고 끊임없이 가격을 낮추려고 노력하면서, 철도회사를 상대로 주요 고객이니 운임을 대폭 할인해달라고 은밀하게 압박했다. 이를 통해 경쟁사보다 분명한 강점을 확보할 수 있었다.

이 사실이 알려지자 항의가 빗발쳤다. 중요한 기간시설을 관리하는 철도회사가 누구에게나 같은 요금을 받아야 한다는 것이 록펠러를 비난하는 경쟁자들의 요구였다. 오늘날 인터넷에서 망 중립성[net neutrality] 옹호자들이 제기하는 주장과 비슷하다. 또 대형통신사들이 자신의 콘텐츠를 우대조건으로 제공하는 예도 마찬가지다. 하지만 록펠러는 명백한 독점금지법이 없는 분야에서 사업을 한 것이었다. 또 자신의 사업을 제한하려는 의원들에게는 뇌물을 제공했다. 1871년 그는 한 발 더 나가 철도회사와 정유사업자들의 동맹을 결성하고 이들과 공동으로 남부개선회사라는 그럴듯한 이름으로 시추회사의 프래킹 비용과 유가를 배후에서 조종했다.[18] 물론 이런 음모는 배후에서 은밀하게 진행되었다. 동시에 록펠러는 새로 형성될 남부개선동맹의 위협적인 무기를 수단 삼아 클리블랜드에 있던 경쟁자들을 굴복시켰다.

록펠러가 스탠더드오일로 독점체제를 구축하기 전, 여전히 낯선 분야인 석유산업은 마치 닷컴 거품이 꺼지기 전의 인터넷기업들처럼 온갖 사업가와 모험가로 가득했다. 석유 탐사꾼들이 계속 대규모 유전을 발견하기 위해 펜실베이니아의 숲과 골짜기로 몰려들 때, 지리적 이점 덕에 철도 연결 지점이 된 클리블랜드는 원유에서 석유로 정제하는 처리 과정의 중심지로 발전했다. 스탠더드오일은 효율성 측면에서 독보적이기는 했지만 경쟁에서 완전히 자유로운 것은 아니었다. 많은 정유소 업주들은 록펠러가 석유를 팔지 않으면 파산으로 내몰겠다고 공공연히 협박한다며 불만을 터뜨렸다. 록펠러는 자기 조건을 수락하지 않을 때는 어떤 불가피한 결말에 이를지를 그만의 방식대로 보여주었다. 그는 언제나 현금 대신 스탠더드오일의 지분으로 값을 지불하면서, 자금압박을 받는 경쟁자들에게 "스탠더드오일의 주식을 받으면 당신 가정이 궁핍해지는 일은 없을 거요"라고 충고했다. 실제로 그의 말은 옳았으며, 스탠더드오일의 주식을 받은 사람은 부자가 되었다.

록펠러는 이런 방법으로 단 6주 만에 클리블랜드의 26개 정유사 중 22개를 사들였다. 이 인수 물결은 경제사에서 '클리블랜드 학살'로 기록되었다. 의도했던 동맹은 성사되지 않았지만 록펠러는 자신의 목표에 도달했다. 1872년 '학살'이 끝났을 때, 33세의 록펠러는 미국 석유산업의 약 4분의 1을 지배하게 되었다.[19] 하지만 이것은 시작에 불과했다.

클리블랜드를 장악하자마자 전국적으로 정유소를 사들이기 시작했고, 이어서 자신이 차지한 시장권력을 이용해 철도를 길들였다. 심지어 당시 이미 70대에 이른 거물 코모도어 밴더빌트까지 자기 사무실로 오게 하여 조건을 통보하는 뻔뻔함까지 보였다.[20] 이로써 그는 석유의 정제과정뿐 아니라 운송까지 장악했다. 최초의 파이프라인이 가설되자 그것이 자신의 지위를 위협하리라는 것을 즉시 알아차리고 경쟁자들이 포기하거나 팔아치우도록 손을 썼다. 그 과정에서 기만전술이나 뇌물도 마다하지 않았다. 자신이 파는 석유의 수요를 활성화하기 위해 램프와 난로를 싼값에 팔았다. 이런 마케팅 전략은 요즘에도 가령 면도날 같은 경우에 적용되는 수법이다.

록펠러는 자신의 독점욕을 전혀 비난받을 짓으로 인식하지 않았다. 오히려 반대로 그의 말에 따르면 독점은 '경쟁을 제거하는 새로운 협동적 사고'로서 미래를 의미했다. 록펠러가 볼 때 경쟁은 낭비였다. 노동자가 직장을 잃는 것은 사업주가 가격싸움에서 패했기 때문이다. 자원 낭비라는 것은 비효율적인 회사가 저질 품질로 시장에 오래 머물기 때문이다. 독점해도 회사는 계속 이전의 명칭을 사용함으로써 여전히 경쟁사가 있다는 인상을 주는 데 아무런 방해를 받지 않는다. 클리블랜드 학살 이후 채 10년도 되지 않아 록펠러는 미국 석유시장의 90퍼센트를 장악했다. 많은 석유사업가가 그를 양심도 없는 시장조종자라고 욕하는 동안에도 스탠더드오일은 '확고한 통제가 없었다면' 투기 거품 속에 몰락할 업계의 구원자를 자처했다. 여기서 확고한 통제란 물론 록펠러의 통제를 말한다. 단호하게 기반시설을 구축한 록펠러의 노력 없이도 석유가 핵심적인 천연원료로 발전했을지는 생각해볼 문제다. 자동차왕 헨리 포드는 가령 T 모델에 최초로 에탄올을 사용함으로써 농부들도 이동혁명에 합류하게 만들었다(그리고 농부들도 자동차를 몰 수 있었다).

1882년 스탠더드오일이 본사를 뉴욕으로 옮겼을 때, 이 회사의 파이프라인은 6,000킬로미터가 넘었고 종업원은 10만 명이 넘었다. 록펠러는 세계 최고의 부자였다.

록펠러를 끌어내린 천적의 등장

그런데 록펠러의 가장 강력한 적은 복수심에 불타는 경

쟁사나 이용만 당하는 공급사가 아니었다. 가장 무서운 적은 한 명의 여기자였다. 1857년 펜실베이니아의 통나무집에서 태어난 아이다 미네르바 타벨Ida Minerva Tarbell은 어린 시절 가장 가까운 곳에서 석유 열풍을 경험했다. 교사로 근무하던 아이다의 아버지는 이후 채굴회사를 위한 저장탱크를 세웠다. 가족은 12기의 채굴탑 사이에 있는 오두막에서 살았다. 사방이 석유를 뒤집어쓴 모습이었고 집 주변에는 웅덩이들이 있었다. 석유 때문에 풍경만 황폐해진 것이 아니라 사람들까지 거칠어졌다고 소녀는 느꼈다. '산업화 초기에는 풍경과 질서, 예절을 파괴하면서까지 석유 생산에 공을 들이는 기업은 전혀 없었다'라고 아이다는 훗날 기록했다.[21] 가족은 아이다의 아버지가 원유를 채굴하고 석유를 가공하기 시작한 타이터스빌로 이사했다. 타벨 가족으로서는 더 나은 환경이었다.

그때 록펠러의 비밀동맹인 남부개선회사가 모습을 드러냈다. 타벨의 아버지는 야간시위에 합류했다. 흥분한 석유회사 직원들은 동맹에 가담했다고 의심되는 경쟁사들의 마차를 뒤집었다. 타이터스빌의 분위기는 살벌해졌다. 스탠더드오일에 굴복하기를 거부한 타벨의 아버지는 빚이 늘어가다 결국 사업을 접었다. 당시 열네 살이 된 딸 아이다는 이 일을 결코 잊을 수 없었다.[22] 부모가 《하퍼스》와 《뉴욕트리뷴》을 구독했던 타벨은 록펠러와 달리 고등학교를 졸업했다. 이어 생물학을 공부한—동기생 중 유일한 여학생이었다— 타벨은 처음엔 교사가 되었다가 교육출판물을 시작으로 글을 쓰기 시작했다. 몇 년 뒤에는 파리로 가서 통신원 생활을 했다. 뉴욕으로 돌아온 타벨은 나폴레옹 보나파르트의 전기를 써서 성공적인 반응을 끌어냈으며, 이어 에이브러햄 링컨의 전기를 썼다. 이때 샘 매클루어가 자신이 발행하는 월간지에 그녀의 합류를 요청해왔다. 대부호들의 불법과 음모를 고발하자는 것이었다. 이것은 '머크레이킹Muckraking' 이라고 불렸는데, 타벨이 언제나 역겨워한 쓰레기를 파헤친다는 의미였다(추문 폭로).23 타벨은 이 일이 사회정의를 위해 중요한 기여를 하는 것이라고 생각했다.

매클루어와 스타 기자가 새로운 아이디어를 물색하고 있을 무렵, 독점대기업인 트러스트 조직이 눈에 들어왔다. 그동안 여러 산업 분야에서 록펠러를 모방하는 사람들이 늘어나 가령 설탕 트러스트, 육류 트러스트 같은 것들이 우후죽순으로 생겨났던 것이다.24 록펠러의 스탠더드오일과 자신의 가족이 겪은 일을 기억하고 있던 타벨은 이 남자와 그의 사업방식에 관해 보도하고 싶어 했지만 아직은 계획일 뿐이었다. 록펠러가 평생 간직한 비밀주의로 인해 기록을 찾아내기가 어려웠기 때문이다. 하지만 타벨은 끈질겼다. 내부관계자들, 변호사, 직원들을 찾아다녔고 마크 트웨인이 주선한 기회를 통해 스탠더드오일의 간부와 대화하면서 결정적인 사실들을 접하게 되었다. 이 간부는 타벨이 록펠러의 긍정적 모습을 쓸 것으로 생각해 록펠러의 세금공제 같은 은밀한 이야기들을 털어놓았다. 이후 록펠러는 스탠더드오일 직원들에게 이 '한을 품은 여자'는 물론이고 그녀의 보도에 대해서도 발설하지 말라는 지시를 내렸다.

타벨은 이때 취재한 자료를 정리해 처음에는 19회의 연재기사로 발표했다. 그리고 기사를 발판으로 간행된 《스탠더드오일의 역사 History of the Standard Oil Company》는 오늘날 《왕좌의 게임Game of Thrones》만큼이나 단숨에 미국을 소용돌이로 몰아넣었다. 그리고 마침내 이 고발서는 시어도어 루스벨트 대통령의 집무실 책상까지 전달되었다. 대통령은 법무부 장관에게 스탠더드오일이 그때까지 모호하나마 상거래 방해를 금지한 '반독점법'인 셔먼법Sherman Act을 위반했다는 비난이 사실인지 조사하라는 지시를 내렸다. 1911년, 스탠더드오일은 연방대법원의 심판을 받게 되었다. 대법관들은 록펠러 제국에 해체 명령을 내렸고, 당시 회장에서 물러나 이사회 의장만 맡고 있던 록펠러는 완전히 퇴진했다. 그러나 70대의 록펠러로서는 잃을 것이 없었다. 그는 스탠더드오일의 주주로서 '스탠더드오일 자회사들'의 주식을 적절하게 받았기 때문이다. 자회사들은 인수합병을 통해 쑥쑥 성장했다. 캘리포니아스탠더드오일은 셰브런이 되었고, 스탠더드오일뉴저지와 스탠더드오일뉴욕에서 나온 엑슨모빌은 오늘날까지 최대의 민간 석유 재벌 지위를 유지하고 있다. 보통의 미국인들이 주급 10달러도 벌기 힘들던 시절, 록펠러는 9억 달러의 재산을 축적했다.[25] 클리블랜드의 소매상에서 전무후무한 세계적 재벌로 성장할 때처럼, 그는 은퇴 후 능률적이고 꼼꼼한 자세로 재산을 다시 복지 목적으로 사회에 환원했다. 그가 기부한 돈은 5억 달러가 넘는다고 한다.[26]

가장 귀중한 천연자원을 향한
독일의 필사적 탐색

거의 처음부터 독일의 석유시장을 지배한 회사는 록펠러의 문어발에 해당하는 스탠더드오일이었다. 그리고 오늘날도 독일인의 생활은 그 결과를 벗어나지 못하고 있다.

하지만 그 과정에서 스탠더드오일은 공개적으로 전면에 나서지 않았다. 이 회사는 독-미 석유회사(DAPG)라는 이름의 자회사로 활동했다. 록펠러는 미국에서처럼 배후에 숨어 조종하는 역할을 선호한 것이다. 그는 1890년 2월 25일, 상인인 프란츠 및 칼 에른스트 슈테 형제와 브레멘의 빌헬름 안톤 리데만과 지사 설립계약을 체결했다.[27] 리데만은 소매상으로 출발해 당시 운송업으로 진출한 상태였다. 그런데 미국에서 석유를 들여올 때 나무통인 배럴이 종종 샜기 때문에 수송 과정에서 막대한 손실을 보았다. 그래서 손실을 막기 위해 직접 배를 타고 석유통에 앉아 감시했는데, 이것은 처음에는 그야말로 아주 위험한 것으로 여겨졌다. 리데만은 더욱 과감해졌다. 그러다 1885년, 영국 타인 강변의 뉴캐슬에서 최초의 유조선을 건조하도록 하고 '글뤽아우프Glückauf'라고 명명했다. 운송수단에는 성공했지만, 리데만은 그럼에도 록펠러에게 맞설 기회는 없다는 것을 재빨리 알아차렸다. 그는 언젠가 '모루보다 망치'가 되고 싶었다고 설명한 적이 있다. 리데만은 수십 년간 DAPG의 간판 역할을 했지만 전반적으로 다수의 이사 자리와 주식을 차지한 쪽은 미국인들이었다. 1950년대 들어 DAPG는 독일 에쏘ESSO(스탠더드오일의 앞글자

'에스'와 '오'를 소리 나는 대로 표기한 것)가 되었다. 독일 에쏘는 스탠더드오일의 자회사로서 오늘날까지도 후신이라고 할 엑슨모빌의 상표 기능을 하고 있다.

록펠러가 미국에서 지배적 지위를 얻기 위해 동원한 것과 똑같은 방법으로 DAPG는 독일 시장을 정복했다. 처음에 석유는 무엇보다 조명용 연료로 쓰였다. 이때 이들은 경쟁사를 인수하거나 덤핑으로 굴복시켰다. 리데만은 DAPG 설립 직후 '대륙에서 우리와 협상하지 않는 수입업자는 없다. 우리는 상대보다 더 비싼 값을 부르거나 인수해버린다'라고 썼다. 그러면서 스탠더드오일은 '대륙의 주인이 목표이며 그렇게 될 것이다'라고 덧붙였다. 이미 1890년대 중반에 그는 "록펠러의 스탠더드오일이 DAPG를 통해 독일 시장의 약 80퍼센트를 장악했다"라고 진단을 내렸다.[28]

제국의 총리인 오토 비스마르크 백작은 미국인이 군림하는 것이 마음에 들지 않았다. 그리하여 이미 1878년에 미국인이 수출하는 석유에 비싼 관세를 물리려 했다. 비스마르크는 러시아산 석유 수입을 장려하면서 철도 당국에 그것을 사들이라고 지시했다. 한편 러시아의 니콜라이 II세 황제는 스웨덴의 노벨 형제의 도움을 받아 바쿠에 매장된 석유자원을 개발했다. 이때 재정지원에 참여한 사람으로는 파리의 은행가인 알폰스 드 로칠드 남작도 있었다. 도이체방크는 러시아와 루마니아의 공급자들을 사업에 끌어들이기 위해 1904년 독일석유주식회사를 설립했다. 하지만 록펠러의 DAPG는 새로운 경쟁자들에게 가격덤핑으로 대응함으로써 독점적 지위를 고수했다.

한편 오늘날 터키의 코니아와 이라크의 바그다드 사이의 철도 구간인 바그다드선이 건설됨으로써 천연자원에 접근하려는 독일제국의 노력은 결실을 보았다. 이 지역에서 석유가 발견된 것이다. 황제 빌헬름 II세의 압력으로 도이체방크는 이 대규모 프로젝트에 자금을 지원했고 여기에 독일기업들이 참여했다. 필립 홀츠만은 철도 구간과 각 기차역을 건설했고 철로 자재는 프리드리히 크루프가 공급했으며 기관차는 특히 보르지히·하노마크·마파이가 조달했다.[29] 제국 총리의 눈앞에는 베를린에서 바그다드까지, 나아가 페르시아만까지 직통으로 연결되는 철도가 아른거렸다. 마침내 '검은 황금'을 손에 넣게 된 것이다.

동시에 독일에서도 석유 수요가 급증했다. 예전처럼 벌레를 퇴치하기 위해 발만의 벌판 구덩이에서 퍼낸 '타르'를 필요로 하는 사람은 오래전에 사라졌다. 석유나 그 부산물이 없었다면 아마 산업화는 일어나지 않았을 것이다. 또 여기서 나오는 윤활제가 없었다면 아마 증기기관이나 기차 바퀴도 멈추었을 것이다. 베르타 벤츠가 ─지나치게 신중한 남편 카를도 모르는 사이, 또 당국의 허가도 없이─ 1888년 8월 그날 '말 없는 마차'에 두 아들을 태우고 만하임에서 포르츠하임까지 106킬로미터를 달린 직후 이미 운송수단으로서 자동차의 개선 행진은 시작되었다. 1900년 무렵, 독일에서는 약 800대의 수제 자동차가 제작되었지만 전국적으로 주민들이 자동차를 접하기까지는 더 시간이 걸렸다. 그러나 국가는 오래 기다리지 않고 이미 1906년부터 자동차세를 물렸다. 1912년 독일에서는 50곳이 넘는 자동차제작소에서 만든 자동차가 이미 1만 9,907대에 이르렀다 (이때도 이미 수출은 무시할 수 없는 비율을 차지했다). 자동차가 본격적으로 등장하면서 그때까지 주로 얼룩 제거용 세제로 사용되던 증류액인 휘발유가 가장 중요한 원유제품으로 석유에서 정제되기 시작했다. 이것은 먼저 가스등이 나오고, 이후 1879년에 에디슨이 훨씬 위험성이 적은 전구를 발명하고부터 차츰 석유등이 사라진 것과도 연관이 있다.

석유의 나폴레옹

전 세계에서 폭발적으로 늘어나는 석유 수요는 큰 사업의 냄새를 맡은 많은 모험가를, 좀 더 고상하게 말하면 사업가들을 유혹했다. 하지만 록펠러에게 본격적인 경쟁은 헨리 빌헬름 아우구스트 데테르딩Henri Wilhelm August Deterding이 나타나고부터 비로소 시작되었다. 암스테르담 선원 집안의 5남매 중 넷째로 태어난 데테르딩은 상선 선장인 아버지가 사망했을 때 여섯 살밖에 되지 않았다. 그는 경제적인 이유로 16세에 중학교를 마치고 트벤츠 은행의 도제가 되었다. 수치감각이 뛰어나기는 했지만, 선장의 아들에게 은행 일은 그다지 매력이 없었다. 마침내 그는 해외의 일자리를 얻고 네덜란드 무역회사 직원이 되어 수마트라로 파견되었다. 거기서 만난 동향인 아우구스트 케슬러August Kessler는 섬에 있는 작은 회사 소속으로 석유 시추를 하는 사람이었다. 케슬러가 속한 로열더치석유회사는 국왕인 빌렘 3세의 허락을 받기는 했지만, 긴 우기와 열대병, 빽빽한 정글, 불성실한 노동자 등 온갖 악조건에 시달리고 있었다. 이 회사가

망하지 않은 것은 오로지 케슬러의 끈질긴 노력 덕분이었다. 케슬러는 젊은이 데테르딩이 마음에 들어 파트너로 삼고 싶었다. 그리하여 1896년 무역회사 소속이던 그를 스카우트하고 이내 자신의 후계자로 지정했다.[30] 얼마 후 케슬러는 과로로 쓰러졌다. 그리고 심근경색에 시달리다 1900년 12월 유럽으로 귀환하던 길에 46세의 나이로 사망했다.

이제 데테르딩은 불과 34세의 나이에 그의 후계자가 되었다.《런던타임스》는 그에 대한 보도기사에서 사람들에게 '석유의 나폴레옹'이라고 불리던 이 남자는 처음부터 자체 하역시설·선박·창고 등을 갖추고 세계적 수준에 오를 때만이 자사 제품을 성공적으로 출하할 수 있음을 알았다고 썼다. 하지만 데테르딩의 야망은 회사에서 차지하는 의미보다 훨씬 컸다. 아마 마커스 새뮤얼Marcus Samuel이 아니었다면, 이 네덜란드인의 세계적 비전도 실현되지 못했을 것이다. 이라크계 유대인 혈통으로 런던에 정착한 새뮤얼은 수출입상사를 운영하고 있었다. 부친인 마커스 새뮤얼 시니어는 동아시아에서 조개와 진주모를 들여와 보석함을 만드는 사업으로 성공했다. 훗날 아들의 회사명에 조개를 뜻하는 셸이 들어간 것은 그런 배경 때문이다. 젊은 시절의 새뮤얼은 1890년 카스피해로 향하던 여행길에서 석유사업의 잠재력을 알아보았다. 그는 유조선 8척으로 구성된 선단을 꾸리고는, 다른 배를 위험하게 하지 않고도 운하를 통과할 수 있다고 수에즈운하의 운영자들을 설득했다. 새뮤얼은 러시아에서 계약을 통해 프랑스 로칠드은행의 채굴권을 확보한 다음 러시아산 석유를 중국에 팔았다. 그는 곧 더 저렴한 가격으로 록펠러의 스탠더드오일과 경쟁에서 성공을 거두었다.

하지만 로칠드와의 새 거래는 어려운 것으로 드러났다. 무엇보다 새뮤얼에게는 자기 소유의 유정이 없었다. 한편 새뮤얼의 조카인 마크 아브라함스는 보르네오에서 채굴하며 케슬러와 똑같은 난관을 겪었다. 게다가 어렵사리 발견한 보르네오산 원유는 무겁고 석유로 정제하기에 적합하지 않은 것으로 드러났다. 러시아인들에게서 본대로, 석유를 난방유나 연료로 상품화하려는 계획은 실패했다. 그런가 하면 데테르딩의 경우, 유정은 있었지만 저렴한 운송수단이 없었다. 이런 사정으로 그와 새뮤얼은 1903년 동아시아 사업을 통합하기로 결정한다. 4년 후, 두 기업은 로열더치셸로 합병되었다. 새뮤얼이 자부심에서 뒤진 것은 아니었지만 새로 합병된 회사의 총수는 데테르딩이 맡게 되었다. 이미 정치 쪽에 관심이 쏠려 있던 새뮤얼은 1902년 런던 시장이 되었다. 하지만 뉴욕의 록펠러는 이 결정을 도전으로 받아들였다. 이리하여 최초의 상업적인 석유전쟁이 시작되었다. 우선 두 거대기업은 극동 지역의 주도권을 놓고 싸웠는데, 마침내 데테르딩은 이전에 아무도 이룩하지 못한 성공을 거두고 스탠더드오일을 포기하게 만들었다. 1911년의 석유회사 간 타협으로 데테르딩의 로열더치셸과 록펠러의 스탠더드오일은 중국과 일본 시장을 분할 지배했다.[31]

이제 데테르딩은 정면승부를 벌이기 위해 미국으로 가서 캘리포니아와 오클라호마의 털사에서 시추를 시작했다. 그뿐만 아니라 셸 선단의 배들은 뉴욕에 정박하고 동아시아와 러시아 · 루마니아의 석유를 하역했다. 록펠러를 겨냥한 공격 시점이 이보다 더 들어맞을 수는 없었을 것이다. 록펠러의 석유제국은 반독점운동에 치명타를 맞았고, 이것은 결국 1911년 스탠더드오일의 붕괴로 이어졌다. 30년 후 록펠러의 절대적 지배권은 종말을 맞았다.

　1913년 베네수엘라 마라카이보호수의 시추권을 가지고 있던 미국의 작은 회사 제너럴아스팔트를 매입한 것도 데테르딩이 내린 결정 중 대단한 성과를 본 것에 해당한다. 베네수엘라는 수십 년간 사우디아라비아에 왕관을 넘겨줄 때까지 세계 최대 석유 수출국 노릇을 하게 된다. 데테르딩은 이미 1920년대부터 히틀러의 초기 후원자에 속했다. 히틀러의 공산당 적대정책이 마음에 들었기 때문이다. 1936년, 70세가 된 그는 러시아 출신 아내와 이혼하고 전 여비서였던 독일인과 재혼한 후 메클렌부르크에 있는 도빈 농장을 매입했다. 생모리츠 부근의 수브레타에 있는 별장에서 심근경색으로 사망한 데테르딩은 도빈으로 옮겨져 메클렌부르크의 소유지에 묻혔다. 히틀러는 그의 장례식에 큰 화환을 보내 조의를 표했다.

영국의 석유확보전

　　　석유와 권력이 얼마나 끈끈하게 유착하는가는 오늘날 BP라는 약칭으로 운영되는 브리티시석유회사가 잘 보여준다. 이 회사는 1909년 자부심 강한 3명의 남자들에 의해 출범했다. 당시 젊은 의회정치가였던 윈스턴 처칠, 함대 운영을 위해 석유를 우월한 연료로 이용하도록 밀어붙인 제독 존 피셔John Fisher 경, 그리고 윌리엄 녹스 다시^{William Knox D'Arcy}라는 이름의 해적 같은 신사가 그들이다. 공식적인 BP의 역사에는 '중동 석유산업의 아버지라는 이름에 합당한 유일한 남자가 있다면 그는 바로 다시일 것이다'라는 언급이 나온다.

다시는 아일랜드 변호사의 외아들로 영국에서 태어났다. 17세 되던 1866년에 가족은 오스트레일리아 퀸즐랜드로 이주했다. 처음에 젊은 다시는 아버지처럼 변호사로 출발했다가 폐업한 금광을 되살리는 데 성공한 것을 계기로 백만장자가 되었다. 영국으로 귀환한 뒤 그는 귀족적인 신사처럼 살았다. 대륙의 여러 휴양지에서 휴가를 보내며 여우사냥도 하고 부자로서 다양한 취미를 즐겼다. 하지만 심한 낭비벽 때문에 어쩔 수 없이 새로운 수입원을 찾아야 했다. 마침 파리만국박람회에 이란 사절로 참석한 기타기 칸^{Ketābčī Khan}을 만났는데 그는 당시 자국의 석유 채굴 면허를 위한 투자자를 물색하고 있었다. 하지만 런던의 금융권에서는 그전에 이란 국왕이 담배 면허를 취소한 뒤로, 이란에 화가 나 있었다. 또 이란-영국의 광산회사가 파산한 뒤 이란 정부와 계약하는 것을 불신하는 분위기가 팽배한 상태였다. 그런 분위기에서 1901년 계약이 성립되었다. 2만 파운드의 현금과 그만큼의 주식 외에, 매년 임대차계약에 대하여 순수익의 16퍼센트에 해당하는 650파운드와 적잖은 뇌물을 주는 조건으로 다시는 60년간 120만 평방킬로미터가 넘는 지역의 독점적 채굴권을 따냈다. 독일 국토의 3배가 넘는 광활한 땅이었다.

하지만 다시는 이곳에서 석유를 발견하지 못했다. 마침내 그는 오스트레일리아에 남아 있던 재산을 몽땅 석유 시추를 위한 자금에 털어넣었다. 그는 이란의 채굴권을 로칠드에 매각할 지경으로 내몰렸고, 이 소문을 들은 피셔 제독은 영국의 간섭을 촉구했다. 피셔는 석유가 곧 선박 연료로서 석탄을 대신할 것이라고 확신했기 때문이다. 이때 해군본부 수석위원으로 있던 처칠의 도움으로 다시는 합작사업을 통해 새 자본금을 확보하게 되었다. 하지만 이어진 시추에서도 성공을 거두지는 못했다. 동업자들에 따르면 2008년 1월 자그로스 산맥의 마스제드솔레이만 고원에서 시작한 시추가 끝이었다고 한다.

그러다 5월 26일 갑자기 "석유다! 석유! 석유!"라는 외침이 들렸다. 벵갈 군대가 즉시 유정을 확보했고 현장에서 영국의 이익을 대변하던 A. T. 윌슨 중위는 암호화된 메시지를 사용해 런던으로 전보를 보냈다. '시편 104편, 15절, 셋째 문장'. 성서의 해당 부분은 '사람의 얼굴을 빛나게 하는 기름'이라는 내용이었다. 유정은 200킬로미터가 넘는 파이프라인을 통해 아바단에 있는 영국 정유소와 연결되었다. 티그리스강의 섬에 위치한 이 도시는 페르시아만과 불과 50킬로미터밖에 떨어져 있지 않으며 페르시아만에서 유럽으로 수출되는 석유와 파생제품이 선적된다. 다시는 상품화를 위해 앵글로-페르시안석유회사를 설립했다. 1914년 영국 정부는 처칠이 재촉하는 바람에 다시 지분의 51퍼센트를 사들였다. 이 거래 이후 몇 달 지나지 않아 제1차 세계대전이 발발했다. 다시 자신은 한 번도 이란에 가본 적이 없었다.

제1차 세계대전은 석유 권력이 얼마나 결정적 역할을 하는지를 명확히 보여준다. 이미 개전 초기부터 독일은 이란의 석유를 확보하려는 노력을 기울였다. 오스만 제국군과 독일군은 정유시설을 파괴하기 위해 아바단 방향으로 진격했고, 영국군은 이를 저지하는 데 성공했다. 독일군에게 남은 선택은 영국의 보급을 차단하기 위해 파이프라인을 파괴하는 것밖에 없었다. 철도의 수송력과 석탄의 생산량에서 나오는 전투력을 측정하는 데 익숙한 독일군은 새로운 연료의 의미를 너무 과소평가했음을 이내 깨달았다. 오토바이와 화물차가 투입된 새로운 형태의 전쟁에는 휘발유가 필요했고, 잠수함과 비행기에 이르기까지 군수공장에서 제작되는 군수물자는 윤활제가 있어야 했다. 개전 후 몇 주가 지나지 않아 독일은 대부분의 석유 수입 경로에서 차단되었다. 게다가 미국의 참전 이후 거의 총체적인 봉쇄가 이루어졌다. 독일제국의 주요 석유 공급처로 남았던 루마니아가 1916년 3개 소국협상Entente에 합류하자 독일군은 유전지대로 진격했다. 하지만 목적지에 도착하기 전에 이미 영국군이 해당 시설을 파괴해버린다. 영국군은 훌륭하게 임무를 수행했다. 개발된 1,677개의 유정 전체를 못 쓰게 만들어버린 것이다. 목재 채굴탑은 불타 무너졌고 흘러넘치는 석유도 불이 붙어 날아갔다. 독일군이 들어갔을 때 루마니아의 석유산업은 흔적도 없이 사라진 후였다.

독일군은 총력을 기울여 시설을 부분적으로 복구했지만, 전략자원의 부족은 곧 치명적 약점이 되고 말았다. 민간차량은 등록이 취소되었고 전국 방방곡곡에서 석유 부족 현상은 암담한 현실이 되었다. 군대가 이동할 때 병목지점의 문제가 유난히 부각되었다. 퇴각할 때 연료 부족으로 차량을 버리는 일이 비일비재했다. 게다가 중요한 기능을 하던 잠수함까지 운행을 감축해야만 했다. 영국 외무장관 커즌 경은 1918년 11월 열린 국제 석유회의의 승전축하연에서 연합군이 "석유의 파도를 타고 승리를 향해 헤엄쳤다"라고 말했다. 프랑스의 조르주 클레망소 총리는 승전에 도취한 듯 입을 열었다. "석유는 전쟁을 승리로 이끌어주는 전투의 피라고 할 수 있습니다."

히틀러의 전쟁을 위한 연료

석유 부족은 물론 독일 패전의 한 요인에 불과했지만, 전후 독일에서는 연료 문제를 둘러싸고 극심한 논란이 일었다. 전문가들은 독일에 대량으로 매장된 에너지원이라고 할 석탄에 다시 집중적으로 관심을 돌렸다. 석탄에서 벤졸을 얻을 수 있다는 것은 이미 19세기 초부터 알려져 있었다. 석유에서 벤진(휘발유)을 얻기 한참 전이다. 석탄은 탄화수소 화합물로 이루어져 있지만, 벤진보다는 훨씬 적다. 그래서 액체연료를 만들기 위해서는 석탄에 탄화수소를 첨가하는 데 성공해야 했다. 이 일에 집중적인 노력을 기울인 사람이 프리드리히 베르기우스Friedrich Bergius다. 베르기우스의 부친은 하이델베르크의 민간학자로 브레슬라우에서 화학공장을 운영한 적이 있었다. 1913년 그는 마침내 석탄액화연료에 대한 특허를 따냈고, 이 공로로 훗날 BASF의 카를 보슈Carl Bosch와 함께 노벨상을 수상했다. 이 방법으로 무엇보다 히틀러의 정복전쟁을 위한 연료를 생산하게 된다(나치 동조자인 베르기우스는 1949년 부에노스아이레스에서 가난하게 살다 사망했다). 사업가 기질이 뚜렷한 화학자로서(호의적인 표현에서) 보슈는 성공적으로 암모니아 합성을 발전시켜 이미 농업혁명에 기여했다. 이 공로로 인공 질소비료를 대대적으로 생산하는 길이 열렸기 때문이다.

BASF의 실험실에서 화학자 마티아스 피어Matthias Pier는 석탄에서 벤진을 얻기 위해 고압공정을 활용했다. 이 정제과정은 처음으로 베르기우스-피어의 방식을 경제적으로 주목하게 했다. 그리고 1925년 부활절 직전 최초의 합성연료 자동차가 루트비히스하펜-뮌헨 구간을 왕복했다. 이 사건은 1925년 가을 광범위한 여파를 미치게 될 결정을 이끌어, BASF 외에 베를린의 아그파·바이어, 프랑크푸르트의 회히스트 등 독일의 8대 화학기업이 '이게파르벤사'로 통합하게 된 것이다. 록펠러의 스탠더드오일이 모범이 된 것은 두말할 나위가 없다. 이게파르벤IG Farben은 15만 명이 넘는 종업원과 100곳이 넘는 공장을 거느린 초대형 기업이 된다. 그리고 전체적인 경영은 BASF 회장에 오른 보슈가 떠맡았다.

1926년, 석탄에서 휘발유를 얻는 작업은 메르제부르크의 로이나 공장에서 생산을 시작할 수 있을 정도로 진척되었다. 목표는 연간 10만 톤의 연료를 생산하는 것이었다. 이 사업에는 이후 5년이 넘는 기간에 3억 마르크 이상의 자금이 투입되었다. 단지 문제가 있었다면, 벤진 1톤을 얻기 위해서는 5톤의 석탄이 필요했다는 점이다. 생산이 시작되었을 때 세계 석유시장에서 휘발유 가격은 1리터에 17페니히였다. 이게파르벤에서는 로이나벤진의 생산가를 1리터에 20페니히로 계산했다. 더구나 세계시장 가격은 1931년까지 5페니히가 더 떨어졌다. 반면 로이나벤진은 생산가가 23페니히로 올라갔기

때문에 공개시장에서 경쟁력이 없었다. 석탄휘발유는 투자실패가
될 것이 분명했다.

이 무렵에 히틀러가 정권을 잡았다. 1933년만 해도 새 정부는 이
게파르벤과 합성벤진 35만 톤 구매보장 계약을 체결했다. 1934년
당시 제국 경제장관 히얄마르 샤흐트는 갈탄을 위한 고압수소화시
설에 투자하도록 갈탄 생산업체를 압박했다. 그리하여 '갈탄-벤진
주식회사Brabag'는 석탄액화공장 두 곳을 세웠고 결국 석탄액화공장
17곳을 가동하게 되었다. 그리고 수천 명의 인력이 이곳에 투입되
어 강제노동했다. 비록 국내 생산량이 90만 톤까지 늘어났다고는 하
지만, 석유 수입국의 처지에서 벗어나자면 그 두 배는 생산해야 했
을 것이다. 히틀러는 제3제국의 아킬레스건을 확실히 알고 있었다.
그는 인공연료를 임시 해결책으로 여긴 것이다.[32] 1941년 여름, 그
는 다음과 같이 말했다. "우리에게 부족한 것을 합성방식이나 그 밖
의 수법으로 자체 생산하는 것은 불가능하다. 예를 들어 우리 스스
로 모든 비용을 쏟아가며 연료경제를 구축할 수는 없다. (……) 뭔가
다른 방법을 찾아야 한다. 우리에게 필요하지만 없는 것을 정복수단
으로 확보해야 한다."

히틀러의 소련 공격은 오래전부터 계획된 것이었다. 러시아의 석
유자원은 소련 침공과 관계가 없었다. 다만 러시아로 진격한 직후
괴링은 러시아의 유전이 '지속적으로 독일의 수중에' 있도록 했다.
즉 로열더치셸이나 BP의 일부 시설에 대한 공격을 바탕으로 독일
이 국영 석유회사로 세운 '대륙석유주식회사Kontinentale Öl AG'가 인수
해야 했다.[33] 그리하여 1942년 8월, 제2차 공세에서 카프카스의 유

정을 접수하는 데는 성공했지만 퇴각하는 붉은 군대가 대부분 시설을 파괴하는 바람에 점령군의 신속한 공장 가동은 생각할 수 없었다. 또 그로즈니 유전 방향으로 계속 진격하는 데도 실패했으며 소련군의 반격으로 전체 시설이 파괴되었다. 독일군은 남아 있는 오스트리아와 루마니아, 독일의 유전에서 필사적으로 보급을 충당하려고 애썼지만, 파괴와 폭격으로 자원이 고갈되었기 때문에 공급은 곧 끊겼다. 마지막까지 남은 것은 무엇보다 석탄액화공장이었다. 이 사실을 알고 있던 연합군은 1944년 5월 12일의 대공세에서 935대의 폭격기로 로이나·뵐렌·차이츠·뤼츠켄도르프의 석탄액화공장을 공격했다. 이는 히틀러 정권의 급소를 격파한 것이나 다름없었다. 비록 독일군이 최소한의 공장을 재가동하는 데 성공했다고 하나, 1945년 3월 가동률은 3퍼센트에 불과했다.[34] 이로부터 두 달도 지나지 않아 독일제국은 항복하고 말았다.

피크 오일, 고갈에 대한 불안

　　　　세계대전 이후 석유의 근본적인 의미는 경제뿐 아니라 정치에서도 널리 인식되었다. 이것은 과거의 적인 독일과 일본에 그랬던 것처럼 연합국에도 똑같이 적용되었다. 20세기는 석유에 의해 규정되었다. 그리고 온갖 생태적 희망을 품은 21세기 역시 마찬가지다. 석유와 천연가스를 둘러싸고 벌어지는 무력충돌은 1945년 이후에도 멈추지 않았다. 미국이 일으킨 걸프전부터 석유를 가진 민족국가를 열망하는 쿠르드족에 대한 압박까지 다 똑같다. 이에 대한 비판은 유럽, 특히 독일에서 유난히 강력하게 제기된다. "석유 때문에 피를 흘리지 말라!" 미군이 이라크를 침공했을 때 독일 시위대는 이렇게 외쳤다.[35] 인류의 현대 산업사회가 탄화수소를 기반으로 하는 것은 사실이다. 현대사회에는 전깃불이나 자동차를 위한 휘발유보다 훨씬 더 많은 탄화수소가 필요하다. 가까운 미래에 석유와 천연가스가 없다면, 공장이 가동을 멈추고 인터넷이 마비되며 의약품이 바닥나거나 농산물의 흉작이 발생할 것이다. 또한 컴퓨터도, 세제나 접착테이프, 콘돔도 볼 수 없게 될 것이다. 이런 목록을 열거하자면 끝이 없다. 유가와 경제성장은 여전히 반비례 관계에 있다. 유가가 상승하면 경제는 위축된다.

그리고 석유에 대한 목마름은 엄청나다. 전 세계에서 소비되는 석유는 거의 1억 배럴로 대략 160억 리터에 해당한다. 매일 그렇다는 말이다. 그중 미국·중국·인도에서만 거의 40퍼센트를 소비한다.[36]

그러므로 매장량이 고갈될 것을 끊임없이 걱정하는 것도 당연하다. 자원고갈에 대한 공포는 이미 석유시대 초기부터, 다니엘 예긴 Daniel Yergin이 저서 《탐사The Quest》에서 기술했듯이 '펜실베이니아가 당시 사우디아라비아 역할을 하던' 시절부터 있었다.[37] 검은 간헐천을 쏟아낸 뒤 예측할 수 없이 나타나는 유정의 고갈은 초기의 탐사꾼들을 불안하게 만들었다. 이런 배경에서 1885년, 국가를 대변하는 펜실베이니아의 지질학자는 '석유의 인상적인 출현'은 단지 단기적인 자연현상일 뿐이며 '젊은 남자라면 앞으로 그 현상의 자연스러운 결말을 보게 될 것'이라는 결론에 이르렀다. 예긴에 따르면, 이런 경고에 따라 록펠러의 파트너로 스탠더드오일에 근무하던 존 아치볼드는 일부 주식을 손해를 감수하며 팔았다고 한다. 오클라호마에서도 석유가 난다는 소문이 돌았을 때, 아치볼드는 그런 일은 있을 수 없다고 무시하며 말했다. "미시시피 서쪽에서 석유가 난다면 내가 한 방울도 안 남기고 마셔주지." 하지만 그는 얼마 후 오클라호마와 텍사스에서 대형 유전이 발견되었을 때 그 말대로 하지 않았다. 아치볼드와 마찬가지로 이후 수십 년간 석유 고갈을 진단하는 자칭 전문가들은 끊이지 않았다.

하지만 전후 시기에 누구보다 이 중요한 자원의 생산과 관련해 결정적 영향을 준 사람은 마리온 킹 허버트Marion King Hubbert였다. 하지만 1903년 텍사스에서 태어난 –텍사스 아니면 어디겠는가– 허버트는 유전보다 강의실이 활동무대였다. 지질학자였던 그의 목표는 자연사의 연구 분야를 벗어나 좀 더 물리학과 수학에 가깝게 다가가는 것이었다. 허버트는 별로 호감 가는 인물이 아니었다. 동료와 학생들의 기술에 따르면, 거만하고 독단적이며 자기중심적이고 참을성이 없었다. 너무 인기가 없어서 컬럼비아대학교의 정교수 자리를 얻지 못해 셸에 고용되었다(여기서도 그는 교체되지 않을까를 끊임없이 걱정했다).

그러나 허버트는 뛰어난 분석가였다. 그는 젊은 시절 대공황을 경험했는데, 전혀 겪을 필요가 없는 위기였다는 말을 한 적이 있다. "우리에게는 필요한 자원과 필요한 노동력이 있었다." 그의 생각에 따르면, 재난의 책임은 시장과 가격에 대한 정치인과 경제학자들의 믿음에 있었다. 컬럼비아대학교에서 강의하던 시절, 그는 자신과 생각이 같은 사람들을 알게 돼 민주주의 대신 테크노크라시를 주창하는 운동을 전개했다. 이들은 테크노크라시를 허버트와 동료들처럼 고도의 자격을 갖춘 과학자들이 조종하는 계획경제로 이해했다. 테크노크라시의 주체들은 문명이 잘못된 방향으로 들어섰다고 확신했다. 경제와 사회는 화폐 시스템이 아니라 에너지 교체를 기반으로 삼아야 한다는 것이었다.

테크노크라시 사회는 누가 무엇을 위해 얼마나 많은 에너지를 소비하는가를 중시한다. 모든 시민에게는 재화와 서비스에 따라 교환할 에너지 증명서를 교부해준다.[38] 자원은 한계가 있음을 확신했던 허버트는 그 때문에 제로성장에서 인류가 파멸을 인식할 유일한 가능성을 보았다. 여기서 중요한 것은 가능한 적은 자원으로 얻을 수 있는 효율성의 증대였다. 하지만 테크노크라시 운동은 별 영향력을 행사하지는 못했는데, 어쩌면 그 주창자들에게 일단의 책임이 있을 수도 있다. 회원들은 스스로 디자인한 제복을 입고 다니며 지도자를 선출했고 지도자가 입장할 때면 '대 기사'라고 부르며 경례했다.

아무튼, 허버트는 자원이 유한하다는 생각을 버리지 않았다. 마침내 1956년, 그는 샌안토니오에서 열린 회의에서 자신의 이론을 소개함으로써 유명해졌다. 미국의 석유 생산은 1965년 절정에 올랐다가 그 이후에는 떨어진다는 것이 그의 가설이었다. 여기서 '피크 오일' 이론이 나왔고, 이를 기념하는 의미에서 생산량의 절정기를 '허버트 피크'라고 불렀다. 이런 암담한 예언을 통해 인기를 끈 것은 아니었지만 1970년 이후 미국의 석유 생산이 확연히 줄어들면서 그는 널리 인정받게 되었다. 허버트는 석유의 신탁을 전하는 예언자의 지위에 올라섰다.

1973년의 석유 금수조치에 이어 1970년대에 찾아온 허버트의 절정기는 석유산업의 영역을 넘어서까지 충격을 주었다. 미국은 더 이상 외부세계와 무관하게 자급자족할 수 있는 처지가 못 된다는 사실이 분명해졌다. 어느덧 최대 수출국에서 수입국이 된 것이다. 또 미국의 경제성장과 더불어 석유 수요 역시 계속 증가하리라는 것도 분명했다. 워싱턴의 정치가들은 이후 미국의 에너지 관련 이익을 외국에서 추구해야 함을 확실하게 깨달았다. 이 문제는 전후시기에 가장 중요한 지정학적 전환점 중 하나였다.

허버트는 자신의 방법론을 전 세계의 석유 매장량에도 적용했다. 세계적 차원에서 생각해도 늦어도 2000년까지 매일 3,400만 배럴을 추가 생산할 때 석유 생산의 절정기가 올 것이라는 가설은 지지자들에게 복음처럼 여겨졌다. 실제로 이 운명의 해에 석유 생산량은 7,500만 배럴에 머물렀다. 그러나 2018년의 생산량은 1억 배럴로 늘어났다. 허버트는 1989년 사망했기 때문에 자신의 가설이 얼마나 잘못된 것인지 확인할 기회가 없었다.

2005년 들어 세계적인 생산량 정체 현상이 발생하자, 새로운 석유 고갈에 대한 공포의 물결이 번져나갔다. 감당할 수 없는 유가로 인해 경제뿐만 아니라 문명 전체가 붕괴할 것이라고 주장하는 책들이 나왔다. 2004년 9월 유가가 크게 오른 후《월스트리트저널》은 "맙소사! 때가 왔다"라는 제목으로 '오일피크연구협회' 창설을 전했다. 애니메이션 시리즈 〈심슨 가족〉에서도 피크 오일 순간을 다룬 이야기가 나올 정도였다. 지미 카터 정부에서 에너지부 장관을 역임한 제임스 슐레진저James Schlesinger는 2005년 이탈리아에서 열린 석유업계 회의에서 피크 오일을 부인하는 사람은 베수비오 화산의 폭발을 무시하던 폼페이 주민과 같다고 말했다. 유가의 고공행진은 피크 오일을 경고하는 사람들의 주장을 확인해주는 것처럼 보였다. 다년간 에너지 전문가로 활동했고 당시의 경고에 대한 2018년의 회고에서[39] 독자적 분석을 내놓은 마이클 린치Michael Lynch는 이렇게 지적했다. "베네수엘라의 생산량이 줄고 제2차 걸프전쟁으로 이라크의 공급이 중단된 뒤 2003년 유가가 오른 점을 감안할 때, 사람들은 그런 주장에 더 회의적 반응을 보일 것이라고 말했어야 한다."

하지만 피크 오일 옹호론자들이나 반대론자들이 이구동성으로 인정하는 것 한 가지는, 석유와 천연가스가 얼마나 매장되어 있는지 말하기는 어렵다는 것이다. 이를 두고 업계의 전문가는 창고에 처분 가능한 재고가 얼마나 남았는지를 열쇠구멍으로 들여다보며 평가하는 것에 비유하기도 했다.

보통 석유업계는 매장상태를 3가지 범주로 분류한다. 먼저, 매장이 증명된 것으로서 우선 90퍼센트의 확률에서 투입 가능한 기술과 기존의 경제적 조건하에서 채굴되는 석유가 있다. 그다음으로는 입증되고 가능성이 있으며 양도 좀 더 많지만, 채굴의 경제적 의미가 있을 확률이 50퍼센트밖에 안 되는 석유다. 그리고 마지막으로, 입증되고 가능성도 있는 것으로 흔히 우리가 이해하는 지하자원의 일반적인 매장 상태로서의 석유다. 다만 이 경우에는 경제적으로 개발될 확률이 10퍼센트를 조금 웃도는 정도다.

허버트가 최종적으로 실패한 까닭은, 가능한 채굴량을 결정하는 요인에 유가를 포함하는 것을 거부했기 때문이다. 자기 확신을 가진 이 전문기술자는 지질학보다 돈이 더 큰 역할을 한다는 현실을 받아들이려 하지 않았다. 사실 가격이 오를수록 경제적 방법으로 더 많은 자원을 개발하는 법이다. 게다가 특유의 광기에 사로잡힌 허버트는 자신이 당대의 모든 기술적 가능성을 알고 있을 뿐 아니라 미래를 내다볼 수 있음을 확신했다.

완벽한 시점에 동시에 나타나 수십 년 후 프래킹 업자들을 성공할 수 있게 해준 것은 두 가지 요인, 즉 비싼 가격과 신기술이었다. 처음으로 피크 오일 옹호론자들의 말문을 닫게 만든 것들이다. 좀 더 정확히 말하자면, 피크 오일 옹호론자들의 경고가 판단 착오였음을 처음으로 보여준 것이다. 진정한 허버트 지지자들은 여전히 그의 말이 옳았다고 계속 주장했다. 그는 전통적인 방식으로 채굴되는 석유의 종말을 예측했을 뿐이라는 것이다. 즉 셰일석유는 비전통적이어서 고려 대상이 아니라는 말이다. 하지만 석유시장에서는 채굴 방법을 따지지 않는다. 그리고 국제에너지기구IEA는 2019년을 전망하면서 "미국은 피크 오일과 상관없이 석유의 세계적 성장을 주도하고 있다"라고 발표했다. 여기에서 아이러니는 하필 프래킹 업자의 성공에 기여한 사람이 허버트였다는 점이다. 석유와 천연가스가 한자리에 고정된 것이 아니라 암반 형성을 통해 이동한다는 인식은 누구보다 그에게서 나온 것이다. 1957년 발표한 《수압파쇄공법Mechanics of hydraulic fracturing》이라는 연구에서 그는 이미 이런 인식을 현장에 적용하는 데 몰두했다.

하지만 프래킹 업자들은 피크 오일만 시대에 뒤진 이론으로 치부한 것이 아니다. 피크 오일과 함께 석유 고갈에 대한 불안이 시급하게 대안을 찾을 시기를 놓치게 만들었다고 생각했다. 허버트는 자신이 예상한 빈틈을 메우기 위해 에너지 절약과 원자에너지를 추천했다. 환경운동가들은 석유와 천연가스의 고갈이 임박함에 따라 정치와 경제 분야에서 재생 가능한 에너지원을 진지하게 모색할 수밖에 없기를 바랐다. 그리고 실제로 1970년대의 오일쇼크 이후 대안 모색에 속도가 붙었다.

하지만 허버트가 꿈도 못 꾸었을 일이 벌어졌다. 어떤 전문가도, 재벌총수도, 프래킹 업자도 예측하지 못했던 변화가 세계 석유시장에서 일어났다. 2015년 6월 16일, 도널드 트럼프가 뉴욕 5번가에 있는 트럼프타워 분홍색 벽에 설치된 금빛 에스컬레이터를 타고 아래로 내려오고 있었다. 현장 사람들이 환호하는 가운데 트럼프는 미합중국 대통령 후보로 나설 것을 공표했다.

4
———

트럼프식 우정

제45대 미국 대통령은 어떻게
에너지재벌의 소원목록을 작성하면서
자연과 동물에 부수적 피해를 주게 되었는가?

석유왕을 위한 넥타이

한때 뉴욕의 블루칼라 거주지였던 브루클린의 주민들은 프로스펙트파크가 보이는 전망을 유난히 자랑스러워한다. 이 공원이 센트럴파크를 설계한 프레더릭 옴스테드^{Frederick Olmsted}와 캘버트 복스^{Calvert Vaux}의 작품이라는 이유 때문만은 아니다. 유난히 자부심이 강한 주민들은, 맨해튼의 그 유명한 녹지공간은 훗날 브루클린에 생긴 이 걸작을 위한 예고편에 지나지 않았다고 주장할 정도다. 주민들은 관광객들에게 이 공원의 볼거리를 적극적으로 추천한다. 높은 곳에 자리 잡은 전망대는 오랫동안 떡갈나무와 너도밤나무로 뒤덮인 산만 아니라면, 커다란 호수가 잘 보이는 전망을 제공했을 것이다. 그 밖에 고전적인 토스카나 양식의 회랑이 딸린 보트하우스, 오래된 회전목마, 세계 모든 인종이 모여든 것처럼 보이는 긴 잔디밭 롱메도 등이 있다. 공원 서남단의 잔디언덕은 이렇다 할 매력도 없고 이름도 없지만, 겨울에 많은 눈이 내리면 미끄럼이나 썰매를 타는 아이들로 온통 부산하다. 여름이면 라틴계 청소년들이 언덕 기슭에서 배구를 한다.

2018년 4월 14일, 데이비드 버클^{David Buckel}이 해뜨기 전에 공원에서 멀지 않은 집을 나와 찾아낸 장소가 바로 이 초라한 곳이었다. 5시 55분에 목적지에 도착한 그는 여러 신문사에 이메일을 보냈다. 그런 다음 몸에 휘발유를 붓고 스스로 불을 붙였다. 소방대와 응급구조대가 6시 직후 현장에 도착했을 때는 시커멓게 타버린 시신밖에 없었다. 구조대를 위해 명함과 함께 그가 붙여놓은 메시지에는

'비열한 짓에 대하여 사죄하고 싶습니다'라는 말이 쓰여 있었다.[1]

버클은 어느 정도 알려진 변호사였다. 동성애를 위한 법, 특히 동성결혼법을 지지했던 그가 제소한 사건 중 유명한 것으로는 트랜스젠더 소년 강간을 처벌하지 않은 네브래스카 경찰을 고발한 사건이 있다. 이후 소년은 범인들에게 살해되었다. 이 사건은 힐러리 스왱크Hilary Swank가 주연을 맡은 〈소년은 울지 않는다Boys don't cry〉라는 제목의 영화로 제작되기도 했다. 버클은 참여의식이 유난히 강한 이상주의자였다고 동료들은 회고했다. 하지만 생애 마지막 10년간 버클의 사회참여는 인간이 저지르는 환경파괴 쪽으로 쏠렸다. 그는 오랫동안 종사했던 변호사 일을 그만두고 뉴욕의 한 퇴비공장 책임자가 되었다. 여기서 스스로 자부한 것처럼, 자원봉사자들의 도움을 받아 화석연료 대신 태양열과 풍력만으로 공장을 가동했다. 그는 집에서 한 시간 거리인 공장을 걸어다녔다.

그러나 언제부터인가 버클은 자신의 행위에 의미가 있는지 의문을 품기 시작했다. 죽기 몇 분 전 언론에 발송한 메시지에 그는 다음과 같이 썼다. '나의 자발적 죽음은 우리 모두가 사용해온 화석연료에 대한 반성을 의미합니다. 환경오염이 지구를 망치고 있습니다. 내 바람은, 내 목숨을 바침으로써 오염을 막도록 세상을 일깨우는 것입니다.' 이 60세 남자의 자살은 지금까지 기후변화에 반대하는 의미에서 발생한 최초이자 유일한 분신사건이다. 동료들과 가족이 떠올린 의문은 "왜 지금인가?"였다.

버클은 하루 일과가 끝날 때면 항상 자신을 돕는 자원봉사자들에게 지구를 위해 선행한 것에 감사했다. 하지만 죽기 2주 전, 그를 잘

아는 사람들은 뭔가 그의 마음을 무겁게 하는 것이 있음을 알아차렸다. 희망의 메시지를 전파하는 대신, 북극의 온난화 문제에 몰두하면서 침울해졌다는 것이다. 이후 동료들은 버클이 분신하기로 결심했을 시점에 보도된 신문기사를 찾아냈다. 트럼프가 전임자 오바마의 더 엄격해진 폐기가스 관련 규정을 폐지할 것이라는 내용이었다.[2] 기후변화를 막기 위해 합의했던 모든 규제 강화 조치를 없앤다는 건 버클로서는 생각만 해도 견딜 수 없었을 것이다.

이에 대한 버클의 반응이 극단적이었다면, 석유·천연가스·석탄과 관련된 모든 것을 서두르는 트럼프의 태도 역시 극단적이기는 마찬가지다. 다만 이것은 부동산 재벌이자 리얼리티 쇼의 방송 스타인 트럼프 혼자만의 생각은 아닐 것이다. 대부호들은 이 문제가 대통령의 가장 중요한 관심사 중 하나가 되도록 애를 썼기 때문이다.

2016년 5월, 대선전이 한창일 때 트럼프는 전용기인 757기에 앉아 24k로 도금된 안전띠를 매고 노스다코타의 주도인 비스마르크로 날아갔다. 그로부터 몇 해 전, 험한 날씨로 유명한 노스다코타에서는 더 많은 관광객을 유치하기 위해 주의 명칭에서 눈에 거슬리는 '노스'를 빼자는 논의가 있었다. 하지만 이 아이디어는 옆에 붙은 사우스다코타주에서 반대하는 바람에 무산되고 말았다. 트럼프의 방문은 그 직전에 있었던 공화당 전당대회에서 공식적인 대통령후보로 선출되는 데 도움을 준 노스다코타 의원들의 지지에 감사를 표하기 위해서였다. 그런데 트럼프로서는 감사해야 할 사람이 한 명 더 있었다. 트럼프가 연설에서 '석유왕'이라고 불렀던 헤럴드 햄Harold

Hamm으로, 프래킹의 선구자인 미첼처럼 햄은 완전히 밑바닥에서 상류사회로 벼락출세한 사람이었다.

햄은 오클라호마에서 소작인의 아들로 태어났다. 아버지는 땡전한 푼 없는 소작농이었다. 열세 명의 형제 중 막내였던 햄은 학교에 가는 대신 첫눈이 들판을 뒤덮을 때까지 목화를 땄다. 그가 10대였을 때 가족은 이너드로 이사했다. 주민의 절반이 챔플린 석유Champlin Petroleum에 고용된 곳이었다. 어린 햄은 석유회사에 다니는 사람들이 부러웠다. 수십 년 뒤 경제전문지《포브스》지와 인터뷰에서 햄은 그들이 "카리스마와 전설적인 이미지를" 풍기는 것 같았다고 당시를 회고했다.[3] 고등학교를 졸업한 햄은 주유소에서 일하면서 자동차를 수리했지만 그의 꿈은 석유 관련 사업을 하는 것이었다.

그는 빌린 돈으로 '헤럴드햄 유조차'를 차리고 유전의 채굴회사들을 위한 탱크로리 사업을 시작했다. 그러다 오래된 유정 하나를 다시 파니 갑자기 석유가 계속 나오더라는 소문을 들었다. 이때 그는 깊은 지하에서 굴착기가 균열이 생긴 석유층에 닿은 것이 틀림없다고 생각했고, 그렇다면 처음 석유가 나온 곳 부근에 매장량이 풍부한 석유층이 있을 것이라는 결론을 내렸다. 대부분의 사람들은 이런 생각을 풋내기의 망상이라고 치부했지만, 일부는 관심을 보였을 뿐만 아니라 당시에 10만 달러나 하는 시추자금을 지원하기까지 했다.

'나는 많은 빚을 지고 모든 위험을 무릅썼다'라고 그는 회고록에 기록했다. 1971년 11월, 아직 25세의 젊은 사업가인 햄은 마침내 최초로 석유를 발견했고 이때 생산된 석유는 밀린 빚을 갚기에 충분했다. 이어 이 와일드캐터가 그곳에서 8킬로미터 떨어진 곳에서 발견한 두 번째 유정까지 대성공이었다. 거기서는 1시간에 75배럴이 생산되었다. 햄은 오만하게도 회사 명칭을 '컨티넨털 리소스'라고 명명하고 여기서 나오는 수익금으로 지질학 공부를 마칠 수 있었다.

햄은 마침내 트럼프가 붙여준 '석유왕'의 지위에 올랐다. 그것은 조지 미첼이 천연가스에 투입한 기술을 석유에 적용한 햄 자신의 아이디어에서 비롯된 것이었다.[4] 석유업계에서는 프래킹으로 생긴 극히 미세한 틈을 통해 석유를 뽑아 올릴 가능성에 의문을 품는 사람이 많았다. 햄은 이것을 알고 싶었다. 컨티넨털 리소스가 초기 몇 년 동안 성공을 거둔 이후 꽤 긴 침체기를 겪었기 때문이기도 하다. 그는 노스다코타에서 그 가능성을 발견했다. 그곳에는 그가 최초로 시추했을 때처럼 전성기가 지난 기존의 유전들이 있었는데, 햄은 이것에 이끌렸다. 이곳 북단에서 마지막으로 석유 생산의 절정기를 누린 것은 1970년대였지만 햄은 3억 6,000만 년 동안 형성된 바켄의 석유 셰일층에 가능성이 있다고 판단했다. 스리랑카 크기만 한 바켄의 셰일층은 초원 잔디의 지하 3,000미터 지점에 형성되어 있었는데, 위로는 캐나다의 서스캐처원에서 아래로는 몬태나까지 뻗어 있었다. 그는 경쟁자들의 시선을 따돌리기 위해 2004년 시추탑을 졸레트 오일Jolette Oil이라는 이름으로 등록했는데 이 생각은 그대로 적중했다![5]

햄의 경쟁자들은 오클라호마에서 온 남자가 북쪽 주에서 값싸게 시추권을 확보했다는 것을 아직 몰랐다. 하지만 다른 사람들이 쫓아왔다. 불과 몇 년 전만 해도 100~200기의 녹슨 채굴 펌프가 곡식을 심은 밭 여기저기 흩어져 있던 곳에서 이제 수천 기의 시추탑이 널

따란 허허벌판에 배치된 광경은 마치 거대한 강철 메뚜기떼와 같은 모습을 연상시켰다. 2,000개의 유정에 구멍이 뚫렸고 다시 3,000여 곳에 유정을 뚫을 계획이 세워졌다. 2018년 9월, 이곳에서는 매일 120만 배럴의 석유를 공급했는데 OPEC 회원국인 에콰도르와 카타르의 생산량을 합친 것보다 많은 양이었다.

언젠가 잡지 《마더 존스Mother Jones》가 표현한 대로, 햄이 석유를 발견한 덕분에 노스다코타의 경기는 '휴스턴의 보도블록보다 더 뜨겁게' 달아올랐다. 석유를 운송하는 픽업트럭에는 '바켄프래킹'이라는 스티커가 붙었다. 그때까지 평범한 미국의 수많은 시골 소도시 중 하나였던 윌리스턴에서는 카우보이모자를 쓴 옷차림이 특이한 패션이 아니라 농부나 목장주가 평소 입는 작업복이었다. 중앙로에는 볼품없는 사암 건물의 지역은행과 백화점, 몇몇 점포들, 21세기의 성과물인 인터넷 카페 등 흔한 시설이 줄지어 들어섰다. 그다음에 석유 열풍이 찾아왔다. 대불황을 유발한 2008년의 금융위기 이후 얼마 지나지 않았을 때였다. 불과 수개월 사이에 각 분야에서 거의 900만 개의 일자리가 사라진 그런 상태에서 사람들은 윌리스턴에 새로운 기회가 생기기를 기대했다. 초원의 조그만 공항으로 향하는 프로펠러기를 탄 사람들이 석유 열풍으로 한몫 잡기 위해 매일 새로 도착했다. 숙소를 잡을 수 있었다면 아주 운이 좋은 경우에 속했다. 처음에는 수백 명이 현지 월마트의 주차장에서 밤을 보냈고, 여자 한 명을 놓고 남자 120명이 달려들었다. 스트립댄서는 하룻밤에 2,000달러를 벌었다. 드디어 시내 전 구역에 부동산 개발자와 투자자가 등장했다. 몇 년 지나지 않아 인구는 2만 5,000명으로 두 배 이상 늘어났다.

컨티넨털 리소스를 설립한 햄은 바켄 덕분에 억만장자가 되었다. 햄의 이런 지위는 두 번째 부인 수 앤과 이혼한 뒤에도 변함이 없었다. 수 앤은 여러 법원을 전전하며 3년이 넘게 재판을 끌었고 햄은 마침내 10억 달러에 가까운 수표 9억 7,479만 317달러로 재판을 끝냈다. 햄으로서는 분통 터지는 일이었지만 실제로 고통스럽지는 않았다. 2019년 《포브스》지의 부호 목록을 살펴보면 그의 재산은 여전히 120억 달러나 되었기 때문이다.

햄이 예측한 대로, 환경 관련 규정에 따라 미국의 에너지자원을 완전히 바닥내는 것은 벽에 부닥쳤다. 그는 이미 2011년 《월스트리트저널》과 인터뷰에서 "우리는 21세기의 사우디아라비아가 될 수 있을 것입니다"라고 말한 적이 있다.[6] 당시 햄이 볼 때 걸리적거리는 사람은 단 한 명, 버락 오바마뿐이었다. 2011년 7월 대통령은 백악관에서 억만장자인 마이크로소프트의 빌 게이츠와 전설적인 투자자 워런 버핏을 만났다. 이날의 의제는 자선활동의 확대였는데 오바마가 정치적으로 후원하는 관심사였다. 이 자리에 햄도 초대받았다. 와일드캐터로서 기회가 왔다고 생각한 햄은 대통령 앞에서 자신의 구상을 설명하며 더 많은 땅에서 석유와 천연가스를 채굴할 수 있도록 허가해줘야 한다고 설득했다. 그렇게 되면 OPEC의 석유가 남아돌 것이고, 미국은 중동발 정치적 위기를 넘어설 수 있을 것이라는 논리였다. 오바마는 그 말에 별로 동의하지 않았다. 그보다는 재생에너지와 전기자동차에 미래가 달려 있다는 것이 그가 이 석유재벌에게 한 대답이었다. 훗날 햄은 이날 세계 최고 권력자와의 만남이

"지극히 실망스러웠다"라고 회고했다.[7]

이듬해 오바마가 재선에 도전했을 때, 햄은 오바마의 경쟁자인 공화당의 미트 롬니를 지지했으며 재정적 지원뿐만 아니라 에너지 문제의 보좌진으로 활약하기까지 했다. 롬니는 열세인 것이 분명했지만 햄은 포기하지 않고 미국을 새로운 석유강국으로 만든다는 자신의 계획을 실현해줄 새로운 후보를 물색했다. 마침내 그가 찾아낸 대안은 하필 부동산 재벌이자 리얼리티 쇼의 방송 스타인 도널드 트럼프였다.

트럼프와 햄 사이에는 남자끼리의 우정이라고 할 관계가 형성되었는데, 이것은 넥타이 하나와 햄의 노타이 차림이 계기가 되었다. 아무튼, 햄은 《워싱턴포스트》와 인터뷰에서 그렇게 설명했다.[8] 2012년 말, 컨티넨털 리소스의 회장은 맨해튼으로 출장 가는 길에 도널드 트럼프를 잠깐 만나보기로 했다. 그때까지 두 사람은 안면만 있는 사이였다. 트럼프가 보니 햄은 넥타이를 매지 않았다. 이들은 트럼프타워의 로비로 같이 내려갔다. 4년 뒤 트럼프가 대선 출마를 선언한 건물이다. 두 사람은 트럼프 기념품 매장으로 갔는데 거기서 트럼프는 방문객 앞에서 무지개 색깔의 트럼프 실크넥타이를 부채처럼 펼쳐 보였다. 그는 "이것이 가장 잘 팔리는 물건입니다"라고 햄에게 자랑스럽게 말했다. 이후 《포브스》지에 트럼프의 넥타이를 맨 햄의 사진이 실리자 이 뉴욕의 부동산 재벌로부터 햄에게 소포가 도착한다. 동봉한 편지에는 다음과 같이 쓰여 있었다. '사랑하는 헤럴드, 포브스 표지에 실린 당신의 넥타이도 멋지지만, 당신에 관한 기사는 더 멋지더군요. 정말 대단한 분이십니다. 건투를 빌며, 도널드 J. 트럼프. PS: 새로 고른 넥타이 동봉합니다.' 햄은 트럼프의 이런 태도에 감동받았다.

2016년 5월, 트럼프의 전용기가 비스마르크공항에 착륙했을 때, 햄은 이미 오래전부터 대선 고문으로 주도적 역할을 하고 있었다. 트럼프가 대선에서 이기면 햄이 에너지부 장관을 맡을 것으로 생각하는 사람까지 있을 정도였다(트럼프 승리의 열매는 햄 대신 전 텍사스 주지사로서 친에너지 정책을 펼친 릭 페리Rick Perry에게 돌아갔다). 윌리스턴 분지에서 열린 석유 관련 회의에서 햄은 뉴욕 친구를 소개했다. 청중은 호의적 반응을 보였다. 북부의 석유사업 관계자들은 오클라호마 출신의 이 남자가 그들을 위해 한 일을 잊지 않았기 때문이다. "곧 바켄의 석유가 한국까지 흘러갈 것입니다"라고 햄은 약속했다. 그는 친구 도널드에게 "우리가 다시 미국을 위대하게 만들 것"이라고 말했다고 한다. 석유와 천연가스가 이 나라의 에너지 르네상스를 가져다줄 것이라는 말이었다. 그리고 트럼프는 그 모든 것을 꼼꼼하게 적었다. 이어 햄은 연단을 비워주며 말했다. "신사 숙녀 여러분! 차기 대통령을 열렬히 환영해주십시오!" 그날 오후 트럼프가 환호받으며 연단에 올랐을 때만 해도, 그는 자신이 대선에서 승리하리라고는 전혀 생각하지 못했을 것이다.[9] 하지만 그로부터 채 5개월도 지나지 않아, 이 부동산 재벌은 워싱턴 사회의 내부자이자 노련한 정치가인 힐러리 클린턴을 누르고 승리를 차지했다. 노스다코타주에서 힐러리가 겨우 27퍼센트를 득표한 반면 트럼프는 63퍼센트의 지지를 받았다.

드릴, 베이비, 드릴!

그리고 트럼프는 약속을 지켰다. 트럼프와 그가 임명한 장관들은 백악관 입성 첫날부터 석유 채굴사업에 방해가 되는 온갖 제한을 해제하는 데 아주 열심이었다. 채 4일도 지나지 않아 트럼프는 오벌오피스에 있는 육중한 오크 책상에서 ―빅토리아 여왕이 옛날 영국 식민지의 신임 통치자들에게 준 선물― 논란 중인 다코타 액세스 파이프라인Dakota Access Pipeline의 마지막 구간 승인서에 서명했다. 송유관의 이 구간은 과거에 스탠딩 록 수Standing Rock Sioux 부족에게 준 땅을 지난다. 수족은 오랫동안 오바마 정부의 건축물이 그들의 수자원 공급을 해친다며 저항해왔던 터였다. 그런데 노스다코타 주의 유정을 일리노이주의 저장시설과 연결하는 1,886킬로미터 길이의 송유관을 설치하고 몇 달 지나지 않아 채굴의 신기록을 수립했다고 주정부는 발표했다.[10] 그다음 조치로 트럼프는 전임자인 오바마와 클린턴이 지정한 보호구역을 해제했다.

그때까지 이미 확정된 보호구역을 대통령이 그 정도로 무자비하게 파괴한 적은 일찍이 없었다. 트럼프는 특별히 보호구역을 공식적으로 해체하기 위해 유타주의 솔트레이크시티로 날아갔다. 그는 신이 창조한 아름다움을 느끼게 해주는 장엄한 봉우리와 협곡에 영감을 받았다고 말했다. "많은 사람은 자연자원이 저 멀리 떨어진 워싱턴의 몇몇 관료에 의해 통제될 것이라고 생각합니다. 하지만 그렇지 않습니다." 그러면서 자신은 유타주의 주민에게 땅을 되돌려주기 위해 왔다고 말했다.[11] 실제로 트럼프는 대통령령을 통해 수많은 선사

시대의 유적이 있는 베어스 이어스^{Bears Ears}국립공원의 면적을 대폭 줄여놓았다. 원래 면적의 15퍼센트만 남기고 나머지 85퍼센트는 석유와 천연가스 기업에 내준 것이다. 이 구역은 석탄과 우라늄의 매장량도 풍부하다. 보호구역 해제를 통해 1872년 인정했던 일반적 채굴권과 시굴권이 다시 적용된다. 당시 말뚝 4개를 박고 권리를 주장하며 지하자원을 채굴할 수 있는 사람이라면 누구에게나 해당된 규정이었다.[12]

이것은 시작에 지나지 않았다. 트럼프 정부의 내무부장관 라이언 징키는 임명된 첫날 자신의 말 톤토를 타고 워싱턴으로 들어갔다. 자연을 소중히 여기는 시골 태생이라는 자부심이 강했던 사람이었으므로 환경보호자들은 처음에 징키가 자신들의 관심사를 이해할 것으로 기대했다. 하지만 트럼프의 명령 한마디에 징키는 모든 국립공원과 자연보호구역을 석유 채굴기업을 위해 개방이 가능한지 확인하는 작업에 들어갔다. 고향의 자연자원을 보호하는 것을 과제로 설정했던 징키 장관은 "트럼프 대통령 치하에서 우리는 일찍이 보지 못한 최고의 에너지 강국이 될 것입니다"라고 말했다.

오바마 정부에서는 공공의 토지 이용을 위한 규정이 엄격히 관리되었다. 물론 연방 토지에 채굴권을 승인받는 것은 얼마든지 가능하기는 했지만, 엄격한 환경규제 때문에 기업으로서는 전혀 매력이 없었다. 트럼프 정부의 환경 당국은 개발을 위해 기존의 보호구역을 해제했을 뿐만 아니라 환경시설들을 느슨하게 운영했다. 예를 들어 오바마 정부는 유정을 개발할 때 대부분 부산물로 나오는 강력한 온실가스인 메탄의 분출을 막도록 기업을 강력하게 통제했다. 평소처럼 태워버리면 온실가스 배출과 환경오염으로 이어지기 때문이다. 그런데 트럼프 정부에서는 이런 제한규정이 다시 전반적으로 해제되었다. 규정이 사라지면서 채굴회사는 이후 10년간 약 10억 달러를 절약하게 되었다.[13]

징키는 2018년 말 장관직에서 물러났다. 이 무렵 그의 윤리규정 위반과 직권남용을 놓고 15건의 조사가 진행되었다. 조사는 무엇보다 내무장관이 몬태나주 자신의 고향에서 에너지 관련 대기업 할리버튼Halliburton과 체결한 토지사업에 집중되었다.[14] 징키는 모든 혐의를 "정치적 의도가 실린 공격"이라며 부인했다. 그가 퇴임한 직후 11월의 의회선거에서 민주당이 하원의 다수를 차지했기 때문에, 트럼프 정부의 내무장관은 조사위원회에 불려 나가지 않을 수 없었다. 그런데도 징키는 워싱턴을 떠나기 전 다시 한번 내무부에서 크리스마스 파티를 열었다. 그는 북극곰 인형 앞에서 산타클로스 복장을 하고 송별회 사진을 찍었다. 하지만 징키의 퇴임은 전임자들보다 더 끈끈하게 기업과 유착한 내부자가 나갈 길을 열어주었다.

라구나 니구엘의 리츠칼튼 호텔이 어느 정도 여유 있는 신혼부부에게 인기 있는 것은 이상한 일이 아니다. 캘리포니아의 스페인 식민지 양식으로 눈부신 백사장 바로 옆에 세워진 이 호텔은 터키색 수영장 위로 야자수가 바람에 흔들리는 모습이 인상적이다. 2017년 6월 이곳의 한 회의실에서 석유·천연가스 기업의 로비단체인 미국의 국제석유협회IPAA 회원 100명이 모였다. 참석자들에게 ─예외 없이 거의 남자들이었다─ 축하할 일이 있었기 때문이다. 협회장인 배리 러셀이 말하기를 "우리는 전례 없이 직접적인 통로를 확보했습니다"라고 했는데, 여기서의 통로란 신임 트럼프 대통령 정부를 가리키는 말이었다.

러셀은 그 전주에 혼자 백악관에 들어가 트럼프와 세제개혁을 의논했으며, 이어 환경청장 스콧 프루이트 방에 들렀고 내무장관도 방문했다는 것이었다. "우리를 도우려는 사람들이 사방에 있으니 대단하지 않습니까?" 요란한 웃음소리가 터져 나오는 것으로 보아 청중도 그와 같은 생각인 듯했다.[15] 그러나 러셀이 전한 기쁜 소식은 이것만이 아니었다. 그는 IPAA의 위임에 따라 워싱턴에서 희귀종 보호 규정을 완화해야 할 변호사 내부단체가 있다는 것을 기억하는지 참석자들에게 물었다. "그 단체를 이끄는 분이 내무부의 2인자가 되었습니다. 아주 잘된 일이지요"라며 협회장은 만족한 표정을 지었다. 희귀종 보호를 반대하는 변호사 모임을 주도하는 사람은 징키 장관의 직무대리에 임명된 데이비드 번하트였다. 트럼프가 징키의 후임으로 번하트를 내무장관으로 승진시켰을 때, 한 정보원은 조사보도센터Center for Investigative Reporting의 기자들에게 리츠칼튼 회의와 러셀의 발언을 담은 비밀 녹음을 넘겨주었다. 그것은 번하트의 내무부 집무 방식에서 확실하게 드러난 것으로, 기업과 끈끈한 유착관계를 입증하는 자료였다.

전 IPAA 고문변호사의 주요 희생자 목록에는 산쑥들꿩도 포함해야 할 것 같다. 땅바닥에 둥지를 틀며 키가 사람 무릎 높이쯤 되는 산쑥들꿩은 괴상한 화환 같은 깃털을 두른 모습을 하고 굼뜬 동작이 웃음을 자아낸다. 하지만 조류는 샐비어와 노간주나무가 자라는 야생의 생태계가 위협받는 상황에서 환경의 중요한 구성요소다. 야생에는 가지뿔영양·검은꼬리사슴·드워프토끼·가시올빼미도 살고 있다. 이들의 생존공간은 과도한 방목과 프래킹으로 갈수록 위협받는다. 특히 산쑥들꿩의 서식지는 미국에서 가장 풍부한 석유 매장지와 겹친다. 환경보호가들은 위협받는 동물종 목록에 조류를 추가하라고 촉구했다. 예전에 초원에 가득했던 가금류의 개체 수는 마침내 90퍼센트나 줄었다. 2015년, 오바마 대통령은 조류를 희귀종 보호목록에 추가하지 않는 대신 공유지의 농업적·상업적 이용을 전면 금지하는 선에서 타협했다. 이에 따라 목장주와 프래킹 업자는 일정한 구역으로 활동이 제한되었다.[16]

내무부 권한으로 보호조치의 해제에 공을 들인 사람은 번하트였다. 와이오밍주에서는 내무부 산하조직으로 미합중국의 토지를 관장하는 국토관리국이 2019년 초 3,000평방킬로미터가 넘는 초원을 채굴회사에 임대했다. 이는 독일의 자를란트주보다 더 큰 면적이다.[17] 새로 임명된 국토관리국장은 한 인터뷰에서 국토관리국을 "석유·천연가스기업에 더 우호적인 사업 파트너"로 만들 것이라고 말했다. 아무튼, 당시 임대한 땅은 그런 식으로 공유지와 관련해 발표된 것 중 최대 규모였다. 신임 국토관리국장 말대로 되었다면 벌써 수개월 전에 그 땅에는 시추탑이 들어섰을 것이라고 했다. 자연과 조류 보호를 위해 애쓰는 활동가들이 탄원서를 통해 그런 계획을 저지하려 했지만 소용없었다. 납세자들은 때 묻지 않은 자연을 개방하는 대가로 8,700만 달러를 보상받았다. 국토관리국도 채굴권을 내주고 그만큼 받아냈다. 많은 돈처럼 여겨질지 모르나 4조 달러가 넘는 미국 예산에 비하면 이 정도는 반올림 오차만큼도 안 된다.

번하트는 조류 보호 정책을 대폭 완화하도록 배후조종한 핵심 인물이기도 하다. 일찍이 1918년 캐나다와 체결한 철새보호조약은 철새를 죽이는 행위를 처벌하도록 했다. 철새가 오염된 폐수에 죽는 등, 석유회사의 시설 때문에 죽는 철새가 늘어나자 국토관리국은 그 보호조약을 강력하게 적용했다. 법 집행은 효력을 발휘했다. 물론 해마다 50만~100만 마리의 새가 여전히 죽었지만, 법을 집행하기 전에는 그 두 배가 넘었다. 딥워터허라이즌 폭발사고 이후 BP가 기름 유출로 죽은 새 때문에 치른 비용은 1억 달러나 되었다.

유난히 석유회사를 괴롭히는 것은 유독성 폐수를 그물로 덮을 때의 비용이었다. 햄의 컨티넨털 리소스는 철새가 그물이 안 덮인 폐수연못에서 죽은 것 때문에 처벌받게 되자 공식 절차를 신청해 재판을 받았다. 판사가 유죄선고를 내리지 않았음에도 햄은 계속 보호규정을 비판했다. 노스다코타주 선거유세에서 트럼프는 석유업계 친구들을 향해 그러한 '정부의 잘못된 태도'를 끝내겠다고 약속했다.

번하트는 IPAA에서 일하면서 캐나다와 협정을 어떻게 하면 유명무실하게 만들 수 있는지 정확히 알게 되었다. 그는 전임자가 조류보호조약을 너무 엄격하게 해석했다는 결론이 나오도록 전문가에게 자문을 의뢰했다. 앞으로는 사전에 죽이려는 의도가 있었을 때만 협정이 적용되도록 한 것이다. 예를 들어 석유회사가 초고압 분사를 통해 채굴시설 안에 있는 새 둥지를 제거했다면 기존의 협정 해석으로는 규정 위반이었다. 그러나 새로운 해석으로는 의도적으로 둥지를 제거했을 때만 위반이 된다. 가령 청소하다 실수로 그런 일이 발생하면 −어이쿠!− 그것은 의도가 아니므로 처벌할 수 없다. 번하트에게 제출할 보고서를 준비한 변호사도 마찬가지로 이런 문제에 익숙한 사람이었다. 파이프라인과 정유제국의 상속자로서 억만장자인 코크 형제를 위해 일했던 사람이었으니.[18]

신임 내무장관이 전 고용주를 위해 할 수 있는 일은 결코 이것이 전부가 아니었다. 번하트는 그 밖에 석유업계가 바라는 것을 책임지고 실현했다. 석유 굴착용 플랫폼을 위해 북극에서 멕시코만까지, 대서양과 태평양 쪽의 해안 모래톱 거의 전부를 포함해 예외 없이 모든 연안 해역을 내주려고 했다. 단 트럼프의 부동산회사 조직이 영업 중인 플로리다 해안은 제외되었다. 석유 플랫폼은 부자들의 휴양지 팜비치에 있는 트럼프의 호화리조트 마라라고에서 내다볼 만한 전망은 아니었기 때문이다. 가능한 모든 방법이 동원된 이 에너지계획은 너무도 극단적이어서 트럼프의 일부 공화당 친구들조차 지나치다고 생각했다. 일부 공화당 지도부를 포함해 대상이 된 해안주들은 이 계획에 반발했다. 평소 대통령의 열렬한 지지자이자 조지아 주지사인 브라이언 켐프는 일간지 《유에스에이 투데이》와 인터뷰에서 그것이 연안 개발을 위한 것이라고 말하면서 덧붙였다. "그런데 왜 하필 조지아여야 하는지 모르겠어요."

이와 반대로 석유업계 단체인 미국석유학회API는 트럼프라면 승인 근거로 받아들일 만한 연구결과를 발표했다. 이 연구에 따르면 태평양 해안을 개방할 때 1,600억 달러 규모의 경제활동이 새롭게 발생할 것이며, 대서양 해안을 개발하는 경우에는 무려 2,600억 달러의 효과가 발생한다는 것이었다. 연구발표를 하는 자리에서 석유학회의 연구부장인 에릭 밀리토는 "지역사회에 더 많은 일자리와 투자, 에너지, 그리고 국가안보를 바라는 미국 소비자와 가정을 위해 반가운 소식이 아닐 수 없습니다"라고 말했다. 동시에 해양 굴착을 위한 규정도 완화되었다. 또한 외부 전문가에 의한 정기적인 검사는 이제 강제조항이 아니었다. 2010년 BP의 딥워터허라이즌 폭발사고 이후 굴착장치 운영회사들은 엄격한 규정을 지켰다. 미국 역사상 최대의 환경재난이 된 이 사고로 11명의 노동자가 숨졌고 막을 수 없었던 시추공에서는 3개월이 넘도록 원유가 솟구쳤다. 그렇게 흘러넘친 석유는 총 8억 리터가 넘었다. 수많은 포유류와 조류가 죽는 등, 기름유출의 후유증은 지금까지도 계속된다. 집중적인 피해를 본 동물은 돌고래로, 이 사고 이후 새끼 돌고래의 사망률이 6배나 높아졌다는 것이 국립해양대기국의 연구로 밝혀졌다.[19]

석유 재벌들이 친기업적 대통령을 원했다면, 트럼프는 그들의 기대를 120퍼센트 충족시켰다. 이때까지 트럼프 최대의 정치적 승리라고 할 세제개혁은 석유재벌에게 수십억 달러의 이익을 안겨주었다. 2017년 말 의회가 세제개혁안을 통과시켰을 때, 트럼프는 이것을 "힘들게 일하는 미국 노동자들에게 주는 기막힌 크리스마스 선물"이라고 치켜세웠다. 하지만 사실 이 개혁안으로 이득을 본 것은 무엇보다 기업과 기업주였다. 개혁안은 그때까지 기업으로부터 35퍼센트를 거둬들이던 세율을 21퍼센트로 낮춰주었기 때문이다. 이 때문에 기업이익이 늘어났다. 그리고 이 이익은 다시 최대 수혜자인 기업주들에게 대부분 돌아갔다.

특히 석유와 천연가스 기업에 엄청난 선물이 되었다. 4대 정유사(필립66 · 발레로 · 마라톤석유 · 엔디버)의 경우 본래의 영업이익보다 세율인하에 따른 이익이 더 많다는 것이 드러났다. 2017년 4대 석유기업이 신고한 4분기 순이익은 총 70억 달러로 2016년 총이익보다 많았다. 에너지 전문 컨설팅사인 우드 매켄지Wood Mackenzie의 평가에 따르면, 석유굴착 회사가 트럼프의 세제개혁으로 얻은 총이익은 1,900억 달러가 넘을 것이라고 한다. 무엇보다 석유업계에 유리한 것은 이른바 가속감가상각이다. 이 방법을 적용하면 기업들은 5년 동안은 투자를 비용으로 처리할 수 있다. 대신 과세소득은 줄어든다. 가속상각이 유독 석유 · 천연가스 기업에 특히 중요한 의미인 것은, 이들이 시설과 기계에 엄청난 돈을 투자해야 하기 때문이다. 엑슨모빌은 이 조치가 "미국의 친성장 풍토"에 기여했다고 공공연히 찬양하면서 5년간 500억 달러를 투자하겠다고 약속했다.

또한 트럼프는 알래스카 동북쪽의 북극권국립야생보호구역ANWR에 접근하게 됨으로써 에너지업계의 성배聖杯를 차지했다고 볼 수 있다. 북극곰이 사냥하고, 순록이 풀을 뜯고, 늑대와 독수리가 사냥감을 노리는 야생의 자연을 이용하게 되었으니 말이다. 트럼프가 의회를 통해 법령을 개정할 때까지 이 보호구역은 순수한 자연이 보존된 미국 최대의 야생구역이었다. 아이젠하워는 이미 1960년 법령에 따라 이곳을 미합중국의 피난처로 선언했고, 지미 카터는 1980년 의회를 통해 영원한 보호지로 명문화하도록 했다. 이때 카터는 "우리가 이 북극의 피난처를 때 묻지 않은 원래의 순수한 상태로 보존할 때, 그것은 미국의 위대한 승리가 될 것입니다. 이 놀라운 땅을 있는 그대로 남겨두는 것, 그것은 미래세대를 위한 최대의 선물이 될 것입니다"라고 말했다. 그 이후 재벌들은 미국의 세렝게티라고도 불리는 북극권국립야생보호구역 보호정책을 사실상 마구 유린하려고 했다. 미국지질조사국US Geological Survey의 평가에 따르면, 북극의 독특한 동식물이 서식하는 이 땅에 약 104억 배럴에 이르는 석유가 묻혀 있기 때문이었다. 그것은 독일이 10년 이상 사용하기에 충분한 양이다. 하지만 이 구역은 금기시되었으므로 기업의 공세는 오랫동안 성과가 없었다. 그러다 트럼프 정부에 들어와 비로소 관련 법 개정을 통해 기업의 의도를 관철하게 된 것이다. 툰드라에 최초의 시추공이 뚫리는 것은 단지 시간문제에 지나지 않았다.

석유와 천연가스를 목표로 이 땅의 마지막 야생환경에 다가가는 것이 트럼프 정부에 얼마나 중요했는가는 2019년 초 미국의 지출동결이 보여준다. 트럼프가 의회 예산안의 승인을 거부함으로써 촉발된 최장의 역사중단 사태는 무려 35일간이나 지속됐다. 그가 거부권을 행사한 이유는 유권자에게 약속한 멕시코와의 국경 장벽비용이 예산에 포함되지 않았기 때문이다. 물론 지출동결로 시추·채굴기업의 활동을 감시할 인력이 부족하기는 했지만, ANWR과 그 밖의 공유지에서 채굴승인을 해줄 준비는 계속되었다. 처음에는 강제로 감시직원을 모집해 급료도 주지 못하고 일을 시키는 형편이었다.

전 알래스카 주지사로서 2008년 공화당 부통령에 입후보한 사라 페일린Sarah Palin은 "드릴, 베이비, 드릴Drill, Baby, Drill"이라는 구호를 내걸어 유명해졌다. 혹은 악명을 떨쳤다고도 할 수 있다. 끝없이 석유를 퍼내라는 의미로 쓰인 이 구호는 미국인이 좋아하는 풋볼과 야구

만큼 인기를 끌었다. "드릴, 베이비, 드릴". 트럼프 정책의 핵심을 이보다 더 정확히 꿰뚫는 말은 없을 것이다.

목적은 오로지 석탄

그러나 대선에서 트럼프가 내건 핵심 공약은 석탄 구제였다. 그는 애팔래치아산맥의 석탄 매장지에서 환호하는 유권자를 향해 오바마의 '석탄과의 전쟁'을 끝장내겠다고 약속했다. 청중은 '트럼프는 석탄을 캔다'라는 팻말을 들었는데 즉, 그에게 연료 문제에 집중하라는 말이었다. 석탄 투사를 자처한 트럼프는 광부들의 마지막 희망처럼 보였다. 켄터키·버지니아·펜실베이니아의 광산이 차례로 폐쇄되었고, 광산 종사자도 1980년대 17만 5,000명에서 5만 명으로 줄어 디즈니월드의 직원보다 적을 때였다. 직장을 잃고 절망에 빠진 이들은 비참한 실태를 오바마 책임으로 돌렸다. 오바마가 '석탄과의 전쟁'을 벌였기 때문이라는 것이었다. 실제로 오바마 정부에서 환경 관련 규정은 더 엄격해졌고 광산기업은 더 이상 수로 부근에서 채굴할 수 없었다. 산마루 전체의 발파작업(마운틴 탑 제거라는 미화된 표현으로 불리는)은 제한되었고 노동 안전 규정도 까다롭게 변했다.

미국 최대의 민간 석탄광산인 '머레이 에너지'의 설립자 로버트 머레이는 TV 매거진 《프론트라인Frontline》과 인터뷰에서 대통령의 재임기간을 두고 '지옥의 8년'이라는 가시 돋친 비유를 했다. "그러나 이제 우리는 감격적인 승리를 축하하고 있습니다." 이 석탄 재벌은 트럼프가 열렬한 시청자이기도 한 폭스텔레비전의 기자에게 대선 직후 대통령 당선자가 자신에게 전화했다는 말을 전하기도 했다. "내가 지원한다고 광부들에게 전해요"라고 트럼프가 말했다는 것이다. 또 "당신이 좋아요"라고도 했다고 자랑했다. 트럼프의 초기 후원자 그룹에 속했던 이 석탄 재벌은 2017년 1월 열린 취임축하연에서 30만 달러의 후원금을 냈다. 머레이는 3월 백악관에 3페이지 반에 이르는 요구사항을 전달하는데, 그가 내민 16개 요구사항 중에는 오바마의 탄소배출 저감조치인 청정발전계획Clean Power Plan의 폐지와 파리기후협정 탈퇴, 재생에너지지원에 대한 보조금 삭감 같은 것들이 들어 있었다. 이뿐 아니라 환경청 공무원의 절반을 해임한다는 내용도 있었다.[20] 이런 사태에 대하여 《뉴욕타임스》는 '어떻게 석유재벌의 요구사항이 대통령의 과제목록이 되었나'라는 제목의 논평을 내놓았다.

트럼프는 물론이고 머레이에게도 최대 관심사는 오바마의 기후정책의 핵심이라고 할 청정발전계획을 취소하는 것이었다. 이 계획은 규정을 통해 석탄화력발전소의 공해 배출을 계속 제한하기로 되어 있었다. 그럼으로써 점점 석탄사용이 줄어드는 바람직한 부수효과도 있다는 것이었다. 이 계획은 파리에 모인 정상들의 기후 관련 약속을 지키는 데 결정적 역할을 했다. 2011년 오클라호마 검찰총장에 선출된 스티브 프루이트는 오클라호마주의 에너지기업과 끈끈한 유대관계를 맺고 있었다(검찰총장은 모든 주에서 선출직이다). 국가재정연구소의 자료에 따르면, 석유와 천연가스 회사들은 프루이트의 선거에 32만 5,000달러를 기부했다. 재임 중 프루이트는 청정발전계획을 반포한 오바마의 환경보호청EPA을 14회나 고발했다. 환경보호청이 권한을 남용했다는 주장이었다. 2014년 《뉴욕타임스》는 프루이트와 데번 에너지 사이에 주고받은 54쪽짜리 편지를 공개했다(데번은 한때 프래킹의 개척자인 미첼의 회사를 인수한 적이 있다). 특히 데번의 경영진이 탄소배출 측정에 항의하는 서한을 작성하고 프루이트가 이 서한을 검찰총장 명의로 환경보호청에 발송했다는 것이다.

이후 트럼프는 프루이트를 하필 환경보호청장에 임명했고 환경운동가들은 충격을 받았다. 법적 수단을 통해 더 강력히 자연보호를 위해 싸우는 천연자원보호협의회NRDC는 프루이트가 그야말로 지구 초토화 정책을 밀어붙이고 있다는 성명을 발표했다. 그들의 우려대로 프루이트는 즉시 청정발전계획을 무력화하기 시작했다. 하지만 프루이트는 다른 문제로 워싱턴에서 빠르게 입방아에 올랐다. 그는 재벌의 이익을 대변하는 한 로비스트의 초호화 아파트에 살면서 붐비는 퇴근시간에 경광등을 켜고 사이렌을 울리며 드라이브하기를 즐겼는데, 대부분 유행하는 프랑스식 주점에 가기 위해서였다. 또 환경청장으로서 항상 입버릇처럼 말하듯 안전상의 이유로 전세기 혹은 적어도 1등석을 타고 여행했다. 그렇게 해서 취임 첫해에 쓴 여행경비가 16만 8,000달러나 되었다. 환경보호청 관리들이 트럼프 국제호텔에서 청장이 전에 쓰던 침대 시트를 찾는가 하면, 리츠-칼튼호텔에서는 고객에게만 서비스하는 특정 로션을 주문하기도 했다고 한다. 관리들의 직무와는 상관없는 일들이었다. 프루이트는 또 청장 집무실에서 은밀한 대화를 나누기 위해 4만 3,000달러를 들여

도청이 방지된 방을 꾸미게 했다. 계속 한계를 넘던 그는 마침내 치킨요리 업체인 칙필레Chick-fil-A에 영향력을 행사해 자기 부인에게 프랜차이즈 지점을 차려주었다는 보도가 나왔다. 이 사건과 관련한 수사가 진행되기 전에 프루이트는 자리에서 물러났다.

그의 후임인 앤드루 휠러는 프루이트와 달리 이미 워싱턴의 분위기를 아는 사람이었다. 무엇보다 그는 석탄 재벌의 기업이자 트럼프의 후원그룹인 머레이 에너지의 로비스트로 활동했었다. 게다가 '워싱턴석탄클럽'이라는 의미심장한 이름을 지닌 단체의 부회장이었는데, 석탄의 안전한 미래에 관심을 갖는 300명의 광산운영자·기업경영자·의원들로 구성된 곳이다. 하지만 석탄이 휠러가 관심을 쏟는 유일한 에너지원은 아니었다. 환경보호청장으로 임명되기 전에 그는 로비스트로서 '베어스 이어스' 자연보호구역을 우라늄광산을 위해 개방하는 것에 지대한 관심이 있었다. 트럼프가 취임 후 주목한 아이디어이기도 했다. 휠러는 프루이트보다 훨씬 위험하다는 것이 천연자원보호협의회가 내린 결론이다. 전임자와 달리, 자신의 광기 때문에 걸려 넘어질 일은 없어서 그렇다는 것이다.

처음에는 심하게 오염된 에너지원에 대한 트럼프의 구조계획이 작동하는 것처럼 보였다. 2016년 4월 피바디 에너지Peabody Energy가 파산신고를 하는데, 상장된 석탄 생산기업 중 미국 최대의 규모로 더 이상 이자를 감당할 수 없기 때문이다. 그러다 2017년 4월, 워싱턴에 새 정부가 들어서면서 제2위의 규모로 피바디와 함께 오바마 정부 때 파산했던 아치Arch가 증권시장에 복귀했다. "올바른 지도자는 다르다." 하트랜드연구소의 스털링 버넷은 보수적인 온라인신문 《더 힐The Hill》의 논평에서 트럼프에 대한 찬사를 늘어놓았다. 코크 형제의 재정지원을 받는 하트랜드연구소는 기후변화의 문제점을 실감하지 못하는 싱크탱크 집단에 속한다. 이 밖에 트럼프와 석탄친화적인 그의 측근들은 또 하나의 성공을 예약했다. 2018년 가을 파링가 리소시즈Paringa Resources가 켄터키에 새 광산을 연 것이다. 이 시기, 독일에서는 마지막 석탄광산 프로스퍼 하니엘Prosper Haniel이 폐쇄되고 보트롭의 광부들은 마지막으로 갱도에 들어갔다. 더욱이 파링가의 경쟁사인 코사 콜Corsa Coal은 제2의 석탄광산을 새로 연다는 발표를 했다.

하지만 백악관에서 온갖 지원을 해주는데도 석탄산업은 계속 하향추세에 있었다. 이후 미국의 석탄 생산이 20년 이상 21퍼센트나 떨어졌다고 에너지정보관리국EIA은 평가했다. 트럼프의 주장과는 달리, 이는 오바마의 규정 때문이 아니라 천연가스와의 경쟁이 결정적 영향을 주었기 때문이다. 하필 똑같이 트럼프의 강력한 지원사격의 혜택을 본 천연가스가 프래킹 열기를 타고 석탄 생산과는 비교도 안 되게 값이 싸진 것인데, 이 때문에 에너지원을 바꾸는 전력공급사들이 갈수록 늘어났다. 2018년에만 총 발전량 14.3기가와트에 이르는 석탄화력발전소가 문을 닫았다. 트럼프도 그런 흐름을 막지 못했다. 이 문제와 관련해 갖은 수단을 다 써보았음에도. 릭 페리 에너지부 장관은 이익을 못 보는 발전소를 구제하기 위해 에너지 공급사들을 강요해 '신뢰성'에 대한 요금을 내게 했다. 즉, 석탄화력발전소 존재 자체에 대한 부담금을 내라는 것이다. 공급사들의 저항에 부닥치자 백악관은 강경한 진압 무기를 꺼내들었다. 2018년 6월 새라 허커비

샌더스 정부 대변인은 석탄화력발전소가 국가안보 문제만큼이나 중요하다는 발표를 하기에 이른다. 재계 인사들이 보기에도 지나친 발언이었다. 워싱턴에서 석유와 천연가스업계의 이익을 대변하는 미국석유협회 회장은 석탄 보조금의 근거를 마련하려는 시도가 "전례도 없고 방향도 옳지 못한" 것이라는 견해를 밝혔다.

트럼프는 포기하지 않았다. 협박이 통하지 않자 전략을 바꿔 간청하기 시작했다. 테네시계곡개발공사TVA가 '파라다이스 3호'라는 멋진 이름의 석탄화력발전소를 폐쇄하겠다고 통고하자 대통령은 트윗으로 탄원했다. "석탄은 전력 공급의 중요한 요소입니다." TVA가 신중히 결정해야 한다는 말이었다. 책임자들은 숙고 끝에 기존의 결정을 유지하기로 했다. 석탄로의 가동을 중단하고 파라다이스를 폐쇄하기로 한 것이다.

하지만 미국 석탄 재벌에게는 수출이라는 한 가닥 희망이 있었으니, 트럼프 정부에서 석탄 수출은 거의 30퍼센트나 증가했다. 2018년의 최대수입국은 인도와 네덜란드다. 독일의 수입통계를 보면 미국산 무연탄은 그사이 러시아 다음으로 2위를 차지했다. 이런 점에서, 미국 광산업자들에게는 죽어가는 산업을 되살리려는 트럼프의 노력보다 독일에서 석탄 채굴이 끝난 것이 큰 도움이 되었다고 볼 수 있다.

억만장자들의 반란

석유왕 햄과 석탄 재벌 머레이가 선거전에서 트럼프를 후원한 유일한 슈퍼리치는 아니다.

트럼프를 백악관으로 보낸 남자를 찾으려면 뉴욕에서 60킬로미터 떨어진 롱아일랜드반도 끝자락까지 가야 한다. 17세기 말 이곳에는 영국 농부들이 살았다. 완벽하게 보수를 마치고 흰색을 칠한 식민지 시대의 건물 몇 채가 그들의 자취를 보여준다. 오늘날 억만장자들이 정착해 사는 '헤드오브하버'에는 해안을 따라 좁은 길이 나 있다. 로버트 머서Robert Mercer가 사는 집은 전나무와 떡갈나무 고목 사이에 숨어 있다. 닫힌 문 양쪽에서는 청동으로 만든 올빼미가 지켜본다. 날개를 활짝 펼친 모습이 당장이라도 달려들 것 같은 느낌이다. 그 아래 팻말에는 '올빼미둥지'라는 건물 이름이 씌어 있다. 길게 뻗은 진입로에는 자갈이 깔렸고, 양옆으로는 로마 별장 양식의 화분이 진열돼 있다. 건물에서는 지붕이 보이지 않는다.

이렇게 로버트 머서는 눈에 띄지 않는 곳에 살고 싶어 한다. 70세가 넘은 그는 인터뷰에도 거의 응하지 않는데, 왜 그러는지 알려진 것은 없다. 정체가 불분명한 헤지펀드로 재산을 축적한 그는 과거 동료들에게조차 수수께끼 같은 인물로 통한다. "그가 무엇에 관심 있는지는 아무도 모릅니다." 월스트리트를 잘 아는 사람은 머서에 관해 묻자 이렇게 말했다. 많은 사람이 그렇듯, 경제지《포브스》에서 2015년에만 1억 5,000만 달러를 벌었다고 보도한 이 헤지펀드 매니저가 왜 수십 년 동안 익명의 그늘에 가려 있다 하필 대중의 주목을 받으려 안달 난 연예인이나 다름없는 트럼프를 후원하는지 의아하게 생각했다. 확실한 것은 머서가 없었다면 트럼프는 실패했으리라는 점이다.

2016년 8월, 정계 관측자들은 트럼프의 대통령선거 출마에 큰 의미를 부여하지 않았다. 경쟁상대인 힐러리 클린턴이 자금뿐 아니라 노련한 선거지원단과 갈고 닦은 디지털 전략 등 만반의 준비를 갖추었기 때문이다. 구글 회장인 에릭 슈미트Eric Schmidt는 기술적인 전문지식으로 직접 클린턴의 선거전을 지원했다. 이때 트럼프는 예상치 못한 곳에서 도움을 받았다. 로버트 머서와 가족의 정치참여를 이끄는 딸 레베카는 원래 테드 크루즈를 지원했는데 예비선거에서 트럼프에게 패하고 만다. 이 무렵 트럼프의 선거전이 갈수록 위기에 빠지자 트럼프의 딸 이방카가 레베카 머서에게 구원을 요청했다. 트럼프타워에서 점심을 먹는 동안 양쪽의 어린 두 딸이 급속히 가까워졌다고 내부관계자는 전했다. 이 자리에 함께 있던 사람이 보수 정치인의 노련한 컨설턴트로서 머서 가족의 테드 크루즈 선거 지원을 도운 적이 있는 켈리앤 콘웨이였다.[21] 이들의 만남 직후 트럼프는 선거사무장을 해임하고 대신 콘웨이를 영입했다. 그리고 스티브 배넌이 선거본부장이 되었다.

머서 가족은 이 무렵 이미 배넌과 함께 일한 긴 역사가 있었다. 배넌은 골드만삭스의 은행가 출신으로, 당시 극우 인터넷신문인《브라이트바르트Breitbart》를 발행하고 있었는데, 머서 가족은 초기의 후원 그룹에 속했다. 배넌은 이 사이트가 대안우파운동의 플랫폼 역할을 한다고 설명했다.《월스트리트저널》과 인터뷰에서 베넌은 '세계화에 반대하는 지극히 국가주의적이고 강경한 반체제 젊은이'들을 목표로 했다고 말한 적이 있다. 그는《브라이트바르트》에서 인종주의나 반유대주의적 견해는 용납되지 않을 것이라고 장담했지만 2015년 여름의 한 제목에서는 남부 주의 깃발(아프리카계 미국인들에게 노예제의 상징)을 '우리의 찬란한 과거'의 징표로 찬양했다.《브라이트바르트》는 보수파에 포진한 트럼프의 적들을 '변절한 유대인'이라고 욕했고, 또 어떤 제목에서는 여성의 피임을 '혐오스럽고 정신 나간 짓'이라고 주장했다. 이어 그 밑의 기사에서는 '무슬림의 침입을 막으려면 우리의 인구를 늘려야 한다'라고 제안했다. 배넌이 정부회계연구소를 설립하고 홈페이지에 '자본주의의 족벌체제'를 드러내야 한다고 주장하는 글을 실었을 때 머서재단은 기부금을 내며 이 연구소를 후원했고 레베카는 간간이 운영진으로 참여했다.[22] 또 연구소는《클린턴 캐시Clinton Cash》라는 책을 발행했는데, 힐러리 클린턴이 오바마 정부의 국무장관으로 있을 때 클린턴과 외국 정부 사이에 빚어진 이해충돌이나 유착관계를 비난하는 내용이었다. 이 책은 클린턴의 선거전 초기에 발간돼 그의 이미지를 심하게 훼손했다. 배넌과 머서는 여기서 그치지 않고《클린턴 캐시》를 기반으로 영화를 제작하기까지 했다. 로버트 머서는 두 사람과 칸영화제에 참석하기 위해 7,500만 달러짜리 호화 요트 '시아울Sea Owl'을 운항하기도 했다.

머서 가족은 트럼프의 선거를 위해 수백만 달러를 기부했다. 하지만 절대 배후에서 조용히 후원하는 것에 머물지 않았다. 머서 가족의 영향력은 엄청났다. 트럼프는 유권자 정보 분석이 불필요하다고 말했지만, 후에는 고분고분하게 케임브리지 애널리티카Cambridge

Analytica에 분석을 의뢰했다. 미국 언론의 보도에 따르면 적어도 이 시점에 배넌은 그 회사의 감사위원이었다. 머서 가족도 관계가 있는 회사였다. 그들은 2012년 버락 오바마가 재선에 성공한 뒤 케임브리지 애널리티카에 투자했다. 공화당에서는 대통령후보 미트 롬니의 패배 원인을 민주당이 유권자 정보분석에서 우월했기 때문이라고 판단했다. 이후 케임브리지 애널리티카는 보수파에 끝까지 기술적 지원을 해주겠다고 약속했다. 이 회사의 설명에 따르면, 미국인의 수많은 데이터를 분석하고 쇼핑 습관이나 사회관계망 서비스 이용에 관한 자료를 통해 심리적 분석표를 만들었다는 것이다. 이 분석을 통해 트럼프 캠프는 이른바 '러스트 벨트Rust Belt'라고 불리는 주에서 불만이 높아진 전통적인 민주당 지지층을 트럼프 쪽으로 돌려놓을 수 있었다는 것이다. 케임브리지 애널리티카는 심리전 수행에서 용병 서비스를 하는 SCL 그룹에 속했다. 전에는 영국이나 미국의 국방부도 이 그룹의 고객이었다. 이 영국 그룹은 인터넷으로 각국 정부와 군부에 데이터와 정보 분석, 전략을 제공한다고 홍보한다. 홈페이지를 보면 25년간 '60여 국에서 관계변화를 초래했다'는 말이 나온다. 여기서 SCL이 참고용으로 제시하는 성공적 프로젝트에는 나이지리아 선거에 미친 영향도 들어 있다. SCL은 고객에게 상대 후보의 정치적 의제를 불신하게 만드는 자문을 했다고 한다. 이 프로젝트는 선거일에 시위를 조직해 목표를 달성했다는 것이다.

이 그룹이 소개하는 다른 전략은 싸구려 저질 비디오 스릴러물에 나오는 상투적 수법처럼 들린다. 당시 케임브리지 애널리티카의 책임자였던 알렉산더 닉스는 잠재적 고객을 가장한 영국 텔레비전 방송 '채널 4'의 기자에게 자기 회사가 정치인을 어떻게 길들이는지 설명했다. 예를 들어 큼직한 선물을 안겨주고 뇌물 수수 장면을 비디오로 촬영한다는 것이다. 또 정적을 노리고 매춘부를 투입하는 수법도 무기로 쓴다고 했다. 닉스의 발언이 공개되자 케임브리지 애널리티카는 그의 대표 직위를 정지시켰다. 그런 다음 닉스가 묘사한 행동방식은 SCL의 사업기준에 맞지 않는다고 발표했다. 이후 페이스북 이용자 8,700만 명의 정보가 당사자도 모르는 사이에 케임브리지 애널리티카로 넘어갔다는 사실이 알려졌다. 이 회사의 수법이 공개된 이후 여론은 크게 분노했고, 케임브리지 애널리티카는 마침내 2018년 5월 파산선고를 한다.

아무튼, 트럼프는 머서 가족의 지원에 사의를 표했다. 그는 레베카가 '놀라운 여성지도자'라는 발표를 하도록 했다. 미국이 그녀의 지원을 받을 수 있던 것은 행운이라면서. 2016년 12월 초 선거가 끝난 직후 대통령당선자는 머서 가족의 크리스마스 파티에 참석하기 위해 '올빼미둥지'까지 먼 길을 마다하지 않았다.[23]

연례행사로 즐기는 가장무도회를 위해 머서 가족은 노력을 아끼지 않았다. 수백 명에 이르는 손님은 포커를 하거나 미국총기협회 NRA 회원인 머서가 지하에 설치한 사격장에서 즐거운 시간을 보냈다. 언젠가 야간 구호를 '제2차 세계대전'으로 정했을 때는 그가 탱크를 몰고 진입로로 들어온 적도 있다. 이때 주제는 '영웅과 악당'이었고, 언론에 노출된 초대장에는 메두사의 잘린 머리를 든 로마인의 모습이 보였다. 많은 사람은 이것을 힐러리 클린턴에 대한 승리를 암시하는 것으로 이해했다.

　세계에서 가장 강력한 권력을 쥔 남자에게 이런 영향력을 행사하게 해준 머서 가족의 수백만 달러 자금이 어디서 나왔는지 알고 싶은 마음에, 발길은 닫혀 있는 한 정문으로 향한다. 이번에는 관청 건물인지 성조기가 걸려 있고 앞에는 차단기가 설치돼 있다. 건물 이름을 알리는 팻말은 보이지 않는다. 그것은 머서가 동료와 함께 2017년까지 운영했던 헤지펀드, '르네상스 테크놀로지스'의 본부였다. '르네상스'는 머서 못지않게 비밀에 싸인 곳이다. 언젠가 금융 뉴스 서비스《블룸버그》는 이 헤지펀드를 월스트리트에서 '가장 시커먼 블랙박스'라고 부른 적이 있다. 흔히 끊임없이 변하는 시세 곡선을 좇으며 주문을 외치는 거래인들의 이미지와 르네상스는 아무런 상관이 없다. 약 300명 직원 중 90명이 박사다. 그중에는 천체물리학자도 있고 끈 이론가도 있다. 이들은 슈퍼컴퓨터의 도움을 받으며 극도로 혼란한 국제금융시장 데이터에서 패턴과 추세를 걸러내는 알고리즘을 가지고 작업한다. 그러면 알고리즘은 다시 유가증권이나 기타 자산을 기민하게 매입하거나 매도함으로써 이익을 창출하는 데 이용된다. 이런 방식으로 르네상스 프로그램은 언젠가 흐린 날보다 화창한 날의 주식시세가 더 자주 올라간다는 사실을 밝혀낸 적이 있다. "분위기만 봐서는 자연과학대학이나 연구실험실과 비슷합니다"라고 헤지펀드와 투자자를 연결해주는 한 투자은행 간부는 말한다.

　그런 모습이 우연은 아니다. 르네상스는 1977년 수학자인 제임스 사이먼스 James Simons가 설립했기 때문이다. 사이먼스는 처음 미군에 근무하며 암호를 해독했다. 그는 공개적으로 베트남전에 반대하다 군에서 쫓겨났고 이후 명문대인 MIT와 하버드에서 교수로 재직했다.《포브스》에 따르면 재산이 180억 달러가 넘는다고 한다. 투자의 전설인 조지 소로스를 포함, 어떤 헤지펀드도 르네상스처럼 성공을 거두지 못했다. 르네상스가 관리하는 3대 펀드 중 가장 이익을 많이 내는 곳은 직원들만 투자가 허용된 메달리언^{Medallion}이다.《블룸버그》에 따르면 이 펀드는 지난 30년간 550억 달러가 넘는 이익을 안겨주었다고 한다.

1993년 사이먼스에 의해 르네상스로 오기 전, 머서는 IBM에서 일했다. 수학과 물리학을 공부한 머서는 거기서 컴퓨터의 언어 인식 프로그램을 개발했다. 당시 언어학자들은 IBM의 위탁으로 컴퓨터에 어휘를 가르치느라 애를 쓰고 있었다. 머서와 동료는 컴퓨터에 프랑스어와 영어버전으로 된 캐나다 법전을 입력하는 아이디어를 떠올렸다. 그러면 컴퓨터가 두 텍스트를 비교해 스스로 패턴을 인식할 것이라는 생각이었다. 이후에 나온 구글 번역이나 애플의 시리^{Siri} 같은 프로그램은 머서 팀의 컴퓨터 인식을 기반으로 한 것이다. 기계를 좋아했던 머서는 2014년 IBM에 근무한 공로로 컴퓨터언어학회^{ACL}로부터 상을 받고 수상연설에서 이렇게 말했다. "저는 심야에 컴퓨터 실험실에서 느낄 수 있는 고적한 분위기를 좋아합니다. 에어컨이 가동되는 실내의 공기 냄새, 디스크가 윙 하고 돌아가는 소리, 프린터의 덜컹거리는 소리 같은 것이 좋아요." 그러면서 평소 한 달치 말보다 더 많은 말을 길게 덧붙였다. 그는 국가 연구실험실에서 근무하던 때를 떠올렸는데, 시설의 낭비가 심했고 개선책을 제안했음에도 무시되었다고 했다. 국가 역할에 대한 부정적 인식은 이때의 경험이 바탕이 된 것이 틀림없다고 그는 설명했다.

머서는 괴짜였던 것 같다. 그는 '올빼미둥지'에서 270만 달러짜리 장난감 기차를 제작하게 한 적도 있다. 이후 청구비용이 너무 비싸다는 이유로 제작을 의뢰한 회사를 고소했다. 또 가사도우미들과 사이가 좋지 않아 법정다툼을 벌이기도 했다. 도우미들의 주장에 따르면, 면도날을 제때 교체하지 않았다거나 샴푸가 3분의 1 이하로 줄었는데도 내용물을 채워놓지 않았다는 이유로 월급을 20달러씩 깎았다는 것이다. 고소장을 보면, 문을 제대로 잠그지 않았을 때도 급여를 삭감했다고 한다. 그런 아버지와 달리 레베카 머서는 네 자녀의 엄마로서 헌신적으로 집안을 다스렸다. 2~3년 전 머서 가족의 단골 제과점인 맨해튼의 루비&바이올렛이 폐업한다고 법석을 떨었을 때, 레베카와 두 자매는 과감하게 그 점포를 인수했다. 이들은 인터넷으로만 쿠키를 팔았다. 고객 중에는 특히 쿠키가 "맛있다"는 편지를 보낸 조지 W. 부시가 있었다. 홈페이지에는 2009년 빌 클린턴이 쓴 감사의 글도 있다.

레베카는 또 가족재단을 운영하며 특히 자유지상주의로 정평이 난 카토연구소Cato Institute 같은 싱크탱크에 출연하기도 했다. 하지만 머서 가족의 관심사는 기후변화의 과학적 인식에 대한 의문을 확산시키고 기후 보호규정을 저지하는 것인 듯하다. 적어도 2017년에 제출한 이 가족재단의 세금신고서를 보면, 기부금의 약 3분의 1이 바로 그런 목적에 기여하는 집단과 시설로 들어갔다. 2016년과 2017년에 이 재단은 하트랜드연구소에 80만 달러씩 기부했는데, 이 연구소는 기후변화의 문제를 의문시하는 정상급 인사들의 모임을 1년에 한 번 개최하는 곳이다. 오래전부터 연구소를 이끄는 조 바스트는 트럼프 취임 첫해를 "기후사실주의자들Climate Realists의 위대한해"라고 치켜세웠다. 2012년 바스트는 기후 보호론자들을 유나바머Unabomber에 비유하는 피켓시위에 참여하기도 했다. 유나바머는 전직수학교수이자 아나키스트로서 폭탄테러로 3명을 죽이고 23명에게상해를 입힌 연쇄소포폭탄 테러범을 말한다.

또 머서재단의 수신자 명단에는 '이산화탄소연합'도 보인다. 그리고 홈페이지에는 다음과 같은 말이 들어 있다. '지구온난화와 기후변화에 대한 토론은 진지한 과학연구에서 이산화탄소를 악마화하는 캠페인으로 옮아갔다.' 사람으로 인해 발생하는 이산화탄소 배출은 주로 에너지 사용에 기인하며, 이것은 경제발전과 삶의 질 개선에 필수적이라는 것이다. 아기를 키우며 행복해 보이는 핵가족 사진옆에는 '삶을 위해 이산화탄소는 포기할 수 없다'는 문구가 씌어 있다. 이산화탄소연합의 공동설립자인 윌리엄 하퍼는 명문 프린스턴대학교의 전 물리학 교수로 클린턴 정부에서 잠시 에너지장관으로재직한 적이 있다. 하퍼는 당시 부통령이자 헌신적인 환경보호론자인 앨 고어에게 화학물질로 형성된 오존홀ozone hole은 존재하지 않는다는 말을 했다가 장관에서 해임되고 말았다. 하지만 2018년 가을,도널드 트럼프는 이미 80세가 다 된 하퍼를 백악관 국가안보보좌관에 앉혔다. 미국 공영라디오방송NPR의 표현에 따르면, 하퍼는 정부내의 수석 기후변화 회의론자다. 물론 과거의 동료들은 공영라디오기자들에게 하퍼가 훌륭한 과학자이며 이른바 입증된 지식에 의문을 품는 것은 과학자의 임무라고도 했다. 하지만 하퍼는 이미 오래 전부터 단순한 의문과 불신의 한계를 벗어났다. 그는 금융 전문 채널 CNBC와 인터뷰에서 "이산화탄소의 악마화는 히틀러 치하에서 유대인을 악마화하는 것과 같다"라는 말을 한 적도 있다. 그러고는 깜짝 놀란 리포터가 이의를 제기하기도 전에 이렇게 덧붙였다. "이산화탄소는 실제로는 세계에 유익해요. 유대인이 그렇듯이 말이죠."

하퍼가 트럼프 정부의 보좌관에 공식 취임한 것이 2018년 11월이니, 그때는 이미 '제4차 전국기후보고서'가 공식적으로 발표되었을 때였다. 이 보고서에서 300명의 전문가와 정부 관리들은 다음과 같은 결론을 내렸다. '지구의 기후는 근대문명의 역사에서 그 어느 때보다 빨리 변했고, 이것은 무엇보다 인간의 행위가 원인이다. 세계적인 기후변화의 결과는 이미 미국에서도 느낄 수 있으며 앞으로는 한층 더 심각해질 것으로 예상된다.' 이 보고서는 미국인이 전통적으로 가족과 지내거나 쇼핑을 하는 추수감사절 이후 금요일 오후에 발표되었는데도 언론에 대서특필되었다. 《워싱턴포스트》에 유출된 백악관 문서에 따르면, 하퍼는 그런 어두운 예측이 더 이상 정부 차원에서 나가지 않도록 조처했다고 한다. 그리고 그런 보고서를 발표하기 전에 검열하는 비밀위원회를 운영하겠다고도 했다. 이에 흥분한 민주당 의원들은 대통령에게 서한을 발송했다. 핵심 내용은 이러하다. '우리는 압도적 다수가 공인한 과학적 합의를 훼손하기 위해 신빙성이 결여된 기후변화 불신론자가 비밀위원회를 소집하려는 의도에 심히 우려를 표합니다.'[24]

머서가 후원한 인사 중 하퍼만이 유일한 과학계의 아웃사이더는 아니다. 아서 로빈슨도 있다. 화학자인 로빈슨은 사람의 소변을 분석함으로써 수명연장의 비밀을 풀려고 하거나 '의-산복합체'로부터 의학의 주도권을 빼앗으려는 인물이다. 머서재단은 소변 샘플을 보관하기 위한 냉장고 구입에 100만 달러 이상을 지원했다. 뿐만 아니라 머서는 로빈슨의 뉴스레터 정기구독자이기도 하다. 로빈슨은 수년간 기후변화가 인간 때문이 아니라는 주장을 전파해왔는데 이런 주장에 3만 명이 넘는 과학자가 서명했다. 이를 비판하는 사람들은 서명을 요청받은 사람들이 기후전문가가 아닌 것이 확실하며, 자연과학 학위만 있으면 누구나 참여했다는 점을 지적했다.

　머서재단으로부터 돈을 받은 새 시설 중에는 '에너지와 환경법률연구소'도 있다. 먼저 지원받던 '아메리카 전통연구소'는 법적 문제 때문에 관계가 중단되었다. 이 연구소는 여러 차례 불만을 늘어놓으며 기후과학자들의 내부 이메일에 접속하기 위해 애썼다. 동시에 풍력에 반대하는 시민운동을 시도하기도 했다. 이후 이 연구소가 석탄기업으로부터 돈을 받았다는 사실이 밝혀졌다. 미국 최대 광산회사인 아크 콜Arch Coal이 2016년 파산신고를 할 수밖에 없었을 때, 후속기구인 '에너지와 환경법률연구소'로 들어간 비밀 후원금 문서가 발견된 것이다. 머서 가족은 정치적, 사회적 영향력을 행사하기 위해 재산을 이용했을 뿐이다. 그들이 트럼프의 선거 과정에서 주도적 역할을 하지 않았다면 그들의 활동이 여론의 주목을 받는 일은 없었을 것이다. 물론 훨씬 더 비중이 큰 가문이라면 다르겠지만 말이다.

코크토퍼스

코크 형제와 그들의 영향력은 미국 밖에서도 소문이 났다. 이들은 수십 년 전부터 어마어마한 석유·화학재벌의 유산을 기반으로 극단적인 자유시장경제 이데올로기를 전파하고 야경국가의 역할을 전면적으로 축소하려고 시도했다. 이 목표를 위해 수억 달러의 자금을 뿌려가며 10여 개의 조직과 싱크탱크, 선거 지원 네트워크를 구축하고 재정지원을 한다. 이 네트워크는 아주 광범위하게 영향을 미치기 때문에 워싱턴에서는 코크 형제의 문어발이라는 의미에서 '코크토퍼스Kochtopus'라고 부른다.

실제로 코크 형제는 원하는 방향으로 정치를 유도하기 위해서는 여론의 영향력이 중요함을 인식한 부호들 최초의 후원그룹에 속했다. 이런 배경에서 그들은 일련의 싱크탱크를 출범시켰다. 두드러진 자유지상주의 싱크탱크라고 할 카토연구소도 그중 하나다. 이제는 코크 형제가 직접 나서는 대신, 학자나 정신적 지도자가 의회와 언론을 통해 그들의 생각을 전파한다. 초보수적 노선의 해리티지 재단Heritage Foundation도 코크 가족의 막대한 지원을 받는다. 이 재단 역시 인간이 기후변화를 일으킨다는 주장에 회의적 반응을 보이며 기후 보호를 위한 규정을 비판하는 조직이다. 코크 형제는 1980년대에 자유시장경제의 학술적인 사고를 현실에 적용한다고 자처하는 메르카투스 센터Mercatus Center에 창립자금 수백만 달러를 기부했다.

그러나 그들의 활동에서 가장 뜨거운 반응을 끌어낸 곳은 '번영을 위한 미국인들 재단'이었다. 이 재단의 자매기관인 '번영을 위한 미국인들 AFP'은 그들의 활동기반을 구축할 때 티파티의 초기 지도자들을 도왔다. 코크 형제가 보기에 티파티 운동은 그때까지 주로 워싱턴 기반확립이 목표였던 자신들의 활동을 시민운동과 결합하기에 유리한 기회였다. 데이비드 코크는 처음에는 티파티에 직접 재정을 지원한다는 사실을 부인했지만 '번영을 위한 미국인들'의 행사에서 이렇게 말했다. "5년 전 형 찰스와 나는 '번영을 위한 미국인들'에 초기비용을 댔습니다. 그 사이 이토록 거대한 조직으로 성장해 소박하기 그지없는 내 꿈의 범위를 훌쩍 넘어섰습니다. 각계각층의 미국인 수십만 명이 경제적 자유를 위해 궐기하며 우리 사회를 역사상 가장 부유한 사회로 만들어놓을 정도가 되었으니 말입니다." 그의 연설은 다큐멘터리 영화로 촬영돼 행사가 있을 때면 슬며시 등장하곤 했다.

코크 형제의 재산을 합치면 1,000억 달러가 넘는다. 형제가 그토록 큰 재산을 모은 것은 유산으로 물려받은 기업인 코크 인더스트리즈 Koch Industries 덕분이다. 이 회사는 데이비드 코크가 언젠가 자랑했듯 "전례가 없는 최대 규모의 기업"이다. 연 매출 1,000억 달러가 넘는 코크 인더스트리스는 미국의 민간 대기업 중 최대 규모를 자랑한다. 가령 수영복을 유연하게 해주는 화학섬유 라이크라도 코크 제품이다. 하지만 이 복합대기업의 핵심사업은 석유이며, 미국과 캐나다를 관통하는 송유관이 수천 마일에 이르고 정유사업도 규모가 크다.

자유지상주의자인 코크 형제가 이런 제국을 건설하도록 종잣돈을 대준 사람은 하필 스탈린이다. 이들의 아버지 프레드 코크는 네덜란드 이주민의 아들로, 1927년 중유에서 휘발유를 걸러내는 기술을 개발했다. 프레드 코크는 미국 석유회사가 방해한다는 느낌을 받자 소련으로 가서 스탈린 정권이 정유소를 세우는 일을 도왔다. 하지만 소련에서 끔찍한 테러를 당한 뒤 몇 년 후 고향으로 돌아와 열렬한 반공주의자가 되었다.

1967년 찰스 코크는 회사를 물려받았다. 부친과 마찬가지로 공학을 전공하고 명문 MIT를 졸업한 그는 아마추어 경제이론가로서 자유주의 사상을 발견하고 하이에크Hayeck와 슘페터Schumpeter의 학설에 감동받았다. 그의 신념에 따르면 경제보다 정치를 중시해서는 안 되는 노릇이었다. 언젠가 그는 인터뷰에서 이렇게 주장했다. "모든 법은 부의 성장을 촉진하느냐 아니냐의 기준으로 검증해야 합니다. 모든 법의 90퍼센트는 실패할 것입니다." 마찬가지로 MIT를 졸업한 네 살 아래의 데이비드는 오랫동안 특수화학제품 사업체를 경영했다. 2018년 찰스는 모든 직위에서 물러난다. 이미 오래전부터 전립선암을 앓아왔지만, 사업에서 중추적 역할을 할 뿐만 아니라 왕성하게 정치적 활동까지 하는 그는 80세가 넘었는데도 여전히 사무실에 매일 출근한다.

트럼프의 등장은 처음에 코크 형제의 구상과는 전혀 어울리지 않았다. 대선 전에 찰스는 트럼프와 클린턴 중 한 명을 고르는 것은 '암과 심근경색' 중 하나를 선택하는 것과 같다고 말한 적이 있다. 기업인들은 무엇보다 트럼프의 보호주의를 전 세계에 퍼져 있는 그들의 기업에 잠재적 위험요인으로 본다. 특히 그들은 트럼프의 관세 정책에 의회가 더 강력히 반발해야 한다는 분위기를 조성하기 시작했다. 그들은 이민문제에서도 트럼프와 의견이 달랐고, 무엇보다 불법 이민자의 자녀에게 합법적인 지위를 부여하는 개혁법안을 지지했다. 하지만 이들을 비판하는 쪽에서는 그런 주장이 더 값싼 노동력을 원하는 것에 지나지 않는다고 본다.

무엇보다 중요한 것은, 기업의 지출을 대폭 낮춰준 트럼프의 세제 개혁으로 코크 형제의 오랜 소원이 실현되었다는 것이다. 또 트럼프 정부에서 환경 관련 규정을 대폭 완화하고 화석연료를 장려한 정책 역시 형제의 이익에 기여했다. 요즘 트럼프 정부에서 요직을 차지한 관리 중에서는 코크사에 협조하는 인물이 적지 않다. 예를 들어 마이크 펜스 부통령은 정치활동을 하며 오랫동안 코크 형제를 지원했다. 또 트럼프의 대선 승리로 코크 형제의 오랜 바람이 이루어졌으니 즉, 이념적으로 그들과 가까운 판사들을 연방 대법원에 심을 수 있게 된 것이다.

'번영을 위한 미국인들' 같은 코크 형제의 조직은 코크 인더스트리즈 주변에 포진한 다른 조직에 의존하는 데다 완전히 의도적으로 유권자들에게 접근한다. 데이터 관리기업인 'i360'은 미국 유권자 상당 부분의 정보를 취합하고 분석한다. 머서 가족이 2012년의 대선 패배 이후 케임브리지 애널리티카를 차렸듯, 존 매케인이 2008년 대선에서 오바마에게 패배한 뒤 매케인의 보좌관은 i360을 설립했다. 대선 캠프 전략팀은 무엇보다 민주당이 정보 활용에서 우위였던 것을 매케인의 패배 이유 중 하나로 보았기 때문이다. 2011년, 코크 형제가 막대한 재정을 지원할 '자유의 동반자Freedom Partners'는 이 데이터기업에 투자했다. 케임브리지 애널리티카와 비슷한 성격의

i360은 일반 대중에게는 별로 알려지지 않았다. 이 회사는 신용도라든가 과거의 선거행태, 소속 단체, 소셜미디어 사용 같은 정보를 모은다. 정보전문가 마크 스웨들런드는 리포터 그레그 팔라스트가 전하는 다큐멘터리 영화 〈돈으로 살 수 있는 최고의 민주주의The Best Democracy, Money Can Buy〉에서 이 회사를 다음과 같이 묘사했다. "그들은 당신이 최근 언제 포르노를 다운로드했는지, 투표하러 가기 전에 중국요리를 주문했는지까지도 압니다."

코크 형제는 AFP와 i360으로 전략을 수정했다. 이들이 미국 권력의 최상층부에서만 적극적으로 활동하는 것은 아니다. 지난 수년간 이들 형제가 재정지원을 한 조직들은 각 주와 심지어 기초자치단체에까지 영향력을 행사하기 시작했다. 예를 들어 AFP는 오하이오주 콜럼버스의 동물원 확장에 필요한 자금을 확보하기 위한 세금인상에 반대했다. 콜럼버스시는 단지 이미 설립된 동물원의 요금 인상만을 촉구했을 뿐이었으나 AFP가 공격적인 TV 캠페인을 벌이자 시청자들은 동물원 때문에 전체적인 부동산세가 2배로 올랐다고 생각했다. 투표 결과 콜럼버스 유권자의 70퍼센트가 이 조치에 반대했다. 코크 그룹에 속하는 조지아-퍼시픽 케미컬스는 콜럼버스시에 있다. 비교적 비싼 동물원 요금이 잠재적으로 그들에게 손해를 입힐지 모른다고 여긴 것이다.

코크 기업이 후원하는 조직들이 지역의 대중교통 투자에 반대하자 광범위한 파급효과가 발생했다. 컨트리음악의 본고장으로 알려진 내슈빌에서는 40킬로미터가 넘는 도심의 전차 궤도를 급행버스 노선 및 3킬로미터 가까운 터널과 연결하는 공사를 계획했다. 70만

인구의 도시 역사에서 최대 규모라고 할 이 공공건설의 소요경비는 54억 달러였다. 전체 경비는 세금, 주로 지역의 영업세를 인상함으로써 충당해야 했다(인상폭은 구매가격에 1퍼센트를 추가하는 것에 불과했다. 미국에는 부가세가 없다). 그런데도 많은 사람이 건설에 찬성했고 그중에는 이 프로젝트를 후원하는 현지 기업도 있었다. 이로 인해 도로의 고질적인 체증이 줄고 변두리에서 시내로 들어오는 교통여건도 개선되기 때문이다. 처음에는 이 조치에 대한 찬반투표에서 주민 다수의 지지를 받는 데 문제가 없을 것 같았다.

그런데 반발이 심상찮았다. 주식회사라는 간판 뒤에 숨은 반대집단 외에, 특히 AFP가 반발했다. 이들은 광고를 통해 도로공사는 순전히 세금낭비라고 주장했다. AFP의 활동가들은 42만 회의 전화통화와 6,000회의 가정방문을 통해 내슈빌 유권자들을 움직여 이 프로젝트를 무산시키려 들었다. AFP는 이 논란과 관련해 지역의 대중교통 개선에 반대하는 것으로 유명한 랜들 오툴의 지원을 받았다. 오툴은 한 행사에 나가 이 프로젝트가 전시행정이며 지역정치인을 위한 '롤렉스시계'라고 비난한 인물이다.[25] 그는 찰스 코크가 1970년대에 공동으로 설립한 자유지상주의 싱크탱크인 워싱턴의 카토연구소에서 일한다. 이 해 5월 1일의 투표에서 도로 프로젝트는 압도적 차이로 부결되었다. 지역신문인 《테네시언The Tennessean》이 AFP의 활동을 분석하면서 지적한 원인은 단 하나였다. 이 프로젝트를 의욕적으로 밀어붙인 이는 주민의 지지도가 높은 여시장이었는데, 그가 직원과의 혼외정사 문제로 물러난 것이 결정적이었다. 더욱이 시장은 이 직원에게 17만 달러의 초과수당을 부당하게 지급했다는 비난을 받았다. 또 흑인 주민들 사이에서는 도로 연결이 부유층을 소수 인종의 주거구역으로 불러들여 결국 집세 인상을 압박할 것이라는 논란이 일었다.

AFP가 내슈빌의 대중교통 프로젝트를 좌절시킨 것은 이것이 처음이 아니다. 2014년에도 급행버스 노선 계획이 특히 AFP에 의해 조직된 저항 때문에 실패한 적이 있다. 최근의 표결과 관련한 보도에서《뉴욕타임스》는 AFP 집단이 반대운동을 벌인 지역의 교통개선 계획이 7건이나 더 있다고 소개했다.[26] 그중에는 버스 노선의 확충을 위한 수단으로 인디애나주의 휘발유세 인상 건이 있었고, 비슷한 프로젝트가 아칸소주의 리틀록에도 있었다. 코크 인더스트리즈 대변인은《뉴욕타임스》기자에게 자신들은 결코 AFP의 의제를 강요하지 않는다고 말했다.

건국의 아버지들 시절 이래, 거의 모든 농장주나 노예 소유주조차 부유층이 정부에 영향력을 행사한 경우는 매우 드물며 그런 시도를 한 적도 거의 없다. 실제로 세금 때문에 모국인 영국에서 분리되기를 바란 사람들은 부자들이었다. 하지만 트럼프 정부에서 이 영향력은 새로운 차원으로 바뀌었다. 억만장자 클럽의 상당수는 석유·천연가스·석탄으로 재산을 축적했다. 트럼프 대통령은 그들에게 중요한 계획을 모두 관철할 수 있는 아주 보기 드문 기회를 제공했다. 프래킹 업자, 정유소 경영자, 석탄 재벌은 땅속에 기반시설을 때려박기 때문에 이후로 수십 년간 호기를 엿볼 수 있다. 이들은 기후변화가 아니라 기후변화에 맞서 싸우는 사람들을 문제시한다. 이것이 그들의 접근방식이다.

5

세계를 지배하는 파이프

트럼프에게 이념이라는 것이 있다면
그것은 에너지 주도권이다.
석유와 천연가스가 미국을 다시 이론의 여지가 없는
초강대국으로 만들어준다는 것이다.
여기에 저항하는 사람은 순식간에 적이 된다.
석유와 가스관 연결망은 갈수록
지구를 촘촘하게 채우고 있다.
그만큼 채굴회사들은 더 깊이 파 들어간다.
수십 년 동안 변함없이.

파이프라인을 반대하는 단식 파업

애초 예정대로라면 시위를 벌일 계획이었다. 그러나 5월의 어느 화창한 아침 100여 명의 환경운동가가 뉴욕주의회가 있는 맨해튼 시청 계단에 모습을 드러냈을 때 행사는 축하 모임으로 바뀌었다. "어젯밤 10시가 되어서야 반가운 소식을 들었어요." 공동주최자인 새러 그로님이 입을 열었다. 70세가 다 된 그로님은 '350.org'의 지부 회원 중에서 연장자 그룹에 속한다. 이 국제기구는 2008년 빌 매키번Bill McKibben 같은 환경보호 학생그룹에 의해 설립되었다. 기후 온난화에 대한 초기 저작 중 매키번이 쓴 책은 많은 독자를 확보했다. 기구 명칭은 대기 중의 적정 이산화탄소 농도를 가리키는 350ppm(ppm은 1백만분의 1이라는 뜻)에서 온 말이다. 350 회원들이 정한 목표는 더 이상 어디에서도 석탄·석유·천연가스 개발 프로젝트를 추진해서는 안 된다는 것이다. 그들은 이날 아침 그 목표에 한 발 가까워졌다. 뉴욕주 환경 당국이 전날 저녁 펜실베이니아 마셀러스 지층의 프래킹 가스를 대도시로 운송하는 윌리엄스 파이프라인 건설계획을 수질오염의 위험 때문에 그대로는 추진할 수 없다고 발표했기 때문이다. 시민들은 3년 동안 이 프로젝트를 반대해왔고 환경 당국에 의견을 개진한 사람만 약 4만 5,000명이나 되었다. 댓글의 90퍼센트는 건설계획에 부정적이었다. 이들은 주의회 의원들에게 12건의 청원서를 제출했으며 결정이 내려지기 전 수일간 21~75세 여성 여섯 명이 단식투쟁을 전개했다.

시청에 모인 사람들은 감격했다. 그들은 '파이프라인을 누른 민중의 힘' '트럼프 엿먹어라' '불어라 바람, 가거라 샌디' 같은 구호가 적힌 플래카드를 흔들었다. 마지막 구호는 미국 대서양 해안을 강타한 2012년의 허리케인 샌디를 암시하는 것이었다. 지역 언론의 카메라 앞에서 군중은 –다양한 인종과 연령층으로 이루어진 뉴욕시민– "녹색 뉴딜, 녹색 뉴딜"을 외쳤다. 생태계의 혁명을 의미하는 이 구호는 뉴욕주의 하원의원 알렉산드리아 오카시오 코르테스Alexandria Ocasio Cortez(동지든 적이든 막론하고 약자 AOC로 부르는)가 그로부터 불과 수주 전에 워싱턴에서 제안한 정치적 목표다. 송유관 건설을 멈추고 미국 경제를 근본적으로 녹색으로 전환하자는 아이디어가 하원에 도달한 것이다.

드디어 이 문제가 본격적으로 주목받기 시작한 것으로 보였다. 하지만 분위기가 좋다고 해서 갈수록 치열하게 투쟁해야 하는 환경운동의 여건이 달라지는 것은 아니다. 윌리엄스 프로젝트에 반대하는 사람들이 성공을 거두어야 하는 이유 중 하나는, 과거 수년간 송유관 건설에 반대한 초기의 시도가 좌절된 것과 관계가 있다. "우리는 다코타 접근 파이프라인 같은 데서 활동하는 다른 그룹에게 배웠어요"라고 그로님은 말한다. 미국 북부에 있는 이 송유관은 엄청난 반대를 무릅쓰고 건설되었다. 오클라호마의 에너지 회사인 윌리엄스가 새 파이프라인과 관련된 결정을 순순히 받아들일 것인지는 기다려봐야 한다.

파이프라인 건설사에 기회가 있다면, 뉴욕주의 건설 중단에 대해 연방 차원에서 이의를 제기하는 방법이 있다. 어쩌면 이 프로젝트를 훨씬 우호적으로 볼 수 있을 것이다.

송유관은 에너지업계의 생명줄이다. 환경운동가들도 안다. 윌리 엄스라인 같은 프로젝트는, 일단 파이프가 매설되면 앞으로 50년간 천연가스 운송이 거의 확실시된다는 것을. 사업 발주자들이 투자를 고분고분 포기한다는 것은 거의 기대할 수 없다. 무엇보다 송유관은 큰 비용이 들어간다. 윌리엄스가 뉴욕에 계획했던 것과 같은 가스관 은 1킬로미터에 평균 500만 달러가 필요하다.[1] 또한 파이프라인은 에너지 생산회사가(가령 펜실베이니아의 프래킹 회사) 천연가스나 석유 를 시장에 공급하기 위해 반드시 필요하다는 점에서 공격목표로 적 합하다. 이런 시설은 특히 가격인하의 요인이 되지만 가격이 너무 내려가면 개발이나 채굴할 가치가 없어진다.

이 논리는 미국에만 해당되진 않는다. 파이프라인은 세계 곳곳에 서 전례 없는 속도로 건설 중이다. 1980년부터 1995년까지 매년 평 균 7곳의 파이프라인이 가동되었으며, 이 수치는 이후 매년 25곳으 로 늘어났다고 글로벌 에너지 모니터[GEM2]는 2019년 4월의 보고서에 서 발표했다. 파이프라인 열기를 타고 이 보고서를 작성할 시점에는 302곳의 파이프라인이 건설 중으로, 그중 166곳은 공사 착수 직전 이고 78곳은 이미 공사 중이었다고 한다. 이 프로젝트가 모두 실현 되면 가스관은 전 세계적으로 35퍼센트 증가하며 송유관은 19퍼센 트 증가한다. 여기에 들어간 투자 규모는 6,000억 달러가 넘는 것으 로 평가된다. 최대의 몫은(2,320억 달러) 북아메리카의 프로젝트를 위 한 것이고, 두 번째는 1,420억 달러 규모의 아시아-태평양, 그다음 세 번째가 760억 달러의 유라시아 프로젝트다.

따라서 파이프라인이 에너지업계와 기후보존 활동가들 사이의 싸움 한복판으로 들어온 것도 이상할 것이 없다. 그것은 국제적 석유·천연가스 로비가 백악관에서 강력한 동맹으로 뭉치게 만든 싸움이기도 하다.

오로지 석유를 위해

트럼프가 미국의 파리기후협정 탈퇴를 선언했을 때, 이 사건은 아디스아바바에서 취리히까지 언론에 대서특필되었다. 반면 몇 주 지나지 않아 미 대통령이 워싱턴에서 똑같은 통고를 했을 때는 세계 여론이 별로 주목하지 않았다. 당시 '미국 에너지의 해방'이라는 행사명은 몹시 자극적이었다.[3] 트럼프는 미국 에너지를 방출한다는 것과 다름없는 약속을 했다. 초대받은 손님은 트럼프의 전임자인 오바마의 '석탄과 전쟁'을 끝내준 것에 감사하고 싶은 프래킹 업자, 석유재벌의 경영진, 에너지기업의 로비스트들이었다. 트럼프는 먼저 참석자들이 뜨거운 찬사를 받아야 한다고 강력하게 주장했다. 그들은 "암반과 지하 깊은 곳, 해저를 뚫고 들어가 필요한 에너지를 우리 가정과 경제, 일상으로 가져다주는 위대한 사람들"이라는 것이다. 그런 다음 대통령은 본론으로 들어갔다. "우리가 오늘 여기에 모인 이유는 미국을 위한 새로운 에너지 정책을 설명하기 위해서입니다. 그 정책은 수백만 개의 일자리를 만들고 수조 달러의 복지를 창출해낼 것입니다"라고 장밋빛 약속을 했다. 미국은 40년이 넘도록 에너지를 경제적인 무기로 이용하는 외국정권에게 상처받았다고 목

194

소리를 높였다. 미국인의 삶의 질이 떨어진 것은 국토 자원이 미국민의 수요를 채워주기에는 너무 부족하다는 믿음이 널리 퍼졌기 때문이라는 것이었다. "하지만 우리는 이제 그 모든 것이 그저 그럴듯한 신화이자 가짜 뉴스라는 것을 압니다." 이를 제자리로 돌려놓기 위해 트럼프가 예고한 것은 "미국의 에너지 주도권이라는 새 시대"를 알리게 될 6개의 '완전히 새로운' 정책이었다. "우리는 다시 일등국가가 될 것입니다!"

1970년대 초 아랍 산유국들이 수출을 금지한 이래, 트럼프의 전임자들은 특히 불안정한 중동에서의 수입에 의존하는 구조에서 탈피하기 위해 끊임없이 애썼다. 오일쇼크의 기억은 워싱턴에 깊이 각인되었다. 풍요와 큰 자동차로 상징되는 나라 미국이 하룻밤 새 에너지 절약을 생각해야 하는 처지로 전락했다. 휘발유가 들어왔다고 하면 주유소마다 장사진을 쳤다. 1974년 초, 주유소 중 20퍼센트에는 아예 휘발유가 없었다. 트럭 운전사들은 연료배급 때문에 바리케이드를 치고 싸웠으며 파업하는 운전사와 진압부대 사이에는 총격전이 벌어졌다. 폭탄을 투척하는 때도 있었다. 디트로이트의 자동차 생산 노동자들은 호화 모델의 생산을 중단했다. 경제적 재난보다 더 비참한 것은 굴욕이었다. 그로부터 불과 10~20년 전만 해도 미국은 세계 석유 수요의 60퍼센트를 차지했다. 하지만 이런 흐름은 위기의 시점에 이미 뒤바뀐 상태였다. 미국은 이후 수십 년간 최대 석유 수입국이 되었고, 마침내 2005년 상황은 역전돼 미국은 국내 수요의 약 60퍼센트를 수입에 의존하게 된 것이다.

그런 상황에서 트럼프는 이제 미국을 의존 상태에서 해방시킨다는 약속만 한 것이 아니다. 거기서 그치지 않고 국가를 지배적인 에너지 생산국으로 만들겠다고까지 한 것이다. 그 의미는 '지배적'이라는 말 그대로였다. 어떤 대가를 치르든 개의치 않겠다는 말이었다. 그러나 '에너지 주도권'이라는 트럼프의 목표는 폭발력이 있는 러시아 관련 스캔들이나 멕시코 장벽에 대한 집착, 패스트푸드와 《폭스뉴스》에 대한 병적인 선호를 둘러싸고 쏟아지는 자극적인 보도에 묻혀버렸다. 사실 이 목표는 트럼프 관련 다른 어떤 의제보다 나머지 세계에는 훨씬 더 위험한 것이다. 햄프셔대학교의 평화연구 교수인 마이클 클레어^{Michael Klare}는 자유주의 좌파 노선의 잡지《더네이션^{The Nation}》에 기고한 글에서 "도널드 트럼프의 '바닥까지 짜내는 에너지 정책'은 우리 모두를 파멸로 이끌 것"이라고 경고했다.[4]

이 평화연구가를 놀라게 한 것은 백악관이 2017년 12월 공개한 국가안보전략 문서였다.[5] 불과 몇 달 만에 사업가에서 전문 정치인으로 변신한 트럼프에게는 딱히 이념이란 게 없다. 바로 이 점이, 기존의 후보들이 끊임없이 쏟아내는 공약에 넌더리가 난 유권자들에게는 매력 포인트였다. 트럼프는 정당의 정치적 강령과 아무 상관이 없었다. 만약 일종의 트럼피즘이라는 것이 있다면, 그의 생각이 담긴 이 68쪽짜리 문서가 가장 근접했을 것이다. 이 속에는 국경을 다시 안전하게 하는 조치와(유명한 장벽) 지하드를 비롯한 테러리스트들을 제압하는 전략, 사이버 공격으로부터 국가를 수호하는 방안 등에 대한 기대가 담겨 있다. 그러나 문제는 트럼프의 안보전략이라는 것이, 미국이 초강대국으로 재부상하는 것을 방해하는 또 다른 위협을 -예컨대 '지나친 환경보호'- 적시하고 있다는 것이다. 전략문서에 따르면, 미국이 이런 위험에 직면할 때를 대비하여 '미국을 다시 위대하게 만든다'는 트럼프의 목표를 훼손하는 모든 규정을 폐지하는 것이 '가장 으뜸 되는 행동 요구'에 속한다. 트럼프와 그의 전략이라는 관점에서 볼 때, 에너지 주도권은 국가안보와 직결된다. 전략문서는 이렇게 말한다. '더 깨끗하고 더 저렴하고 더 믿을 만한 국내의 에너지원에 접근하는 것이야말로 수십 년간 미국을 더 부유하고 더 안전하고 더 강력하게 만들어주는 토대다.'

논란의 여지없이 분명한 표현이다. 어느 나라나 에너지 수요의 충족은 근본적인 문제다. 문서를 좀 더 꼼꼼히 살펴보면, 국경의 안전과 테러리스트 근절이라는 의제 다음에 '핵심 인프라' 보호라는 문제가 나온다. 이 또한 충분히 이해할 수 있다. 하지만 현실적으로 에너지안보와 국가안보를 등식화하는 트럼프의 정책은 자국의 민주주의와 독일 같은 지금까지의 동맹국 관계에 위험한 결과를 초래했다. 클레어는 기고문에서 '석유 · 석탄 · 천연가스에 방해되는 모든 것은 국가이익 즉, 국가안보의 적으로 간주될 것'이라고 경고한다. 가만히 생각해보면, 환경보호운동에서 국가가 합법적으로 추방하는 생태−테러리즘Eco-terrorism이 나온다고 볼 수 있다. 이것은 심리전과는 전혀 다른 문제다. 백악관의 든든한 지원을 받으면서 석유 · 천연가스기업들은 환경운동가들의 저항을 범죄 취급하기 시작했다.

도화선이 된 것은, 와일드캐터로서 트럼프의 신임을 받는 헤럴드 햄의 의중이 담긴 프로젝트라고 할 '다코타 접근 파이프라인DAPL'에 반대하는 시위였다. 바켄 지층에서 석유를 퍼 올리는 프래킹 업자들에게는 소비자에게 저렴하게 석유를 공급할 파이프라인이 없었다.

다코타 접근 파이프라인은 기존의 송유관 네트워크에 연결하여 바켄의 석유를 멕시코만의 정유소와 항구까지 흘러가도록 해주는 시설이었다. 그런데 건설사인 '에너지 트랜스퍼 파트너ETP'에서 설계한 라인은 스탠딩 록 수 부족이 신성시하는 땅을 지난다. 게다가 수족은 송유관의 누수와 그로 인한 수질오염을 걱정했다.

2016년 4월, 수족의 장로회의 위원인 라도나 브레이브 불 알라드는 공사를 저지하기 위한 저항 캠프를 차렸다. 여름철 몇 달간, 캠프는 전국에서 모인 수천 명의 부족 시위대로 규모가 확대되었다. 환경운동가들도 이 아메리카 원주민의 시위에 합류했다. 9월이 되자 건설노동자들은 수족에게는 문화적 의미가 담긴 지역을 불도저로 다지는 작업을 시작했다. 시위대가 건설장비의 가동을 정지시키려 하자 에너지 트랜스퍼 파트너의 진압부대가 경비견을 풀어 뒤를 쫓았다. 이 와중에 시위대원 6명이 개에 물렸다.[6] 10월, 전투복 차림에 군용차량을 탄 경찰병력이 들어와 송유관이 설치될 지점에 세운 캠프 일부를 강제로 철거했다. 이들은 11월의 매서운 한파 속에 다시 나타나 시위대를 향해 물대포를 쏘았다. 유튜브와 페이스북에 올라온 동영상은 수백만의 조회 수를 기록했고, 파이프라인을 둘러싼 투쟁에 대하여 전 세계가 주목하게 됐다.

전 세계의 방송과 신문이 노스다코타로 기자를 파견했다. 탐사 전문 사이트인 '인터셉트'에 따르면, 파이프라인 건설사인 ETP가 타이거 스완이라는 민간 보안서비스를 고용했다고 한다.[7] 기자들에게 유출된 문서에서는 타이거 스완이 경찰이나 다른 정부 기구와 긴밀한 협조체제를 구축하고 활동했다는 사실이 드러났다. 타이거 스완은 9·11사태 이후 미 국방부와 국무부의 위탁으로 중동의 테러리스트를 담당하는 민간 하청회사 소속이었다. '인터셉트'가 보여준 그곳의 내부통신에서는 특히 다코타 접근 파이프라인 시위와 관련해 '종교적 색채가 강한, 이념에 이끌리는 폭동'이라는 언급이 나온다. 2017년 2월의 보고서에서 타이거 스완의 작성자는 환경운동가들을 지하드에 비유하기도 했다. 파이프라인 반대운동은 '일반적으로 지하드의 폭동 유형'을 따른다는 것이다. 또 '이 운동을 위해 싸우고 지원하는 사람들은 조직이 와해하면 폭동 이후와 비슷한 행동양식을 따를 것'이 예상된다는 언급도 있다. 그리고 이 보안서비스 대원들은 아프가니스탄을 지적하며 '반反-DAPL 디아스포라가 계속 확대될 것으로 봐야 한다'고 경고했다. 테러 전문가들은 그런 도전적 상황에 대처하는 법을 안다. '인터셉트'가 받아본 보고서의 결론은 이러하다. '공격적인 계몽과 전투현장에 대한 사전준비, 그리고 계몽과 강경노선 사이의 적극적인 협조체제가 반-파이프라인 폭동 진압에 입증된 방법이다.'

기자들은 또 타이거 스완 진압부대가 파이프라인 반대자들을 조사하며 소셜미디어 및 도청과 관련해 수집한 방대한 자료를 발견했다. 이 첩보서비스 회사는 심지어 시위대 진영에 스파이를 심어놓기까지 했다. 이들은 거기서 입수한 정보를 사업 발주처인 ETP뿐 아니라 FBI, 미 국토안보부, 미 법무부, 연방보안관, 원주민을 담당하는 인디언사무국, 현지 경찰 및 검찰과도 공유했다. '인터셉트'의 문의에 어떤 정부당국자도 답변해주지 않았다. 타이거 스완도 마찬가지였다. ETP는 이메일로 기자들에게 '자세한 보안사항'을 입 밖에 내려는 사람은 없다고 설명했다. '이 나라의 경찰업무가 점점 더 군사화하고 각 주의 시위를 범죄시하는 동안, 민간 보안회사 하나가 500개 석유 · 천연가스기업을 위해 각 지방과 주 및 연방 차원에서 법집행 당국과 협조하며 시위운동을 무산시키고 지극히 불안정한 반민주주의적 횡포를 부린다는 사실은 잘 드러나지 않는다'라고 '인터셉트'는 썼다. 노스다코타주에서만 평화적인 시위를 진압하는 데 약 3,800만 달러의 비용이 들었다.[8]

스탠딩 록은 이제 모르는 사람이 없었다. 이 말은 시위대와 석유 · 천연가스회사 양측에서 배운 교훈이었다. 저항은 끝내 물거품이 되었다. 햄에게 매우 중요한 다코타 접근 파이프라인의 허가는 2017년 1월 도널드 트럼프의 첫 공식 업무가 되었다. 2017년 4월, 첫 석유가 바켄에서 멕시코만까지 흘러갔다. 시위대가 노스다코타의 파이프라인을 저지할 수는 없었어도 이 경험을 통해 환경운동가들은 엄청난 권력을 등에 업은 것처럼 보이는 석유 · 천연가스 업계의 취약점을 알게 되었다. 환경운동의 지도부가 볼 때, 제2의 스탠딩 록은 반드시 막아야 했다. 그들은 국가가 석유와 천연가스관을 '생태 테러범'에 맞서 모든 수단을 동원해 보호해야 하는 '핵심 인프라'로 간주한다고 받아들였다. 그들은 이에 맞서기 위한 저항을 조직화하기 시작했다.

가시밭길

시작은 석유에 흠뻑 젖은 햄의 고향 오클라호마였다. 2017년 1월, 도널드 트럼프가 다코타 접근 파이프라인을 최종적으로 허용하는 법령에 서명한 지 5일 뒤, 미국 최대의 자연보호연맹인 '시에라클럽'과 흑인 민권운동 단체인 '블랙 라이브즈 매터Black Lives Matter', 그리고 여러 원주민 부족의 대표단은 오클라호마주의 주도에서 기자회견을 열었다. 스탠딩 록에도 거주하는 쇼니족 대표 애슐리 매크레이는 이미 계획된 다이아몬드 파이프라인에 반대하는 연합 조직을 결성했다고 발표했다. 다이아몬드 파이프라인 계획이란 오클라호마주 쿠싱에서 테네시주 멤피스까지 이어지는 700킬로미터짜리 송유관 건설을 말한다. 이 라인은 '눈물의 길Trail of Tears '9을 따라 난 구간이었다. 매크레이와 다른 시위대의 조상이 1830년대 미국 정부가 남서부에 있던 부족 거주지에서 쫓아내 미시시피 서쪽으로 강제이주시켰을 때 걸었던 길이다. 오늘날 에너지가 가장 풍부한 주의 하나인 오클라호마는 사실 원주민의 땅으로 남겨둬야 했다. "36개 부족은 이 구간을 따라 사망자들을 매장해야 했어요"라고 매크레이는 기자들에게 말했다. 파이프라인 건설 프로젝트는 환경문제일 뿐만 아니라 아메리카 원주민을 깡그리 무시하는 태도라는 것이다.

수도에서 파이프라인에 반대하는 집회가 열린 지 일주일 후, 공화당 의원 스콧 빅스는 법안을 제출했다. 파이프라인이나 그 밖의 '핵심 인프라'의 가동을 방해하는 사람은 누구나 10만 달러의 벌금

혹은 10년형에 처한다는 내용이었다. 여기서 그치지 않고 시설 훼손에 공모한 조직은 100만 달러 이하의 벌금에 처한다는 내용까지 추가되었다.

3월에 환경운동가들은 스탠딩 록의 예에 따라 계획된 라인에 반대하는 시위 캠프를 차렸다. 이 직후 지역 경찰을 지원하게 되어 있는 FBI 팀이 들어왔다. 국토안보부 관리들은 상황보고에서 시위 캠프에는 '과격한 환경운동가들'도 있으며, 이들은 "불법적인 사유지 점거를 목표로 하며, 이는 폭력행위로 이어질 수 있다"고 설명했다. 이런 사실은 환경 및 인권 관련 문제를 보도하는 비영리기구 《인사이드클라이미트뉴스Inside Climate News》의 직원들에 의해 드러났다.[10] 보도에 따르면 정찰기가 캠프 위로 날아다니고 헬기가 그 위를 선회한다고 했다. 경찰은 캠프를 드나드는 모든 차량을 검문했다. 군 보안관은 단순한 교통통제일 뿐이라고 주장했다. 5월에는 오클라호마 주지사가 핵심 인프라의 보호와 관련한 새로운 법령에 서명했다. 파이프라인 건설현장에 발을 들여놓기만 해도 졸지에 1년 징역에 처해졌다. 시위조직은 무너졌다. 다이아몬드 파이프라인은 2017년 12월 더 이상의 논란 없이 개통되었다.

석유 · 천연가스기업, 그리고 그들에게 우호적인 정치권은 오클라호마의 성공에 고무되었다. 2018년 5월, 루이지애나주에서도 비슷한 반反시위법을 반포했다. 그때까지 사전허가를 받지 않은 사유지 진입은 사소한 법 위반으로 간주되던 것이 이제는 중범죄가 된 것이다. 법이 발효된 첫 주부터 10명이나 체포되었다. 그중에는 카약을 타던 환경운동가 3명도 있었다. 이들은 카약을 타고 늪지대의 호수 후미로 들어갔는데, 그곳은 바유 브리지 파이프라인[BBP]이 설치되던 곳이었다. 이 송유관은 노스다코타의 석유를 루이지애나의 항구와 정유소로 보내기 위한 마지막 연결 라인이었다. 환경운동가들은 카약에서 끌려 나와 제복을 입은 무장경비대에 체포되었다. 하지만 경비대는 보안관의 위임을 받고 나온 것이 아니라 파이프라인 건설사를 위해 경비업무를 보는 사람들이었다. 이 사건은 《인사이드클라이미트뉴스》의 감시자들에 의해 보도되었다.[11] 뉴올리언스의 로욜라대학교 교수인 빌 퀴글리는 온라인 잡지 《리얼뉴스네트워크The Real News Network》와 인터뷰에서 새 법이 "에너지 프로젝트 반대시위를 하는 환경보호기구나 시민권기구를 위축시킨다"고 말하면서 덧붙였다. "그 법은 반대의견이나 기업과 다른 생각을 범죄시합니다. 사기업이 자유로운 의사표현으로 그런 송유관 프로젝트를 저지하려 하는 사람들을 꺾기 위해 국가를 도구화하는 것입니다."[12]

그동안 점점 많은 주 정부에서 반시위법을 반포했다. 법안은 대동소이했고 그럴 수밖에 없었다. 2017년 12월 미국입법교류위원회 ALEC라는 기구의 연례회의가 열렸다. 회원은 의원과 로비스트들이었다. ALEC의 도움을 받아 법안을 작성한 의원들은 소속 주로 돌아가 그 법안을 제출한다는 소문이 있다. 이 위원회의 홈페이지에는 다음과 같은 말이 나온다. '우리는 각 주정부가 제기하는 기업이나 경제문제를 토론하기 위한 논단을 제공한다.' ALEC가 운영하는 '법안 도서관'은 '일상생활을 더 편리하게 하고 경제적 자유를 보장해주는 역동적이고 혁신적인 아이디어의 원천'이라고 한다. 이 기구는 기업들로부터 재정지원을 받는데, 회원은 물론이고 후원자도 비공개로 되어 있다. 민권기구인 '미디어와 민주주의센터^{CMD}'에 따르면, 12개의 대기업과 산업협회가 여기에 소속되어 있다. 그중에는 코크 인더스트리즈처럼 천문학적 규모를 자랑하는 코크 형제의 정유소와 파이프라인 제국도 있다.[13] 2017년 12월의 회의에 모인 의원과 로비스트들은 ALEC의 법안 도서관에 등록할 추가 안건을 가결했다. 법률안의 제목은 '핵심 인프라 보호법Critical Infrastructure Protection Act'이었다. 도입 취지에는 이 법안을 작성할 때 이미 2017년에 통과된 오클라호마의 반시위법을 모태로 했다는 노골적인 설명이 나온다. ALEC에서 제시한 새 법안은 대성공이었다. 2019년 초에 벌써 15개 주에서 '핵심 인프라 보호'를 위한 법이 통과되었기 때문이다. 또 다른 16개 주에서도 해당 법안이 제출되었다.[14]

이에 보조를 맞춰 석유업계는 워싱턴에서도 이 문제를 공격적으로 다루었다. 미국석유협회^{API}와 많은 의원의 신임을 받는 대기업의 로비기구인 미국 상공회의소는 납세자들도 '핵심 인프라' 비용을 분담하기를 간절히 원하고 있다. 2018년 10월의 연례적인 '미국 기업현황' 연설에서 상공회의소장 토머스 도나휴는 파이프라인의 확충을 '최우선' 의제로 선언했다. 고위급 로비스트인 그는 진정한 국가 비상상황이 오기 전에 해결해야 할 도로와 교량의 현대화를 한 문장으로 요약했다. "우리는 에너지의 르네상스를 맞이했지만 그것을 이용할 인프라가 부족합니다." 이런 이유로 "우리는 풍부한 자원을 시장으로 보내는 데 필수적인 파이프라인을 건설해야 합니다"라고 결론지었다.[15] 청중은 그의 말에 공감하는 것으로 보였다. 트럼프 정부의 교통부 장관으로서 부유한 중국 해운업 가문의 후손이자 상원 다수파인 공화당 원내대표 미치 매코넬의 아내이기도 한 일레인 차오는 2019년 6월 파이프라인을 훼손하거나 가동을 방해하는 행위는 20년 이하 징역에 처하는 법안을 제출했다. '핵심 인프라'가 트럼프의 전략문서에서도 우선적 안보정책으로 부각하는 것은 놀라운 일이 아니다. 미국 에너지업계로서 운반시설의 확충은 중요한 원가절감 요인이다. 그리고 기업에게는 사회에 전가할 수 있는 부담과 위험이 클수록 좋은 법이다. 미국의 납세자들이 새 송유관 비용을 분담하고 독일의 전력소비자가 액화가스 투자자의 몫을 분담하는 것을 재벌들이 마다할 리 있겠는가.

하지만 트럼프는 이제까지 석유업계의 사업목록에서 완전 상위에 있는 송유관을 밀어붙일 수 없었다. 그것은 수년 전부터 미국 내에서 논란이 분분한 건설 프로젝트다. '키스톤XL' 파이프라인 문제를 봐도 그렇다. 오바마는 처음에 이 초대형 파이프라인을 허가했지만, 환경운동의 압력에 취소하고 말았다. 트럼프는 이 프로젝트를 단순히 법령으로 추진하려다 우선 법무부에서 막혔다. 키스톤XL이 건설된다면 세계에서 가장 오염된 석유가 넘쳐날 것이라는 말이었다.

캐나다의 추잡한 비밀

생기 없는 갈색의 진흙, 거무튀튀한 기름빛 줄무늬, 가장자리에는 시커먼 타르가 떠 있는 모습이 전혀 호수 같지 않다. 그저 4억 입방킬로미터의 유독성 폐수 저수지라고 해야 옳을 것이다. 오리나 거위가 여기에 들어오면 죽는다. 그 때문에 밝은 주황색 부표 위에 서 있는 허수아비는 접근하는 동물을 쫓아내느라 몇 초 간격으로 가스총을 쏜다. '밀드레드 호수정착지MLSB'를 하나로 묶는 지상의 이 거대한 벽은 만리장성보다 더 크고 우주에서도 볼 수 있다.

정착지 구역 옆에는 누런 유독성 유황 폐기물이 피라미드처럼 쌓여 있다. 그리고 그 뒤로는 폭 3킬로미터의 분화구가 뻗어 있는데 깊이가 부분적으로 100미터에 이르는 곳도 있다. 쾰른대성당을 들여놓는다면 탑 꼭대기만 분화구 위로 튀어나온 모습이 될 것이다. 그 속에서 집채만 한 굴삭기가 밤낮으로 거무튀튀한 모래흙을 수백 톤씩 똑같이 거대한 화물차에 퍼 담는다. 굴뚝에서 500도의 뜨거운 불꽃을 뿜어대는 부근의 정유소에서는 달콤하면서 독한 냄새가 풍겨온다. 여기서는 채굴된 모래에서 역청(비투멘: 타르처럼 끈적거리는 물질)이 추출돼 최종적으로 석유로 정제되는데, 이곳이 바로 캐나다 앨버타주 타르샌드 광산이다. 다른 말로 하면, 영국의《가디언》지가 언젠가 붙인 제목처럼 '캐나다에서 가장 부끄러운 환경범죄'의 현장이다.[16]

자연보호 진영에서는 마구 파헤치고 유독물질에 오염된 이 타이가를 생지옥이라고 비난하지만, 엑슨모빌 같은 석유재벌에게는 미래를 의미한다. 대부분 광부가 거주하는 포트맥머리에서 헬기를 타고 북반구의 원시림이라고 할 짙푸른 '냉대림' 상공으로 75킬로미터를 날아가면 컬레이크가 나온다. 2009년까지만 해도 공중에서는 전나무 · 자작나무 · 낙엽송 · 포플러 한가운데로 햇빛에 반짝이는 호수와 냇물이 내려다보였다. 하지만 이후 건설장비가 나무를 뽑고 땅을 파헤치는가 하면, 강과 시내의 물줄기까지 돌려놓았다. 위에서 보면 마치 일대의 풍경이 습진에 걸린 피부 같다. 컬레이크는 때 묻지 않은 풍경을 가리키는 지명에서 엑슨모빌과 엑슨이 69퍼센트의 지분을 가진 캐나다 임페리얼오일 소유의 새 타르샌드 광산으로 이름이 바뀌었다. 광산경영자들은 초기의 난관을 돌파한 후 이제 매일 24만 4,000배럴의 석유를 지하에서 퍼 올린다. 2020년이 되면 하루 생산량은 34만 5,000배럴이 될 것이라고 한다. 임페리얼은 홈페이지에서 다음과 같이 자랑한다. '컬레이크는 캐나다에서 최고 품질의 타르샌드 매장지 중 하나로 간주된다. 이곳은 비용을 낮춰주는 친환경의 혁신적 기술로 개발되었다.'[17]

다른 기업들도 캐나다 북쪽에서 준설사업을 하지만 엑슨에 결정적 이점은 이곳이 역청 산지라는 것이다. 엑슨은 컬레이크의 매장량을 엄청 높게 잡고 있다. 이곳은 석유에 대한 엑슨의 끊임없는 갈증과 야심 찬 표현의 결과라고 볼 수 있다.

애서배스카호수의 서쪽 끝에 포트치퍼와이언이 있다. 원주민이 포트칩이라고 부르는 곳이다. 이 작은 구역에 크리·치퍼와이언·딘·메티스족이 모여 산다. 포트칩의 지도를 보면 검게 칠해진 부분이 있는데, 이것은 석유 생산을 위해 모래 채취 허가가 난 곳이고, 분홍색 부분은 매장지와 보호구역이며, 그 뒤로 작은 분홍색 점이 흩어져 있다. 검은색 구역의 하나가 컬레이크다. 원주민과 광산경영자들의 관계는 복잡하다. 몇몇 부족은 지속적인 확장에 불만을 호소한다. 원주민을 일컫는 '퍼스트 네이션First Nation'의 관점으로 볼 때 모래 채취는 계약상 보장된 그들의 토지사용권을 해치기 때문이다. 그런가 하면 극빈지역인 이곳에 벌이가 좋은 일자리를 제공하므로 광산과 계약하는 부족도 있다.

몇 년 전 존 오코너라는 의사는 포트칩 주민에게서 암 발생이 증가한 것에 주목했다. 특히 담관암이 두드러졌다. 보통 수개월 내에 죽음에 이르는 담관암은 아주 희귀한 병인데 1,000여 명 주민 중 지난 몇 년간 2명이나 담관암에 걸린 것이다. 그 밖에 백혈병·방광암·고환암·난소암으로 죽은 사람도 있다.[18] 캐나다 보건당국의 연구는 암 발생빈도가 일반적으로 앨버타주의 평균치를 넘지 않는다고 설명하면서 담관암과 난소암이 늘어난 원인을 흡연 같은 생활습관이나 인간유두종바이러스HPV 감염 탓으로 돌렸다. 그런데 매니토바대학교에서 퍼스트 네이션 부족과 공동으로 실시한 또 다른 연구에서는 야생동물과 물고기가 발암 요인으로 여겨지는 중금속이나 탄화수소에 심하게 오염되었다는 것이 드러났다. 원주민은 대부분 사냥과 낚시로 먹고산다. 이 연구의 일환으로 진행된 설문에 94명이 응답했는데, 이 중 20명이 암에 걸렸다고 보고한 것이다.[19]

캐나다가 환경문제를 무시한다는 말이 아니다. 이미 2007년 앨버타주는 오염물질 배출 기업으로부터 탄소세를 징수하기 시작했다(가정집을 대상으로 한 징수는 2019년 보수당이 지방정부를 접수한 이후 폐지되었다). 또 캐나다는 파리기후협정의 서명국이기도 하다. 쥐스탱 트뤼도 총리는 기후 보호 의무에 적극적이다. 2019년 4월 캐나다의 국가원수로서 그는 '우리는 이제 우리 아이들에게 건강한 지구와 훌륭한 일자리를 물려주는 데 적극적으로 나서야 합니다'라는 트윗을 올렸다. 문제는 석유가 캐나다에서 가장 중요한 수출품이라는 점이다. 그중 대부분이 앨버타에서 생산된다. 타르샌드 광산은 땅에서 매일 260만 배럴을 생산한다. 그리고 이 중 거의 전부가 미국의 정유소로 들어간다. 2018년 텍사스의 킨더모건그룹이 65년간 가동된 트랜스마운틴 송유관을 제2의 라인과 연결 확장하는 계획을 철회한다는 발표를 했을 때, 트뤼도 정부는 35억 달러를 들여 이 사업을 맡았다. 1,000킬로미터가 넘는 송유관이 부족의 영토를 통과하게 된 퍼스트 네이션들이 저항했지만 소용없었다. 타르샌드 광산에는 파이프라인이 대단히 중요하다. 그것이 있어야 생산된 타르 오일을 태평양 연안의 항구로 보내고, 거기서 다시 석유에 목마른 아시아로 보낼 수 있기 때문이다.

절대자의 자리

타르샌드 광산의 운명은 최대 규모의 석유기업에도 엄청 중요한 문제다. 사실 에너지기업치고 텍사스만큼 화석연료에 몰두하는 곳도 없다. 하지만 새천년 들어 텍사스에서의 사업은 점점 힘들어졌다. 우선 비교적 쉽게 접근할 수 있는 매장지가 거의 바닥났다. 다른 한편으로 석유사업은 지정학적으로 더 복잡해졌다. 1970년 이후 국내생산이 끊임없이 감소하는 것처럼 보이자 다른 대기업과 마찬가지로 엑슨은 전 세계에 정찰대를 파견했다. 많은 정부가,

특히 개발도상국에서 이런 관심을 반겼다. 무엇보다 미국기업이 석유와 천연가스 매장지를 개발하는 데 필요한 노하우뿐 아니라 자금까지 대주었기 때문이다.

하지만 미국기업은 지난 수십 년간 조건 개선을 요구하거나 자국의 자원을 직접 개발하려는 이들 정부와 마찰을 빚었다. 2016년의 유엔개발지수에서 188개국 중 186위를 차지한 차드Chad조차 미국 대기업에 압력을 행사하려 들었다. 아프리카 중부에 있는 이 나라의 가장 중요한 소득원은 석유다. 따라서 이 천연자원의 가격이 내려가자 대통령 이드리스 데비Idriss Déby 정권은 압박을 받았다. 2016년 차드 법원은 엑슨에 750억 달러의 벌금을 부과했다. 엑슨이 차드에서 채굴한 석유 대금을 너무 적게 지불했다는 것이다. 이것은 차드 국내총생산의 몇 배에 해당하는 액수였다. 이 판결은 채굴조건을 놓고 엑슨에 새로운 협상을 강요하는 위협적 제스처로 받아들여졌다.

데비는 무엇으로 보나 막강한 상대와 힘겨루기를 시작했다. 석유 매출은 2018년 총 2,900억 달러에 이르렀다. 이것은 헝가리·코스타리카·케냐의 국내총생산을 합한 것과 맞먹는 액수였다. 엑슨모빌의 매출수준은 국제적으로 비교할 때 독립국의 경제 규모와 비교해도 40위는 차지할 것이다. 밖에서 보면 댈러스 외곽 어빙에 있는 엑슨 본사는 무슨 정보기관처럼 접근을 불허하는 것 같은 인상을 준다. 수 미터 높이의 담장 뒤로 보이는 것은 복합건물의 경사진 지붕뿐이다. 차단기와 함께 경비초소가 호기심 어린 외부의 시선을 가로막는다. 이런 외관이 주는 메시지는 뻔하다. 방문객은 달갑지 않다, 접근하지 말라는 말이다. 석유업계에서조차(익명으로) 엑슨의 오만한

자세에 불평한다. 아마 그것은 록펠러의 스탠더드오일로부터 물려
받은 유산일 것이다. 업계에서는 어빙 본사의 귀빈층을 조금은 냉소
적 표현으로 '갓팟God Pod(신의 자리라는 뜻)'이라고 부른다. 여기서 근
무하는 사람은 '엑슨 방식Exxon Way'에 전념한다. 10여 년간 이 회사를
위해 일한 경제학자 캐슬린 쿠퍼Kathleen Cooper가 언젠가 표현했듯, 그
것은 "아주 지적이고 아주 분석적이며 아주 신중한, 그리고 무엇보
다 지극히 장기적인" 사고방식을 뜻한다. 다시 말해 엑슨 방식은 냉
철한 사고세계라고 할 수 있다. 여기서 감정은 거의 아무 역할도 하
지 못한다고 쿠퍼는 말했다. 경제사에서는 엑슨 방식이 과거 엑슨에
이익을 안겨주었다고 기록되어 있다. 2007년 이 회사가 신고한 순
이익은 400억 달러에 이른다. 그리고 이 기록은 이듬해 엑슨이 달
성한 450억 달러에 의해 깨진다. 2006년부터 2018년까지 엑슨은
3,840억 달러의 이익을 올렸다. 이 정도의 성공이면 완벽한 것 아닌
가?

　이렇게 넉넉한 이익을 내는 마당에 비판자들을 제압하는 것쯤은
갓팟의 경영진에게 일도 아니었을 것이다. 이런 힘은 설립자의 후손
에게도 통했다. 록펠러 가문은 오늘날까지도 지분을 갖고 있다. 지
난 수년간 가문을 대표하는 인물들은 환경운동에 합류했고, 이때부
터 과거의 가족기업을 녹색공정으로 유도하려는 노력을 기울였다.
엑슨의 경쟁사들은 오래전부터 대안에너지에 참여해 호평받고 있
다. 예를 들어 로열더치셸은 네덜란드의 풍력기지에 투자하고 수소
실험을 하며 전기차를 위한 충전소를 제공한다. BP는 태양전지 제
조사로 자리매김했고, 토털사는 배터리 사업을 하며, 셰브런은 지구

온난화와 관련해 주도적 역할을 한다.

이런 상황에서 엑슨의 녹색사업은 매번 환경운동가들로부터 비웃음을 샀다. 예를 들어 이 회사는 2018년 자사의 프래킹 시설을 풍력 및 태양에너지로 가동하겠다고 발표했다. 엑슨이 유일하게 대안에너지에 투자한 비교적 대규모인 이 프로젝트는 오랫동안 매달려온 조류漢類실험인데, 연구진이 유전자기술을 활용해 조류에서 바이오연료를 생산한다는 것이었다. 시장에 출시하기까지는 10년 이상 걸리는 연구라는 걸 엑슨도 인정한다. 그렇다고 해도 홍보부는 거리낌 없이 이 프로젝트를 선전하며 세련된 엑슨의 여성과학자들이 점액질의 녹색 덩어리를 실험하는 멋진 동영상을 소셜네트워크에 올린다.[20] 대안에너지에 대한 투자와 관련해 구체적 언급은 없지만 2017년 영국《인디펜던트Independent》의 보도에 따르면, 이 회사는 조류연료 및 다른 혁신적인 프로젝트의 실험을 위해 연간 약 10억 달러를 지원한다고 한다. 참고로 컬에 있는 타르샌드 시설의 확충에만 벌써 160억 달러가 넘는 자금이 들어간 것과 비교해볼 일이다.

갓팟에서는 전에 오바마 대통령에 의해 '국가적 우선순위'가 주어진, '인간이 유발하는 기후파괴'를 최근까지 결코 합의된 적이 없는 의제로 간주했다. 오히려 엑슨은 반대로 '기후변화 회의론자'에 속하거나 국제적인 과학계에서 아웃사이더로 간주되는 전문가들이 포진한 기구를 지원했다. 다년간 엑슨의 최고경영자로 재직해온 리 레이먼드는 기후변화에 흥분하는 현상을 하나의 유행 풍조로 본다는 말을 서슴지 않았다. 굳이 그런 일에 엑슨이 돈을 들일 필요는 없다는 태도였다. 12년간 엑슨을 이끌었던 레이먼드는 주식 애널리스트나 주주들로부터 제기되는 핵심 질문에 조소적이고 오만한 반응을 보이는 것으로 유명했다. 그는 2005년 은퇴하면서 4억 달러에 상당하는 퇴직보상금을 받았다.《뉴욕타임스》의 계산에 따르면, 엑슨 회장을 역임했다는 공로로 출근할 때마다 일당 14만 4,573달러를 받은 셈이다.

그의 후임으로 비교적 서민적인 텍사스 출신의 렉스 틸러슨이 부임하고부터 분위기는 부드러워졌다. 회사는 '기후변화에 견주어볼 때, 어떻게 하면 필수적인 에너지를 환경친화적 방법으로 확보할 수 있는가와 같은 주요 논의와 무관한' 시설은 지원하지 않을 것이라고 발표했다. 공식적으로 엑슨은 '회사 시스템이나 고객 차원에서 온실가스 배출을 줄이는' 목표에 전념했다.

그런데도 업계의 선두기업들은 당분간 석유를 주요 에너지원으로 삼는 태도를 완고하게 고수했다. 2009년 5월의 연차총회에서 ─컬사의 출범으로 알려지기도 한─ 틸러슨 회장은 세계가 화석연료와 결별하기까지는 아직도 수십 년은 남았다고 강조했다. 이때 그는 "나는 원대한 목표에 절대 반대하지 않습니다"라고 오바마의 녹색정책에 냉소적으로 말했다. "원대한 목표가 훌륭한 것은 그것이 우리에게 도전하기 때문입니다. 다만 우리는 현실적인 시간 간격을 유지해야 하며 스스로 바보 같은 짓을 해서는 안 됩니다." 이 발언을 접한 실리콘밸리의 친환경 신생기업의 자본가들은 우아한 은발의 이 경영인에게 '탄화수소 시대의 티라노사우루스'라는 별명을 붙여주었다. 공룡에 비유한 세평도 이 텍사스인의 고집을 꺾지는 못했다. 오히려 그와 반대로, 과거 보이스카우트의 이글스카우트였던 틸러슨은 석유와 천연가스 생산을 25퍼센트 늘리겠다고 장담했다. 하지만 그는 목표를 달성하지 못했다.

2016년 틸러슨은 국무장관 후보를 물색하던 트럼프에게 발탁되었다. 그렇게 잘못된 임명은 아니었다. 트럼프로서는 성공적인 임명이라고 볼 수 있다. 다만 리얼리티 TV 스타 출신으로서 그는 이 대기업 회장으로부터 한 번도 진지하게 취급받은 적이 없었다. 트럼프는 자신이 선택한 장관을 '세계적 거래인'이라고 치켜세웠다. 이런 자질을 엑슨 회장은 앞으로 회사를 위해서가 아니라 국가를 위해 발휘해야 한다는 것이었다. 이해충돌이 있을 수 있었지만, 막 취임한 대통령은 개의치 않았다. 엑슨에 대한 책을 쓴 적이 있는 스티브 콜 Steve Coll은 틸러스 임명에 대해 《뉴요커New Yorker》에 기고하기를, 무엇보다 노골적인 신식민주의적 자원 확보를 위해 미국의 힘을 쏟아부을 것이라는 세계인들의 가정이 맞았음을 확인시켜줄 것이라고 논평했다.[21]

6대륙 51개국에 떨치는 엑슨의 영향력은 독자적인 세계 석유왕국의 실용성에서 나오는 것이었으며 워싱턴의 영향력과 줄곧 상반되는 정책을 추구하는 힘이기도 했다. 이미 레이먼드 재직 당시부터 이 기업은 사실상 모스크바의 통치자인 블라디미르 푸틴과 긴밀한 관계를 구축했다. 또한 틸러슨과 푸틴은 여러 해 전부터 알고 지내는 사이였고 개인적으로도 가까운 사이였던 것 같다. 2013년 엑슨이 러시아에 대규모 투자를 한 공로로 푸틴은 엑슨 회장에게 국가우정훈장을 수여했다. 두 사람은 서로에게 필요한 관계이기도 했다.

틸러슨은 생산이 침체되고 매장량이 줄어드는 추세를 돌려놓고 새로운 성장원을 개발해야 하는 과제를 앞둔 상태였다.

이런 상황에서 러시아는 이상적인 파트너였다. 전문가들의 평가에 따르면, 지금까지 세계적으로 미개발된 석유 · 천연가스 매장량의 약 5분의 1이 북극에 있으며 그것도 주로 러시아가 권리를 주장하는 지역에 몰려 있다. 그런데 이 지역이 지구온난화로 인해 지난 수년간 접근이 더 쉬워진 것이다. 하지만 러시아로서는 외국의 대규모 투자와 노하우 없이는 개발이 불가능하다. 엑슨은 바로 이 두 가지 조건을 충족할 수 있는 이상적인 파트너였다. 2011년, 틸러슨은 푸틴과 그의 절친으로 러시아의 에너지기업 로스네프트Rosneft의 사장인 이고르 세친을 흑해의 소치에서 만났다. 거기서 그는 엑슨이 북극에 접근할 수 있도록 권리를 보장하는 합작투자계약에 서명했다. 그러나 이후 러시아가 크림반도를 점령하고 우크라이나에 간섭하기 시작하자 미국과 유럽연합은 러시아에 제재를 가했고, 엑슨의 미래를 보장해줄 북극 프로젝트는 벽에 부닥쳤다.

틸러슨은 제재에 반대하는 태도를 분명히 밝혔다. 그는 2014년 주주총회에서, 제재를 가한 사람들은 이 조치가 얼마나 광범위한 부수적 피해를 초래할지, 그리고 그것이 실제로 누구를 겨냥할지 잘 생각해봐야 할 것이라고 말했다.

그로부터 2년여가 지나 미국의 외교정책이 갑자기 그의 손아귀에 들어오는 일이 생겼다. 2017년 트럼프가 다수의 이슬람 국가를 대상으로 여행 금지조치를 내렸을 때 대상 국가에 차드가 오르자 많은 주변국은 놀랐다. 아프리카의 소국에 불과한 차드는 그동안 보코 하람 Boko Haram 같은 테러집단과의 싸움에서 긴밀히 협조하는 미국의 동맹국으로 여겨졌기 때문이다. 2018년 3월, 틸러슨은 아프리카 국가 순방길에 오르는데 이는 트럼프가 의원들과 토론에서 아프리카 국가들을 '싱크홀'이라고 표현한 뒤로(트럼프는 이후 이 표현이 잘못되었다고 말했다) 아프리카에서 벌이는 최초의 외교적 임무였다. 워싱턴행 비행기에 오르기 전 국무장관은 차드가 다시 금지국가에서 제외될 수 있으리라는 암시를 주었다. 하지만 전 엑슨 회장이 이 작은 나라와 관련해 어떤 의도를 품었다 해도, 그런 일은 더 이상 일어나지 않았다. 세계 최강인 석유회사의 전 회장으로서 그는 세계 최강의 정치인에게 트위터로 해임 통지를 받았기 때문이다. 아마 전에 트럼프 자신이 진행하던 TV 리얼리티 쇼 '어프렌티스'에서였다면, "당신은 해고야"라는 말을 바로 앞에서 들었을 것이다.

트럼프 또한 이 무렵에는 전처럼 입지가 확고부동하지 못했다. 그는 러시아와 관계를 개선하겠다던 약속을 지킬 수 없었을 뿐 아니라 의회도 다시 제재 수위를 높이기 시작했다. 이로 인해 엑슨의 북극 프로젝트는 뒤로 밀리게 된다. 그 후 2010년 이 회사는 무려 300억 달러나 들여 XTO에너지를 매입하는데, 이 인수사업은 엑슨이 국내의 프래킹 열기를 무시한 뒤로 천연가스 프래킹 사업에 뛰어드는 계기가 되었다. 그런데 인수 시점이 최악이었다. 이후 7년간 천연가스 가격이 끝없이 내려갔기 때문이다. 2016년 들어 엑슨은 투자액 대부분을 감가상각 처리했다. 석유 생산도 그 몇 년 동안 정체 상태를 면치 못했다. 2001년만 해도, 당시 레이먼드 회장은 2005년까지 하루 생산량을 400만 배럴에서 500만 배럴로 늘리겠다고 약속했다.

그러던 것이 2018년 말이 되어도 400만 배럴을 간신히 넘길 정도였다. 생산만 정체된 것이 아니다. 월스트리트나 투자자들이 판단하기에 결정적인 문제는 새로운 매장지의 개발이 갈수록 힘들어졌다는 것이다. 매장량을 채우지 못하는 석유회사는 해체 수순을 밟는 것이나 다름없다. 갓꽛이 볼 때 해결책은 앨버타의 타르샌드에 있는 것 같았다. 컬이 엑슨 주주들에게 익숙한 힘을 되돌려줄 것 같았지만 환경운동가들은 엑슨의 계획을 완전히 망쳐놓겠다고 위협했다.

석유 1배럴에 욕조 4개분의 담수

이런 식의 석유 생산이 자원을 소모한다는 것을 이 회사는 절대 부인하지 않는다. "기막힌 앨버타의 오일샌드, 물만 부으면 끝!" 그러면 검은 황금이 솟구친다는 것이다. 다채로운 글자가 들어간 티셔츠는 광산회사에서 이 지역 방문자들을 위해 세운 '오일샌드 디스커버리 센터'에서 가장 잘 팔리는 상품이다. 하지만 비판적인 사람들은 별 재미를 못 느낀다. 역청에서 석유 1배럴을 얻으려면, 적어도 욕조를 네 번은 가득 채울 담수가 필요하다. 또 석유 1배럴을 얻기 위해서는 적어도 흙 2톤을 파내고 다시 모래 2톤을 파내야 한다. 독립기구인 캐나다의 펨비나Pembina 연구소는 〈오일샌드 열풍〉[22]이라는 보고서에서 아주 흥미로운 계산 결과를 보여준다. 우선 끈적거리는 모래덩이에서 뜨거운 물로 역청을 채굴한다. 이어 역청은 정유소에서 자연산 석유와 같은 액체 상태로 가공된다. 이 과정에서 엄청난 전력이 소모된다. 광산 사업주는 가스화력발전소에서 전기를 얻는다. 역청 단 1배럴을 위해 소모되는 전력 생산에 들어가는 천연가스는 보통 가정에서 하루 반나절을 난방할 수 있는 양이다. 대부분의 타르샌드는 최종적으로 휘발유로 소비된다. 펨비나의 전문가들 말로는 이런 석유 1배럴은 미국에서 여전히 인기를 끄는 픽업트럭 한 대의 연료통도 가득 채우지 못한다고 한다. 이들이 내린 결론은, 최고의 청정연료인 천연가스가 최대의 환경오염을 유발하는 연료를 생산하는 데 쓰인다는 것이다(석유업계에서는 수백 마일 떨어진 곳에서 천연가스를 운송해와 전력을 생산하는 대신 광산 옆에 원자력발전소를 세우는 것을 고려한 적이 있다).

타르샌드의 채굴과 정제 과정에서는 엄청난 이산화탄소가 배출된다. 2016년 앨버타주 정부는 타르샌드로 인해 발생하는 이산화탄소의 상한선을 1억 톤으로 제한했다. 하지만 생산업자가 이 기준을 지킬 것인지는 불확실하다. 현재 인구가 적은 지역을 중심으로 배출되는 온실가스가 이미 7,000만 톤이나 되는데, 이것은 덴마크와 스웨덴의 배출량을 합친 것과 맞먹는다. 앨버타주 정부는 수년간 이산화탄소 배출 상한선을 약속하며 국내의 환경운동가들을 달래려 했다. 하지만 더 중요한 것은 앨버타가 오바마에게 신호를 보내려 했다는 것이다. 당시 미 대통령은 캘리포니아를 비롯해 미국의 3개 주에서 결의했듯 캐나다 스스로 타르샌드 생산을 금지하는 방안을 생각하고 있었다. 오바마 정부의 국무장관 존 케리는 타이가에서 부자연스럽게 생산된 원유를 매우 비외교적 표현으로 "유난히 지저분한 에너지 획득방식"이라고 불렀다. 하지만 오바마는 금지하는 방법을 포기했다. 그렇게 하면 캐나다를 불쾌하게 만든다는 것을 알았기 때문이다. 북쪽의 이웃인 캐나다는 중요한 무역 상대일 뿐만 아니라 우방이 아니던가. 이 오일샌드 지역에 캐나다 석유 매장량의 약 90퍼센트가 묻혀 있다.

그러나 캐나다에서 미 대통령 덕분에 제거됐을 것으로 보이는 결정적 방해물은 또 있었다. 먼 데서 생산된 석유를 수송해올 수단, 즉 파이프라인이 충분하지 않다는 말이다. 그래서 대부분 화물열차로 운반하는데, 이것은 비싸고 위험하다. 이를 해결하기 위해 파이프라인 운영사인 트랜스캐나다는 대규모 송유관을 건설할 것이라고 발표한다. 바로 키스톤XL이다. 파이프라인의 계획된 경로는 앨버타에서 미국의 네브래스카를 거쳐 다시 멕시코만에 있는 정유소까지 이어진다. 이것이 완성되면 매일 80만 배럴이 공급된다고 한다.

하지만 이 계획은 미국 환경운동가들의 이목을 집중시켰다. 이들이 볼 때, 파이프라인이 완공되면 타르샌드 석유를 수십 년간 사용할 수 있게 된다는 것은 명백했다. 공사에 반대하는 사람들은 당연히 강력하게 맞섰다. 2011년 11월, 재선 기간에 석유와 휘발유 가격의 고공행진에 압박을 받던 오바마는 파이프라인 건설을 허가해주었을 뿐 아니라 그 공사에 우선권을 부여하기까지 했다. 그러자 1만 2,000명의 시위대가 백악관을 포위하는 일이 벌어졌다. 이 사태로 1,000명이 넘는 사람이 체포되었다. 미국의 수도에서 그런 소요가 벌어진 것은 베트남전 반대시위 이후 처음이었다. 플래카드에는 '대통령님, 파이프라인을 중단해요!'라는 글씨가 보였고 그 밑에는 오바마의 선거구호를 살짝 바꾼 '예스, 유 캔'이라고 쓰여 있었다. '오바마, 우리는 당신의 파이프라인 드라마를 원치 않아!'라는 글씨는 뭔가 직설적인 군중의 외침 같았다. 이들의 메시지는 바로 전달되지 않았지만 지속적인 저항에 무엇보다 유권자들의 목소리를 접하자 오바마는 2015년 키스톤XL을 취소했다.

파이프라인에 반대하는 사람들은 미국 환경운동 최대의 승리라며 환호했다. 엑슨 같은 타르샌드 운영사로서는 쓰라린 패배였으니, 앞으로도 계속 값비싼 철도 운송에 의존해야 한다는 의미였다. 그리고 이것은 그런 상황에서도 석유를 팔려면 가격을 인하할 수밖에 없다는 말이었다. 유가가 폭락하면서 역청 채굴의 미래는 암담해졌다. 오바마가 키스톤XL을 가망이 없는 석유생산업체의 희망목록으로 옮겨놓고 얼마 지나지 않아 내로라하는 대기업들(코노코필립스Conoco Phillips, 셸, 중국의 해양석유총공사CNOOC, 그 사이에 좀 더 청정한 이미지를 주는 에퀴노르Equinor로 이름을 바꾼 노르웨이의 스타토일Statoil 등) 대차대조표에서 타르샌드 매장량의 가치를 평가 절하했다. 엑슨은 처음에는 그럴 필요가 없다는 반응을 보였지만 결국 이 텍사스 기업도 패배를 인정하지 않을 수 없었다. 타르샌드 확장의 꿈은 끝나가는 것처럼 보였다.

그러다 트럼프가 당선됐다. 트럼프는 백악관에 입성한 지 채 이틀도 지나지 않아 법령으로 키스톤XL의 설립을 지시했다. 대통령은 오벌오피스에서 법안에 서명하면서 "일자리와 에너지 독립을 위해 큰 의미가 있는 날"이라고 말했다. 파이프라인은 "인류 역사에서 믿을 수 없을 만큼 위대한 기술"이라는 것이었다. 그러나 법원은 가처분 판결을 통해 공사 착수를 금지했고, 환경기구와 농민, 소비자들은 파이프라인에 반대하는 소송을 제기했다. 하지만 사법부가 대통령의 명령을 정지시킨 것은 일시적 조치였을 뿐이다. 2019년 3월 말, 트럼프는 트랜스캐나다에 새로운 허가를 내주었다.

텍사스 어빙에 본사를 둔 특정 기업으로서는 반가운 소식이었다. 트럼프 대통령으로부터 키스톤XL의 새로운 허가를 받기 며칠 전 엑슨은 매장량이 2017년보다 32억 배럴 증가한 총 243억 배럴이라는 발표를 했다. 하지만 엑슨은 새로운 매장지를 발견한 것이 아니라 2년 전에 무용한 것으로 감가상각 처리한 오일샌드 매장량을 장부에 다시 가치 있는 것으로 기재했을 뿐이다. 그것도 이미 몇 달 전 앨버타에서 생산한 원유가격이 사상 유례가 없을 정도로 폭락했는데도 말이다. 가격수준은 앨버타주 정부가 유가가 안정될 때까지 일시적으로 지원을 중단할 만큼 바닥이었다. 이것은 사실상 비상 브레이크를 당기는 효과를 냈다.

그러나 엑슨은 기다릴 수 없었는데, 한때 세계적으로 가장 많은 수익을 올리던 기업에 월스트리트가 갈수록 초조한 반응을 보였기 때문이다. 이제 수익률 경쟁에서 뒤처진 기업이 된 것이다. 틸러슨의 후임으로 엑슨을 책임진 대런 우즈는 투자자의 불안을 달래기 위해 2018년 여름, 2025년까지 2,300억 달러를 투자해 새 매장지를 개발할 것이라고 발표했다. 하지만 그때쯤이면 엑슨은 앨버타의 타르샌드를 제외하고는 투자자에게 쪼그라든 매장지밖에 보여줄 것이 없음이 분명했다. 그만큼 컬프로젝트는 시급했다. 이런 이유로 엑슨은 낮은 유가와 엄청난 환경 부담에도 개발을 밀어붙였고 키스톤XL은 퍼즐을 채울 마지막 부분에 해당했다. 트럼프가 파이프라인 사업을 관철할 수 있다면 엑슨의 미래 시나리오는 완성된다. 2019년 법원이 길을 터주었지만, 건설회사에서 그해 공사 착수는 시기상 너무 늦었다고 하는 바람에 차질이 생겼다. 어쨌거나 2020년은 파이프라인뿐 아니라 엑슨과 나머지 타르샌드 운영사를 위해서도 운명의 해가 되었다.

사업가의 무기로

파이프라인은 단순히 용접으로 연결한 강관에 지나지 않는다. 트럼프의 외교정책에 대한 독일 언론의 보도를 보면 대부분 그가 무너트린 자유로운 세계질서에 관한 내용이 주를 이룬다. 가령 블라디미르 푸틴을 비롯한 다른 독재자들과 나눈 이른바 남자끼리의 우정 같은 것들이다. 정책 전문가들의 논평에서 파이프라인이 등장하는 경우는 드물다. 하지만 에너지 인프라는 트럼프의 군비계획이나 엄청난 군사비 지출과 비슷한 역할을 한다. 트럼프에게 파이프라인과 항구, 화물열차 노선은 외국의 에너지를 지배하는 데 필수적이다. 오직 풍요로운 석유와 가스를 전 세계에 배분할 수 있을 때만이 그의 정책은 작동한다는 것이다.

미국이 에너지를 지배해야 한다는 트럼프의 야심은 세계무역에서 '승리하는' 목표와 맞물려 있다. 이 두 가지 요인을 바탕으로 그의 외교정책은 결정된다. 미국이 한 국가에 수출하는 것보다 거기서 수입하는 것이 더 많을 경우, 트럼프의 생각에 따르면, 해당 국가가 미국을 앞지른다는 증표가 된다. 미 대통령으로서 그는 가령 중국이 국가에서 지원하는 저가상품과 불법 복제품을 통해 불공정 경쟁을 한다고 비난한다. 이런 비난에는 물론 일리가 있지만, 단순히 국경을 넘는 상품을 기준으로 무역균형을 보는 것은 불공정 관행에 대한 아주 좋지 못한 척도라고 할 수 있다. 임기 첫 2년 동안 트럼프는 미국을 위한 무역균형의 보상책이 없을 때는 거의 모든 무역 파트너를 관세장벽으로 위협했다. 이때 대부분 국가가 자유시장경제를 존중하고 정부가 무역관행에 미치는 영향력은 제한적이었음에도 미국 대통령은 개의치 않았다.

한국은 트럼프의 압력에 굴복했다. 미국의 무역적자를 핑계 삼아 미국 대통령이 여러 차례 관세로 협박한 뒤, 한국은 갈수록 많은 원유와 액화가스를 미국에서 구매하기 시작했다. 2016년 이전까지 미국에서 거의 가스를 들여오지 않던 한국은 트럼프 취임 2년 만에 미국의 액화천연가스LNG 최대수입국이 되었다.[23] 미 대통령은 또 2019년, 아시아에서 경제규모 3위에 해당하는 인도를 상대로 모든 수입품에 대해 1970년대부터 지속해온 관세면제를 해지한다는 통고를 했다. 게다가 인도는 미국이 비난하는 환율조작국 리스트에까지 올랐다. 인도의 수출상품을 달러권 수입국에서 저렴하게 사들이도록 의도적으로 자국 통화를 평가절하했다는 것이었다. 트럼프는 인도가 계속 이란에서 석유를 들여오는 것 때문에 모디 정부를 불쾌하게 생각했다. 뉴델리에서 재난의 징조를 점쳐주는 현자는 이제 필요 없었다. 미제 드론과 비행기를 구매하겠다는 약속만으론 성에 안 차서, 앞으로는 정유사들이 원유 수요의 대부분을 미국산으로 해결하기로 한 것이다. 로이터 통신은 '명백한 트럼프의 승리'라고 표현했다.[24] 에너지 수출이 너무도 중요했던 그는 그 밖의 적대감이나 선입견은 내던졌다. 그는 언론에 등장할 때마다 멕시코인을 범죄자나 강간범으로 매도하면서도 이 남쪽의 이웃 국가에 파이프라인을 매설하려는 의도를 숨기지 않는다. 파이프라인이 '멕시코 장벽 바로 밑으로' 통과하도록 하겠다는 것이다.

트럼프는 에너지 주도권을 비단 국내안보의 문제로만 보지 않는다. 그에게 에너지 주도권은 외교 및 국제 안보정책의 핵심이기도 하다. 심지어 기후변화와 싸우는 노력은 그의 전략문서에는 미국안보의 위협으로 묘사된다. 그 자신이 앞장서서 막아야 할 위협이라는 것이다. 전략문서에는 다음과 같이 명시되어 있다. '기후정책은 세계 에너지 시스템을 결정할 것이다. 미국의 경제적 이익과 에너지 안보를 해치는 반(反)성장 에너지 의제에 맞서기 위해 미국의 주도적 역할을 포기할 수 없다.' 쉽게 말해서, 트럼프 정부는 기후변화를 멈추게 하려는 다른 나라의 노력을 차단할 뿐만 아니라 세계를 상대로 적극적으로 맞서겠다는 것이다. '대통령에 취임하고부터 도널드 트럼프는 값싸고 풍부한 국내의 화석 에너지원이 세계정책의 결정적 요인이 될 것이라는 점을 분명히 했다'라고 클레어는 썼다. 미국 내 석유·천연가스·석탄에 대한 완벽한 규제철폐는 '자원 총동원'이라는 트럼프의 사고방식에 부합한다는 것이다. 에너지 수출은 트럼프가 미국 밖의 새로운 세계질서를 이용하는 무기다.

6

에너지 냉전주의

트럼프에게 석유와 천연가스는
미국의 최강대국 지위를 유지할 수 있게 해주는 신무기다.
여기서 그는 굳이 적과 동지를 구분하지 않는다.
그리고 이제 독일을 겨누고 있다.

노르트스트림 2를 둘러싼 다툼

오래전부터 유럽에는 신냉전이 존재한다. 그것은 트럼프가 마치 운석처럼 유럽의 지정학적 풍토에 개입하기 전에 시작되었지만 미국의 제45대 대통령이 그 온도를 북극(기후변화 이전의 북극) 수준으로 냉랭하게 떨어뜨렸다. 갈등의 불길 중심에 있는 것은 로널드 레이건 시대의 퍼싱II 미사일 같은 것이 아니다. 가스관 노르트스트림 2가 갈등의 한복판에 있다.

이 파이프라인은 거대한 프로젝트다. 가장 긴 근해의 천연가스 파이프라인 중 하나로, 100억 유로가 넘는 이 가스관은 서부 시베리아에서 중부유럽으로 천연가스를 수송한다고 한다. 20만 개의 파이프가 연결되면(2019년까지 완공 예정이다) 총연장은 1,230킬로미터나 된다. 그리고 매년 550억 세제곱미터의 가스가 공급될 예정이다. 노르트스트림 2는 상트페테르부르크의 나르바만에서 발트해의 해저로 들어간다. 바다 밑에서는 닻으로 고정된 도랑을 통과한다. 발트해를 지난 파이프라인은 그라이프스발트의 루프민에서 육지로 올라온다. 이 공사는 폭풍우 치는 바다라든가 세계대전 이후 남아 있는 불발탄 등 엄청난 난제를 건설사에 안겨준다. 발트해에는 전쟁 당시 수도 없이 많은 탄약이 가라앉아 있다.

그러나 최대 장애는 전쟁의 잔재나 자연을 극복해야 하는 기술과는 상관이 없다. 노르트스트림 2는 1980년대의 미국 미사일 배치 이후 지정학적으로 가장 폭발성이 큰 프로젝트다. 이토록 극심한 논란을 빚는 까닭은 공급업체 때문인데 바로 러시아의 가스프롬Gazprom

으로 천연가스 수출을 독점하는 국영기업이다.

이 회사는 베를린 수송에 필요한 뛰어난 공급망을 갖췄다. 게르하르트 슈뢰더는 총리 시절 발트해에 천연가스관을 건설하는 사업에 전력을 기울였다. 건설사로 선정된 기업은 가스프롬이 다수의 지분을 소유한 노르트스트림아게Nord Stream AG였다. 임기를 마치기 직전에 정치적 종말이 가시화된 슈뢰더와 그의 정부는 노르트스트림아게에 정부보증을 해줌으로써 가스프롬이 공식적으로 개발은행과 도이체방크로부터 10억 유로의 융자를 받게 해주었다. 슈뢰더 정부가 독일기업이 아닌 외국기업의 투자를 보호한 것은 이례적이었다. 독일의 에너지 안전공급을 위한 조처라는 것이 이유였다. 하지만 나중에 알려진 바로는, 슈뢰더 자신은 이 보증에 관해 아무것도 몰랐다고 한다. 정부 주변의 소문에 따르면 의도적으로 그 사실을 총리에게 알리지 않았다고 한다. 결국 가스프롬은 융자를 포기했고 정부보증은 발효되지 않았다.[1]

슈뢰더는 정계에서 은퇴한 지 5개월 후 새로운 자리에 취임했다. 노르트스트림의 감독위원회 의장직이었다. 슈뢰더는 새 고용주를 위해 전에 몇 차례 문호를 개방한 적이 있다. 2017년 봄, 당시 사민당 소속으로 취임한 지 몇 주 안 된 브리기테 치프리스 경제장관이 베를린에서 슈뢰더를 면담했다. 두 사람은 서로 아는 사이로, 치프리스는 슈뢰더 내각에서 법무장관으로 재임했다. 전 총리는 다른 방문객 한 명과 동행했는데, 가스프롬 사장인 알렉세이 밀러였다. 이런 사실은 정보자유법의 개정을 요구했던 베를린《타게스슈피겔 Tagesspiegel》의 보도를 통해 드러났다. 면담 이튿날 가스프롬은 장관과 업무 관련 면담이 있었다고 발표했다. '슈뢰더에 대한 언급은 없다'라고 《타게스슈피겔》은 보도했다.[2]

　이날 방문은 제2의 파이프라인을 건설하려는 노르트스트림 계획과 관계가 있었다고 한다. 기존의 가스관과 나란히 노르트스트림 2를 설치한다는 계획이었다. 치프라스의 전임자인 지그마르 가브리엘 장관 재임 중에 슈뢰더는 이미 푸틴 정부의 에너지 책임자를 위한 문호 개방에 신중한 태도를 보인 적이 있었다. 보도에 따르면 2015년 6월 가브리엘은 '빨간 머리에 명랑한 목소리를 가진 상트페테르부르크 출신의' 밀러(《차이트》지의 표현)와 만났다. 일주일 후 이 프로젝트를 위해 설립된 회사가 수많은 페이퍼컴퍼니의 본거지인 스위스 추크Zug주에 상업등기를 했다. 파이프라인의 컨소시엄을 구성한 기업은 BASF의 자회사인 빈터샬Wintershall, 에온E.on에서 분리된 유니퍼Uniper, 네덜란드-영국의 셸Shell, 프랑스의 천연가스 공급사인 엔지Engie, 오스트리아의 오엠파우OMV 등이다. 3개월이 지난 2015년 9월 4일, 밀러는 빈터샬·유니퍼·오엠파우·셸의 대표와 블라디보스토크의 고급호텔에서 회동했고, 이들은 여기서 주주계약서에 서명했다. 노르트스트림 2의 공식 출범이었다. 이 파이프라인은 발트해의 해저터널을 지나기 때문에 유럽연합의 안정을 해칠 수 있었다. 그것은 유럽의 불안한 에너지 균형을 깨뜨리고 안보정책을 무너뜨리는 결정적 일격이 될 것이기 때문이다.

　이 모든 것은 과거 소련 시절 시작되었다. 당시 빌리 브란트 총리는 긴장 완화와 친선을 위한 동방정책의 일환으로 민간 경제교류를 장려했다. 이런 배경에서 1970년 초, 매년 30억 세제곱미터의 천연가스를 에센의 루르가스아게Ruhrgas AG로 공급하기로 모스크바와 합의가 이루어졌다. 이에 필요한 파이프라인은 철강 대기업인 마네스만Mannesmann과 티센Thyssen이 공급하기로 했다. 1973년 10월, 최초의 시베리아 천연가스가 독일에 도착했을 때, 이것은 단순히 기술적 · 경제적 성공만을 의미하지 않았다. 그것은 철의 장막을 뚫고 양 진영을 연결해준 긴장 완화 정책의 기념비적 쾌거였다.

마침내 이 프로젝트는 유니언 · 박애 · 트랜스발칸 등 3개의 파이프라인으로 확대되었다. 가스관은 당시 소련의 일부였던 우크라이나를 통과했다. 소련이 붕괴한 뒤 우크라이나는 서방에 접근하려고 했지만 모스크바로서는 이런 움직임이 달갑지 않았다. 가스관은 분리된 양국 사이에 압박 수단이자 분쟁의 씨앗이 되었다. 이와 더불어 러시아가 우크라이나와 물자교류를 중단하는 사태가 시작되었다. 물자교류는 우크라이나에 대한 가스 공급과 영토 통과를 상호이익으로 간주하던 공산주의 시절부터 지속해온 관행이었다. 대신 러시아는 시장경제 시스템을 고집했다. 이제 우크라이나가 러시아의 요구를 거절하자 모스크바 정부는 가스관을 폐쇄했다. 이 조치는 우크라이나뿐 아니라 유럽의 가스 수입국에까지 파이프라인의 병목현상을 유발했다. 유럽이 우크라이나를 통과함으로써 받는 몫은 때로 러시아산 천연가스의 70퍼센트가 넘었다. 물론 합의가 이루어져 다시 가스가 공급되기는 했지만 3년 만에 다시 긴장이 확대되었다. 모스크바는 우크라이나로 가는 가스 대금을 지불하지 않는다고, 또 최종 소비국으로 갈 가스를 중간에서 빼돌린다고 키예프 정부를 비난했고 키예프 측에서는 이를 반박하며 모스크바가 터무니없는 가격을 부르며 협박한다고 비난했다. 2009년 1월 1일 한겨울, 러시아는 다시 가스 공급을 중단했고, 이 사태로 인해 비축량이 별로 없거나 다른 대안연료가 없는 남동부 유럽국가들이 타격을 받았다.

13일 후, 모스크바 정부는 이 중단조치를 다시 거두어들였다. 크렘린은 언제나 에너지 수출 이상의 문제를 염두에 두었다. 가령 2013년 11월, 당시 우크라이나의 야누코비치 대통령이 마지막 순간에 EU와 경제협력조약에 서명하기를 거부했을 때 가스프롬은 크렘린의 지시에 따라 가스 가격을 할인해주었다. 모스크바는 우크라이나가 계속 서방에 접근하는 것을 방해했다. 야누코비치가 실각한 다음, 러시아는 가격 인하 조치를 즉시 취소했다. 오늘날까지 모스크바 정부는 과거 소련 소속이었던 이 나라를 그런 가격통제 수법으로 길들이려고 한다.

우크라이나가 징수하는 가스관 통과 요금은 연간 약 20억 유로에 이른다. 이 요금이 없다면 이 나라의 국내총생산은 3퍼센트 떨어질 것이다. 하지만 무엇보다 유럽으로 가는 러시아산 천연가스의 약 40퍼센트를 차지하는 이곳의 파이프라인이야말로 되려 우크라이나가 러시아를 꼼짝 못하게 통제할 수 있는 가장 강력한 지렛대다. 이런 상황은 특히 2014년 푸틴이 크림을 합병한 뒤 더 중요해졌다. 동부 우크라이나는 이때부터 유럽 한복판의 전투지역이 되었고 크림합병 이후 4년간 양국의 대립으로 1만 3,000명이 넘는 사망자가 발생했다. EU는 각종 제재를 가하고 끊임없이 협상을 벌였지만, 크림 반환은 말할 것도 없고 러시아를 철수시키는 데도 성공하지 못했다. 이런 상황에서 블라디보스토크에서 있었던 가스관 건설 합의는 우크라이나가 볼 때 독일 정부의 배신이나 다름없었다.

또한, 폴란드 · 리투아니아 · 라트비아 · 헝가리 · 루마니아 · 몰도바 등 각국 의회도 EU 집행위원회에 항의서한을 보냈다. 이들은 모스크바 정부의 세력 확장을 두려워한 것이다. 서한에는 '우리는 국민의 안전에 대한 우려가 존중받기를 원합니다'라는 말이 들어 있다.[3] 독일은 유럽의 에너지 안보라는 공동관심사보다 경제적 이해관계를 우선시했다고 한다. 베를린의 프로젝트로 여겨지는 노르트스트림 2는 특히 이웃 폴란드와의 관계를 지속적으로 해쳤다. 이미 1차 노르트스트림을 건설할 때부터 당시 폴란드 외무장관 라도스와프 시코르스키는 이 사업이 히틀러와 스탈린이 맺은 협정의 새로운 버전이라고 비난했다. 과거 독일제국과 소련이 제2차 세계대전 초기 폴란드를 분할하기로 약속한 비밀협약에 빗댄 것이다. 바르샤바에서 제2차 노르트스트림을 반대한 것도 그에 못지않게 격렬했다. 폴란드는 어떤 형태로든 모스크바의 영향력이 확대되는 것을 저지하려고 한다. 게다가 폴란드 정부는 나름대로 파이프라인을 통한 작전을 펼치고 있다. 현재 폴란드 정부는 노르웨이산 천연가스를 덴마크를 거쳐 폴란드로 들여오는 발트해 파이프라인을 건설 중이지만 노트르스트림 2와 달리 폴란드는 EU의 지원(돈)을 받는다. 이 가스관은 EU 홈페이지에 나오듯, 핵심 에너지 인프라 프로젝트라는 찬사를 듣는다. EU에서는 2억 1,500만 유로를 들여 이 사업을 지원하며 추가 구간도 이어질 계획이다. 마테우스 모라비에스키 총리는 폴란드의 처지를 명확하게 밝히며 이 파이프라인이 "노르트스트림 2

에 대한 대응수단"이라고 선언했다.[4]

그러는 동안 독일 정부는 러시아 파트너들을 안심시키며 어떻게든 해결하겠다고 약속했다. 2017년 12월 《벨트》지의 조사에서 드러나듯[5], 블라디보스토크에서 독일 정부의 고위인사와 가스프롬 대표 및 러시아 정치인들이 노르트스트림 2를 주제로 협상을 벌인 이후 2년 동안 60회나 만남이 있었다. 이 중에는 그 사이에 경제장관 자리를 SPD 동료인 치프리스에게 물려주고 현재는 외무장관으로 있는 지그마르 가브리엘도 있다. 2017년 6월, 푸틴은 이렇게 영향력이 막강한 가브리엘을 콘스탄틴궁에서 열린 4자회담과 관련해 초대했다고《벨트》지가 보도했다. 이 궁은 상트페테르부르크에 있는 푸틴의 거처다. 일행 중에는 슈뢰더 전 총리도 있었다. 슈뢰더는 2016년 6월부터 공식적으로 추크의 상업등기부에 노르트스트림 2의 이사회 의장으로 등록돼 있다. 보도에 따르면 '세 사람은 오랫동안 자리를 함께했다'라고 한다. 이들은 분명히 많은 이야기를 나누었을 것이다.[6]

그런데도 연방정부는 비판적 목소리에 판에 박힌 대답만 되풀이한다. 파이프라인은 경제문제라는 것이다. 치프리스 장관이 슈뢰더 · 밀러와 회담하기 전 경제부 직원으로부터 들은 브리핑 역시 마찬가지다. 관련 문서 사본을 들여다볼 기회가 있던 《타게스슈피겔》에 따르면, '연방정부는 노르트스트림 2 프로젝트를 일련의 유럽기업이 가스프롬과 공동으로 추진하는 상업 프로젝트로 본다'는 말이 들어 있었다는데 누군가 보충설명으로 나온 장관의 이 언급을 삭제했다는 것이다. 메르켈 총리 역시 이 논란과 관련해 오래전부터 문제가 되는 파이프라인은 오로지 에너지기업 간에 이루어진 민간 경제부문의 사업일 뿐이라는 견해를 고수한다. 하지만 흥미롭게도 크림 합병 이후 러시아에 가해졌던 경제제재는 진행되지 않고 있다.

메르켈 정부는 이 프로젝트가 다른 유럽국가의 반발로 무산될 위기에 처했기 때문에 계속 개입하지 않을 수 없었다. 2016년, 폴란드는 이 가스관 컨소시엄에 대하여 반독점 규제조치가 필요하다고 이의를 제기했다. 서방기업들은 하차해야 한다는 것이었다. 그렇게 되면 파이프라인의 소유권은 가스프롬으로 넘어갈 것이다. 덴마크는 가스관이 자국 해안을 통과하는 것을 거부했다. 담당 기사들은 계획을 수정해야 했다. 독일 정부는 프로젝트에 대한 반발과 비판에도 완강한 모습이다. 그러면서 노르트스트림 2의 새 라인뿐 아니라 우크라이나를 통과하는 기존의 가스관까지 모두 러시아의 천연가스 공급에 이용하자는 타협안을 제시했다. 또 반드시 수리할 필요가 있는 우크라이나 지역의 가스관을 독일기업이 복구하겠다는 달콤한 제안도 내놓았다. 하지만 아마도 그렇게는 되지 않을 것이 분명하다. 모스크바는 큰 기대를 하고 있지만, 독일 정부대표단은 끝내 결정적 약속을 받아내지 못할 것이기 때문이다.

가스관은 아직 완성되지 않았다. 그 때문에 푸틴은 유럽을 갈라놓는 데 이 파이프라인을 이용할 수 있을 것이다. 파이프라인의 폭발력은 난민 위기 속에서 가스관과 독일의 에너지 독립 문제로 인해 배가되었다. 독일로 몰려드는 난민의 물결 앞에서 앙겔라 메르켈은 EU 협력국의 도움과 연대를 호소하지만 소용없었다. 이런 호소는 특히 베를린과 모스크바가 손잡은 뒤 동유럽 국가들로부터 무시되고 있다.

하지만 EU 내부의 다툼은 파이프라인 드라마의 1막에 지나지 않는다. 제2막은 새로운 주인공이 요란한 북소리와 함께 열 것이다. 그 이름은 도널드 트럼프다.

오렌지주스와 토스트 공격

최고급 도자기, 번쩍이는 은수저, 눈부시게 하얗고 빳빳한 냅킨. 벽에는 성조기 옆에 나토 기가 걸려 있다. 주인인 도널드 트럼프가 친절한 태도로 손님을 대한다. 손님은 나토의 수장인 옌스 스톨텐베르그. 하지만 손님이 오렌지주스 쪽으로 손을 내밀자 미 대통령이 잔소리를 늘어놓았다. "독일은 완전히 러시아의 통제하에 있어요. 독일 에너지의 60~70퍼센트를 러시아와 새 파이프라인으로 들여오니 말입니다." 나토 사무총장은 외교적 태도로 다시 나토 정상회의 주제인 '힘과 단결'로 화제를 돌리려고 했다. 가스관 문제는 분명 29개 회원국 사이에 견해차를 보인 주제였지만 동맹국의 핵심 과제, 즉 상호 보호와 방어라는 문제에 있어서는 언제나 합의를 볼 수 있었다는 것이다.

미 대통령은 어떻게 하필 방어 상대로부터 에너지를 들여오는 나라가 있을 수 있느냐고 쏘아붙였다. 독일을 암시하는 말이었지만 스톨텐베르그는 동의하지 않았다. "우리가 힘을 합쳐 러시아에 맞선다면 우리는 더 강해질 것입니다"라고 나토 사무총장은 덧붙였다. 하지만 그가 발언을 마치기도 전에 트럼프는 상대의 말을 잘랐다. "그렇지 않아요. 그래서는 러시아만 부유해질 뿐입니다. 그것으로는 러시아를 통제할 수 없다고요. 돈만 벌어주는 꼴이라니까요." 트럼프는 냉전 기간에도 동맹국들이 러시아와 교역했다는 스톨텐베르그의 주장을 인정하지 않았다. "무역도 중요하지만 에너지는 다른 문제라고요. 그렇게 많은 에너지를 러시아에서 들여오니 독일은 러시아의 포로라는 겁니다. 러시아에서 에너지를 들여오다니요. 한번 설명해보세요. 설명이 안 된다는 것을 총장님도 알 것입니다."

예사롭지 않은 이 조찬 초대에 대한 질문을 받자, 노르웨이 출신의 스톨텐베르그는 간단히 대답했다. "계란과 토스트, 오렌지주스에 싱싱한 과일 샐러드가 나왔어요. 그리고 전부 미국에서 계산했고요."[7]

독일이 에너지의 70퍼센트를 러시아에서 들여온다는 트럼프의 주장은, 설사 노르트스트림 2의 몫까지 추가한다고 해도 사실과 다르다. 그것은 독일 고객에만 공급되는 분량이 아니라는 것이다. 이와 관련해 《슈피겔》 같은 독일 언론은 다음과 같은 확인보도를 했지만, 미 대통령에게 전달되지는 않았다. "우리 계산으로 러시아에서 들여오는 천연가스 · 석유 · 석탄은 전체적으로 25퍼센트 정도다.[8] 이것도 상당한 양이긴 하지만 독일이 완전히 러시아의 '통제하에 있다'는 말은 전혀 사실이 아니다." 그러나 이렇게 쓴 슈피겔 기자도 부인하지 못하는 바가 있으니, 러시아로부터 들여오는 석유 수입이 가장 큰 몫을 차지하고, 천연가스 수입도 러시아산이 가장 많다는 것이다. 1차 노르트스트림으로 들여오는 것만 천연가스 수입의 30

퍼센트에 이른다.

데이터 주권을 둘러싼 싸움에서 무엇을 잃었는가? 트럼프는 토스트와 계란을 대접하는 자리에서 노르트스트림 2가 EU뿐 아니라 나토에 잠재적 폭발력을 가지고 있음을 천명한 것이다. 이로써 그 파이프라인은 독일과 관련해 더 이상 에너지 문제에 국한된 것이 아니라 미하엘 투만이 《차이트》지에서 말하듯, 이미 '재난'으로 확대될 만큼 외교적 쟁점이 되었다. 그렇다. 그것은 이제 안보문제가 되었다. 트럼프는 독일의 약점을 찌른 것이다. 선진국으로서 에너지 수입에 의존하고 국방은 미국에 의존하는 독일의 약점을.

자신이 구상하는 에너지 주도권을 바로 독일에서 관철하려는 트럼프와 독일의 관계는 껄끄럽다. 그가 앙겔라 메르켈을 싫어한다는 것은 두 정상의 만남에서 숨김없이 드러난다. 그는 독일 총리의 워싱턴 첫 공식방문을 거부했으며 심지어 악수하는 것조차 거절했다 (물론 후에 악수를 거절했다는 것은 오해라고 해명했다). 이것은 비단 두 사람의 개인적 차이에서 오는 문제만은 아니다. 물론 극단적인 자본주의 체제에서 TV 리얼리티쇼의 스타로 돈을 번 부동산 재벌과 동독 출신의 자연과학도이자 목사의 딸이라는 차이는 있다. 트럼프는 또 베를린과 독일 언론에서 그를 향해 쏟아내는 험담에 감정이 상했다. 《슈피겔》지의 표지는 그를 자유의 여신상의 학살자로 묘사하기도 했으니 말이다. 하지만 무엇보다 큰 문제는 그가 '새로운 경쟁의 시대'에서 미국을 본다는 것이며, 그 결과 독일을 '수출 챔피언'으로, 미국산업의 경쟁국으로 인식한다는 것이다. 특히 트럼프는 개인적이든, 정치적이든, 경제적이든 상관없이 모든 관계를 끊임없이 거래로 평가한다(그의 부인 멜라니는, 트럼프가 가난뱅이였어도 그와 결혼했겠느냐는 질문에 "내가 못생겼어도 그가 나와 결혼했겠어요?"라고 반문한 적이 있다). 가스프롬이 시베리아와 메클렌부르크를 직접 연결하는 노르트스트림 2는, 트럼프가 볼 때 미국의 에너지 주도권을 향한 직격탄이나 다름없다. 러시아 천연가스에 대한 독일의 의존이 심화되면 새로운 에너지 초강대국으로서의 미국에 해가 된다는 것이다.

트럼프의 전임자들도 독일이 나토 동맹 대국의 보호를 받으면서도 그에 상응하는 부담은 지지 않는다고 비판해왔다. 2002년 나토 회원국들은 해마다 국내총생산의 각 2퍼센트를 집단방어에 쓰기로 결의했다. 그리고 이 중 약 20퍼센트는 전차·항공기·잠수함 같은 중무기를 위해 지출하기로 했다. 불가리아·루마니아·슬로바키아 외에 발트 연안국들이 나토에 가입한 것을 계기로 그런 결의를 하게 된 것이다. 이때 나온 요구사항은 나토의 확대에 따라 회원국의 방어를 위해 충분한 예산을 확보해야 한다는 것이었다. 2014년 러시아가 크림을 침입함으로써 나토 회원국들은 이 합의사항을 더 강화했다. 이로써 독일 정부는 방어비로 600억 유로를 제공해야 했다. 기존의 2배가 되는 수준이었다. 2019년 6월 독일 총리는 여기에 맞춰 예산을 늘리려고 했지만, 연정 파트너와 야당이 즉시 반대했다. 그 정도의 군사비 인상은 독일에서 다수의 지지를 받지 못했다. 2019년 3월 재무장관 올라프 숄츠가 제출한 예산안은 그와 관련해 1.37퍼센트 인상이 반영된 것이었지만, 심의과정에서 이것은 다시 1.25퍼센트로 삭감되었다. 예상대로 워싱턴은 격앙된 반응을 보였다. 이에 대해 하이코 마스 외무장관은 '장기적으로' 2퍼센트의 규정을 이행하겠다는 약속을 하며 "독일을 믿어도 된다"라고 말했다. 하지만 적어도 미국에서 석유와 천연가스를 수입함으로써 보상해주는 대신, 독일은 노르트스트림 가스관으로 모스크바와 결속을 다졌다.

트럼프 대통령의 입장에서 볼 때 이는 '나쁜 거래'로 정의될 여지가 있어 그가 제재라는 무기로 위협하는 것도 놀랄 일이 아니다. 게다가 의회는 이미 2017년 여름 미국 선거에 개입한다는 이유로 러시아를 제재할 수 있도록 길을 열어주었다. 물론 트럼프는 자신이 높이 평가하는 크렘린의 주인에 대한 결정에 동의하지 않았지만 법안에는 사실상 아무 때나 노르트스트림 2와 관련해 그가 제재를 가할 수 있는 구절이 들어 있다. 이것은 마음에 들었다. 그 구절은 프로젝트의 러시아 측 관계자뿐만 아니라 무엇보다 독일기업과 후원자를 겨냥한 것이었다. 이와 관련해 노르트스트림 2의 지지자와 당시 지그마르 가브리엘 외무장관은 다음과 같이 강력하게 표현했다. "유럽의 에너지 공급은 유럽의 일로 미국과는 무관하다. 어디서 어떻게 에너지를 공급하든, 그 결정은 개방주의와 시장경제의 경쟁 원리에 따라 우리가 하는 것이다."[9] 독일 언론은 트럼프가 유럽에 가스를 공급하고 논란 중인 파이프라인을 통해 경쟁 기회를 엿보는 프래킹 업자의 대리인에 불과하다고도 언급했다.

노르트스트림 2와 관련해 실제로 제재가 이루어졌다면, 그것은 제2차 세계대전 이래 독일의 이익을 보호해온 국가와 관계가 위험하게 단절되었다는 의미였을 것이다. 그러나 대서양을 사이에 둔 양국 관계는 트럼프 이전부터 삐걱거렸다. 특히 조지 W. 부시와 이라크전쟁이 원인을 제공했다. 또 오바마는 유럽연합에 대하여 조바심을 냈다. 그의 외교정책은 서쪽으로, 중국이 미국의 경쟁국으로 부상한 아시아로 향했다. 사실 더 중요한 것은 국내의 변화였다. 새천년 이후 미국산업의 탄탄한 일자리 수백만 개가 세계화의 제물이 되어 사라졌다. 또 미국인은 미국의 세계경찰 역할에 지친 기색이 역력했다. 그동안 아무도 목적을 알 수 없는 전쟁에서 수천 명의 군인이 목숨을 잃었다. 고등학교를 갓 졸업한 청년들이, 아직 어릴 때 쓰던 침대에 곰 인형이 그대로 있는데 관 속에 누운 채 가족의 품으로 돌아왔다. 신체적, 정신적으로 장애인이 되어 돌아온 사람은 더 많았다. 2016년 브라운대학교에서 실시한 연구에 따르면[10], 아프가니스탄 · 이라크 · 파키스탄 · 시리아에 병력을 투입하고 전쟁을 벌인 비용은 약 5조 달러나 되었다.

미국에서는 이렇게 전 세계가 외면하는 욕구가 극성을 부렸다. 대선전에서 미국의 개입을 끝내겠다는 공약을 한 트럼프는 자급자족을 향한 바람을 드러냈다. 마침내 자국의 시민을 돌보는 미국에 대한 열망을 보여준 것이다. 세계경찰의 역할을 포기하겠다는 트럼프의 공약은 9 · 11 테러 이후 벌인 전쟁의 결과를 직접 체험한 사람들의 심금을 울렸다. 특히 군부 인사와 참전용사들 사이에서 트럼프에게 충성스러운 지지집단이 형성되었다.

그를 지지한 유권자들도 성공한 사업가의 분위기 때문에 그를 신뢰했다(그가 일련의 사업에서 파산한 것도 문제가 되지 않았다). 트럼프는 스스로 미국이라는 회사의 '수석 거래자'를 자처한다. 그는 대통령보다 기업체의 수장으로서 에너지 수출을 통한 일석이조의 기회를 엿본다. 미국의 권한과 영향력을 확보하고 동시에 미국기업에 돈을 안겨줄 가능성을 타진한다는 말이다.

트럼프가 어떻게 이런 생각을 하게 되었는지는 우크라이나의 사례가 보여준다. 예를 들어 그는 재무부에 우크라이나의 석탄화력발전소를 지원해줄 가능성을 타진해보라고 지시했다. 트럼프는 2017년 6월의 에너지 방출 연설을 하면서 우크라이나가 '수백만 톤'의 석탄이 필요할 것이라고 말했다. 적어도 단기적으로 볼 때 최고의 석탄 거래자로서 대통령은 성공을 거두었다. 이후 몇 주 지나지 않아 우크라이나 최대 전력회사인 센트레네르고Centrenergo PJSC는 미국에 70만 톤의 석탄을 주문했다. 이는 우크라이나에게 이웃 강대국인 러시아로부터의 구매 대신 대안 마련의 기회가 생겼다는 의미였다.

트럼프는 크렘린과 비슷하게 미국의 에너지 수출에 당근과 채찍 작전을 투입하려고 한다. 특히 유럽인은 이익보호국으로부터 천연가스를 구입해야 한다는 것이었다. 문제는 그 나라에 천연가스 유조선이 이용할 항구가 별로 없다는 것이었다. 이런 이유로 워싱턴은 동맹국들에 LNG 터미널 건설을 요구한다. 2018년 3월, 트럼프가 티센크루프ThyssenKrupp 같은 유럽의 생산업체 제품도 포함된 수입 철강과 알루미늄에 새로운 관세를 부과한 뒤 여름에 일어난 무역분쟁은 관세를 확대하겠다는 위협이었다. EU 집행위원장인 장-클로드 융커는 트럼프와 만난 자리에서 추가 관세를 —특히 자동차에 대한— 비로소 저지할 수 있었다. 하지만 트럼프는 미국의 대 러시아 천연가스 경쟁력을 위해 유럽이 터미널을 건설해야 한다는 것을 노골적으로 요구했다. 융커는 EU에 11곳의 LNG 터미널을 세우겠다고 약속했다. 또 독일 정부도 이미 유조선을 위한 항구 2곳을 건설할 계획을 세웠다.

폴란드는 이미 거센 압박을 받고 있었다. 2018년에만 미국의 액화가스 공급사와 체결한 장기 계약이 3건이나 되었다. 이 공급계약은 가스프롬에서 벗어나 스스로 유럽의 에너지 배급사가 되겠다는 바르샤바 정부의 의지 표현이었지만 동시에 폴란드 정부가 적극적으로 미 대통령의 호감을 사려는 신호이기도 했다. 바르샤바 정부는 한발 더 나아가 폴란드에 미군기지를 세우는 데 20억 달러를 투자하겠다는 제안을 하기에 이르렀다. 잠정적인 기지 이름은 포트 트럼프로 정했다.

아무튼, 이 메시지는 워싱턴에 전달되었다. 2018년 12월, 폴란드석유가스회사PGNiG와 캘리포니아셈프라에너지의 공급계약이 알려진 직후 프랜시스 패넌 국무부 에너지담당 차관보는 미국에서 액화가스를 수입하기로 한 이 결정을 '빅딜'이라고 표현했다. 이 계약을 통해 폴란드는 유럽 안보를 위한 헌신적 태도를 보여주었다는 것이다. 이런 언급은 독일을 비꼬는 말로 들릴 수도 있다.

그것은 에너지 주도권 시대가 당면한 새로운 현실이었다. 독일은 다시 양 강대국 사이에, 정확히 말해 도널드 트럼프와 블라디미르 푸틴, 두 남자 사이에 낀 처지가 되었다. 독일과 폴란드 모두 자국에너지가 지정학적 영향을 받는 데서 오는 결과였다. 독일의 경우에너지 혁명이라는 문제가 더 있었다. 이 과제로 인해 러시아산 천연가스가 한층 더 중요해진 것이다. 2011년 일본 후쿠시마의 원자로 사고 이후 독일에서는 원자력발전소 반대시위가 계속되었고, 이로 인해 거의 사그라진 반핵운동이 되살아났다. 그리고 메르켈 총리도 원자로 폐쇄라는 정치적으로 올바른 결정을 내렸다(원자력발전 전기를 외국에서 들여오는 것은 문제가 안 된다). 또한 석탄화력발전 중단도 이미 결정된 사안이다. 2038년까지 마지막 석탄화력발전소를 폐쇄하겠다는 것이다.

하지만 대체에너지로 만드는 전력 생산이 40퍼센트에 이른다고 해도 당장 커다란 전력 공백은 피할 수 없다. 이 빈틈을 '더 깨끗한' 화석연료라는 천연가스로 메운다는 것이다. 현재 다른 해결책이 없는 한, 풍력과 태양열 에너지의 불확실성을 피하고 전력 수요의 정점을 감당하기 위해서는 가스터빈을 돌려야 할 것이다. 기업으로서는 비교적 값싼 시베리아산 천연가스를 포기하기가 쉽지 않을 것이다. 독일은 세계적으로 천연가스의 대표적 수입국에 속한다. 노르트스트림 2에 참여한 빈터샬을 통해 BASF에서 소비하는 것만 해도 덴마크 전체가 소비하는 천연가스보다 많다. 독일은 이제 생산과 제조업 분야에서 유럽에서 가장 값비싼 전력을 쓰는 나라가 되었다. 물론 독일은 새로운 공급이 없어도 비상시에 5개월은 버틸 수 있다. 그 정도는 가스 저장고에 비축했기 때문이다. 그러나 그 이상 공급에 차질이 생긴다면 경제와 복지에 타격을 입는 것은 불가피하다. 또 한편으로 독일이 EU 차원에서 공동방위를 아무리 강력하게 천명했다 해도, 안보 정치적인 측면에서 미국에 대한 대안이 없다. 트윗을 즐겨 사용하는 도널드 트럼프라면, 한마디로 이 상황을 "나쁘다"라고 표현할 것이다.

트럼프의 은밀한 거래 제안

2019년 6월 13일 현지시각 오전 6시 12분, 유조선 '프런트알타이어'호가 구조요청 신호를 보냈다. 그 시간에 이 배는 호르무즈해협의 이란 해안에서 40킬로미터 지점에 있었다. 페르시아만의 급유항에서 오만만으로 들어가는 유조선은 이 해협을 통과해야만 한다. 잠시 후 일본 선적의 '고쿠카커레이저스'호의 승무원도 공격받았다는 사실을 전했다. 불타는 유조선의 영상은 전 세계에 충격파를 던졌다. 원유를 수송하는 모든 유조선의 5분의 1가량은 호르무즈해협을 지난다. 미국은 즉시 이란을 배후로 지목했고, 이에 테헤란 정부의 외무부 대변인 압바스 무사위도 지체없이 반박하며 그보다 승무원의 구조가 먼저라고 강조했다.

목요일인 이날, 필 스트리블은 처음에 공격의 배후가 누구인지에 대해서는 별 관심을 보이지 않았다. 시카고의 에너지 중개상인 그에게는 아무튼 오전부터 더운 날이라는 생각만 들었다. 40대 중반의 그는 경험이 많았다. 그가 근무하는 중개업소 'RJO퓨처스'는 수천 명의 고객을 위해 40억 달러가 넘는 자산을 능수능란하게 굴린다. 스트리블에게 중요한 것은, 예상되는 가격변동 리스크에 대한 옵션을 가지고 자신의 고객을 -개인자산가나 석유채굴회사 등- 방어하는 것이었다. 실제로 세계 석유시장의 기준이 되는 북해산 브렌트유 가격은 이 피습 사건이 알려진 직후 1배럴에 4퍼센트나 올랐다. 그러나 얼마 지나지 않아 시장은 다시 안정을 되찾았다. 정오 가까운 시간에 다른 뉴스, 특히 OPEC 주변의 소식이 이 사건의 성격을 규정했다.

10년 전이었다면 훨씬 정신없었을 것이라고 스트리블은 말한다. 그때는 노스다코타와 텍사스에서 프래킹 업자들이 셰일층에서 혁신적 수법을 쓰기 전이다. "요즘 시장은 공급보다 수요를 걱정해요"라고 스트리블은 말한다. 평소 뜨겁게 달아오르던 석유시장은 너무 긴장이 풀려 중개인들이 지루할 정도라는 것이다. 오바마 정부에서 유가는 하루 1달러의 등락폭을 보였다 하니 투기꾼을 설레게 할 것은 전혀 없었다는 것이다. 많은 헤지펀드가 실패하는 까닭은, 시세변동이 너무 뻔해서 컴퓨터도 자동조종장치로 예측할 수 있기 때문이란다. "그러던 것이 트럼프 시대에 들어와 완전히 바뀐 겁니다"라고 스트리블은 말한다. 이후로 다시 시세가 요동치며 자신과 같은 전문 중개인들이 바빠졌다는 것이다.

예상하지 못했던 미국의 에너지 풍요는 트럼프의 석유외교를 가능하게 만들었다. 유전서비스회사 캐너리Canary의 CEO인 댄 에버하트는 경제지 《포브스》에 기고한 글에서 미 대통령을 '세계 석유시장에서 가장 큰 영향력을 가진 사람'으로 표현했다. 그것이 아니면 적어도 세계 석유시장에서 가장 예측하기 어려운 사람이라는 것이다.[11] 워싱턴 시간으로 2월 25일 오전 7시 58분, 트럼프의 트위터 계정에 이러한 소식이 올라왔다.

'유가가 너무 비싸다는 사실이 드러날 것이다. OPEC여, 긴장을 풀고 마음을 편하게 하라. 유가 인상은 필요 없다. 가격은 무너진다!'

석유시장에선 연중 최악의 거래일이 뒤따랐다. 서부 텍사스유의 선물거래는(프래킹 석유가격) 3.1퍼센트나 떨어졌고, 브렌트유는 3.5 퍼센트까지 떨어졌다. 트위터로 OPEC와 이란 · 베네수엘라를 비난한 미 대통령은 여전히 세계의 가장 중요한 천연자원을 갖고 게임을 했다. 하지만 한 나라의 생산량만 가지고 유가의 흐름을 결정할 수는 없다. 설사 미국이 더 이상 석유를 수입하지 않는다고 해도 세계 시장의 가격 흐름에서 미국 역시 예외일 수는 없다. 이것은 미 대통령이 산유국을 상대로 에너지 주도권이라는 무기를 휘둘렀을 때 드러났다.

예를 들어 베네수엘라의 정권교체를 유발한다는 계획을 보자. 베네수엘라는 캐나다와 사우디아라비아 다음으로 미국의 세 번째 원유공급국임에도 트럼프는 선제공격을 가했다. 미국과 베네수엘라의 니콜라스 마두로^{Nicolás Maduro} 대통령 사이에는 한동안 갈등이 한계로 치닫고 있었다. 이후 2019년 1월, 마두로는 야당이 거부하고 많은 외국 정부가 인정하지 않는 선거를 치른 다음 스스로 국가원수가 되었다. 이 직후에 야당 지도자 후안 과이도^{Juan Guaidó}도 자신이 대통령이라고 선언했다. 트럼프는 이런 혼란을 기회로 판단했다. 미 대통령은 과이도를 신임 국가원수로 인정했다. 이에 마두로는 트럼프를 '폭군'이라고 불렀고 자신에게 패한 상대에게 혐오감을 내비치며 한발 더 나아가 '실패한 독재자'라고까지 했다. 미 대통령은 카라카스에 군대를 파견하겠다며 노골적으로 위협했다. 그는 백악관 입성 후 정기적으로 개최하는 유권자와 만남 행사에서 지지자들을 향해 미국이 사회주의로 넘어가는 일은 절대 없을 것이라고 다짐했다.

갑자기 트럼프에게 베네수엘라가 대외정치적으로 우선순위를 차지한 데는 분명히 여러 요인이 있었다. 한때 부유했던 남미의 이 나라가 수년 전부터 내몰린 궁핍한 상황은 한층 심각해져 재난으로 빠져들고 있었다. 폭력이 난무했다. 살인 건수는 테러국가인 중앙아메리카의 온두라스와 산살바도르를 합친 통계보다 많았다. 많은 가정에서는 수돗물이 나오지 않았고 정전은 일상사가 되었다. 아이들은 먹을 것이 없어 올챙이배가 되었다. 의약품이 부족했고 의료서비스 체계도 무너졌다. 400만 명이 넘는 베네수엘라인이 외국으로 빠져나갔다. 난민 행렬은, 특별히 안정되었다고 할 수 없는 인접국 콜롬비아를 위협했다. 이 모든 것은 인도주의적이고 지정학적인 사태를 초래하는 원인으로서 역대 미국 대통령들에게 걱정을 안겨준 문제들이었다.

하지만 트럼프를 아는 사람은 그의 관심이 국내정치에 초점이 맞춰져 있음을 안다. 마두로의 권력 약화는 쿠바의 입지가 약해진다는 의미이기도 했다. 베네수엘라의 원조가 없다면 공산주의를 신봉하는 카리브해의 섬나라 쿠바는 수십 년 된 미국의 통상금지를 견딜 수 없을 것이다. 이런 상황에서 트럼프의 지원을 받는 새 정부가 들어선다면 사회주의 형제국에 대한 원조를 중단할 것이다. "우리는 고난의 시기를 대비해야 한다"라고 쿠바 공산당 중앙위원회 제1서기인 라울 카스트로는 경고했다. 국가원수 자리에 있던 그는 아바나의 흑막정치로(정확히 말해 적막정치로) 배후조종을 하는 인물이다. 자국의 어려운 상황에도 마두로 정부는 여건이 허락하는 한 쿠바에 물자공급을 계속했다. 무엇보다 석유는 이 섬나라에 결정적 도움이 되었다. 양국이 고립될수록 정부 사이의 결속력은 그만큼 더 강해졌다. 이런 상황은 미국에 온 쿠바 망명객들이 마두로에게 강경노선을 취하라고 정부에 요구할 충분한 명분을 주었다. 마이애미의 쿠바인 거주지인 리틀아바나에서 베네수엘라의 정부 수반은 고인이 된 쿠바 지도자 피델 카스트로나 그의 동생 라울만큼이나 인기가 없었다. 보수파가 다수를 차지하는 쿠바 망명자들은 트럼프로서는 무시할 수 없는 유권자집단이었다. 디아스포라의 주민 대부분이 집을 지키는 플로리다에서 트럼프에게 투표한 사람은 54퍼센트나 되었다. 이와 반대로 다른 라틴 지역에서 이주한 유권자들은 26퍼센트만 그를 지지했다. 플로리다는 2020년의 대통령선거를 좌우할 주의 하나다. 그러니 트럼프에게는 한 표 한 표가 중요할 수밖에 없다.

트럼프는 위협에 그치지 않고 제재를 가했다. 이 제재는 혼란에 빠진 이 나라에 외화를 지원해준 석유수출국들까지 피해를 보는 결과로 이어졌다. 마두로 정부는 이때까지 국가재정의 90퍼센트를 석유사업에서 얻은 수익으로 충당했다. 음모론자들은 트럼프가 베네수엘라를 침공한다면, 그것은 그곳의 석유를 확보하기 위해서일 거라고 보았다. 여기서 문제가 되는 것은 배럴 단위의 석유가 아니었다. 기준에 따라서는 베네수엘라가 세계 최대의 석유 매장량을 가진 나라일 수도 있다. 평가에 따르면, 이 나라의 매장량은 1조 배럴이 넘을 수도 있다고 한다. 하지만 그것을 채굴하기 위해서는 투자에 수십, 수백억 달러를 들여야 할 것이다. 베네수엘라의 석유산업은 너무 침체해 수년 전부터 생산량이 줄었기 때문이다. 한때 '베네수엘라 국영석유회사[PDVSA]'는 세계적 모범으로 여겨진 적이 있었다. 그래서 가령 미국의 정유사이자 파이프라인 운영사인 시트고[Citgo] 임원들은 1980년대에 베네수엘라 기업이 1910년에 오클라호마에서 설립된 이 토박이 미국회사의 지분을 사들이고 마침내 1990년 통째로 인수했을 때도 걱정하지 않았다. 당시 그 자리에 있었던 시트고의 한 직원은 "거기 근무하는 사람들은 최고의 기량을 갖추고 있었다"고 회고한다. "그 후 우리 회사의 신뢰도가 올라가기까지 했다니까요."

그러나 9년이 지나고 카라카스 정부를 장악한 우고 차베스Hugo Chávez는 사회주의 정책을 집행하기 위해 이 석유회사에서 나오는 수익을 이용하려고 했다. 또한 주요 직위는 차베스 정권이나 전직 군부 인사들이 믿는 인물들이 차지했다. 차베스는 돈이 생기는 자리를 무기로 그들의 충성심을 확보하려고 했다. 그렇게 잘못된 경영이 이어지다 마침내 2002년에는 파업이 일어났다. 차베스는 파업에 참가한 직원 중 1만 9,000명을 해고하고 자신의 지지자들로 충원했다. 그리고 국가에서 가장 중요한 석유사업을 계속해서 자신의 사회주의 정책을 집행하기 위한 현금인출기로 이용했다. 개발과 채굴을 위한 투자는 더 이상 이루어지지 않았다.

오리노코분지에서 생산되는 석유는 대부분의 다른 석유보다 중질유 성분이 훨씬 많다. 타르라고 보면 된다. 이 중질유를 충분히 액화하기 위해서는 증류액을 첨가해야 한다. 전에는 베네수엘라가 이 증류액을 정유소에서 자체 생산했지만 지난 수년간은 수입해야 했다. 차베스는 외국의 석유회사를 몰수하도록 했다. PDVSA에 노하우를 공급하는 미국의 석유서비스회사는 더 이상 대금이 들어오지 않자 베네수엘라를 떠났고, 결국 PDVSA는 도산하고 말았다. 2013년 차베스가 사망한 뒤 마두로가 후계자가 되었고 2014년(석유시장의 운명의 한 해)에 유가가 폭락하면서 마두로 정부의 재정난이 악화됐다. 그러자 과거 국가적 자부심의 상징이었던 PDVSA는 부패와 무능의 대명사로 전락했다. 투자은행 레이먼드 제임스의 주식 애널리스트인 파벨 몰카노프는 "베네수엘라 석유회사의 몰락은 단지 전쟁만 안 일어났을 뿐 리비아·예멘·이라크처럼 취급되었다"라고 말했다. 1998년 차베스가 권력을 장악했을 때만 해도 이 나라는 하루 350만 배럴의 석유를 생산했다. 그러던 것이 20년 후에는 하루 100만 배럴로 쪼그라들었다.

트럼프의 제재로 인해 PDVSA는 가장 중요한 고객인 미국을 잃었다. 2019년 3월, 베네수엘라의 석유는 더 이상 미국으로 들어가지 않았다. 역사적인 사건이었다. 1973년 에너지정보청EIA의 기록이 시작된 이후 오리노코분지의 원유를 실은 유조선이 멕시코만에 정박하지 않은 달은 없었기 때문이다. 베네수엘라는 캐나다와 사우디아라비아에 이어 제3위를 차지하는 미국의 석유 공급국이었다. 몇 년 전만 해도 이런 일은 천연원료 시장에 극심한 혼란을 불렀을 테지만 그런 일은 일어나지 않았다. 다만 트럼프가 베네수엘라의 석유공급을 금지하자 미국의 유가가 폭등했다. 원인은 사실보다 더 복잡해서 수입석유가 줄어들었다는 것만으로는 설명이 안 되었다.

물론 미국의 프래킹 업자들은 필요 이상으로 원유를 생산했지만, 그것은 현장 수요와는 맞지 않았다. 그들이 셰일층에서 퍼 올리는 석유는 유황성분이 적은 경질유다. 성분과 색깔 때문에 서부 텍사스유는 '텍사스 티$^{Texas\ Tea}$'라고 불리기도 한다. 유황성분이 적어서 정유소에서 휘발유 등으로 가공하기가 좋다.[12] 다만 문제는, 멕시코만에 있는 미국 정유소는 유황성분이 많은 수입 중질유에서 휘발유나 디젤유를 만들도록 설계되었다는 점이다. 간단히 말해 이곳의 시설과 화학공정은 저질유에서 연료를 정제하도록 만들어졌다는 말이다.

정유소는 수십 년씩 가동되는 시설이므로 한 번 투자하는 데 수십억 달러가 들어간다. 이런 이유로 미국의 정제 공정에서 더 많은 국내의 경질유를 사용할 수 있는 구조전환이 시작되었다. 하지만 아직도 대부분 가용시설은 중질유에 의존하는 실정이다. 제재 이전부터 오리노코 석유는 갈수록 보기가 힘들었다. 우선 베네수엘라의 생산량이 줄었기 때문이다. 그리고 유조선이 휴스턴이나 커퍼스크리스티로 들어올 때면 수입석유가 중금속으로 오염된 경우가 종종 있었다. PDVSA가 더 이상 질적 기준을 충족하는 석유를 생산하지 못한 것이다. 이것은 미국의 정유소로서는 큰 문제였다. 그렇다고 베네수엘라산 석유를 대체하기도 쉽지 않았다. 멕시코에는 훌륭한 대체품이라고 할 마야유가 있지만 필요한 만큼 채굴하지 못했다. 멕시코의 국영석유회사인 페멕스^{Pemex}는 수년간 자체 경영난에 시달리고 있다. 캐나다산 타르샌드 오일을 들여올 수 있다면 최선일 것인데, 이역시 간단치 않다. 유조열차를 이용해 가까운 파이프라인까지 수송하는 번거로운 절차를 거쳐야 하기 때문이다. 정유소들 또한 키스톤XL 파이프라인의 건설에 그토록 큰 관심을 쏟은 이유도 그러해서다. 그런 이유로 워싱턴을 압박한 것이다.

출구가 막힌 이란 문제

　　하지만 석유 협상가로서 트럼프는 이란과 핵협정을 파기하면서 더 강하게 벼랑 끝 전술로 나갔다. 그는 이미 2016년 대선 후보 시절부터 "사상 가장 끔찍한 거래"라며 이란을 비난했다. 그 전년도 7월에, 테헤란 정부가 2년간 집중적인 다자간 협상을 벌인 끝에 미국 · 영국 · 프랑스 · 러시아 · 중국 · 독일 등과 맺은 협정은 이란의 핵무기 개발을 억제하는 데 목적을 두었다. 그 대신 이란경제의 목을 조르던 경제제재를 완화한다는 것이었다. 당시 서구권의 다른 나라가 제재완화를 반긴 데 비해 트럼프는 이 협정이 '재앙'을 초래할 것이라고 비관적 전망을 내놓았다. 트럼프는 합의를 주도한 미 국무장관 존 케리를 '약골'이라고 놀렸다. 제네바에서 협상을 벌일 때 케리가 자전거를 타다 넘어진 적이 있기 때문이다. 이후 협상에 서명한 사람 그 누구도 예상치 못한 일이 벌어졌다. 트럼프가 당선된 것이다.

　유럽의 국가원수들은 모든 수단을 동원해 테헤란 정부와 힘겹게 합의한 타협안을 트럼프가 휴짓조각으로 만들지 못하도록 애썼다. 에마뉘엘 마크롱Emmanuel Macron은 아내 브리지트 여사와 함께 워싱턴을 공식방문했다. 그 몇 달 전 마크롱은 공식행사에서 만난 트럼프가 악수하자고 내민 손을 외면한 적이 있었는데, 이번에는 양쪽 볼을 번갈아 맞대는 인사를 나누었다. 워싱턴의 공식 일정에는 조지 워싱턴이 살았던 마운트버넌에서 양 정상의 부부동반 식사가 예정되어 있었고, 오벌오피스의 비공개 대화와 알링턴 국립묘지 동반 방문도 들어 있었다. 여러 면에서 차이가 나는 두 정상 부부는 백악관 뒤에서 오크 한 그루를 함께 심기도 했다. 하지만 이 나무는 프랑스 국빈이 미국을 떠난 직후 다시 파내졌다(그 묘목이 오염돼 검역소로 보내야 했다는 것이다). 이후 며칠 지나지 않아 앙겔라 메르켈이 미국에 갔지만, 썰렁한 업무용 만찬 외에는 아무런 대접도 받지 못했던 것 같다. 메르켈 총리는 마크롱이 특유의 매력공세로도 성공하지 못했던 이성적 논의를 시도했다. 당시 테레사 메이 영국 총리는 런던에서 브렉시트 문제로 의회와 끝없이 충돌하는 와중에도 시간을 들여 트럼프에게 협정을 준수할 것을 촉구했다. 그러나 모든 것이 허사였다. 2018년 5월 8일, 트럼프는 마침내 이란이 이른바 거래 약속을 지키지 않는다며 협정 파기를 선언했다.

아야톨라가 다스리는 '불량국가'에 대하여 불신과 적대감에 휩싸인 트럼프였지만, 워싱턴에서는 전혀 상황이 다르다. 이란은 미국의 수도에서 공화당 쪽에도, 민주당 쪽에도 친구가 없다. 미국 정부는 테헤란 정권의 극렬한 반미노선에서 관계 파탄에 대한 책임을 물으려고 한다.

1979년 아야톨라 호메이니가 왕정을 타도한 이후 반미노선은 수그러들지 않았다. 2019년 초, 혁명 40주년 기념식에서도 '거대한 악마' 미국에 대한 증오심을 드러내는 장황한 구호들이 등장했다. 하지만 미국에 대한 대부분의 묘사에서 빠진 것은 이런 증오의 원인이다. 발단은 1953년의 한 사건으로 거슬러 올라간다.[13] 그로부터 2년 전에 민주적으로 선출된 모하마드 모사데그 총리는 석유 채굴을 국유화했다. 이때까지는 영국의 앵글로–이라니안Anglo-Iranian 석유회사(BP의 전신)가 이란의 석유자원으로 단물을 빨아먹는 구조였다. 이 회사에는 영국 정부의 지분도 있었다. 영국은 이란의 국유화 조치 당시 처음에 해리 트루먼 미 대통령에게 원조를 요청했지만 허사였다. 그러나 트루먼의 후임 드와이트 아이젠하워는 이 사태에 CIA를 투입했다. 이란이 소련의 위성국이 되는 것을 두려워했기 때문이다. 에이잭스Ajax라는 암호명으로 전개된 공작은 대성공이었다. CIA의 비밀요원들과, 여왕의 대리인이라고 할 제임스 본드의 현실 속 동료들은 폭력배를 고용해 거리의 소요와 폭력사태를 일으키도록 사주했다. 이들은 이란인들을 자극해 쿠데타를 일으키도록 한 것이다. 마침내 미국 정부는 모하마드 레자 샤 팔라비를 단독 통치자로 공작 옥좌에 앉혔다. 곧 권력의 앞잡이들은 반대파를 억압하고 국민을 감시하기 시작했다. 중동전문가인 미하엘 뤼더스는 〈동방의 몰락〉[14]이라는 글에서 '극단적으로 말해, 미국과 영국 정부는 그들이 사주한 쿠데타로 이후의 신정국가 씨앗을 뿌렸다'라고 설명한다.

대신 아야톨라가 권력을 장악한 이후 444일간 대사관에 갇힌 미 외교관 52명에 대한 인질극은 미국인들로서는 이란과의 관계에서 떨칠 수 없는 끔찍한 기억이다. 이 사건은 당시 지미 카터 대통령을 경제위기와 더불어 재선에 실패하게 만든 요인이었다. 그 덕분에 승리는 로널드 레이건에게 돌아갔다. 이때부터 테헤란 정부에 대한 강경책은 모든 미 대통령이 만지작거리는 소도구가 되었다. 조지 W. 부시는 북한·이라크와 더불어 이란을 '악의 축'으로 규정했고 오바마조차 국무장관이 성사시킨 거래를 두고 결코 미국이 양보한다는 신호가 아니라고 끊임없이 강조했다.

따라서 트럼프의 강경노선은 오랜 전통의 연장선상에 있다고 볼수 있다. 트럼프가 제시하는 공식적인 이유는 이란과의 협정이 테헤란 정부의 핵무기 개발을 저지하지 못하기 때문이라는 것이다. 또 중동에서 테러지원국 역할에도 다시 제재를 가함으로써 그 정권을 처벌해야 한다는 것이다.

그러나 트럼프가 내리는 모든 결정이 그렇듯이, 전혀 다른 동기가 또 있다. 이란과의 협상이 전임자인 오바마의 정책 성공으로 치부된 것도 한 요인임은 확실하지만, 협정 파기는 유권자 중에서 누구보다 근본주의 개신교 기독교도들을 의식한 트럼프의 대선공약 중 하나이기도 했다. 설문조사에 따르면, 2016년 대선에서 근본주의 기독교도의 80퍼센트가 트럼프에게 투표한 것으로 드러났다. 메시아의 재림에 대한 조건으로서 유대인을 약속의 땅으로 돌려보내는 것은 그들의 종교적 신념에 속했다. 미국정치에서 개신교 기독교인들은 가장 중요한 친이스라엘 파에 속하기 때문에 이들의 지지는 트럼프에게 결정적 의미를 갖는다. 이란과의 협정을 파기한 지 단 일주일 만에 미 대사관을 텔아비브에서 예루살렘으로 이전한 것도 마찬가지로 근본주의 기독교도들에게 찬사를 받았다.

하지만 공식적인 이전은 극심한 논란을 불러일으켰다. 이스라엘이나 팔레스타인 모두 예루살렘을 자국의 수도라고 주장하기 때문이다. 이스라엘은 1967년 동예루살렘을 합병했다. 국제적으로 그곳은 점령지역으로 여겨진다. 이스라엘의 주장에 힘을 실어주지 않기 위해, 대부분의 주이스라엘 대사관은 텔아비브에 있다. 미 의회 선거를 불과 몇 주 앞두고 예루살렘 대사관 개관식 중계방송에 모습을 비친 트럼프가 누구보다 집에서 시청하는 유권자를 의식했음은, 행사에 등장한 두 명의 급진적 목사가 보여준다. 이 중 한 사람은 설교 중에 히틀러를 신의 도구라고 칭송한 존 해기였다. 히틀러로 인해 이스라엘 사람들이 고향으로 돌아갔기 때문이라는 것이었다. 함께 초대받은 로버트 제프리스는 다른 신앙노선을 '악한' '사탄의' 노선이라고 비방한 표현으로 유명한 인물이었다.

이란에 대한 강경노선을 고수한 트럼프는 누구보다 셸던 아델슨의 지지를 받았다. 카지노업계의 대부인 아델슨은 처음에는 의혹의 시선을 거두지 않았지만, 차츰 트럼프의 긍정적인 모습을 발견했다. 이런 사정을 《뉴욕타임스》는 '트럼프가 장악한 워싱턴에서 일어나는 일 중에는 셸던 아델슨의 마음에 드는 것이 많다'라고 표현했다.[15] 《포브스》지 추산으로 재산이 무려 320억 달러나 되는 그는 트럼프의 대선을 위해 2,200만 달러의 수표를 발행했으며, 취임 축하연에 다시 500만 달러를 기부했다. 그러므로 아델슨은 트럼프의 가장 중요한 후원그룹의 한 명이라고 할 수 있다. 또 그는 아내 미리엄과 더불어 미국에서 가장 돋보이는 이스라엘의 정치적 후원자에 속한다. 아델슨 가족은 이란과의 협정이 미국의 체제를 위협한다고 보았다.

트럼프가 어떤 동기에서 그런 결정을 내렸든, 이란협정의 파기선언이 1~2년만 먼저 나왔어도 석유시장은 혼란에 빠졌을 것이다. 트럼프가 다시 발령한 제재는 무엇보다 테헤란 정부의 가장 중요한 외환 자금원인 석유 수출을 겨냥했기 때문이다. 이 소식에 따라 금융시장에서는 미리 불안심리가 번졌다. 금융 전문 채널 CNBC는 "곧 유가는 다시 100달러를 넘어설 것"이라고 경고했다. 이란의 석유 수출이 막히면 공급이 달리고, 이것은 유가폭등으로 이어질 것이라는 말이었다. 물론 극단적 소요는 발생하지 않았지만 유가는 오르기 시작했다. 무엇보다 경제호황을 공약으로 내걸고 당선된 트럼프였으므로 이런 상황을 팔짱을 끼고 방관할 수만은 없었다.

휘발유나 에너지 가격의 고공행진은 자칫 경기침체를 부를 수도 있었다. 그래서 트럼프는 사우디아라비아에 원유 생산을 늘릴 것을 요구했다. 처음에 사우디아라비아는 이 요청에 고분고분 따랐다. 궁극적으로 이란과 협상 폐기는 리야드 정부로서도 반가운 것이, 그로 인해 숙적인 이란의 중동 주도권은 약화될 것이기 때문이다. 하지만 트럼프는 다른 한편으로 유가를 자신의 통제하에 두려고 생각했다. 미국 정부는 제재에 예외를 둘 계획이었기 때문이다. 즉, 대규모 수입국인 중국과 인도를 포함한 8개국은 계속해서 이란산 석유로 적어도 수요의 일정 부분을 메우도록 허용한 것이다.

2018년 여름과 가을 동안 원유가격은 그냥 내리는 데 그치지 않았다. 무려 30퍼센트나 폭락하는 사태가 일어났다. 트럼프는 트위터로 유가가 다시 내려갔다고 알리면서 '당사국들은 나에게 고마워해야 할 것'이라고 썼다. 하지만 리야드에서는 전혀 고마워할 수 없었다. 사우디아라비아는 무엇보다 장기적으로 배럴당 80달러 이상을 받아야 하는 구조였기 때문이다. 이란산 석유에 대한 트럼프의 예외허용 조치 덕분에 유가는 50달러 이하로 떨어졌다. 리야드 사람들은, 조심스럽게 말해, 미 대통령에게 농락당한 기분이었다. 이런 사정 때문에 이 사막국가와 미국의 관계는 꼬일 대로 꼬이게 되었다.

7

석유 카르텔의 균열

대규모 산유국은 수십 년간 시장을 지배했다.
이제 그 영향은 사라졌다.
권력을 둘러싼 포커게임에 앉은 선수는 3명뿐이다.
그리고 이 셋이 도박을 하는 동안
유럽은 그저 지켜볼 수밖에 없다.

사우드 왕가

사우디아라비아 국왕 살만 이븐 압둘 아지즈 알 사우드
는 화려한 파티를 열었다. 이미 리야드공항에서는 군용기들이 도널
드 트럼프와 영부인 멜라니아, 딸 이방카가 포함된 수행방문단의 머
리 위로 날아다니며 환영의식을 거행했다. 이 자리에는 상무장관 윌
버 로스^{Wilbur Ross}도 있었다. 80세가 넘은 이 월스트리트의 금융업자
는 전에 트럼프를 파산에서 구해준 적이 있다. 또 전 엑슨 회장 렉스
틸러슨도 이 당시 미 국무장관 자격으로 참석했다. 2017년 5월에 있
었던 사우디아라비아 방문은 신임 대통령의 첫 외국 나들이였다. 비
행중대의 환영의식에 이어 예포가 뒤따랐다. 아랍식 커피 의전을 치
르는 동안 주위가 조용해지자, 살만 왕은 미 대통령에게 금메달을
증정했다. 워싱턴에서 온 손님에게 감동을 안겨주는 것이 국왕의 목
표였다면, 그것은 성공한 것처럼 보였다.

어쨌든 트럼프는 −아무튼 세계에서 가장 중요한 민주주의 국가에
서 선출된 국가원수였다− 살만 왕으로부터 최고훈장을 받을 때 감
사 인사를 하는 것 같은 동작을 취했다. 이어 트럼프는 아랍 전통의
아르다 칼춤을 같이 추어보겠다고 고집했다. 옛날 사막의 부족들이
출전의식으로 치르던 행사였다. 미국 기자들이 '술에 취한 사람처
럼' 비틀거리며 '리듬이 흐트러진' 대통령을 놓고 나름 즐거워하거
나 부끄러워하는 동안, 트럼프는 개선장군처럼 환영행사를 즐겼다.
트럼프는 살만 왕과 군비문제라든가 양국의 장기적인 협력관계에
대해 즐겁게 담소했다. 그는 또한 통이 큰 주인의 관점을 받아들일

의향이 있는 것처럼 보였다. 가령 카타르가 테러리스트 지원을 멈추지 않으면 미국은 사우디아라비아의 단호한 조치에 보조를 맞추겠다며 카타르를 위협했다. 이런 태도는 카타르뿐만 아니라 미 외교관들과 워싱턴의 의회 지도자들까지 놀라게 만들었다. 무엇보다 카타르는 그 일대에 아주 중요한 미군기지가 있는 미국의 오랜 동맹이기 때문이다. 이와 달리 살만 왕국에서 자행되는 인권침해 문제는 이날의 회담에서 거론되지 않았다.

사우드 왕가의 통치자들 앞에서 인권문제를 외면한 미 대통령이 트럼프가 처음은 아니다. 하지만 전임 대통령 중 그 누구도 사전에 이곳의 부족장들과 개인사업을 한 사람은 없었다. 물론 트럼프 컴퍼니Trump Company나 트럼프 오거니제이션Trump Organization이 이 나라에 직접 투자했다고 알려진 것은 없다. 사우디아라비아 정권에 우호적으로 접근한 것을 비판받았을 때, 트럼프는 "사우디아라비아에서 돈 벌 생각은 없다"고 여러 차례 분명히 밝혔다. 하지만 트럼프는 1990년대부터 사우디아라비아의 족장들과 끊임없이 사업을 벌였다.

트럼프가 1980년대에 돈벌이 재주가 있는 것처럼 보였다면, 그 이후 10년간은 심각한 위기에 빠진 시기였다. 처음에는 아버지의 도움을 받았다. 아버지 프레드는 브루클린의 노동자 구역에서 공공자금으로 주택을 건설해 재산을 축적한 사람이었다. 프레드 트럼프는 초기의 검소한 생활과 완전히 단절한 것 같진 않았다. 예를 들자면 그는 직접 화학물질을 배합해 집안의 구충제로 사용했다.《뉴욕타임스》에 난 그의 부고기사를 보면, 프레드 트럼프는 일과가 끝난 저녁이면 자신의 감색 캐딜락을 몰고 건축현장으로 가서 주위에 널린 못을 손수 주워 모아 현장감독에게 주며 재사용하도록 했다고 한다.[1] 대신 아들 도널드 트럼프에게는 수백만 달러의 창업자본을 대주었을 뿐만 아니라 사업에 필수적이라고 할 뉴욕 정계와 연결고리도 만들어주었다.

트럼프는 이 두 가지를 이용해, 제1세계무역센터를 소유한 더스트Durst 가문 같은 부동산 재벌의 본거지라고 할 수 있는 맨해튼으로 진출했다. 트럼프가 사업을 시작했을 때는 뉴욕이 사상 최대의 위기에 빠졌을 때였다. 뉴욕시는 부채의 늪에 시달렸고 경기는 바닥을 쳤다. 1975년 10월, 포드 대통령이 워싱턴 정부의 원조를 거부했을 때 《데일리뉴스》는 '포드, 도시를 향해 죽음을'이라는 제목을 달았다. 당시 뉴욕에서는 살인사건이 매년 2,000건이나 발생했고 마약은 우유보다 구하기 쉬웠다. 형편이 되는 사람은 뉴욕을 떠났다. 핑크색 대리석과 로비에 설치된 폭포로 유명한 5번가의 트럼프타워(37년 후 그가 대선 출마를 선언한 바로 그곳) 같은 사치스러운 건축 프로젝트는 비평가들로부터 혹평을 받았다. 하지만 이것은 뉴욕시로서는 전환점을 알리는 신호였다.

"여기서 성공할 수 있다면 어디서든 성공할 수 있어"라는 프랭크 시나트라의 '뉴욕 찬가'를 실현하듯, 트럼프는 쭉쭉 뻗어 나갔다. 그는 뉴욕에서 멀지 않은 도박의 도시 애틀랜틱시티를 자신의 라스베이거스로 만들 작정이었다. 그의 야심만만한 프로젝트는 건축비가 10억 달러 이상 들어간 트럼프 타지마할이었다. 1990년 4월에 열린 낙성식에는 마이클 잭슨이 왔다. 1년 후 이 사업은 파산했다. 트럼프는 상처를 받고 개인파산의 위기를 넘겼지만, 그의 성공에 현혹되어

애틀랜틱시티 투기사업에 금융지원을 해준 은행들은 수억 달러의 빚을 졌다. 이후 트럼프는 월스트리트에서 기피인물이 되었다. 그는 금융지원을 해줄 새로운 상대를 찾아 나섰는데 그중에서 특히 도이체방크가 그를 지원하며 주거래은행이 되어주었다.

그가 사우디아라비아 은행들과 벌이는 사업도 아주 순조로웠다. 2001년 6월, 트럼프는 자신의 트럼프 월드타워 건물에서 침실 10개와 욕실 13개 등으로 이루어진 45층 전체를 사우디아라비아 왕국에 팔았다. 이 마천루는 뉴욕의 유엔본부에서 멀지 않기 때문에, 사우디아라비아 정부는 이곳에 자국의 유엔대표부를 차렸다. 사우디아라비아에서 구매가로 얼마를 지급했는지는 분명치 않다.《데일리뉴스》는 세무서 자료를 인용하며 구매가가 450만 달러라고 주장한 데 비해,《AP》통신은 1,200만 달러라고 보도했다. 트럼프의 말을 믿자면 실제로는 그보다 훨씬 고가였다. 2015년 후보 시절 그는 한 선거행사에서 "사우디아라비아에서(나는 모든 사람과 잘 지냅니다) 내 아파트를 구입합니다"라고 말한 적이 있다. "그들은 4,000만, 5,000만 달러씩 지급합니다. 이런데 그들을 좋아하면 안 되나요? 나는 그들을 아주 좋아합니다."

알왈리드 빈 탈랄 왕자의 경우, 센트럴파크의 플라자호텔에는 훨씬 더 많은 금액을 지불했다. 이 왕자는 일단의 투자그룹과 함께 5번가의 플래그십 호텔을 3억 2,500만 달러를 주고 샀다. 많은 미국 기업의 지분을 소유한 알왈리드는 트럼프가 유동성을 유지하기 위해 요트 '트럼프 프린세스'를 매각할 때도 나섰다.[2]《AP》통신에 따르면, 그는 트럼프의 부동산 사업이 한창 잘나갈 때, 브루나이 왕으로부터 2,900만 달러에 구입한 85미터 길이의 이 요트를 2,000만 달러에 사들였다고 한다. 이 배는 원래 사우디아라비아의 무기 밀수 업자인 아드난 카슈끄지에 의해 건조된 것이다.[3]

《워싱턴포스트》가 확인한 바에 따르면, 2015년 대선 기간에 트럼프 오거니제이션은 사우디아라비아에 8개 기업을 등록했다. 등록 상황은 트럼프가 백악관의 집무실에 앉았을 때도 여전히 유효했다. 하지만 이것들이 어떤 목적이었는지는 불확실하다.[4]

대통령 취임 이후 공식적으로 아들들에게 물려준 트럼프의 기업은 여전히 사우디아라비아의 고객으로부터 돈을 벌고 있다. 가령 《워싱턴포스트》의 정보에 따르면, 워싱턴의 트럼프 호텔에서 이 석유왕국의 로비스트들에게 약 27만 달러의 청구서가 나왔는데, 그중 7만 8,000달러는 요리 서비스에 대한 것이고, 1,600달러는 주차요금이었다. 이 배후에는 수상한 거래가 있다. 로비스트들은 워싱턴에 있는 미 참전용사들을 찾아가 그들의 체류비를 계산했고, 이 예비역 군인들이 의회 앞에서 사우디아라비아가 마뜩잖아하는 반테러법에 반대하는 시위를 했다는 것이다. 이 법이 통과되면 9·11테러의 희생자 측에서 사우디아라비아를 상대로 소송을 제기할 수 있게 된다. 《워싱턴포스트》에 따르면 참전용사들은 의뢰인에 대해 아는 것이 전혀 없었다고 한다. 로비회사는 트럼프의 대선과 선정된 숙박업소의 관계를 부인했다. 다만 하룻밤에 768달러를 청구한 것으로 보아 호텔은 대폭 할인해주었으리라는 것이다.[5] 트럼프 인터내셔널호텔은 2018년 3월에도 왕세자 무함마드 빈 살만의 뉴욕 여행에서 수익을 올렸다. 왕세자의 수행원이 5일간 머무른 뒤 호텔의 분기 매출은 13퍼센트나 급증했다. 이 호텔은 트럼프의 대선이 끝난 뒤 고객이 감소하는 바람에 애를 먹던 상황이었다. 당시 왕세자 자신은 다른 곳에 머물렀는데, 트럼프 호텔의 스위트룸이 그와 가족이 사용하기에는 너무 비좁았기 때문이라고 한다.[6]

미국 정부의 청렴 상태를 감시하는 것을 임무로 하는 시민단체 '워싱턴의 책임과 윤리를 위한 시민들CREW'은 대통령의 이해충돌을 문제 삼으며 헌법소원을 제기했다. 이 기구는 기자회견에서 "미국 시민은 그들의 대통령이 개인기업의 이익이 아니라 시민의 이익을 중시한다는 것을 믿을 수 있어야 합니다"라고 강조했다.[7]

트럼프가 과거의 사업 동료들과 맺은 관계는 가혹한 시험대에 올랐다. 2018년 10월 2일, 기자인 자말 카슈끄지가 이스탄불 주재 사우디아라비아대사관을 방문했다. 리야드 정권을 비판하던 카슈끄지는(같은 이름을 가진 무기상의 먼 친척이었다) 미국에서 망명생활을 하면서 《워싱턴포스트》에 기고하고 있었다. 59세의 카슈끄지는 터키 여성과 결혼을 앞두고 필요한 서류를 가지러 갔는데, 대사관에서는 이미 15명의 남자가 그를 기다리고 있었다. 괴한들은 이 기자를 심문하고 고문한 끝에 결국 그를 살해한 뒤 도살용 톱으로 시신을 토막냈다. 토막 난 시신은 가방에 담겨 대사관 밖으로 실려 나갔다. 아마이후 산성용액으로 용해되었을지도 모른다. 아무튼 터키 정보부에서는 그렇게 주장한다. 정보부 요원들은 대사관의 위장 카메라로 촬영된 영상을 보여주었다. 터키는 나름대로 사우디아라비아와 미국의 관계를 방해할 이유가 있다. 에르도안 총리는 사우디아라비아가 미국의 지원에 힘입어 지역의 패권을 장악하려는 것을 못마땅해한다. 그날 정확히 무슨 일이 일어났는지 더 이상 객관적으로 확인하기란 불가능하다.

그렇다고는 해도 CIA는 그 같은 만행이 사우디아라비아 왕국의 최고위층, 즉 무함마드 빈 살만MBS의 명령에 따른 것이었다고 거의 확신한다. 그러나 트럼프는 미 정보국에서 확인한 사실을 무시했고, 왕세자에게 책임을 지우거나 공개적으로 그 행위를 비판하는 것을 자제했다. 대신 막연하게 '세상은 위험한 곳이다'라는 트윗을 했을 뿐이다. '왕세자가 그 사건을 알았을 수도 있고 알지 못했을 수도 있다.' 잔혹하게 살해된 카슈끄지만이 리야드 정권의 유일한 인권침해 사례는 결코 아니다. 2014년, 당시 25세의 로제인 알 하슬롤은 아랍에미리트에서 고향 사우디아라비아를 향해 차를 몰았다. 2개월 뒤 그는 사우디아라비아 보안군에 체포되고 고문 끝에 기소되었다. 더 많은 권리를 요구하며 저항한 다른 여성들도 같은 운명에 시달렸다. 그것도 평화적인 재소자들의 저항운동 이후 여성에게도 사우디아라비아에서 운전할 권리를 주겠다는 MBS(왕세자 무함마드)의 선언이 나온 직후 벌어진 일이었다.

그 후 사우디아라비아가 테헤란 정부가 지원하는 시아파의 반란을 진압한 예멘에서 전쟁이 일어났다. 예멘에 투입된 전투기 조종사들은 반군의 군사거점뿐 아니라 학교·시장·사원까지 폭격했다. 영국의 인권단체인 ACLED에 따르면 2016년부터 2018년까지 사망한 사람은 8만 명이 넘는다고 한다. 수만 명이 콜레라에 걸렸으며, 이때 죽은 어린이만 2,500명 이상이 넘는다. 굶어 죽은 어린이는 더 많다. 유엔은 이 내전을 21세기 '최대의 인도주의적 재난'으로 선언했다. 미국은 이 사태에서 적극적인 역할을 수행했다. 미국에서 들여온 것은 패트리어트 미사일뿐만이 아니다. 사우디아라비아의 F15 전투기도, 민간인을 폭격한 폭탄도 모두 미국산이다. 사우디아라비아와 이란 사이 지역의 패권을 둘러싸고 벌어지는 유혈극의 현장이기 때문이다. 그리고 이란은 워싱턴에서 볼 때 모든 수단을 동원해 물리쳐야 할 숙적이라고 공표된 나라다.

하지만 이런 방식은 카슈끄지에 대한 잔혹한 살인과 더불어, 미 의회 강경파가 보기에도 너무 심한 것이었다. 2019년 4월, 의회는 예멘에 투입된 사우디아라비아군에 더 이상 무기를 공급하지 못하게 하고, 특히 항공폭탄과 F15 장비의 수출을 금지하는 결의안을 통과시켰다. 하지만 트럼프는 이에 대해 거부권을 사용하며 무기 수출 금지안에 서명하기를 거부했다. 트럼프에게 리야드 정권에 대한 의리가 얼마나 중요한가는 이것이 대통령 취임 이후 두 번째 거부권 행사라는 사실에서 드러난다. 첫 번째는 미국-멕시코 국경에 장벽 설치를 위한 예산 배정 문제를 놓고 국가비상사태를 선포했을 때였다. 그는 사우디아라비아군에 계속 무기를 공급해야 하는 근거로, 그렇지 않을 때 미국 무기산업의 일자리가 사라진다는 이유를 들었다. 실제로 미국 무기 수출의 10퍼센트는 사우디아라비아를 상대로 한 것이다. 트럼프는 예멘의 사람 목숨보다 미국의 일자리를 우선한다는 이유로 반대파로부터 심한 공격을 받았다. 비판자들은 그런 정책이 지나치게 부도덕하다고 말한다. 그를 옹호하는 쪽에서는 대통령이 단지 미국의 장기적 정책을 설명했을 뿐이라고 거들었지만, 워싱턴에서는 늘 그렇듯이 위선적인 침묵의 분위기가 감돌았다. 여기서 알아야 할 사실은, 트럼프가 사우드 왕가를 건드리지 않는 자신을 미국의 석유 수입이 아니라 무기 수출과 결부시켰다는 것이다.

미국경제의 사활이 걸린 석유공급 체계를 해치지 않기 위해 리야드 정부와 우호적인 관계를 유지하는 것을 미 대통령의 최우선 계율로 삼은 것은 몇 년 되지 않았다. 하지만 바켄과 퍼미언의 프래킹 업자들이 일으킨 혁명적 변화는 미국뿐만 아니라 사우디아라비아에도 엄청난 영향을 몰고 왔다.

이런 사실을 MBS보다 잘 아는 사람은 아무도 없었다. 이미 사우디아라비아 왕국의 전임 통치자들도 경제적으로 석유의존도를 줄이겠다는 약속을 했다. 하지만 이런 약속을 처음으로 진지하게 이행하려 한 사람은 80세의 살만 부왕을 대신해 일상의 업무를 본 MBS다. 이는 2014년에 유가를 어느 정도 세계화하는 일에 사우디아라비아가 권한을 상실했을 때 받은 충격이 계기가 되었다. 사우디아라비아의 경제는 유가가 배럴당 30달러로 떨어졌을 때, 프래킹 업자들이 유발한 혁명적 상황의 여진을 겪고 있었다.

무함마드 왕자는 밀레니얼 세대이자 사우디아라비아를 현재의 모습으로 발전시킨 아브드 알 아지즈 이븐 사우드의 수백 명 손자 중 한 명이다. 그의 자리는 처음부터 폭력으로 쟁취한 것이었다. 19세기 초부터 사우드 왕가는 베두인족을 오스만제국의 통치에서 해방시켜 자신들의 지배하에 두려고 애썼다. 1932년 알 아지즈는 마침내 리야드를 점령하고 그곳을 오늘날까지 이어지는 절대왕국의 수도로 삼았다. 무함마드는 이런 조부를 닮았다고 한다. 왕세자는 어린 시절 응석받이로 자랐고, 다른 한편으로는 자신이 무시당한다는 느낌을 받았다고 전《월스트리트저널》의 통신원 캐런 엘리엇 하우스는 사우드 왕가의 모습을 기록한 저서에서 말했다.[8]

무함마드는 11세 때 자신의 개인교수에게 화를 내며 대들기도 했다고 한다. 그는 당시 왕세자 신분이던 아버지가 밤이면 여섯 자녀를 거느린 첫 번째 부인과 세 번째 부인인 자신의 모친 사이를 오가는 일로 괴로워했다. 수많은 왕궁 관계자들과 대담한 하우스는, 언젠가 살만이 가족을 거느리고 스페인으로 휴가를 간 이야기를 소개한다. 살만은 첫 번째 부인을 마벨라에 있는 궁으로 데려갔지만 이와 달리 무함마드의 모친과 그의 형제자매 5명은 바르셀로나에 있는 호텔로 만족해야 했다는 것이다. 하지만 이복형제 두 명이 연달아 병에 걸려 죽었을 때, MBS는 기회가 왔다고 생각했다. 그는 부친의 곁을 지키며 위로했다. 이런 식으로 그는 거대한 왕실 내부의 음모와 권력다툼을 알게 되었다. 무함마드는 스스로를 행동가이자 자수성가한 사업가로 여겼다. 젊은 시절의 도널드 트럼프와 다를 것이 없었다. 그리고 트럼프처럼 그는 가족 간 유대를 이용할 줄 알았다.

2018년《월스트리트저널》은 사업가로서의 무함마드의 활동을 보도한 적이 있다. 이에 따르면, 그는 정부 계약으로 수익을 올리는 기업들을 설립했다는 것이다. 그의 부친은 80세가 되던 2015년에야 왕이 되었다. 그리고 2년 뒤 당시 31세이던 무함마드를 왕세자로 삼았다. 무함마드가 왕국의 고삐를 틀어쥐는 데는 오래 걸리지 않았다. 그가 권력을 장악하고 내린 조치 중에는 사우드 왕실의 왕자들에 대한 숙청작업이 있다. MBS는 놀랍게도 그중 30명을 이른바 부패혐의로 구금했다. 이 조치로 막강한 영향력을 지녔고 외국에서도 잘 알려진 알왈리 왕자가 리야드의 리츠호텔에 연금되었다. 도널드 트럼프가 세계적 차원에서 행하듯이, MBS는 그가 주도한 OPEC 협력국 카타르 봉쇄정책을 통해 중동을 혼란에 빠뜨렸다. 2007년에는 당시 레바논 총리 사드 알 하리리를 납치한 적도 있다. 그는 알 하리리를 유혹해 리야드로 오게 한 다음 방송 생중계를 통해 강제로 사임하도록 했다. 하리리는 프랑스의 중재로 간신히 풀려났다. 예멘전쟁에 사우디아라비아가 개입한 것도 마찬가지로 MBS가 발단이다.

무엇보다 무함마드 왕자의 최대 야망은 스스로가 사우디아라비아를 21세기의 스타로 만든 통치자로 역사에 기록되는 것이다. 그는 2016년 '비전 2030'이라는 종합계획을 발표했다. 이때까지 리야드를 녹색의 오아시스로 만든다는 것이다. 이 계획의 핵심은 사람보다 로봇을 더 수용한다는 미래도시 네옴NEOM이다. 우버의 설립자 트래비스 칼라닉Travis Kalanick이나 인터넷 개척자인 마크 앤드리슨Marc Andreessen 같은 실리콘밸리의 거물들은 사우디에서 수송을 담당할 무인자동차나 여객드론에 열광적 반응을 보였다. 이 인공 대도시 사업에는 5,000억 달러가 투입될 것이라고 한다. MBS는 이 사업과 관련해 독일의 클라우스 클라인펠트와 계약했다. 지멘스 최고경영자였던 클라인펠트는 부패사건으로 타격을 받았지만 위기를 잘 넘겼다. 알루미늄 대기업인 미국의 앨코아Alcoa에서 클라인펠트를 CEO로 초빙한 것이다. 그는 구조조정 이후 거기서 떨어져 나간 자회사 아르코닉Arconic을 인수했다. 2017년, 그가 미국으로 간 것은 실적이 부진하다는 이유로 자신을 해고하려던 한 헤지펀드 사장에게 협박조의 편지를 보낸 뒤였다. 그러다 클라인펠트는 곧 다시 새로운 임무를 맡게 되는데, 2018년 MBS가 그를 데려간 것이다.

네옴과 비전 2030은 사우디아라비아의 석유의존도를 낮추려고 한다.[9] 특히 300년 된 왕조의 권력 장악에 골몰하는 무함마드에게 미국의 프래킹 업자들은 예측하기 어려운 가격변동이라는 위험요인을 시장에 안겨주었다. 사우디아라비아의 경제는 국가 예산 중 80퍼센트 이상을 석유 수출로 충당할 뿐만 아니라 전반적으로 석유에 의존하는 구조다. 그러니 텍사스의 프래킹 업자들이 유발한 2014년의 가격붕괴는 사우드 왕국에 고통을 주었다. 게다가 3년 후에는 불경기가 사우디아라비아를 덮쳤고 여기서 다시 회복하려면 시간이 걸릴 수밖에 없었다.

왕세자에게 가장 시급한 문제는 높은 실업률이다. 2017년 여름, 실업률은 기록적인 13퍼센트로 껑충 뛰었다. 더구나 청년실업률은 40퍼센트에 이르렀다. 문제는 국민의 60퍼센트가 30세 미만이라는 것이다.[10] 끊임없이 넘쳐나는 석유 수익에 맛을 들인 사우디아라비아 사람들은 갈수록 국가의 지원에 익숙해졌다. 노동은 외국인들에게 맡겨져 민간경제의 일자리 중 적어도 66퍼센트는 외국인노동자의 몫이 되었다. 이들은 필리핀, 이집트나 요르단, 예멘 혹은 전쟁으로 황폐해진 시리아처럼 비교적 가난한 인접국 출신들이다. 많은 외국인노동자는 고국의 가족에게 돈을 보낸다. 이런 식으로 인접국들 또한 자체의 석유 수익이 없어도 사우디아라비아 왕족의 부를 부분적으로 공유할 수 있었다.

하지만 MBS는 외국인노동자를 대폭 감축하고 고용주들에게는 대신 강제로 사우디아라비아의 청년을 채용하도록 할 생각이다. 이런 사우디화의 틀 속에서 기업과 외국인노동자에 대한 요구조건은 갑자기 까다로워졌고 그들의 고용에도 고율의 세금이 부과되었다. MBS가 개혁안을 선포했을 때, 사우디아라비아에서 일하는 외국인노동자는 700만 명이 넘었지만, 사우디화가 시작된 이후 이미 100만 명이 이 나라를 떠났다. 그것은 벌써 경제적으로 타격을 받은 그들의 고국에 수십억 달러의 손실이 발생했다는 것을 의미한다. 이것은 이 지역에 더 큰 불안을 촉발하는 도화선이나 다름없다.

하지만 외국인노동자의 탈출행렬만으로는 사우디아라비아 청년들의 일자리를 충분히 확보하기 어렵다. 사우디아라비아 정부의 위탁을 받은 기업컨설팅사 매킨지의 계산에 따르면, 매년 40만 명이 학교를 졸업하고 노동시장에 진출하며 그중 약 절반은 대학 졸업생이다. 사회적 자유가 신장하면서 여성들도 직업을 원하기 시작했다.

네옴 같은 MBS의 화려한 계획은 이런 문제를 해결해야 한다. 왕세자는 미래의 프로젝트에 필요한 자금을 확보하기 위해 왕실 보석의 매각도 마다하지 않는다. 2016년, MBS는 국영석유회사인 사우디 아람코를 증권거래소에 상장하겠다고 발표함으로써 월스트리트를 들뜨게 했다. 벌써부터 뉴욕의 투자은행들은 이 세기의 거래를 생각하며 달콤한 꿈을 꾸었다. 하지만 MBS가 요구한 2조 달러의 평가액은 실현될 수 없는 것이었다. 마치 아람코의 상장이 신기루처럼 보이다 사라지는 것 같았다. 그런 다음 카슈끄지가 피살되는 사건이 발생해, 적어도 당분간은 외국인투자자들이 충격을 받았다.

하지만 왕세자는 프로젝트를 위해 당장 투자자가 필요했다. 2019년 3월 말, 아람코는 100억 달러 정도의 채권을 발행할 것이라고 발표했다. 이 자금을 합해 역시 사우디아라비아의 국영정유소인 SABIC을 700억 달러 가까이 주고 아람코가 인수한다는 것이다. 여기서 발생하는 매각수익은 다시 사우디아라비아의 투자펀드인 PIF의 이익이 될 것이었다. 거래가 무슨 '주머닛돈이 쌈짓돈'이라는 말처럼 들리지 않는가? 그렇다. 하지만 이런 방식으로 MBS는 아무튼 비전 2030에 대한 전도금을 확보한다. 그러나 채권매수자들도 충동구매에 뛰어들지는 않았고, 아람코에 관해서도 아주 놀라운 몇몇 사실이 드러났다. 물론 이 회사는 월등한 격차로 세계에서 가장 많은 수익을 내는 것으로 유명하다. 하지만 평소에 건조한 문체로 유명한《월스트리트저널》조차 그 규모를 보면 입이 딱 벌어진다고 썼을 정도다. 2018년 아람코는 무려 1,110억 달러의 이익을 올린 것이다. 이는 애플·구글·엑슨의 이익을 합친 것과 맞먹는 규모다. 또 3,550억 달러의 매출은 유럽연합 28개 회원국 전체의 군사비와 같은 규모라고《월스트리트저널》은 보도하며 경악을 금치 못했다.[11]

게다가 이것은 시작에 불과하다는 것이다. 야심은 MBS에게만 있는 것이 아니기 때문이다. 사우디아라비아의 석유장관인 칼리드 알 팔리는 아람코의 기록적인 성과가 알려진 직후《파이낸셜타임스》와 인터뷰에서,[12] 아람코는 앞으로 국제적인 석유·천연가스 매장지를 찾아 나설 것이라고 발표했다. "세계는 사우디 아람코의 운동장이 될 것입니다"라고 알 팔리는 덧붙였다. 사우디아라비아의 국영회사가 직접 선수로 나선다면 무엇보다 천연가스 매장지가 대상이 될 것이다. 최대 산유국 대열에 속하는 카타르와 달리, 사우디아라비아 자체의 천연가스 매장량은 많지 않다. 하지만 세계적인 천연가스 수요는 석유보다 빠르게 늘고 있어, 이런 수요의 흐름에 리야드 정부도 발을 담그려는 것이다. 알 팔리가 《파이낸셜타임스》 기자들에게 말한 것처럼 러시아·미국·오스트레일리아에 대한 투자를 고려할 수도 있을 것이다.

아람코의 확장계획은 사우디아라비아를 석유 의존 구조에서 해방시킬 것이라는 MBS의 선언과 결코 모순되지 않는다. 왕세자가 말한 본래의 의미는 유가에 대한 의존구조에서 벗어나겠다는 것이기 때문이다. 알 팔리의 말이 맞다면, 사우디아라비아의 생산원가는 경쟁을 결코 허용하지 않는 배럴당 4달러 선이다. 하지만 사우디아라비아 사람들이 프래킹 업자를 비롯한 나머지 세계에 비해 압도적으로 유리한 가격의 이점을 제대로 활용하려면 더는 배럴당 80달러 이상의 유가에 의존하는 국가예산이나 경제를 고집하지 말아야 한다. 사우디아라비아에는 비책이 하나 더 있다. 아람코는 원하기만 하면 수주 안에 생산량을 늘릴 수 있는 능력이 있는데, 이는 다른 석유 공급국에는 없는 매장량 때문에 가능한 것이다. 웹사이트 오일프라이스 닷컴Oilprice.com은 그 "엄청난 사막의 매장량"이 석유업계에서는 '복음처럼' 믿는 전설이라며 다소 부적절한 표현을 썼다.[13]

프래킹 업자들이 전통적 채굴방식보다 더 빠른 반응속도를 보이는 것은 사실이다. 새로운 유정을 개발하기까지는 몇 년 걸리지 않으며, 몇 개월이 걸릴 수도 있다. 무엇보다 아람코와 달리 그들은 중앙의 통제를 받지 않는 민간기업이다. 프래킹 업자들은 지정학적으로 미국에 맞아서가 아니라 그들에게 이익이 되기 때문에 사업을 시작한다. 다만 문제는 전설적인 매장량이 얼마나 되는지 아는 사람이 아무도 없다는 것이다. 어쨌든 사우디아라비아 사람들은 필요하면 마치 알라딘이 마법의 램프에서 지니를 불러내듯 하루에 수백만 배럴을 추가로 생산할 수 있다고 주장한다. 그 전설적인 매장량이야말로 사우디아리비아 사람들이 OPEC에서 발언 수위를 높일 수 있는 힘이다. 하지만 한때 너무도 강력하고 무서웠던 산유국의 카르텔도 셰일혁명의 파도를 무사히 넘길 수는 없었다.

OPEC 파멸의 조짐

제175차 OPEC 총회까지 불과 72시간을 앞두었을 때였다. 빈의 슈테판스돔에서 10분 거리에 있는 헬퍼슈토퍼슈트라세의 본부 회의장은 이미 준비를 마친 상태였다. 그때 사드 알카비가, 세계를 뒤흔드는 소식을 전했다. 카타르의 에너지부 장관 알카비는 거의 60년간 OPEC 회원국이었던 카다르가 2019년 1월 석유수출국기구에서 탈퇴한다고 발표한 것이다. 물론 카타르의 생산량이 많은 것도 아니고 또 이미 탈퇴한 국가들도 있었다. 그러나 페르시아만 연안국이 이 석유 카르텔을 떠나는 것은 처음이었다. 또 그 직전에는 최대 매장량을 보유하고 카르텔에서 가장 큰 목소리를 내는 회원국인 사우디아라비아조차 은근히 OPEC가 없는 미래를 고려하고 있다는 사실이 알려졌다. 적어도 왕립 싱크탱크인 압둘라 왕의 석유연구조사센터에서 나온 연구결과는 그런 성향을 암시했다. 카타르의 탈퇴가 그 역사적인 12월의 회의에서 유일한 기폭제 역할을 한 것은 아니다. 그로부터 수개월 전 유가가 30퍼센트나 떨어졌는데도 14개 회원국은 마라톤협상 끝에 감산에 합의할 수 있었다. 몇 번인가는 OPEC가 큰 파열음을 내며 붕괴할 것처럼 보인 적도 있었다. 하지만 생산 감축에 대한 합의는 완만하게 감산이 지속될 것이라는 의미밖에는 없었다. 사실 OPEC는 한때 세계에서 가장 영향력이 큰 기구였다. 수십 년간 각 선진국의 국가원수들은 빈에서 열리는 석유 카르텔 회의를 배 아픈 표정으로 지켜볼 수밖에 없었다. 유가를 올리고 싶으면 석유 카르텔에서 생산을 제한한다는 통고를 하면 그만이었고, 그러면 세계경제는 암담해졌다.

석유시장에 프래킹 업자들이 나타나기까지 어떤 다국적 기구도 OPEC만큼의 위력은 없었다. 석유수출국기구는 상황 타개책으로 탄생했는데, 출범 당시에는 존재조차 잘 알려지지도 않았다. 1959년 4월, 카이로의 힐튼호텔 로비에서 첫 단추는 끼워졌다. 같은 직업을 갖고 같은 목표를 추구하는 두 남자가 그곳에서 조심스럽게 만났다. 베네수엘라의 광산부 장관 후안 파블로 페레스 알폰소는 카르카스에서 왔고, 그의 상대인 압둘라 타리키는 사우디아라비아에서 왔다. 아랍 산유국들은 외국의 석유회사에서 산유국의 자원을 쥐락펴락하고 특히 유가를 멋대로 결정하는 것을 더 이상 볼 수 없어 알폰소를 초대했다.

5 대 5의 분배방식은 카타르 사람들이 페레스에게 'OPEC의 아버지'라는 명예를 붙여주게 된 공식이자 페레스가 석유회사들로부터

받아내려는 공식이기도 했다. 즉 50퍼센트는 산유국의 국고로 들어가고 나머지 50퍼센트는 외국 석유회사의 수익이 된다는 계산이다. 타리키는 카이로에서 산유국들이 공동행동으로 시장의 권력을 장악하는 것이 어떠냐는 제안을 했다. 결국 타리키와 알폰소는 협정을 맺고 악수를 교환했다. 그때까지 세계는 두 남자의 합의를 전혀 몰랐다. 그러므로 18개월이 지난 1960년 9월 10일, 바그다드에서 '석유수출국기구'의 창설을 선포했을 때 수입국의 석유회사와 각국 정부는 경악했다. 그리고 1973년의 수출금지로 세계경제가 불황으로 빠져들자 경악은 큰 충격으로 변했다. 2000년대 들어 셰일혁명이 있기까지, 이때의 오일쇼크는 모든 서구의 정치인들에게 세계가 OPEC를 무시할 때 무슨 일이 일어나는지에 대한 경고로 작용했다.

그렇다고 OPEC 회원국들끼리 언제나 서로 우호적으로 지냈다는 말은 아니다. 그것은 단체정신을 공유하는 격투기 클럽에 더 가까웠다. 거기서는 대규모 산유국과 늘 고유가에 크게 의존하는 소규모 산유국 사이에 근본적인 갈등이 있었다. 특히 중동에서 지역적인 긴장과 경쟁심은 1980년부터 1988년까지 계속된 이란-이라크전쟁처럼, 회원국 간에 끊임없는 무력대립으로 이어졌다. 하지만 그들에게 사활이 걸린 석유 수익이 관련될 때면 회원국은 언제나 뭉쳤다.

다만 석유 카르텔의 영향력이 감퇴한 이유는 이런 대립이나 빈Wien에서가 아니라 서쪽으로 수천 킬로미터 떨어진 서부 텍사스에서 찾아야 한다. 프래킹 업자들은 퍼미언분지의 사막바다을 파헤치듯이 OPEC의 기반을 무너뜨렸다. OPEC 회원국들에 점점 분명해지는 것은, 프래킹 업자들이 생산공정을 단축한 결과 단기적으로는 자신들이 유가를 올릴 수 있어도 장기적으로는 프래킹 방식으로 말미암아 미국산 석유에 종주권을 넘겨줄 수밖에 없으리라는 것이었다.

그뿐 아니라 트럼프는 그러는 동안 제재 수단으로 나라별로 채굴을 허용하거나 금지하는 통제권을 발휘할 수 있을 것이다. 베네수엘라·이란·러시아는 워싱턴의 금지조치로 더 이상 마음대로 세계시장에 석유를 공급하지 못한다. 미국 외에는 그 어떤 나라도 그런 압력수단을 가지고 있지 않다. 미국 대통령이 이런 권력을 소유한 것은 금융시장 덕분이다.

달러는 대안이 아니다, 떠오르는 인민폐

트럼프의 전임자들도 미국의 영향력을 분명히 보여주기 위해 끊임없이 제재수단을 이용했다. 제재는 워싱턴이 사용하는 금융무기의 일부다. 그리고 트럼프 치하에서 동맹국을 향한 제재도 점점 늘어나고 있다. 훨씬 더 많다. 최근에 가장 주목할 만한 예는 트럼프가 이란과 핵협정에서 탈퇴한 뒤 내린 2단계 대이란 제재인데, 이 경우엔 이란과 무역을 하는 모든 기업이 해당된다. 외교관으로서 갈수록 명령권자 행세를 하는 베를린 주재 미국대사 리처드 그레넬은 2018년 부임 초 이란에서 사업 중인 독일기업들은 경영을 접어야 할 것이라고 통고했다.

이때까지 미국의 맹방이었던 유럽 각국이 흥분한 것은 당연했다.

미국의 제재를 적극적으로 피하려고 한 것은 비단 EU뿐만이 아닐 것이다. 사실 제재한다고 해도 이때까지는 상징적인 의미밖에 없었다. 그런 조치는 무엇보다 달러가 가진 만능의 위력에 방해가 되기 때문이다. 석유를 비롯해 그 밖의 중요한 천연원료에 대한 무역은 수십 년 전부터 반드시 달러로만 이루어진다.

유럽 전체는 이란산 석유의 최대 고객이다. 따라서 EU는 나머지 서명국이 핵협정을 유지하는 것에 관심이 쏠릴 수밖에 없다. 2019년 6월, EU는 오랜 준비 끝에 인스텍스Instex라는 일종의 교환시장을 설치해 테헤란 정부가 계속 석유와 천연가스를 외국으로 수출하는 길을 열어주었다. 하지만 이런 기구를 옹호하는 사람들조차 인스텍스를 통해 수십억 달러 규모의 거래가 이루어질 것이라고 믿지 않는다. 미 국무부는 인스텍스를 비웃었다. "그쪽의 수요는 없을 거요. 사업을 미국과 할 것인지, 이란과 할 것인지, 결정을 앞둔 기업이라면 예외 없이 미국을 선택할 테니 말이죠."[14]

인스텍스를 설치한 사람들이 교환시장이라는 아이디어를 떠올린 것은 달러 거래를 회피하기 위해서였다. 생각보다 간단해 보이고 법적으로 문제될 것도 없다. 미국 이외의 기업이나 정부는 이란산 석유를 얼마든지 달러 대신 유로로 결제할 수 있으니 말이다. 하지만 결제과정을 처리할 은행을 찾기란 거의 불가능하다. 그런 국제적 거래를 처리할 수 있는 기관은 거의 예외 없이 어떤 형태로든 미국은행과 연계돼 있기 때문이다. 하지만 미국은행은 그런 간접적인 형태로 제재규정을 위반하기를 꺼린다. 설사 은행이 외국에서 해외 지사 형태로 영업을 해도 미국법이 적용된다. 고객관리나 제재 관련법이면 충분히 통제된다. 과거 미국의 요구를 회피하려 했던 유럽 은행들은 비싼 대가를 치렀다. 프랑스의 금융그룹 BNP 파리바는 2014년 약 90억 달러의 벌금을 물었고, 독일의 코메르츠은행은 미국의 제재에도 이란과 수단 고객의 거래를 떠맡았다가 그 대가로 2015년 미국에 14억 5,000만 달러의 벌금을 지불했다. 월스트리트에서 40년째 은행 애널리스트로 활동하는 리처드 보브는 달러가 세계 금융 시스템을 지배하기 때문에 미국의 제재는 가공할 위력을 발휘한다고 말한다. "그런 힘이 트럼프에게는 실질적인 무기입니다. 미국의 금융시스템과 무관한 은행을 찾기란 거의 불가능하니까요."

석유와 천연원료 사업에서 달러의 기축통화 기능으로부터 벗어나려는 시도는 끊임없이 있었다. 하지만 지금까지는 미국의 동맹이 아니라 적국에 의한 것이었다. 예를 들어 리비아의 카다피는 몰락하기 전 OPEC에 지불하는 결제단위로서 마땅찮은 달러 대신 골드디나르를 요구했다. 사담 후세인은 미군이 침공하기 3년 전 이라크산 석유의 달러 결제를 금지했다(미국을 비판하는 많은 사람은 이것을 미국이 이라크를 침공하고 동맹세력이었던 후세인이 몰락한 진정한 이유로 본다). 러시아와 베네수엘라는 오래전부터 탈 오일달러 정책을 쓴다. 달러를 다른 통화로 대체하자는 요구가 2년마다 제기된다고 필립 스트리블은 말했다. 하지만 시카고에서 천연원료를 거래하는 그는 대체 위험성을 크게 보지 않는데, 미국의 하루 수입량이 1,800만 배럴로 2위와 큰 격차가 나는 최대수입국이기 때문이다. 이 정도의 분량이면 가장 중요한 국가경제를 위해 자국 통화로 결제하겠다고 주장할 만한 구매력이다. 게다가 미국은 지난 수년간 국내 생산량을 늘림으로써 다시 석유를 수출하기 시작했다. 스트리블은 이 두 가지 요인이 오일 달러가 빠르게 기축통화로서의 힘을 잃는 것을 막아준다고 본다.

미국의 달러가 주도적인 역할을 하게 된 것은 70여 년 전, 종전 이후 형성된 새로운 세계질서 덕분이다. 44개국의 대표가 1944년 동계스포츠의 고장인 미국 뉴햄프셔주 브레턴우즈에 모였다. 이들은 달러를 준비통화로 한다는 데 합의했다. 당시는 미국이 최대의 금 보유국이었기 때문이다. 미 연방준비은행이 금 1트로이온스당 35달러의 고정환율로 달러를 교환해준다고 약속하는 대신, 전체 서명국은 미화에 대한 고정환율을 유지하는 의무를 받아들였다. 그것은 전전의 엄청난 부채와 통화팽창 이후 다시 금본위제로 돌아가 시장의 안정을 찾으려는 시도였다.

그러나 고정환율제는 1960년대 들어와 압박을 받았다. 독일과 일본은 패전 후유증에서 회복하여 스스로 주요 선진국이자 수출국이 되었음에도 여전히 브레턴우즈 체제를 통해 양국 통화는 계속 달러에 고정되었다. 그 밖에 워싱턴 우위의 기조와 베트남전에 대한 정치적 비판이 고조되었다. 소련과 신중하게 해빙을 모색하는 분위기에서, 유럽으로서는 대서양 너머의 보호국에 대한 의존으로부터 비교적 당당하게 벗어나는 것이 가능해 보였다. 샤를 드골은 프랑스가 보유한 달러를 금으로 교환해줄 것을 요구하면서 브레턴우즈 협정의 종말을 알렸다. 더구나 드골은 미국이 금을 내주지 않으면 나토를 탈퇴하겠다고 위협하기까지 했다. 독일·일본·캐나다가 그 뒤를 따랐다. 미국의 금 보유량은 대폭 줄어들었다. 마침내 닉슨 대통령은 1971년 4월 금본위제의 종말을 알렸다.

그럼에도 충분한 달러 수요를 유지하기 위해 워싱턴 정부는 당시 국무장관 헨리 키신저의 주도 아래 새로운 협정을 도모했다. 이번에는 사우디아라비아와 손잡았다. 사우드 왕국으로부터 석유를 매입하고 동시에 군사원조와 무기를 지원해주겠다고 제안한 것이다. 대신 사우디아라비아는 석유 대금으로 미화만 의무적으로 받아야 한다. 여기에 덧붙여 사우디아라비아에 석유 판매로 생긴 여유자금을 미국 국채에 투자하라는 조건이다. 이른바 1차적인 금융재활용이었다. 이런 오일달러의 활용방식은 모방을 부추겼다. 1970년대 중반 전체 OPEC 회원국이 여기에 합류했으며 이것은 수입국들도 일정한 달러를 비축해야 하는 결과로 이어졌다. 이내 다른 천연원료까지 마찬가지로 광범위하게 달러로 거래되었다. 키신저의 거래는 달러를 기축통화로 자리 잡게 만들었다.

그러나 달러의 지위는 단순히 세계적인 달러 수령을 기반으로 한 것만은 아니다(미 연준의 평가에 따르면, 전체 100달러 지폐의 3분의 2는 미국 밖에서 유통된다고 한다). 그보다 미화는 세계 금융시스템을 위한 토대를 형성한다. 미국 국채는 세계에서 가장 안전한 투자로 여겨져 외국의 투자자들마저, 가령 리먼브라더스가 파산한 이후의 2008년처럼 미국에 위기가 닥쳤을 때도 미국 국채로 숨어든다. 각국 중앙은행의 외환보유고를 보면, 달러가 60퍼센트 가까이 되고 20퍼센트가 유로이며, 인민폐는 1퍼센트에 불과하다. 달러 거래를 위해 미국 국채라는 안전한 피난처에 대한 대안은 없을지도 모른다. 달러가 그토록 매력적으로 보이는 까닭은 그것이 가진 고도의 환금성 때문이다. 전 세계의 투자자는 언제든지 가치하락의 위험을 감수하지 않고서도 미국 국채를 팔 수 있음을 안다.

한 통화가 달러에 대한 본격적인 경쟁력을 갖추려면 비슷한 안정성과 환금성을 보여주어야 한다. 그리스의 위기가 발생할 때까지는 유로도 그런 경쟁력을 위해 자리를 잘 잡은 것으로 보였다. 그러나 2011년 유럽공동체의 통화는 정치적 취약점을 드러내고 말았다. 또한 브렉시트는 애초 합의와 달리 EU 회원국들의 탈퇴가 얼마든지 가능하다는 것을 확인해주었다. 이 모든 것은 금융시장 참여자들에게 잘 알려지지 않았고, 그 때문에 계산이 쉽지 않은, 차라리 피하고 싶은 위험요인이다. EU와 통화동맹의 미래가 불확실한 상태를 유지하는 한, 협력국들 사이에서는 논란이 분분할 것으로 보인다. 그러므로 유로가 기축통화로 승격할 가능성은 낮을 수밖에 없다.

하지만 오일달러에 도전할 능력을 갖추었을 뿐 아니라 이런 목표를 수년 전부터 체계적으로 추구해온 신흥강국이 있으니 바로 중국이다. 나름의 기반도 갖춘 것 같은 것이, 2017년 중국은 미국을 따돌리며 세계 최대 석유수입국이 되었다. 중국은 가능하면 자국 통화로 결제하고 싶어 한다. 첫걸음도 떼었다. 2018년 3월, 상하이국제에너지거래처는 처음으로 석유 선물 계약분을 인민폐로 지불했다. 금융권 내부관계자 외에는 별로 주목할 것 같지 않은 이 뉴스는 사실 광범위한 결과를 초래했다. 산유국과 수입국에 이 결제방식이 중요한 이유는, 들쑥날쑥한 유가를 안정시키는 데 도움이 되기 때문이다. 2019년 12월 오일인민폐의 계약 거래량은 이미 50만 건에 이르렀고 각 계약은 원유 1,000배럴에 해당한다. 이로써 상하이 선물거래소는 이미 두바이 거래소의 경쟁을 따돌렸고 북해원유의 계약고에 근접하는 날도 많았다.

중국 정부는 양자무역협정을 통해 선물계약에 대한 수요를 창출해냄으로써 인민폐가 국제적인 결제통화로 자리 잡도록 유도한다. 중국과 무역하려면 지금까지와 달리 달러 아닌 인민폐로 결제해야 한다. 카타르가 OPEC에 등을 돌리게 된 요인의 하나도 중국과의 협정이었다. 호르무즈해협의 이 작은 나라는 지난 2년 동안에만 약 860억 달러 수준의 교역을 중국통화로 거래했다. 이런 추세는 앞으로도 늘어날 것으로 보인다. 카타르는 이란과 더불어 세계 최대 천연가스전을 가지고 있기 때문이다. '만능의 달러Almighty Greenback'에 대한 대안을 계속 모색하던 푸틴의 러시아는 2016년 대중국 수출의 지불수단으로 인민폐를 받기 시작했다. 또 이란을 위해서도 오일인민폐는 미국의 제재를 빠져나갈 구멍으로 환영받는다.

하지만 워싱턴의 싱크탱크, 브루킹스연구소의 에너지 및 기후 전문가인 사만타 그로스는 중국이 달러의 막강한 위력을 쓰러뜨리기 위해서는 앞으로도 넘어야 할 산이 많다고 말한다.[15] 베이징 정부가 금융시스템을 더 투명하게 운영하고, 외국인에게 자본시장을 개방해야 한다는 것이다. 외국의 투자자는 자유롭게 통화를 사고팔 수 있을 때만 인민폐로 거래할 준비를 하기 때문이다. 또한, 바람직하지 않은 시장변동에 개입하는 중국 정부의 습관은 거래 상대에게 충격을 준다. 예를 들면 2015년 9월 세계 최대 헤지펀드 중 하나인 맨 그룹Man Group의 중국지사장인 리이페이가 '사라졌다'.《파이낸셜타임스》가 보도한, 리의 수수께끼 같은 잠적은 수 주간 극심한 동요를 일으키며 중국시장에 영향을 주었다. 상하이종합지수는 40퍼센트나 폭락했다. 언제나 통제력을 잃을 것을 걱정하는 중국 공산당 간부들은 시세폭락을 멈추게 하는 데는 체포가 가장 확실한 수단이라고 생각한다. 거래인과 기자를 비롯한 200명이 경기침체 이후 '온라인 소문'을 확산시켰다는 혐의로 기소되었다. 훗날 맨그룹의 이 헤지펀드 경영자는 자신은 결코 체포된 것이 아니라 일련의 일정 때문에 바빴을 뿐이라고 주장했다.[16]

외국인 거래자들이 시세 붕괴 때문에 끌려갈 위험은 크지 않지만 그래도 금융상의 위험은 작지 않다. 전 세계의 거래에서 각각의 거래 상대는 끊임없이 다양한 위험에 노출된다. 매도인이 공급을 이행할까? 매수인이 대금을 지급할까? 등 다양한 위험이 도사리고 있다. 그 밖에 가격변동과 외환 리스크도 있다. 그런 점에서 달러 결제는 수십 년 전부터 익숙하고 보증된 방법이지만 그와 달리 인민폐 거래는 당사자들이 꺼리는 추가 위험을 안겨줄 것이다.

여전히 석유 거래의 99퍼센트는 달러로 이루어진다. 이 방식이 바뀌려면 오랜 시간이 걸릴 것이다. 하지만 달러를 단기간에 왕좌에서 쫓아낼 수 있는 시나리오는 있다. 이런 가능성을 보여준 사람은 하필 도널드 트럼프다. 그의 세제개혁은 앞으로 수년간 조 단위를 넘는 재정적자를 유발할 것이며, 그 빈틈은 새로운 부채로 메워야 한다. 갑자기 투자자들이 미국의 지불능력과 미국 국채를 불신하게 되면, 이것은 기축통화의 종말을 의미할 수도 있다. 하지만 그런 일이 벌어진다고 해도, 남의 불행을 고소해하는 심리가 이 경우에는 통하지 않는다. 달러 투자자들이 피난처로 삼을 만큼 안전하고 유동성이 풍부한 통화가 없으므로, 그것은 2008년을 훨씬 능가하는 금융위기로 이어질 것이다.

오페크 대신 노페크

트럼프 대통령만 제재를 통해 OPEC를 궁지로 모는 것은 아니다. 미 의회 또한 에너지카드 재발급에 개입하려 한다. 의원들은 꽤 오래전부터 OPEC를 범죄단체로 낙인찍을 것처럼 공공연히 위협하는 새로운 법안을 논의해왔다. 이 '석유생산자담합금지법 NOPEC'은 불법적인 가격담합을 하는 OPEC 회원국들에 미국 법 집행관들이 단호한 조처를 취하도록 규정한다. 회원국들의 자산을 압류할 가능성도 있다. 의회는 지난 수년간 미국 현대사에서 전례를 찾기 힘들 정도로 극심한 논란을 벌여왔지만 NOPEC에 담긴 내용은 트럼프가 속한 공화당은 물론이고 2020년의 민주당 대선 후보로 트럼프에게 도전을 선언한 에이미 클로버샤 상원의원 같은 야당 의원들로부터도 지지를 받았다. "미국인들이 주유소에서 공정한 가격을 지불하려면, 국제 석유시장에서 반드시 자유로운 경쟁이 이루어져야 한다." 이런 말을 하는 까닭은, 연료 가격이 미국 정치인들에게는 시민에게 다가가는 기준점이기 때문이다. 경험칙으로 통하는 말이 있다. 1갤런에 3달러가 넘는 것은 무엇이든 독이라는 것이다(이 가격이면 1리터에 80센트인데, 이것도 유럽 기준에서 보면 터무니없이 낮은 가격이다).

'NOPEC 2019' 같은 안건은 워싱턴의 의사당에서 20년째 논의

중이다. 예를 들어 유가가 유난히 비쌌던 2007년 금융위기 기간에 의원들은 다시 NOPEC 법안을 꺼내 들었다. 이 법안은 조지 W. 부시의 백악관 집무실에서 결정된 적도 있다. 그는 즉시 거부권을 행사했다. 미국 대통령들은 언제나 산유국 카르텔을 비난하면서 동시에 OPEC의 반격을 두려워했다.

하지만 트럼프는 NOPEC의 아이디어가 마음에 들었다. 그는 2011년 저서 《강한 미국을 꿈꾸다Time to get Tough》에서 그런 생각을 선전했다. 트럼프는 대선 전부터 산유국 카르텔에 맞서기에는 오바마가 너무 약하다고 비난해왔다. 2011년 8월에, 이듬해 대선 후보자로 나서려는 오바마에 반기를 들며 '새로운 리더십이 필요하다'라는 트윗을 올렸다. 또 2014년 사우디아라비아가 프래킹 업자들에 대해 공세를 취했을 때, 그 결과로 나올 유가 폭락을 떠벌리며 자신의 위협이 성공한 것이라고 주장했다. 그는 리얼리티쇼의 스타이자 뉴욕의 부동산업자로서 자신에게 감사하는 팬 두 명의 메시지를 트위터로 전하기도 했다. Twins44라는 아이디의 트위터 이용자는 'OPEC에 맞설 용기를 가진 사람은 한 명밖에 없습니다. 고마워요. 트럼프님'이라는 트윗을 올렸다.[17]

이후 트럼프는 한동안 주적을 잊은 것처럼 보였다. 그는 대통령에 취임한 지 이미 1년이 지난 2018년 4월 20일 오전 6시 57분에 다음과 같은 메시지로 시장참여자들을 놀라게 만들었다. 'OPEC가 또 화를 내는 것 같군요. 세계 곳곳에 석유가 넘치고 공해상에도 석유를 가득 실은 유조선 천지인데 유가가 너무 높게 책정되었다는 말입니다! 받아들일 수 없어요!' 이 메시지가 놀라운 까닭은 유가는 이미

2017년부터 올랐기 때문이다. 2018년 초 몇 달간 유가인상이 가속화된 데에는 누구보다 트럼프 자신이 원인을 제공했다. 시장의 관점에서 미국 대통령이 다시 이란에 제재를 가하리라는 것은 분명했다. 게다가 시리아전쟁도 있었고 리비아와 베네수엘라는 국내문제로 생산을 감축하고 있었다. 트럼프의 집착 이면에는 유가상승이 미국경제를 타격하고 자신의 대선 가도에 방해가 될 수 있다는 나름의 우려가 깔려 있었다.

대통령은 미국이 다시 최대 생산국의 지위를 차지할 수는 있어도 그것이 유가가 (금값과 비슷하게) 세계 공통의 가격이라는 사실을 바꿀 수 없음을 깨닫지 않을 수 없었다. 하지만 트럼프는 자신이 가격을 정하지는 못해도 조정할 수는 있다는 것을 알아차렸다. 특히 그가 애용하는 트위터가 한몫했다. 시장정보를 분석하는 RS에너지의 정치 애널리스트인 데릭 브라우어는 CNBC 기자에게 이렇게 말했다. "가격이 내려가면 그것은 비용이 안 드는 전략이지요. 그러면 편하게 트위터를 할 수 있습니다. 가격이 오르면, 공은 OPEC에게 넘어갑니다." 이때 트럼프는 손해 볼 일이 없다는 것이다. "아주 영리해요"라고 이 분석가는 트럼프를 인정한다는 투로 말했다. 어쨌든 사우디아라비아는 트럼프의 위협적인 행동에 허를 찔린 것처럼 보였다. 어쩌면 트럼프 이상으로 그런 조치를 반겼는지도 모른다. 마침내 리야드 정부는 2019년 4월 미 대통령이 NOPEC 법안에 서명하면 오일달러 계약을 해지하겠다고 위협했다.

모스크바의 미소

　　과거와 달리 사우디아라비아에는 그런 위협을 현실적으로 만들어줄 새로운 동맹이 생겼다. 바로 러시아다. 리야드-모스크바의 새로운 축은 셰일혁명의 또 다른 결과이자 그로 인해 촉발된 가격폭락의 결과이기도 했다. 모스크바의 국가예산은 석유 판매 수익에 의존하는 구조였다. 2016년 유가가 회복할 기미가 보이지 않자 모스크바 정부는 회원국이 아니었음에도 OPEC의 생산 감축 대열에 합류했다. 여기서 기묘한 우호관계가 시작되었다. 사우디아라비아의 에너지부 장관인 알 팔리는 2019년 3월의 기자회견에서 농담조로 자신은 자국 장관들보다 러시아 에너지부 장관인 알렉산더 노바크와 더 자주 대화한다고 말했다. 그가 새로 공을 들이는 일이 있다는 인상을 줄 수 있는 발언이었다. "우리는 지난해 열두 번이나 만났습니다"라고 그는 말했다.

　실제로 푸틴과 그의 에너지부 장관은 2018년 12월의 그 OPEC 회의를 재난으로부터 막아주었다. 아무튼 《월스트리트저널》은 그렇게 보도했다. 알 팔리가 똑같이 산유량을 억제하라고 이란에 요구하자, 이란의 석유장관 비잔 잔가네는 반발했다. 페르시아만 연안국들이 자국에 대한 제재를 이용해 석유를 팔 것이라면서. 그는 현 OPEC 의장인 수하일 알 마즈루이 아랍에미리트 대표에게 "그들은 이란의 적입니다"라고 비난했다. 이어 잔가네는 이란도 카타르와 똑같이 OPEC에서 탈퇴하겠다고 위협했다. "너무 살벌해서 다음은 어느 나라가 뒤따를지 속으로 자문해봐야 했습니다"라고 OPEC 의장은 기자에게 말했다.[18] 노바크가 푸틴에게 상황을 설명하기 위해 상트페 테르부르크로 돌아갔을 때, 합의는 거의 불가능할 것 같았지만 푸 틴이 청신호를 보냄으로써 노바크는 모스크바 정부가 처음 제시한 것 이상으로 러시아의 산유량을 감축하겠다고 제안할 수 있었다. 대 신 (러시아와 최고의 우호관계를 유지해야 하는) 이란은 잔가네가 요구한 대로 감산 대상에서 제외되도록 하겠다는 것이었다. 1월부터 OPEC 회원국들은 산유량을 제한했고 유가는 즉시 30퍼센트나 올랐다. 푸 틴으로서는 12월의 회의가 대성공이었다. 이것을 계기로 그는 회원 국의 의무를 지지 않고도 OPEC에서 목소리를 낼 수 있었으며 시급 히 요구되는 고유가의 기회도 잡았다.

제175차 OPEC 총회는 새로운 석유시대의 권력자가 누구인지를 분명히 보여주었다. 즉, 트럼프와 MBS와 푸틴이라는 것을 말이다.

그러면 유럽은? 유럽은 에너지의 주도권을 둘러싼 줄다리기의 무 대가 된 지 오래다. 한편 유럽의 기업들도 가장 중요한 선진국으로 서 최대 산유국이 된 미국의 특별한 지리적 이점을 이용했다.

코퍼스크리스티의 부활

프래킹회사는 한 가지 문제만 아니었다면 아마도 나머 지 에너지 시장에 훨씬 큰 영향을 주었을 것이다. 에너지 컨설팅사 RBN에너지의 애널리스트인 존 자녀는 셰일 상황과 관련해 자신의 블로그에 '이곳을 벗어나야 해(We gotta get out of this place)'라는 글을 올렸다. 이것은 베트남전에 참전한 미군 병사들에게 인기 있던 록 송의 한 구절이다. 퍼미언이나 이글포드에서 전쟁이 난 것은 아니라는 점에서 조금 과장된 비유일지도 모르겠다. 여기서는 파이프라인—달리 뭐가 있겠는가?—이 문제이니 말이다. 오로지 자녀만이 파이프라인이 시급하다고 생각한 것은 아니었다. 엄청난 돈이 걸린 문제였기 때문이다. 새롭게 열풍이 이는 이 지역에는 기존의 기반시설과 연결할 수 있는 여건이 제대로 갖춰지지 않았다. 그런 실태는 특히 퍼미언이 심했다. 철도나 화물차로 수송하면 비용이 올라갔다. 그런 연유로 5~6개의 회사가 새로운 파이프라인을 설치할 준비를 했다. 2019년까지 3개 라인을 완성한다는 것이었다. 이름은 각각 '할리우드의 액션스타' '캑터스 II' '그레이 오크'라고 불렸다. 그레이 오크 하나에만 수십만 헥타르의 땅에 20억 달러의 비용이 들어가는 규모다.

이 3개 라인의 송유관은 퍼미언에서 멕시코만의 항구인 코퍼스크리스티 방향으로 텍사스 남단의 저지까지 거의 800킬로미터나 뻗어나가게 된다. 37번 고속도로 끝에는 비스듬히 기울어진 파스텔 색상을 한 식민지 양식의 집 몇 채가 옹기종기 모여 있다. 초라한 동네 한구석에 주차장으로 쓰이는 공터에는 자동차 몇 대가 여기저기 서 있다. 야자수가 바람에 흔들린다. 언뜻 보면 한적한 열대의 풍경이다. 퍼미언의 프래킹 열기는, 스페인 출신의 정복자 알론소 알바레스 데 피네다Alonzo Álvarez de Pineda의 이름을 딴 항구도시에서 역사적 전환점을 촉발했다.

코퍼스크리스티항 관리자인 알 페데르센은 쾌속정으로 운하를 가르며 지난 몇 달간 원유와 천연가스를 위해 새로 세운 좌우의 잔교를 가리킨다. 배가 드나들도록 운하를 더 깊게 준설할 것이고, 항구 어귀에는 더 높은 다리를 건설 중이라고 한다. 500미터가 넘는 그 다리가 2020년에 완공되면 북아메리카에서 가장 긴 사장교가 될 것이란다. 그렇게 되면 100만 배럴이나 실을 수 있는 수에즈맥스 같은 대형 유조선이 정기적으로 접안할 수 있다. 그리고 이 대형 유조선도 머지않아 200만 배럴까지 적재능력이 있는 초대형원유운반선 VLCC에 밀릴 것이라서 코퍼스크리스티에서 멀지 않은 포트애런사스라는 조그만 어촌에 새로 원유항구가 세워질 것이라고 한다. 총공사비 12억 달러가 들어갈 이 프로젝트를 떠맡은 곳은 사모펀드 회사인 칼라일그룹이다.[19] 이것만으로는 충분치 않아, 스위스 천연원료기업 트라피구라의 자회사 한 군데에서 코퍼스크리스티에서 12해리 떨어진 곳에 부유식 접안시설을 세우려고 한다.

불과 5년 전만 해도 미국에서 원유 수출 열풍이 불게 되리라고는 업계의 내부자들조차 믿지 않았을 것이다. 그것도 2017년에서 2018년 사이에만 수출액이 73퍼센트나 폭증했다. 이렇게 수출이 늘어나는 데는 나름의 이유가 있다. 2018년 미국의 산유량은 17퍼센트나 늘어난 데 비해 국내소비는 2퍼센트 증가하는 데 그쳤기 때문이다. 수출 열기는 끝이 보이지 않는다. 국제에너지기구의 진단에 따르면, 2024년까지 미국은 사우디아라비아와 '최대 석유수출국' 칭호를 둘러싸고 경쟁할 것이라고 한다.[20] 그리고 퍼미언에서 유럽과 아시아로 실려 나갈 석유와 천연가스 전체가 코퍼스크리스티에서 선적될 것이라고 덴마크 태생의 페데르센은 기대 섞인 전망을 했다. "우리는 미국 최대의 에너지항이 될 것입니다."

　항구의 분지 뒤로 높이 솟은 굴뚝에서는 입항하는 배들을 위한 환영식인 듯 불꽃이 번쩍인다. 굴뚝은 체니어 에너지의 시설이다. 휴스턴에 본사를 둔 이 기업은 이곳에 150억 달러를 투자해 천연가스를 LNG로 바꾸고 있다. LNG는 액화천연가스Liquid Natural Gas를 말한다. 천연가스는 섭씨 영하 162도로 냉각되는 화학공정을 통해 액화되는데 LNG는 이런 형태로 선적돼 세계 전역으로 수송된다. 그리고 목적지에 도착하면 다시 원래의 가스 형태가 된다. 최근에 천연가스 전문회사인 체니어는 폴란드와 장기 공급계약을 체결했다. 얼마 전까지만 해도 미국에 있는 LNG 터미널은 모두 수입 시설이었다. 채 10년도 되지 않은 이야기다. 또한 코퍼스크리스티는 유조선의 짐을 하역하는 항구의 본질적인 기능을 포기했었다고 페데르센은 말한다. 그런데 페데르센이 속한 항구의 회사는 이제 텍사스의 에너지 수도라고 할 휴스턴과 경쟁에 나설 야망을 품고 있다.

　코퍼스크리스티가 나머지 세계를 위해 많은 변화를 가져온 것은 2015년 마지막 날이었다. 페데르센은 "흐리고 바람이 부는 날이었죠"라고 기억을 더듬는다. 그런데도 미국 전역에서 방송요원들이 몰려들었다. 그들은 바하마 깃발을 단 그리스 해운회사 이오니아의 유조선 테오 티Theo T가 텍사스 이글포드의 원유를 싣고 유럽으로 출항하는 광경을 직접 보려고 온 것이었다. 15시 직후에 배는 항구를 떠났다. 불과 몇 달 전만 해도 불법이었던 광경이다. 미 의회가 석유위기에 충격을 받고 1975년 원유 수출을 (캐나다만 예외로 하고) 금지했기 때문이다.

　40년 뒤의 프래킹 열기는 수출금지정책에 종지부를 찍게 만들었다. 트럼프는 에너지 주도권을 쥔 상황을 대통령으로서의 성공으로 간주할지도 모른다. 가령 2018년 7월 영국을 방문했을 때 기자회견을 하며 당황한 영국의 테레사 메이 총리에게 다음과 같이 말했다. "우리는 석유수출국이 되었습니다. 그것은 이전 정권에서도 할 수 없었던 것이고, 우리가 지금 하지 못한다면 앞으로 들어설 새 정권도 하지 못할 것입니다."

　사실 미국산 원유를 외국에 팔지 못하게 한 금지규정은 전임자인 오바마 정부에서 취소된 상황이다. 파리기후정상회의에서 오바마가 화석연료의 종말이 시작되었음을 선포하고 며칠 지나지 않아 이 법에 서명한 것은 아이러니다. 물론 그것이 오바마의 생각이 아니었다고 해도 마찬가지다. 이때도 2008년의 금융위기가 다시 한몫했다. 프래킹회사의 로비스트들은 워싱턴에서 "더 이상 시대에 맞지 않는" 1970년대의 금지규정을 포기하라고 수년간이나 압력을 행사해왔다. 석유가 풍부한 주의 대표들, 가령 노스다코타의 상원의원인 하이디 하이트캠프나 알래스카의 리사 머코스키 같은 사람은 그들의 주장에 동조하는 사람들을 찾아다녔다. 하이트캠프는 한술 더 떠, CNBC 방송에 출연해 수출금지정책의 종료에 대해 홍보했다. 그리고 주로 상하원의 공화당에 포진한 친수출진영의 대표들은 여전히 주저하는 민주당 의원들의 마음을 돌리기 위해, 풍력과 태양광 에너지에 추가로 5년간 세금감면을 해준다는 의견에 합의를 보았다.

　천연자원보호협의회NRDC의 애나 언루 코언은 공공청렴센터CPI의[21]

통신원들 앞에서 말했다. "한쪽은 항구적인 성과를 올렸고, 또 한쪽은 일시적인 시간을 벌었습니다. 잘된 타협 같지는 않네요." CPI는 이후 산업으로부터 영향을 받게 된 과정을 상세하게 조명했다. 수출 옹호자들은 1조 1,000억 달러 규모의 예산 관련 법안을 폐지하는 데 성공했다. 미국 정부의 지속적인 지원의 근거가 된 법이었다. 대통령이 거부권을 행사했다면 아마 예산동결로 이어졌을 것이다. 설사 오바마가 사전에 반대의견을 분명히 밝혔더라도 아마 과반수의 지지를 얻지는 못했을 것이다. 환경 및 소비자 보호 기구인 '퍼블릭시티즌'의 에너지분과 책임자인 타이슨 슬로컴은 기자들에게 다음과 같이 설명했다. "백악관이 금지규정 폐지에 반대하지 않는다는 신호를 보내자마자 민주당의 반대의견은 사라졌습니다. 누구나, '대통령이 싸우려 들지 않는 마당에 왜 내가 나서야 해?'라고 생각한 거죠."

하지만 워싱턴 정가의 내부자들은 별로 놀라지 않았다. 오바마 정부가 천연가스 수출금지에 종지부를 찍기 2년 전에 이미 그것을 찬성했었기 때문이다. 세계적으로 녹색운동의 희망으로 널리 알려진 대통령이지만, 석유와 천연가스의 채굴은 정치적으로나 경제적으로 불가피한 일로 보았는지도 모른다. 오바마가 당선되었을 때, 금융위기는 절정을 치닫고 있었고 대통령에 취임했을 때는 대불황의 한파가 몰아쳤다. 다달이 실업자가 증가했다. 물론 오바마는 미국을 친환경 초강대국으로 새롭게 건설하겠다고 약속했다. 그는 2009년 1월 취임 직후 의회 연설에서 이렇게 말했다. "미국경제에 근본적인 변화를 주기 위해 미국의 안보를 보장하고, 환경오염으로 인한 기후변화로부터 지구를 구하기 위해 우리는 반드시 재생 가능한 청정에너지를 생산해야 합니다."

하지만 경제 회생을 위해 8,000억 달러라는 역사적인 구제금융을 폈는데도 상황은 안정되지 않았다. 어떤 업종도 어떤 부문도 일자리 삭감에는 타격을 입을 수밖에 없었다. 프래킹 분야를 제외하면 신속하게 노동자를 고용할 형편도 못되었다. 오바마는 친환경정책으로 전환하는 대신, 곧 "앞서 말한 모든 것"을 에너지 정책의 원칙으로 설명했다. 모든 에너지원은 똑같이 개발되어야 한다는 것이었다. 그 자신의 환경목표에서 급회전한 것을 은폐하기 위해, 오바마 정부는 천연가스를 석탄에 대한 '깨끗한' 대안으로, 나아가 녹색 대안으로 선전했다.

2013년에 어니스트 모니즈가 오바마 정부의 두 번째 에너지부 장관으로 취임했다.[22] 그가 관직에서 떠난 후 설립한 로비회사 홈페이지의 공식경력을 보면, 모니즈는 훈련을 거친 핵물리학자로 소개돼 있다. 특히 비핵화를 위한 노력과 기후변화의 저지를 위한 활동을 강조하며 '보잘것없는' 제물낚시 실력도 언급한다. 하지만 무엇보다 경력의 하이라이트는 2010년에 초판이 발행된《천연가스의 미래》라는 연구서다.[23] 이 연구서에서 모니즈가 주장하는 골자는 천연가스의 옹호라고 할 수 있다. 천연가스는 에너지믹스energy mix(에너지 공급원의 구성비-옮긴이)에서 더욱 두드러진 역할을 하게 된다는 것이다. 그 이유는 천연가스가 석탄이나 석유보다 깨끗하므로 세계가 오로지 재생에너지만 공급하는 것이 가능할 때까지, 천연가스가 '징검다리' 연료 역할을 하기 때문이라는 말이다. 명문 MIT 대학과 긴밀한 관계에 있는 싱크탱크의 수장으로서 작성한 이 연구서는 브루킹스 연구소같이 진보적인 기관도 주목한 바 있다. 그의 연구는 석유 회사 헤스Hess뿐만 아니라 '미국청천기금American Clean Skies Foundation'24 이라는 멋진 이름의 재단에서도 지원을 받았다. '청천' 재단의 발기인은 남다른 천연가스 주창자이자 당시 체서피크의 CEO였던 오브리 매클렌던 외에 다른 이름은 보이지 않는다.25 모니즈의 결론은 환경운동가들보다 매클렌던과 그의 회사 직원들에게 더 환영받았다. 하지만 그보다 더 중요한 것은, 그가 대통령을 설득하는 데 성공했다는 것이다. 2014년 연두교서에서 오바마는 다음과 같이 말했다. "오늘날 미국은 과거 수십 년에 비해 에너지 독립에 더 가까이 접근했습니다. 그 이유의 하나는 천연가스입니다. 천연가스는 안전하게 채굴하면, 우리 경제를 살려내고 온실가스에 따른 오염을 줄이는 징검다리 연료가 될 수 있습니다."

하지만 천연가스가 일종의 녹색 석탄과 비슷하다는 주장은 당시 논란에 휩싸였다. 싱크탱크 '외교협회CFR'의 에너지 전문가인 마이클 리바이는 2013년 〈징검다리 연료로서 천연가스가 기후에 미치는 영향〉이라는 논문에서 천연가스는 재생에너지로 가는 과도기적 해결책으로서만 아주 단기적으로 이용해야 한다는 결론에 도달했다.26 리바이는 지구온난화로 섭씨 2도 이상 오르는 것을 막기 위해 천연가스는 2020년까지, 늦어도 2030년까지만 사용해야 한다고 강조했다.

천연가스의 징검다리설은, 사용기한이 보통 50년밖에 안 되는 각종 시설과 파이프라인, 공장에 수천억 달러를 쏟아붓는다는 것을 알면 무너지기 쉽다. 리바이의 연구가 나오고 1년 후 자연과학지《네

이처Nature》)는 셰일혁명이 기후문제에 대한 이상적 타협안인 것처럼 말하는 모니즈의 명제를 완벽하게 반박하는 조사결과를 발표했다. 비록 천연가스가 석탄에 비해 연소 시 이산화탄소 배출량이 절반밖에 안 되지만, 그것은 결국 천연가스 사용을 늘려도 기후변화를 늦추지 못한다는 말이라는 것이다. 이 조사연구의 저자는 하필 모니즈와 같은 에너지부에 근무하는 해원 맥지언이었다. '광범위하게 매장된 천연가스의 효과는 기후변화를 늦추는 데 별로 기여하지 못할 것'이라고 맥지언은 썼다.[27] 비록 셰일가스 혁명으로 2050년까지 세계적으로 천연가스 생산량이 두 배로 늘어난다고 해도, 천연가스의 완벽한 조달만으로는 긍정적인 효과를 내지 못한다는 것이다. '이산화탄소 배출량이 적은 에너지원을 개발하는 기후정책이 없다면, 온실가스 방출은 계속 증가할 것이다.' 이유는 값싼 천연가스가 범람함으로써 석탄만 축출하는 것이 아니라 재생에너지와 경쟁하기 때문이라는 것이다.

이때 메탄가스가 방출된다는 문제는 아직 계산에 넣지도 않았다. 이것은 간단한 문제가 아니다. 2018년 6월에 나온 환경보호기금EDF의 연구결과는 미국의 천연가스 기업이 대기에 방출하는 메탄의 양이 환경보호국EPA에서 발표한 것보다 60퍼센트나 많다는 것을 보여주었다.[28]

메탄은 이산화탄소보다 기후에 훨씬 더 큰 영향을 미친다. 적어도 오바마 정부의 EPA는 메탄 방출을 최소화하고 감시하는 것을 의무적으로 시행했다. 그러나 에너지업계에서는 그런 정책을 불합리한 부담으로 여겼다. 생태계를 존중하는 에너지기업으로 자처하는 영국의 BP는 수년간 '석유시대를 넘어서Beyond Petroleum'라는 구호를 내세우며 공공연히 선두에서 메탄 배출을 줄이는 캠페인을 벌였다. 생산책임자 버나드 루니는 2019년 3월의 한 행사에서 '메탄, 어떻게 완전히 제거할 것인가'라는 강연을 한 적도 있다. 다만 환경단체 그린피스가 이 회사의 내부문서를 반출한 것은 현명하지 못했다. 그것은 BP가 오바마 정부로 하여금 다시 규제를 완화하도록 적극 관여하는 기업임을 보여주는 문서였다.

《파이낸셜타임스》가 BP의 공식적인 태도와 문서에서 드러난 로비 사이의 모순을 지적했을 때,[29] BP는 반박했다. 메탄 규제에 반대한 것이 아니라 단지 '더욱 정교한' 규제를 촉구했을 뿐인데 잘못된 보도로 워싱턴과 충돌하게 되었다는 것이었다.[30] 하지만 BP는 더 이상 걱정할 필요가 없다. 트럼프 정부에서 관련 규정이 부분적으로 완화되거나 완전히 폐지되었기 때문이다.

국가에서 기업에 부과하는 엄격한 규정보다 훨씬 더 위험한 것은 셰일가스 생산업체의 특이한 성공 형태였다. 매클렌던이 고통스럽게 경험해야 했듯, 프래킹 업자들은 가스버블이라고 할 만큼 천연가스를 과도하게 생산했기 때문에 가격은 끝내 붕괴하고 말았다. 결국 그들의 생각은 분명했다. 천연가스를 수출할 수만 있다면 추가 수요가 생겨 가격이 다시 오를 것이라는 계산이었다. 또한 로비스트들은 모니즈를 보고 말이 통하는 대화상대라고 생각했다. 마침내 때가 되어 2013년 천연가스의 수출금지는 해제되었다.

프래킹 가스가 전 세계에서 개선 행진할 길이 열린 것이다. 채 3년도 지나지 않아, 체니어는 루이지애나주의 사빈패스에 있는 자사의 터미널에서 최초의 LNG 유조선을 해외로 내보냈다. 이 과정이 상대적으로 빨랐던 것은, 체니어가 기존 시설을 수입에서 수출구조로 전환했기 때문이다. 레바논계 미국인으로서 천연가스 개척자인 차리프 소우키가 1990년대에 설립한 이 회사는 그동안 현장에서만 그런 용도에 맞는 5개의 액화시설을 가동했다. 경쟁사인 캘리포니아의 셈프라에너지와 도미니언에너지도 열심히 이 방향으로 투자했다. 현재 5~6개의 LNG 터미널이 건설 중이다. 중간에 결정적 사건만 일어나지 않는다면 미국은 2019년 말쯤 오스트레일리아와 카타르 다음으로 세계 3위의 LNG 수출국이 될 것이다. 국제에너지기구는 심지어 미국이 2027년까지 세계 최대 LNG 수출국이 될 것이라고 진단했다. 이제는 아시아로 향하는 미국의 천연가스 유조선이 너무 많아 파나마운하를 통과하는 항로에 때때로 병목현상이 벌어질 정도다.[31] 수출 열기가 일기 전, LNG 유조선은 화물선 건조 분야에서 틈새시장으로 여겨질 정도였다. 하지만 이제는 조선소가 유조선 건조를 따라가지 못할 만큼 수요가 많다. 건조비용은 평균 1억 7,500만 달러로 싸지 않다.[32]

그리고 이것은 트럼프의 에너지 주도권 전략에 딱 들어맞는다. 텍사스 해안의 항구 프리포트에서 LNG 프로젝트의 출범식이 열렸을 때 담당 차관은 "전 세계에 자유의 천연가스Freedom Gas를 널리 보급하고 미국의 동맹국들이 저렴한 청정에너지에 다가서도록 하는 데" 이 프로젝트가 결정적 역할을 할 것이라고 말했다.[33] '자유의 분자Molecules of Freedom'가 세계로 실려 나갈 것이라는 말도 나왔다.[34] 이는 출범식 직전 브뤼셀에서 열린 제2차 세계대전 종전 기념식에 참석한 에너지부 장관 릭 페리가 말한 것으로 알려졌다. 거기서 페리는 그 말을 처음 사용하며 천연가스를 나치에 대한 승리와 관련시켰다. 그는 연설을 통해, 유럽이 해방된 지 75년 만에 미국은 다시 유럽대륙을 위해 자유의 형식을 제공할 것이라고 말했다. 다만 이번에는 군대 대신 액화가스를 공급한다는 말이었다.[35]

일자리, 일자리, 일자리

하지만 풍부한 천연가스의 새로운 발견은 해외 고객이 아닌 국내의 노동자들에게 최대의 혜택을 안겨주었다. 내륙에서 코퍼스크리스티로 가다 보면 갑자기 강철 파이프와 굴뚝이 밀집한 풍경이 나타난다. 외곽에서 시를 에워싼 정유소 시설들이다. 그곳 주민들이 무엇으로 먹고사는지는 분명하다. 1970년대부터 가동이 정체된 시설들이 이제는 셰일가스 덕분에 생산력을 최대한 가동하고 있다. 2018년에 미국 정유사의 생산성은 5년 연속 신기록을 달성했다. 그들이 매일 쏟아내는 분량은 휘발유와 디젤유, 그 밖의 유출유 등 평균 1,700만 배럴이 넘는다.

석유화학 분야에서 셰일가스는 두 가지 면에서 비교우위에 있다. 하나는 그것이 생산원료를 공급한다는 것이고, 또 하나는 저렴한 전력을 공급하기 위한 연료로 사용된다는 것이다. 석유화학기업들은 2010년부터 미국에 2,000억 달러 이상 투자하는 300여 프로젝트를 발표했다. 2019년 워싱턴산업협회가 보고한 바에 따르면, 그중 3

분의 2는 외국에서 참여한다.[36] 이 새 투자를 통해 2025년까지 최대 100만 개의 일자리가 생길 예정이다. 엑슨은 사우디아라비아의 정유사인 사빅Sabic과 공동으로 투자 규모 100억 달러에 이르는 세계 최대 폴리에틸렌 공장을 코퍼스크리스티에 짓는다. 블룸버그 통신에 따르면 가동 첫 6년 동안 그곳에서 약 500억 달러 규모의 플라스틱 중간생성물이 생산될 것이라고 한다. 엑슨의 CEO인 대런 우즈는 한 기자회견에서 "빠르게 성장하는 퍼미언의 생산력을 최대한 가동함으로써 규모와 원료 측면에서 이 프로젝트에 상당한 이점이 주어진다"라고 말했다. 엑슨은 미국 쪽 멕시코만을 따라 200억 달러가 넘는 프로젝트가 진행 중이라고 발표했는데, 시설 공사에만 수천 개의 일자리가 만들어진다는 것이다. 이 거대 석유기업은 늘어나는 화학 소비의 흐름을 탈 것이다. BP의 수석경제학자 스펜서 데일도 그런 흐름이 앞으로 수십 년간 석유 수요를 촉발할 것으로 진단한다.[37]

독일기업들도 기회가 온 것을 직감한다. 독일산업협회VCI의 총결산에 따르면, 독일의 화학기업은 2016년에만 720억 유로의 해외투자를 했고, 그중 대 미국투자만 340억 유로에 이른다. 그다음이 유럽 내 외국으로 130억 유로, 중국이 60억 유로를 차지한다.[38] 쾰른의 특수화학기업인 랑세스Lanxess(과거 바이에르에 속했던)는 2018년 10월 미국 공장의 현대화와 확장에 5억 유로를 투자한다고 예고했다. "에너지 비용은 우리가 독일에서 지불하는 것의 3분의 1에 불과합니다. 매출 규모가 성장하는 데다 세제개혁도 도움이 됩니다"라고 마티아스 차헤르트 회장은 《한델스블라트Handelsblatt》지 기자에게 말했다.[39] 이 회사는 이전까지 수년간 500개의 일자리를 감축했던 곳이다.

무엇보다 미국에서 비교적 저렴하게 얻는 에탄이 독일의 화학기업을 유혹한다. 에탄은 플라스틱을 만드는 천연원료이고, 천연가스에 들어 있는 메탄은 가정에서 요리나 난방에 이용하는 가스다. 이 밖에도 셰일가스에는 프로판(야영용 버너의 연료로 사용하는 가스)이나 라이터에 이용하는 부탄 같은 다른 가스도 들어 있다. 그리고 폴리에틸렌에서 나오는 에탄도 마찬가지다. 에탄은 원유에서도 얻을 수 있지만 비용이 더 든다. 반면 셰일가스의 경우에는 단순하게 나머지 가스에서 분리하기만 하면 된다. 미국은 그사이에 전 세계 특수가스 수요의 3분의 1을 생산하게 되었다.

역시 바이에르의 자회사였던, 플라스틱 제조업체 코베스트로 Covestro는 2018년 10월, 그때까지 단일투자로는 최대 규모의 프로젝트를 발표했다. 휴스턴 부근의 베이타운 현지에 2024년까지 15억 유로를 투자해 폴리우레탄 원료인 MDI 생산시설을 세운다는 것이다.[40] 그리고 거의 동시에 이 회사는 900개의 일자리를 삭감한다고 발표했는데, 그중 400개는 독일 내 일자리라고 했다.[41] 또 BASF도 미국의 멕시코만에 공장을 세운다. 인접한 루이지애나주에 기존 생산력을 두 배로 늘린 MDI 시설이 들어설 계획이다. 루트비히스하펜의 기업은 케미컬 코리더 Chemical Corridor라 불리는 루이지애나 석유화학공업지대 중심의 가이스마에 약 8,700만 달러를 투자한다.[42] 그곳에 근무하는 직원은 1,200명이나 되며 북아메리카에 있는 BASF 공장 중 최대 규모다. 미국 프로젝트를 발표한 지 몇 달 지나지 않아 BASF는 새로운 효율성 프로그램을 발표했다. 회사 대표인 마틴 브루더뮐러는 성탄절 직전에 직원들에게 보내는 영상 메시지에서 "직원들이 허리띠를 바짝 졸라매야 할 것"이라고 말했다. 그로부터 6개월 뒤, BASF에서 6,000개의 일자리가 줄어든다는 사실이 알려졌다. 이 중 절반은 역시 독일 현장의 인력이다.[43]

몇 년 전 코퍼스크리스티 중심가의 빈 은행 건물에 들어선 고급 베트남식당에서 해외 방문객들을 맞이한 야인 배시는 항구도시나 미국에서 누리는 최대의 지리상 이점에 대해서는 따로 언급할 필요가 없었다. 지역사업개발센터[REDC] 소장인 배시는 "그들이 오는 것은 셰일가스 때문입니다"라고 말한다. 화학기업이나 플라스틱 제조사뿐만이 아니었다. 그의 설명에 따르면, 2016년 오스트리아의 철강기업 푀스트알피네[Voestalpine]는 에너지 집약적인 강철 중간생성물로서 '최대, 최첨단 열단광처리해면철 공장'을 열었다고 한다. 거의 10억 달러에 이르는 비용은 지금까지 오스트리아 기업의 해외투자로는 최대 규모다.[44] 푀스트알피네는 여기서 생산된 제품의 40퍼센트를 대서양을 건너 오스트리아의 주요공장이 소재한 린츠와 도나비츠로 보낸다.

수송로는 길지만 당연히 그에 대한 보상이 따른다. 오스트리아의 전력요금이 96유로/메가와트시(MWh)인 데 비해, 미국기업은 평균 62유로/MWh밖에 내지 않는다. 산업용 전력요금으로는 비교가 안 될 만큼 가장 저렴한 가격이다. 아무튼 2019년 봄에 독일금속사용자연합[Gesamtmetall]에서 비교한 자료를 보면 그렇다.[45] 독일의 산업용 및 상업용 전기료는 131유로/MWh로, 다른 선진국 평균에 비해 23퍼센트나 비싸다(선진국 기업 중에 이보다 많이 내는 경우는 158유로/MWh의 이탈리아와 141유로/MWh의 일본밖에 없다). 천연가스도 사정은 비슷하다. 독일의 기업고객이 27유로/MWh를 내는 데 비해, 미국기업은 평균 12유로/MWh밖에 내지 않는다.

배시 소장은 어쨌든 확신을 갖고 "우리는 미국기업의 르네상스를 경험하고 있다"라고 말한다. 프라이스 워터하우스 쿠퍼스^{Price} Waterhouse Coopers의 연구결과에 따르면, 프래킹 업자들 덕분에 미국에서 2040년까지 산업생산 부문에서 약 140만 개의 새로운 일자리가 생길 것이라고 한다.[46]

그렇다면 트럼프가 2020 대선에서 질 경우에는 무슨 일이 벌어질 것인가? 코퍼스크리스티의 사업가는 "이 시설들은 사용 연한이 30~40년 됩니다"라며 이렇게 덧붙인다.

"트럼프는 떠나도 프래킹 혁명은 계속될 것입니다."

8

석탄 없는 선진국, 독일?

미국이 전속력으로 미래의 화석연료로 회귀하는 사이,
독일은 에너지 부족에 직면할 것이다.
지금까지 에너지 혁명은 무엇보다
고귀한 주장과 정치적 약속을 기반으로 한 것이다.

'세계에서 가장 어리석은 에너지 정책'

여전히 채굴탑의 바퀴는 돌고, 여전히 운반 도구는 초속 12미터로 왕복운동을 하며 끊임없이 염수를 퍼낸다. "우리 광부들이 마구 뜯어냅니다." 작은 유리 건물에서 나온 수위가 담배를 물며 말한다. 광산에서는 각종 시설과 기계 · 기구를 갱도 밖으로 끌어올려 해체하는 것을 이렇게 말한다. 보트로프에 있는 프로스퍼하니엘 탄광에서는 바로 그것이 문제다. 광부들이 공식 입갱한 것은 2018년 9월 14일이 마지막이었다. 12월의 공식 폐광을 위해 장 클로드 융커 유럽연합 집행위원장과 슈타인마이어 독일연방 대통령이 왔다. 대통령은 보트로프에서 채굴된 마지막 탄광금Grubengold을 집어 들었다. 여기서는 석탄을 탄광금이라고 불렀다. 슈타인마이어는 행사 도중 독일 산업사의 한 부분이 끝났다고 말했다. "정치인들이 조용해야 했는데 우리를 궁지로 몰아넣었어요"라고 이름을 밝히기를 꺼리는 수위가 말했다. "결국 루르석탄주식회사에서 내 임금을 주겠죠." 그의 말인즉, 석탄을 포기한 것은 자발적이라는 것이다.

아직도 포트 일대에는 충분한 석탄이 매장돼 있다고 한다. 하지만 주정부와 연방정부는 2007년 더 이상 채굴에 보조금을 지급하는 데 수십억의 세금은 쓰지 않기로 했다. 국가의 지원이 없으면 독일 석탄은 세계시장에서 경쟁력이 없다. 여기에는 지질학적 이유가 있는데, 석탄층의 깊이가 1,000미터도 넘어 채굴에 기술적 난관이 따르기 때문이다. 게다가 산업안전과 환경 관련 규정도 독일의 석탄 생산비용을 비싸게 만드는 요인이다. 이제 석탄은 예외 없이 외국에서 들여온다.

그렇다고 탄광만 문제가 되는 것은 아니다. 탄광의 값비싼 고객이라고 할 석탄화력발전소도 이제 곧 사용을 중단해야 한다. 2018년 봄 이후 출범한 대연정의 새 내각은 이러한 에너지 혁명 실현에 책임을 지고 다음 단계의 불을 지폈다. 무슨 장고를 얼마나 하는지 속도는 한없이 더디기만 했는데, 수 개월간 환경단체와 논란을 벌인 끝에 각 진영은 힘겹게 합의안에 도달했다. 2038년까지 석탄화력발전을 종결하는 것으로. 어떻게 보면 시간이 꽤 남은 것 같지만, 에너지 혁명이 지금까지의 속도로 진행된다면 기한을 지키지 못할 것이고 전력 공급도 완전히 보장하지 못할 것이다. 페터 알트마이어 연방 경제부 장관은 사전에 "공급사와 기업, 소비자의 네트워크에 지나친 부담을 주어서는 안 된다"라고 경고했다. 찬성진영이나 반대진영은 저마다 재생에너지의 완전한 전환 가능성을 주장하거나 석탄화력발전소의 중단을 위험한 실험으로 설명한 연구물들을 지적했다. 다만 한 가지는 확실했다. 석탄의 사용 중단은 비싼 대가를 치른다는 것이다. 독일의 납세자들은 노르트라인베스트팔렌·작센·작센안할트·브란덴부르크에 산재한 탄전의 구조전환을 위한 연방보조금만 최소 400억 유로를 지급해야 한다. 또 광산업과 광부들의 생활비와 적응비용으로 320억 유로가 추가된다. 특히 핵발전소에 보상해야 한다. 그곳은 기술적이라기보다 정치적인 이유에서 버려지는 것이기 때문이다.

지금까지 어떤 나라도 핵에너지와 석탄으로부터 동시에 벗어나는 방대한 작업을 시도한 곳은 없다. '석탄이 없는 선진국이 과연 잘나갈 수 있을까?'라고 《FAZ》의 자매지인 《보헤Woche》는 우려를 제기했다.[1] 그러나 독일의 계획은 여기서 그치지 않는다. 혹은 적어도 의기양양하게 예고했다. 불과 한두 해 전까지 독일은 나머지 세계로부터 모범적인 기후정책을 펼치는 나라로 여겨졌다. 기회 있을 때마다 반복해서 강조한 사람은 메르켈 총리뿐이 아니었다. 세계자연보전기금World Wild Life Fund의 독일지부는 세계가 독일을 바라본다는 우려를 전하기도 했다.[2] 자연과학지 《내셔널지오그래픽》은 '앞으로 전력을 얻는 방법에서 독일은 모델이 될 것'이라며 독일 방식에 열광했다.[3] 베를린 정부는 2030년까지 이산화탄소 배출량을 1990년 수준에서 40퍼센트 감축할 것이라고 약속했다. 21세기 중반까지의 목표는 더 야심 차서, 이때가 되면 1990년을 원년으로 했을 때 80~95퍼센트까지 줄어든다는 것이다.

독일의 에너지 공급을 재생에너지로 전환해야 한다는 법은 결코 급진적인 환경운동가들의 결정이 아니었다. 이 법을 통과시킨 것은 2011년 기민/기사당과 자민당 연립정부였다. 많은 시민은 태양광과 풍력으로 돌아가는 독일을 믿고 싶었다. 물론 기업체 총수들은 회의적인 반응을 보였다. 라인베스트팔렌전기회사RWE의 전 회장인 위르겐 그로스만은 태양광 전기에 대한 독일의 기대를 비웃으며 그것은 "알래스카에서 파인애플을 찾는 격"이라고 했다. 그러나 버지니아에 지사를 세운 한 중소기업 사장처럼 다른 목소리를 내는 사람도 있었다. 이 라인란트 사람은 미국으로 회사를 확장했지만 완전히 자발적인 결정은 아니었다. 미국의 거대 소매체인인 월마트에 납품하는 공급사로서 사장은 계약조건에 따르는 수밖에 없었다. 그가 볼 때 미국은 별 매력이 없었다. 직원들의 교육수준도 열악했고 기반시설도 부족했다. 특히 기계를 사용하는 데 값싼 천연가스가 그를 만족시킨 적은 한 번도 없었다. 오히려 반대로 에너지 혁명을 이루면 독일제 제품은 비교도 안 되는 장점을 누린다는 것이다. 그는 "미국인들이 프래킹 공법으로 환경과 물을 망치는 동안 우리는 깨끗하고 저렴한 에너지를 계속 사용하게 될 것이다"라고 미국을 진단했다.

그동안 이런 계획은 베를린공항에서 드러났듯 무척이나 고통스러운 것이었다.《월스트리트저널》은 '세계에서 가장 어리석은 에너지 정책'이라고 비웃었다.[4] 세기적인 녹색 프로젝트가 좌절하면서 전국적으로는 위기감이 감돌았다. 독일은 예고한 온실가스 감축을 달성하지 못한 데다 혼란스러운 경제의 구조전환으로 경제와 사회의 기초가 훼손될 위험에까지 처했다. 국내 언론은 오랫동안 실패한 에너지 혁명에 따른 위험을 거의 주목하지 않았다. 물론 베를린의 새로운 조치나 자금지원 프로그램, 각종 규정에 대한 보도는 드문드문 있었다. 보도에 따르면 모든 것은 정해진 관료적 경로를 밟는 것처럼 보였다.

그런데 경제계와 과학계의 전문가들이 지적하는 문제점을 전하는 보도가 점점 더 빈번해졌다. 그러다 2019년 4월《슈피겔》지가 마침내 경보를 울렸다. '독일의 어둠-독일의 보통사람 때문에 실패하는 원대한 계획'이라는 2019년 4월 초의 제목은《슈피겔》을 읽지 않는 사람들에게까지 충격을 주었다. 표지는 부러진 날개가 매달린 풍차 그림으로 뒤덮여 있었다.[5]《슈피겔》의 기자들은 특히 컨설팅사인 매킨지의 평가를 인용했다.[6] 매킨지의 분석가들은 2012년부터 에너지 혁명의 실현과정을 추적해왔기 때문이다. 그들이 2019년 봄에 내린 냉정한 결론은 '독일은 여전히 제자리에 있다'라는 것이었다. 물론 이산화탄소 배출은 줄였지만 스스로 설정한 목표치에는 훨씬 못 미쳤다는 것이다. 독일은 '현재 연간 8억 5,400만 톤의 이산화탄소 환산톤(CO_2e)을 배출함으로써 연방정부가 설정한 2020년의 목표치보다 1억 톤을 초과했으며 2030년의 목표치를 기준으로 볼 때는 3억 톤 가까이 초과했다'라는 것이었다. 이산화탄소가 없는 독일이라는 방향으로 진행도를 측정하는 14개 지표 중 '현실적'인 평가를 받음으로써 목표를 달성한 것은 6개 지표에 불과했다.

　부정적 평가를 내린 것은 비단 매킨지의 컨설턴트들뿐만이 아니었다. 몇 달 먼저 시행한 연방 감사원의 판단은 훨씬 더 비관적이었다. 감사원의 보고서는 '인력과 예산을 대대적으로 투입했는데도 독일은 지금까지 에너지 혁명 실현이라는 목표에 제대로 접근하지 못했다'라고 평가했다.[7] 태만과 결함 항목을 기록한 목록은 40쪽이나 되었다. 여기에는 이 사업에 매달리는 공무원이 너무 많다는 지적이 보인다. 2013년부터 에너지 혁명정책을 지휘하는 경제에너지담당 연방 부처BMWi에만 4부 34과에 감독관들이 근무하며, 이 밖에 추가로 5개 연방 부처와 전국의 주정부가 함께 에너지 혁명사업에 관여하고 있다. 하지만 모든 부서에서 하는 일이란, 갈피를 못 잡고 어둠 속에서 팔을 휘젓는 식이었다. 보고서를 보면 '현재까지 전체를 책임지는 조짐은 보이지 않는다'라는 지적이 나오기 때문이다. 그리고 감사원에 따르면, 비록 BMWi에서 이행도를 측정하기 위해 서로 다른 48종의 자료 출처와 72개의 지표를 관리한다지만 '공급의 안전성'이라든가 '경제성'처럼 결정적 요인에 대한 양적인 측정기준이 없다. 감사원은 'BMWi가 에너지 혁명의 전체적 목표를 측정과 검증이 가능한 형태로 제시하지 못하는 한 효과적인 통제는 불가능하다'라고 결론을 내렸다. 담당 장관과 휘하 공무원들이 새로운 법을 충분히 적용할 수 있는 것은 분명하다. 26개 법안과 33개 규정이 감독관들에게 주어져 있기 때문이다. 보고서에 나오듯 그들은 '부분적으로 아주 세부적으로' 에너지의 생산과 저장, 수송, 분배, 소비를 규제한다. 지나치게 소심한 관료주의 탓에 에너지 혁명에 따르는 역동적 전개 과정에서 유연하게 대응하지 못한다는 지적도 있다. BMWi 관리자에 대한 평가는 낙제점이다. 또 감사원은 무엇이 시급한지 분명하게 알고 있다. '에너지 혁명을 사회적으로 수용하게 만들려면 BMWi가 반드시 그것의 경제적 효과를 분명하고 이해하기 쉽게 보여주어야 한다'라는 것이다. 소소한 비용을 말하는 것이 아니다. 2013년부터 5년간 1,600억 유로나 들어갔기 때문이다. 2018년 가을에 감사원장 카이 셸러는 한마디로 그 비용은 "이제까지의 성과에 비해 지나친 불균형"을 보여주었다고 말했다.

게다가 베를린은 운송 과정이나 건물, 농업부문에서 나오는 배출량의 연간 감축 목표를 놓고 EU의 협력국가들과 합의를 보았다. 어느 나라가 이산화탄소 허용치 이하를 기록하면 그 차이는 대변에 기록되고, 허용치를 초과하면 해당 정부는 추가로 배출 승인권을 구매해야 한다. 독일은 2015년까지 이후 수년간 적용할 수 있는 승인권의 대변을 유지할 수 있었다. 하지만 모든 조건을 전망할 때 앞으로 수년간은 배출 승인권을 구매해야 한다. 그 때문에 재무장관은

2022년까지 배출 승인권을 구매할 예산으로 이미 3억 유로를 비축해놓았다. 이런 제재가 언제 끝날지 현재로서는 알 수 없다. 에너지 혁명의 대전환을 이루지 않는 한, 독일 납세자들은 이런 식으로 수십억 유로를 날릴 수도 있다.

역풍을 맞다

　　　　물론 정부는 독일이 이미 전력 수요의 40퍼센트를 재생에너지원으로 생산한다는 점을 반복해서 지적하고 있다(미국에서는 18퍼센트다). 또 2030년까지는 이 몫이 3분의 2를 차지하게 된다는 것이다. 그러나 풍력과 태양광발전시설의 확장은 중단상태다. 2018년 태양광발전의 경우 2.3기가와트가 새로 추가되었다. 프라운호퍼 연구소에 따르면, 파리기후정상회의에서 메르켈 총리가 약속한 기후목표에 이르기 위해서는 2030년까지 매년 적어도 8.5기가와트씩 태양광에너지의 발전량을 늘려야 한다.[8]

하지만 독일에서 가장 중요한 생태 전기의 에너지원은 바람이다. 이미 세워진 풍차는 약 3만 기에 이르는데, 대부분은 니더작센주에 있다. 하지만 여기서도 발전은 정체된 상태다. 풍력에너지의 경우 2018년 약 3.8기가와트가 새로 생산되었다. 하지만 프라운호퍼 전문가들의 의견으로는 2030년까지 매년 그 3배는 새로운 시설에서 발전되어야 한다.

흔히 주민들의 반대로 실패하는 경우가 많다. 새 풍력발전 시설이

어렵사리 당국의 허가를 받는다고 해도, 거의 언제나 프로젝트에 반대하는 시민단체의 항의가 뒤따른다. 붉은 솔개가 원인일 때가 적지 않다. 이 위협적인 맹금은 반풍력 전기운동의 상징 동물처럼 되어버렸다. 자연보호연맹의 추산에 따르면 번식을 하는 1만 2,000~1만 8,000마리의 암수쌍이(전 세계 붉은 솔개 개체 수의 절반이 넘는 수) 독일에 둥지를 튼다. 어리석게도 붉은 솔개는 초원이나 휴한지를 사냥터로 선호한다. 공중에서도 들쥐·유럽 햄스터·두더지를 쉽게 알아볼 수 있어서다. 또한 나무가 없는 많은 풍차 주변도 풍차 날개에 너무 가까이만 가지 않는다면 붉은 솔개에는 이상적인 환경일 것이다. 자연보호가들은 해마다 풍력발전 시설 때문에 죽는 붉은 솔개가 많을 때는 1,000마리에 이른다고 추정한다. 다른 종의 경우에는 그 숫자가 훨씬 많다. BMWi의 연구에 따르면, 말똥가리의 경우 많을 때는 해마다 1만 2,000마리가 풍차 날개와 충돌해 죽는다. 그 때문에 슐레스비히홀슈타인에서는 개체 수가 급감할 위기에 놓였다.[9]

그래서 풍차는 '조류분쇄기'라는 불명예를 안게 되었다. 심지어 범행 현장 시나리오 작가조차 이 주제를 다룰 정도다. 이런 스토리에는 고발을 막으려는 파렴치한 풍력발전 관리자가 자연보호가들을 뇌물로 구슬리는 내용이 나오고는 한다. 작가는 그런 범죄소설이 현장조사를 바탕으로 했다고 주장한다. 무엇보다 풍차의 풍경을 싫어하는 사람도 있다. 풍차의 날개는 아주 높을 때는 240미터 높이까지 공중으로 솟구치기 때문이다. 자연보호가와 환경운동가 간의 갈등은 점점 심화된다.

또한 시민들은 '풍경의 아스파라거스 변신(풍력발전소가 풍경에 미치는 영향을 비판할 때 쓰는 경멸적인 문구-옮긴이)'에 반대했을 뿐만 아니라 북쪽의 풍력발전소에서 남쪽의 산업시설로 전력을 공급하는 송전선에 대한 반감도 심했다. 2019년 2월 《빌트》지의 지역판은 총 길이 700킬로미터에 달하는 남부연결라인 중 59킬로미터가 주 경내를 통과한다는 사실이 알려지고 난 뒤 '전력 슈퍼라인이 동부 헤센을 지나다'라는 제목의 기사를 실었다. 해당 지역에서는 이 사업 전반을 "받아들일 수 없다"며 거부했다. "자연보존의 측면에서도 안 됩니다." 여기서 지방 간 송전선을 연결하는 처음의 아이디어를 설계한 사람들은 물러났고, 대신 송전선은 터널구조의 매설방식으로 바꾸기로 했다. 하지만 이것은 소모적일 뿐만 아니라 비용이 몇 배나 더 비싸게 들어간다. 연방 통신청의 계산에 따르면 새로운 송전선을 7,700킬로미터나 설치해야 한다. 이 중 2018년 말까지 허가가 난 것은 약 1,800킬로미터고, 현재 건설 중인 것이 950킬로미터다. 한때 에너지 혁명은 주민들의 폭넓은 지지를 받고 추진되었지만 부담이 뚜렷하게 노출된 지금 이런 목소리는 들리지 않는다.

에너지 혁명의 발단

이런 현상은 무엇보다 에너지 혁명에 대한 목소리가 나온 배경 때문이다. 즉, 에너지 혁명은 실질적으로 시민 다수가 생태계의 변화를 촉구한 데서 연유했다기보다 원자력을 반대할 수밖에 없도록 만든 한 사건에서 비롯되었다. 현지시각 14시 46분에 일본의 태평양 해안에서 지진이 발생했다. 진동이 너무 강해 지축이 10 센티미터나 뒤틀렸고 파도 높이가 최대 40미터에 이르는 쓰나미가 몰려와 내륙으로 10킬로미터까지, 거의 모든 것이 완전히 파괴되었다. 또 쓰나미는 핵발전소도 덮쳤다. 그리고 3개의 원자로에서 노심 용융이 발생하는 대참사로 이어졌다. 독일에서는 그에 따른 정치적 파도가 몰아쳐 국내의 핵에너지에 대한 모든 지원이 끊겼다. 채 4개월도 지나지 않아 메르켈 내각은 독일의 원자로 8기를 즉시 폐쇄하기로 결정했다. 2011년 6월 30일, 연방의회는 압도적 다수로 핵에너지의 완전한 중단을 위한 절차를 밟기 시작했다.

독일연방공화국 역사에서 광범위한 영향을 주는 그런 결정이 그토록 자주 개정되고 다시 실시된 경우는 드물다. 이미 2000년에도 게르하르트 슈뢰더와 요슈카 피셔의 적록연정에서 핵 폐기를 결정한 전례가 있으니 말이다. 그때도 전력 생산의 빈틈을 재생에너지가 메우도록 했다. 전력 생산을 촉진하기 위해 재생에너지법이 반포되기도 했다. 녹색 전기를 생산하는 사람은 누구나 그에 따르는 보상을 따로 받았다. 인상된 전기요금을 통해 킬로와트시 단위로 특별수당이 지급되었다. 태양광발전은 각 주택 소유주에게 저리의 융자를 해주는 '10만 지붕 프로그램'으로 특히 강력하게 장려되었다. 이런 장려책으로 말미암아 태양에너지에 그다지 관심이 없던 독일에서 세계적으로 부러워하는 태양광 열풍이 불었다. 그러나 기민/기사 연립정부가 2009년부터 자민련과 연정하자 무엇보다 공급과 전력요금을 둘러싼 기업의 압력으로 핵 폐기안의 폐기가 결정되었다.

에너지 혁명의 뿌리는 1970년대로 거슬러 올라간다. 정확히 말하면 당시의 오일쇼크가 기원이다. 독일은 미국과 마찬가지로 수입에 의존하는 에너지 문제가 얼마나 취약한 구조인지를 깨달았다. 캘리포니아의 연구자들과 발명가들은 태양전지판과 풍차로 실험을 시작했다. 독일의 기사들로부터 나온 아이디어였다. 1979년 미국 펜실베이니아주 해리스버그의 원자로에서 발생한 사고는 독일에서도 핵에너지의 안전성에 대한 강력한 논란을 촉발했다. 반대진영에서는 모임을 규합하기 시작했고, 그렇게 해서 화석연료의 대안을 모색하는 운동이 일어났다. 하지만 결정적으로 환경보호를 광범위한 정치·사회적 의제로 만든 것은 숲의 고사枯死였다. 녹색당이 활기를 띤 것도 그 덕분이었다. 주 의회에 등장하기 시작한 녹색당은 마침내 1983년 연방의회에도 진출하게 되었다. 그 몇 해 전에 설립된 프라이부르크 생태연구소는 대안운동에 개념적인 기초를 제공했다고 하는 연구서를 발간했다.《원유와 우라늄이 없는 성장과 복지》라는 제목이었다. 책에서 공동저자들이 강조한 것은 대안의 에너지원뿐만 아니라 무엇보다 에너지 절약이었다. 원자력과 석유 대신 국내의 석탄을 소비해 에너지 사용을 줄여야 한다는 것이었다. 당시는 석탄이 기후파괴의 주범이라는 불명예를 안기 전이었기 때문이다.

그리고 바로 이 같은 '원자력 추방, 석탄 도입'이라는 기본 발상에 이어 2011년 에너지 혁명이라는 대전환의 물결이 빠르게 사회로 번져나갔다. 하지만 미국의 기후학자 제임스 한센 James Hansen 이 볼 때 베를린의 핵 폐기는 중대한 실수였다. 한센은 이미 1988년 미국 상원에 나가 1세대 과학자로서 다가오는 기후변화를 소리 높여 분명하게 경고한 인물이다. 그는 2011년《차이트》지와 인터뷰에서 다음과 같이 말했다. "감정적이고 불합리한 결정입니다. 동기가 후쿠시마원전 사고에 대한 반응에서 비롯되었다는 것만 봐도 그렇습니다. 최근의 원자력발전소는 전기 없이 작동하는 냉각시스템을 사용합니다. 핵에너지를 둘러싼 논란은 항공여행에 비유할 수 있습니다. 항공기 사고가 나면 언론에 대서특필됩니다. 여기서 역설적으로 비행기가 가장 안전한 교통수단이라는 것이 입증되는 거예요."[10] 한센이 우려한 대로, 독일은 전력 생산의 빈틈을 메우기 위해 석탄 소비를 늘리기 시작했다. 석탄뿐만 아니라 유난히 공해가 심한 국내의 갈탄까지 연료로 사용했다. 이것이 독일이 이산화탄소 배출목표를 달성하지 못하는 이유의 하나다.

가장 두려운 것은 암흑무풍의 기상상태다. 마치 그림동화에서나 나올 법한 이 표현은 햇빛도 비추지 않고 바람도 불지 않는 날씨를 가리킨다. 가령 오래도록 바깥 날씨가 춥고 흐렸던 2017년 2월 같은 날씨를 말한다. 아직은 그것이 별문제를 일으키지는 않았다. 햇빛이 없다고 곤란을 겪는 가정은 없었으며, 다임러나 폭스바겐 같은 자동차공장에서 로봇팔이 작동을 멈추지도 않았다. 아직은 독일 전력생산 시스템에 충분한 석탄화력발전소와 원자로가 있기 때문이다. 하지만 에너지 혁명이 일어나는 미래에는 그런 날들에 빈틈이 생겨위험에 직면할 수 있다. 이때는 다른 발전소, 예컨대 가스터빈 같은 것을 돌려야 할 것이다. 그러나 가스발전을 늘리는 것이 화석연료로부터의 완전한 탈출이라는 목표를 무색하게 한다는 사실은 차치하더라도, 계획에 잡힌 64기의 새 가스발전소 중에서 건설 중인 곳은 겨우 10기뿐이라는 것이 문제다.

충분한 에너지를 저장할 방법은 이 시대에도 가능성을 모색할 수 있을 것이다. 열 저장을 위한 지역의 미미한 시범사업을 제외하면 이 방향으로 쏠리는 노력은 아직 많지 않다. 에너지 혁명의 대표주자와 관련한 아이디어는 녹색 공상과학영화의 시나리오 같은 느낌을 준다. 예를 들어 전기자동차의 배터리는 예비용량으로 사용될 수도 있을 것이다. 다만 배터리가 어떻게 보강기능을 할 것인지가 문제다. 민간경제연구소에 따르면, 독일은 그 때문에 앞으로 전력 부족 사태가 발생할 때 외국에 의존하게 될 것이라고 한다. 폴란드와 체코의 석탄화력발전소 혹은 원자로에서 생산되는 전기에 의존한다는 것이다.

지금까지 벌어진 논란은 뜨거운 쟁점이라고 할 에너지 혁명을 둘러싼 것이었고, 대부분 전력 공급과 관련된 것이었다. 하지만 그것은 문제의 일부에 지나지 않는다. 공급 기술적 측면에서 독일을 기후친화적 방향으로 나가게 하려면 건축이나 교통 분야도 포함되어야 하기 때문이다. 그러나 이쪽 분야는 녹색전기보다 전망이 어둡다.[11] 독일에서 전체 가정의 4분의 1은 여전히 석유로 난방을 한다. 그리고 기후 기술적인 측면에서 더욱 우려되는 것은 독일연방난방협회의 통계에서 보듯 새 설비에서도 여전히 석유버너가 9퍼센트를 차지한다는 것이다. 2018년 판매된 히터의 3분의 2는 가스버너였다. 물론 석유버너보다 훨씬 더 환경친화적이기는 하지만 이산화탄소를 배출하는 것은 마찬가지다. 몇 년 전부터 석유에 대한 지속적 대안으로 선전되는 바이오매스보일러는 목재나 나뭇조각, 목재 부스러기로 연소되는데 시장점유율이 7퍼센트 줄었다. 최대의 침체를 보인 것은 태양광시설로 수요가 12퍼센트나 떨어졌다.[12]

녹색 싱크탱크 아고라에 따르면, 독일은 기후변화 억제 목표에 도달하기 위해 2030년까지 2,000만 개의 난방 시스템에 1,600만 개의 열펌프를 설치해야 한다. 하지만 지금까지 설치된 것은 88만 개에 지나지 않는다. 난방협회조차 목표 달성에 비관적이다. 언론 보도에 따르면, 현재의 여건을 감안할 때 앞으로 30년 동안 400만 개도 설치하기 힘들 것이라고 열펌프업계는 본다. 문제는 또 있다.

열펌프는 물론 아주 효율적인 난방기술에 속한다. 필요 에너지의 최대 80퍼센트까지 주변 환경에서 끌어다 쓰기 때문이다. 펌프 종류에 따라 땅·지하수·공기로부터 끌어온다. 하지만 비용이 안 드는 열 자원의 온도를 필요한 수준으로 높이기 위해서는 펌프의 구동 에너지, 즉 전기가 필요하다. 열펌프는 재생자원에서 나올 때만 실제로 친환경이라고 할 수 있다.[13] 다시 말해 생태 전기에 대한 기존의 수요 외에 난방시스템에 대한 추가수요가 따른다는 것이다.

아무튼, 그럴수록 전체 수요의 40퍼센트를 차지하는 건물의 에너지 수요를 낮추는 것이 더 중요하다. 하지만 이 과제를 수행하더라도 필수적인 기후최적화는 설정된 목표에 미치지 못한다. 이와 관련해 연방정부는 오래전에 유럽연합의 인접국들과 적절한 계획을 추진하기로 합의했다. 합의 내용에 따르면, 모든 건물은 2050년까지 최소한의 에너지를 사용하는 건물이어야 하고, 건물에 사용할 에너지도 이산화탄소와 무관한 것을 공급해야 한다. 하지만 독일에너지청이나 독일산업협회[BDI], 그 밖의 여러 연구소의 조사에 따르면, 독일에 있는 기존 건물의 4분의 3은 거의 혹은 전혀 개조되지 않은 상태다. 더 걱정스러운 것은 주택 소유주들의 "지구의 기후는 개선되어야 한다"는 의식을 바탕으로 한 개조 의지가 갈수록 약화된다는 것이다. 2015년 1.5퍼센트를 보인 주택 개조율은 그 사이에 1퍼센트로 감소되었다. 이런 속도라면 이번 세기 중엽까지 EU의 요구를 충족하는 건물은 전체의 절반을 조금 넘기는 정도밖에 안 될 것이다.

에너지 혁명의 성공을 좌우할 몇몇 중요한 기술은 부분적으로 아직 연구가 미진하거나 전혀 발명되지 않은 상태다. 무엇보다 바이오 연료를 얻을 수 있는 수소에 큰 기대를 걸고 있다. 이 말은 파이프라인 같은 기존의 기반시설을 계속 이용한다는 의미다. 기술적으로 그런 방식이 무르익기는 했지만, 그 과정에 요구되는 전력 수요가 너무 많아 수익성이 없다. 어쩌면 유기적 생물량에서 녹색 휘발유를 생산하는 미생물이 대안이 될지도 모른다. 그러나 훨씬 더 중요한 것은 저장수단이다. 바람이나 태양광을 이용한 전력 생산은 들쑥날쑥하므로 소비자는 또한 더 유연해져야 한다. 가령 전기자동차나 열펌프에는 그런 변동상황을 감당할 수 있는 저장장치가 있다. 재료연구가들은 저공해 시멘트를 연구하고, 관련 전문가들은 인공지능을 통한 효율성 증대 방법을 모색 중이다. 독일의 에너지 혁명은 세계 최대의 실험실이라고 할 만하며[14] 그것은 이제 시작에 불과하다. 이동성과 주거, 산업생산에서부터 농업에 이르기까지 −전문용어로 부문간 결합이라 부르는− 다양한 분야가 녹색경제로 상호 조직되는 제2단계에 진입하면, 독일은 제2차 세계대전의 폐허에서 회복한 이후 최대의 도전에 직면할 것이다. 그리고 그때 가서도 독일인이 가장 좋아하는 것은 자동차일 것이다.

개혁의 정체

　　　이제 대부분의 독일인은 환경과 자동차 관련 문제가 불거질 때마다 디젤 차량 운행금지 같은 해묵은 논쟁을 떠올린다. 디젤 차량을 법적으로 허용할 것인지, 부적절한 장소에서 측정한 것은 아닌지, 그런 금지조치가 사회적으로 부당한 것은 아닌지 등을 둘러싸고 논란이 벌어진다. 폐기가스가 얼마나 위험한지를 놓고서는 한 번도 의견이 일치된 적이 없다. 107명의 호흡기 전문의가 허용한계치에 대한 의문을 표하며 너무 높게 잡았다고 하자 《빌트》지는 즉시 '미세먼지 히스테리에 대한 의사들의 반란'이라는 제목으로 이 소식을 보도했다. 하지만 전문가들이 안전하다고 한 것은 조금 성급했다. 《타게스차이퉁 taz》이 확인한 것처럼 한계치를 비판한 사람들의 계산이 잘못되었다. 'RTL' 텔레비전에서 '타게스샤우' 뉴스에 이르기까지, 또 《FAZ》에서 《빌트》에 이르기까지, 오락가락하는 보도가 수 주 동안 언론을 지배했다.

　그와 달리 내연기관이 장착된 자동차의 미래는, 정확히 말해 내연기관이 없는 미래는 별로 논란의 대상이 아니었다. 인간으로 인한 기후변화에 교통이 책임져야 할 몫은 아주 크다. 교통 분야의 이산화탄소 배출을 2030년이라는 시한까지 1990년 대비 42퍼센트 감축하도록 한 것은 그 때문이다. 그런데 오히려 기준연도에 비해 배출량이 늘어난 실정이다.

이 문제를 해결하기 위해 연방정부는 숱한 민감한 문제에 대처할 때처럼 위원회부터 설치했다. 그러나 이 국립이동성미래플랫폼 Nationale Plattform Zukunft der Mobilität이 연구결과를 제시하자 큰 반발이 일었다. 여기서 나온 아이디어 중 하나는 연방 전체에 시속 130킬로미터로 속도제한 제도를 도입한다는 것이었다. 교통부 장관 안드레아스 쇼이어는 이것을 "모든 상식에 반하는" 조치라고 표현했다. 담당 장관으로서 그는 이동의 미래가 제한에 있는 것이 아니라는 의견이었다. 정부 대변인 슈테펜 자이베르트가 기자회견에서 보편적인 속도제한은 계획에 없다고 발표하고 나서야 논란은 멎었다. 녹색당 소속 정치인 젬 외즈데미르는 독일의 자동차 운전자와 속도제한은 미국인과 그들의 총기 소지 권리와 비슷하다면서 그 제안을 즉시 철회해야 한다고 말했다.

아무튼 시속 130킬로미터는 큰 도움이 되지 못할 것이다. 사실 이동 문제도 완전히 바뀌어야 한다. 그러기 위해서는 전기자동차가 더 많아야 하지만 독일의 도로를 달리는 6,400만 대의 승인 차량 중 전기자동차는 겨우 8만 3,000대밖에 안 된다.[15] 연방정부의 당초 목표는 2020년까지 100만 대로 늘리는 것인데, 지금으로서는 이상에 지나지 않는다. 이뿐만이 아니다. 화물 수송도 마찬가지로 전기 구동으로 전환해야 한다. 하지만 대안이 마땅치 않다. 수십억을 투자한 철도는 화물의 18퍼센트, 승객의 10퍼센트를 담당하는 데 그쳤다.

자동차제조업의 황혼

한층 더 심각한 것은, 독일 산업이 이동혁명이라는 새로운 흐름에 너무 늦게 진입했다는 것이다. 자동차는 그 어느 때보다 독일경제의 엔진이라고 할 수 있다. 벤츠와 다임러, 디젤의 발명 이후 약 150년이 지났으며 독일제 자동차가 세계시장을 지배한 지도 족히 수십 년은 넘었다. 이제 새로운 도약이 절실한 마당에 혁신을 이루지 못하면 지금까지의 지위를 유지하지 못할 것처럼 보인다. 다임러나 VW의 경영진은 전기자동차를 진지하게 취급하지 않았다. 그들은 화려한 국제 자동차쇼에서 최근까지 전기 모델을 부끄러워하며 가솔린 모델이나 디젤 모델 뒤에 세워두었다. 사실 지붕이나 배터리가 쇼핑카트와 비슷한 이런 차량은 별로 자랑할 것은 못 되었다. 이런 모델은 고객의 시선을 끌려는 의도보다 우선 배기가스 제한규정을 맞추는 데 목표를 둔 것이다. 갈수록 엄격해지는 유럽연합의 배기가스 제한은 제작사의 총 모델 수와 관계가 있다. 배기가스가 없는 소형차를 개발한 것은 그러므로 무엇보다 고高마력의 모델에 대한 상쇄 효과를 일으키기 위해서다.

전기자동차기업인 테슬라Tesla는 전혀 다르다. CEO인 엘론 머스크 Elon Musk는 친환경 자동차애호가가 주저하지 않고 배터리 가속페달을 밟아도 되는 녹색 고급차에서 가능성을 발견했기 때문이다. 슈투트가르트와 볼프스부르크에서는 인터넷 결제 서비스 페이팔에 투자하고 자동차 제조에 대해서는 문외한인 이 이상한 미국인을 비웃었다. 하지만 적극적인 구매자들은 캘리포니아의 조립라인에 올라가

기도 전에 이 차를 주문하기 위해 미국의 테슬라 대리점 앞에 장사진을 이루는 실정이다.

독일의 자동차기업 대표들에게는 내연기관의 종말보다 기후변화와 관련한 엄격한 자동차 규제가 여전히 최대의 위협으로 보인다. VW의 CEO인 헤르베르트 디스는 2018년 EU의 새로운 요구와 관련해《쥐트도이체차이퉁Suddeutsche Zeitung》과 인터뷰하며 "속도변화와 그에 따른 영향을 감당하기가 쉽지 않다"라고 어려움을 털어놓았다. 엄격한 배출규제로 최대 10만 개까지 일자리가 사라질 수 있다는 것이다. 그는 인터뷰를 하며 "사람들이 생각하는 것보다 산업이 더 빨리 무너질 수 있습니다"라고 경고했다.[16] 아마 그의 말이 맞을 것이다.

그것은 잔인한 붕괴가 될 것이다. 전 세계 자동차 개발의 3분의 1은 독일에서 이루어진다. 약 800개의 개발 공급사가 국내업체다. 자동차 부문은 독일 수출의 약 5분의 1을 차지한다. 독일의 번영이 얼마나 자동차와 밀접한 관계가 있는지는 〈독일경제는 신들의 황혼을 맞이했는가?〉라는 제목이 달린 액센츄어Accenture의 분석이 보여준다. 이 컨설팅사는 50대 독일기업의 2007년 매출을 2017년의 것과 비교했다. 그 결과, 전체적인 매출 증가의 대부분(60퍼센트)은 자동차산업에서 나왔다는 것이 드러났다(3,252억 유로).[17] 금속노조와 프라운호퍼 연구소의 조사에 따르면, 전기자동차의 등장으로 2030년까지 수많은 일자리가 사라질 수 있다는 것이다. "그 이후 독일에서는 전동화와 생산성의 균형을 통해(개발 가능하다는 전제하에) 동력기술 부문에 약 7만 5,000개의 일자리가 사라질 것이다. 그것도 배터리나 전력전자 부문에서 약 2만 5,000개의 새 일자리가 생기는 것을 감안한 수치다."[18]

독일기업들이 훌륭하게 정복한 기술들은 단순히 과거의 것이 될 것이다. 그런 다음에는 소프트웨어와 배터리의 수요가 생길 것이며, 이때 공급을 주도하는 나라는 독일이 아니라 미국과 중국이 될 것이다. 《파이낸셜타임스》는 '독일은 자동차의 아이폰-모먼트iPhone-Moment에서 살아남을 수 있을 것인가?'와 같은 무례한 의문을 제기할 정도다.

2007년 아이폰이 출시될 때 폭발적 반응을 보인 것은 그것이 더 우수한 전화기라서, 더 뛰어난 카메라나 조율이 잘된 MP3 플레이어가 장착되어서도 아니라고 《파이낸셜타임스》는 주장했다.[19] 또한 터치스크린이나 폭넓은 사용자 인터페이스, 앱 때문도 아니라고 했다. 그 모든 것이 한 제품 안에 들어 있었기 때문이라는 것이다. 그렇게 다양한 신기술이 하나의 신제품 안에 모인 순간이(아이폰 모먼트) 지금까지 자동차 부문에서는 없었다. 그 같은 성능의 차량을 누가 제작할 것인지는 여전히 불확실하다는 것이다. 그렇게 해놓고는 결정타를 날린다. '하지만 시장에서는 독일인이 그 주인공이 되지는 않을 것이라고 확신한다.'

대신 베이징으로 눈을 돌리면, 미래 이동성의 주인공이 누구인지가 확실해진다.

9

중국의 친환경 야심

지금껏 그 어떤 나라도
이토록 재생에너지원 개발을 노력한 적이 없다.
중국의 친환경 노력이
기후 보호를 외쳐온 서구 민주주의 정부들에
모범 역할을 하는 것도 놀랄 일은 아니다.

기술적인 추월 차로에서

순더順德 신에너지차량도시는 야심 찬 계획이다. 지금까지 녹색의 초원 위로 몇몇 마천루가 보이던 남중국의 이 인공도시는 미국 자동차산업의 전통적인 중심지인 디트로이트처럼 되려고 한다. 대신 전기자동차라는 차이가 있다. 자동차 제작뿐만 아니라 디자인과 개발이 여기서 이루어진다. 다만 아직 본격적인 개발이 시작되지는 않았다. 현재 극심한 경쟁이 벌어지고 있으며, 중국에서 적어도 20개 전기자동차 생산지가 순더와 마찬가지로 새 산업의 중심지가 되려고 한다.[1] 이런 노력은 베이징 정부의 지원을 받는다. 전력을 이용한 이동기능은 중국이 앞으로 지배하려는 기술이다. '메이드인 차이나 2025'라는 공세적 구호 아래 지난 수년간 제작사와 개발사, 각 지방정부로 흘러간 보조금은 600억 달러에 이른다.

시 주석 정부는 당근과 채찍의 원칙에 따라 전기 차량에 도움이 되는 새 규정을 추가로 도입했다. 내연기관 차량을 대상으로 갈수록 엄격해지는 폐기가스 규정 외에도 중국의 자동차 구매자들은 전통 모델을 원할 경우 최대 1년까지 번호판과 승인을 기다려야 한다. 전기자동차의 경우 번호판은 차량과 함께 교부된다. 이러한 국가적 후원은 국내에 전기자동차 제작사가 무려 500곳이나 생기는 결과로 이어졌다. 하지만 아무리 낙관적으로 본다고 해도 대부분은 경쟁에서 낙오할 것이다. '적자생존'이라는 구호가 그것을 말해준다.[2] 전기자동차의 잠재력은 엄청나다. 무엇보다 중국에서는 이제 세계적으로 가장 많은 자동차가 팔리기 때문이다. 2018년, 미국에서 1,700

만 대가 팔린 데 비해 중국에서는 2,300만 대가 팔렸다.[3] 특히 중국에서는 나머지 세계 전체보다 더 많은 전기자동차가 팔렸다. 그리고 거의 포화상태에 이른 서구와 달리, 아직도 자동차가 없는 중국인은 아주 많다.[4] 내연기관이 달린 중국산 자동차가 서구의 기존 브랜드를 따라갈 수 없는 것과는 다르게 전기 구동 기술에서는 상황이 다른 것으로 보인다. 게다가 분석가들은 2021년까지 중국 전기자동차의 비율이 70퍼센트에 이를 것으로 진단한다. 그리고 야노Yano경제연구소 시장전문가들의 분석에 따르면, 이뿐만 아니라 중국은 양극·음극·분리막·전해질 등 배터리 필수 부품의 공급망까지 지배한다.[5]

중국의 제조업체 전체가 독자적으로 뭔가를 주장할 수 있게 된 것이 처음은 아닐 것이다. 단적인 예가 바로 태양광전지다. 아이러니컬한 것은 독일의 세금 때문에 중국인들이 태양광에 관심을 갖게 되었다는 것이다. 90년대 말 독일과 유럽의 제작사들은 '10만 지붕 개발 프로그램'을 통해 촉발된 태양광 및 태양전지판의 수요를 감당할 수 없었다. 중국의 제작사들은 수출품 생산에 주력하기 시작했다. 뒤이어 스페인과 이탈리아도 자체적으로 태양광 개발 프로그램에 착수했다. 필요한 노하우는 특히 미국에서 찾았다. 보수적 싱크탱크인 워싱턴 피터슨연구소의 무역전문가 메리 러블리의 설명에 따르면, 2000년대 초반 베이징 정부는 외국에 나가 있는 젊은 중국인 과학자들을 귀국하도록 유도했다.[6] 귀국하는 젊은 과학자들에게는 재정적 후원뿐 아니라 실험실 같은 연구자원을 제공했다. 이렇게 해서 불과 몇 년 사이에 태양광기술 관련 시장을 개척하는 중국의 신흥기업들이 등장했다.

2001년 태양광전지 시장에서 1퍼센트에 그쳤던 중국의 점유율은 2012년에는 시장의 65퍼센트까지 지배하게 되었다. 오바마 대통령은 2012년 미국 제작사들을 보호하기 위해 태양광전지에 고율의 관세를 부과했지만 늦었을 뿐만 아니라 이것은 중국의 대응조치를 불렀다. 중국이 태양광전지에 중요한 원자재인 폴리실리콘에 수입관세를 부가한 것이다. 이 결과 미국의 폴리실리콘 제작사들은 중국의 태양광전지 시장을 잃었다. 동시에 미국 원자재 공급사들의 수도 대폭 줄었다. 그와 더불어 더 많은 일자리가 사라졌다.

미국인들은 한때 기술을 개발했고 수십 년간 그 분야를 지배했다. 그런데 중국의 신흥기업들이 2008년부터 2013년 사이에 태양전지판의 세계시장 가격을 80퍼센트나 떨어뜨렸다.[7] 그런 다음 그들은 값싼 전지판을 시장에 마구 쏟아냈다.

그 결과 독일기업도 전망이 어두워졌다. 독일기업의 불황은 중국기업의 활황과 동시에 진행되었다. 솔라하이브리드나 솔라밀레니엄, 솔론, 피닉스솔라, 큐셀즈 같은 이름은 이제 좌절을 맛본 옛날의 직원이나 투자자들만 알 뿐이다. 세계 최대의 태양광기업 중 하나로 업계의 유명 스타 프랑크 아스베크가 이끌던 솔라월드주식회사 정도만 대중의 기억에 간직되어 있다. 그것도 아스베크가 경영하던 기업이 두 번씩이나 도산했기 때문일 것이다.[8] 유난히 가슴 아픈 것은 태양광산업이 대부분 동부 독일에 몰려 있었다는 점이다. 독일 정치인들이 좀 더 지원해주었다면 "프랑크푸르트/오데르나 비터펠트 · 프라이베르크 등 동부 독일의 갈탄 산지에서 일찍이 꽃핀 태양광공장이 역사의 뒤안길로 사라지는 대신, 필연적으로 갈탄 경제가 퇴조하는 상황에서 정확히 누구나 원했던 구조전환의 토대가 되었을 것"이라고 녹색당 정치인 한스 요제프 펠은 블로그에서 한탄했다. 석탄이 사라지면, 이제는 수억 유로를 세금에서 조달하는 수밖에 없다. 중국 태양광산업의 승리는 좋은 점도 있긴 한데, 대대적인 수용력 확장 때문에 비교적 단기간에 태양광전지 값이 저렴해졌다는 것이다.

그 사이에 중국은 풍력발전에서도 주도적 역할을 하고 있다.[9] 세계 다른 지역의 터빈 제작사들이 끊임없이 입지를 다져야 하는 상황에서, 중국에서는 다수의 공급사가 여전히 경쟁을 벌이는 실정이다. 향후 10년 동안 해안의 풍력발전소 한 곳에서만 40기가와트의 설비가 들어설 예정인데 이것은 유럽 전체의 해안 풍력발전량보다 불과 11기가와트가 적을 뿐이다. 물론 중국산 터빈은 아직 서구와 경쟁을 벌일 만큼 효율적이지 못하다. 하지만 중국은 국내시장이 거대하므로 수출하지 않고도 중국의 공급사가 세계시장을 주도할 것이다. 에너지 시장 분석사인 우드 매킨지 파워&리뉴어블에 따르면, 2019년 1분기에 세계 최대 계약을 따낸 기업 10군데 중 5군데는 중국기업이라고 한다.

그 배후에는 국내의 환경오염에 반대하는 목소리 때문에 정부가 받는 압력이 있다. 동시에 그 때문에 중산층으로 상승하는 중국인들이 갈수록 늘어나고 있다. 삶의 질에 대한 이들의 요구가 점점 높아짐에 따라 에너지 수요도 계속 늘어났다. 중앙정부가 볼 때, 재생에너지원만으로는 그 수요를 충족하기 어렵다.

중국의 타르

　　　　중국의 시진핑 주석은 경제적·군사적 초강대국으로 부상하기 위해 과거의 오바마 대통령과 비슷한 접근방식을 추구한다. 그의 에너지 정책은 '이제까지 나온 모든 것'이라는 좌우명이 말해준다. 에너지는 활용 가능한 모든 자원에서 뽑아내야 한다는 것이다. 그의 의제에서는 화석연료도 빠지지 않는다. 하지만 오바마와 달리 시 주석은 석탄을 절대 포기하지 않는다. 중국은 에너지 수요의 50~70퍼센트를 석탄으로 감당하는 것으로 평가된다. 분명한 것은 수송의 전동화가 늘어남으로써(수백만 대의 전기자동차) 전기 수요가 다시 올라갈 것이라는 점이다. 2019년 3월 가장 영향력이 큰 전력 생산업체 연맹인 중국전기협회가 정부의 5개년 계획에 대한 답변서에서 새 석탄화력발전소 수백 기의 건설을 요구했다는 사실이 알려졌다. 그 요구대로라면 앞으로 12년 동안, 2주마다 새 석탄화력 발전소가 하나씩 생길 것이다.

　　중국은 단순히 최대 자동차 시장일 뿐만 아니라 그사이에 최대의 석유수입국이 되기도 했다. 이 아시아의 대국은 매일 1,000만 배럴이 넘는 원유를 사들인다. 중국의 최대 공급국은 사우디아라비아다. 미국으로 가는 사우디아라비아의 석유가 지난 40년 동안에 전례를 찾을 수 없을 만큼 줄어든 사이, 리야드 정부는 조용하고 은밀하게 유조선의 방향을 극동으로 틀었다.[10] 지금까지 베이징 정부는 중동의 혼란한 정세에 관여하지 않았다. 트럼프도 수출국들이 석유를 생산하고 수입국에 저렴한 유가를 유지하도록 언제나 실용적 측면에서 OPEC를 상대했다. 가령 미국은 여전히 호르무즈해협을 통한 안전한 수송을 보장하고 있다. 중국이 베네수엘라에 총 600억 달러를 빌려주면서 추가로 유정을 확보하기 위해 공을 들인 작전은 큰 성공을 거두지는 못했다. 그곳에서 석유생산 구조가 무너진다면 아마 베이징 정부는 쓰라린 대가를 치러야 할 것이다.

이런 상황에서 원유 수송을 위한 새로운 길이 열리고 있다. 지구온난화가 진행되면서 북극의 빠른 기온 상승으로 지금까지 얼음이 차단했던 항로가 열린 것이다. 여름이면 중국 화물선들은 얼음덩이 사이로 곡예를 하듯 항해한다. 중국은 차가운 북반구에서 야심 찬 계획을 세웠다.[11] 두 번째 쇄빙선(Xuelong 2)이 2018년 9월 상하이에서 진수되었다. 이것은 중국이 자체로 건조한 최초의 쇄빙선으로, 이로써 중국은 두 척의 쇄빙선을 보유하게 되었다. 베이징 정부는 또 새 항로에 대한 명칭을 '극지 실크로드'라고 지었다.

이것으로 만족하지 못한 중국인들은 북극해의 해저에서 가스를 시굴하기 시작했다. 중국은 좀 더 깨끗한 화석연료에 대한 관심이 지대하다. 중국국영석유에서만 쓰촨분지의 천연가스 프래킹에 40억 달러를 투자했다. 무엇보다 베이징 정부는 액화가스 기반시설을 확장하고 있다. 국내 가스 생산량은 천연가스 수요의 60퍼센트 정도밖에 안 되기 때문이다. 그 때문에 앞으로 20년 동안 LNG 수입터미널의 수용 능력을 4배로 늘린다고 한다. 2019년 5월 캐나다 천연가스업계의 연례회의에서 몇몇 생산업체들은 중국에서 재생에너지를 대대적으로 확대하면 최대의 고객을 잃지나 않을까 우려를 표했다. 그러자 에너지 컨설팅사인 SIA의 대표 리 야오는 그들을 안심시키며 중국은 계속 석탄에서 천연가스를 얻는 사업에서 조금도 이탈하지 않을 것이라고 강조했다. 중국의 LNG 수요가 "거의 무한정"이기 때문이라는 것이었다.

아마 중국만큼 기후변화에 큰 영향을 주는 나라도 별로 없을 것이다. 예를 들어 석탄화력발전소의 대대적인 확장이 실제로 이루어진다면, 그것만으로도 지구온난화를 산업화 이전 수준보다 1.5도 상승하는 선에서 억제한다는 목표는 여지없이 무너질 것이다. 트럼프의 화석연료 지배전략과 첨예해지는 두 초강대국의 분쟁에 직면한 상황에서 베이징 정부는 서구와 합의에 그다지 연연하지 않을 것으로 보인다. 또 독일이 벌이는 에너지 혁명과의 싸움도 시진핑을 중심으로 한 중국 지도부에 영향을 주지 못한다.

중국 정부가 기후목표에 매달리는 것은 환경오염에 대한 국민의 불만이 커지고 있기 때문이기도 하다. 그러나 시간이 많지 않다. 이미 현재도 기후변화의 결과를 느낄 수 있기 때문이다.

10

이글거리는 징후

샌프란시스코 전력공급사의 파산은
기후변화의 위험과 비용에 대해 무엇을 보여주는가?
이는 단순히 캘리포니아에서 끝나지 않을 갈등이다.

미국의 기후난민

골드러시 시대 이후 PG&E로 더 잘 알려진 태평양가스&전기회사는 캘리포니아에 에너지를 공급해왔다. 1901년 회사 설립자들은 오클랜드에서 전차를 운행하기 위해 시에라네바다 산기슭에 있는 수력발전소로부터 이 항구도시까지 230킬로미터 길이의 고압선을 설치했다. 이 노선은 전차 궤도로서는 첫 번째였기 때문에 대단한 화제를 불러일으켰다. 그로부터 118년이 지난 2019년 1월, 1,600만 명의 고객을 보유한, 민간 전력공급사로는 미국 최대규모의 이 회사가 파산신고를 했다. 이는 그때까지 미국의 상장 전기회사 중에서 발생한 최대규모의 파산일 뿐만 아니라 기후변화가 주된 원인으로 작용한 것 중 수십억 달러 규모로는 최초의 파산이기도 하다. 기업 붕괴의 책임은 하필 그 이전에 그토록 자랑하던 PG&E의 송전선에 돌아갔다.

유바 카운티의 경우가 그랬다. 이곳에는 PG&E를 전기회사로 성장하게 해준 발전소가 협곡 깊숙이 자리 잡고 있다. 2017년 10월 8일. 시에라네바다의 산기슭을 가리키는 풋힐Foothills 사이로 돌풍이 불던 당시, 최대시속 100킬로미터의 그 바람을 누구나 기억했다. 이곳 사람들은 블루오크·소나무·떡갈나무 덤불이 자라는 언덕의 외딴곳을 즐겨 찾는다. 소방대가 전화를 받은 시간은 23시 03이었다. 캐스케이드웨이에 불이 났다는 것이다. 불붙은 덤불과 나뭇가지가 바람에 날리며 순식간에 일대로 번져갔다. 불붙은 덤불이 한 집을 덮치자 그 집은 이내 불길에 휩싸였다. "공중에 시뻘건 불과 재구름이 가득한 것이 생지옥이 따로 없었어요"라고 체릴 사이링은 화재 당시를 기억했다. 잔뜩 공포에 휩싸인 그는 차고 문을 열 수 없었다. 사이링은 황급히 큰길로 뛰어나갔고, 지나가던 자동차가 그를 태워주었다.

모든 주민이 도피할 수 있었던 것은 아니다. 그날 화재로 4명이 목숨을 잃었고, 264채의 건물이 파괴되었다. 비극은 나지막이 늘어진 전선이 돌풍으로 뒤엉키면서 일어났다. 거기서 튄 불꽃이 바짝 마른 덤불에 옮겨붙으면서 화재로 번진 것이다. 캘리포니아 국립소방대의 최종보고서에는 그렇게 나와 있다. 그 송전선은 PG&E의 것이었다. 화재전문가들에 따르면, 캐스케이드 화재는 2014년 이후 PG&E의 송전선과 송전탑으로 인해 발생한 1,500건 이상의 산림화재 중 하나에 불과했다. 또 폭풍이 심한 10월에 PG&E의 시설이 일으킨 유일한 화재도 아니었다. 10월의 이날 24시간 동안 다른 6건의 화재로 9명이 사망했고, 캘리포니아 포도 재배지의 한복판에 자리 잡은 소노마 카운티의 수천 채 가옥이 파괴되었다. 2017년 10월 캘리포니아주 전체에서 총 1,000평방킬로미터가 불탔다. 이는 리히텐슈타인공국 면적의 6배가 넘는 크기다.

화마는 결국 PG&E마저 집어삼켰다. 회사의 계산에 따르면, 2017년과 2018년에만 화재 때문에 PG&E에 청구된 손해배상금은 300억 달러가 넘는다.[1] 다른 사고와 비교해보자면, 멕시코만에 있는 딥워터호라이즌 플랫폼의 폭발에 따른 기름 유출 때문에 운영사인 BP가 부담한 비용이 620억 달러였다. 기후변화가 멈추지 않으면 미래는 암담해 보인다고 이 전력회사는 진단한다. PG&E의 기후보고서는 '캘리포니아는 재난을 유발하는 산불과 극단적인 날씨, 이상고온으로 인해 갈수록 커지는 위협에 노출되어 있다'라고 말한다. 온실가스가 계속 배출되고 가뭄과 이상고온으로 산불의 빈도가 3배나 올라갈 경우 캘리포니아주에서 불에 탄 면적은 77퍼센트나 늘어날 것이란다.

PG&E에 닥칠 기후위기는 약 20만 킬로미터에 이르는 캘리포니아의 송전선이 말해준다. 이것은 적도를 5번이나 돌 수 있는 길이다. 이 전선이 나무 기둥에 매달린 채 건너가는 산과 계곡은 지난 수년간 점점 건조해진 상태다. 2017년 여름은 기상청 관측 이래 캘리포니아에서 가장 더운 날씨였고, 그해 열기는 9월까지 멈추지 않았다. 2018년 캘리포니아 사람들은 7월 내내 평균기온 27도로 이때까지 가장 더운 날씨에 시달렸다.[2] 캘리포니아 국립소방대는 화재위험이 유난히 커질 때면 계절대원을 추가로 모집한다. 과거에는 여름철에 국한된 일자리였지만, 이제는 산불 기간이 길어졌기 때문에 소방대원 수요도 늘어났다. "우리는 1년 내내 근무했어요. 그러다 보니 어느새 감시초소에 크리스마스트리가 서 있더라고요." 국립소방대에서 계절대원으로 근무한 적이 있는 유바 카운티의 비상투입조장 브리아나 스쿠트의 말이다.

캘리포니아에 늘 화재가 발생했다는 것을 처음 인정한 사람들은 유바 카운티에 오래 살아온 주민들이다. 송전선으로 인해 끊임없이 화재가 발생했다. 하지만 캘리포니아 역사상 최악의 화재 20건 중 절반은 2015년 이후에 일어났다. 그 강도도 기록적이다. 바로 그 10

월 어느 날 풋힐의 언덕 위로 번진 불길의 열기 때문에 수영장의 물이 증발하고 창문이 깨졌다. 줄리 라버드 부부가 지은 통나무집의 두툼한 목재는 흔적도 없이 사라졌다. 사별한 남편이 빚은 자기잔을 제외하면, 72세의 라버드 부인에게 남은 것이라고는 불길이 산등성이를 넘을 때 입고 있던 티셔츠밖에 없다. 기르던 고양이도 불지옥 속에 남겨두고 나올 수밖에 없었다. 현재 라버드 부인은 기적적으로 화마를 피한 이웃집 차고 한 귀퉁이에서 산다. "나는 운이 좋아 목숨을 건졌어요"라면서 부인은 울음을 터뜨렸다.

라버드 부인은 미국의 기후난민에 속한다. 이 난민은 해마다 늘어난다. 10년 전만 해도 캘리포니아에 인접한 애리조나주 피닉스는 특히 북쪽에서 내려오는 인구의 유입이 활발한 도시였다. 피닉스는 생활비가 더 쌌고 날씨는 북쪽에 비해 더 건조했다. 실제로 날씨는 갈수록 더워지고 있다. 피닉스는 미국에서 평균기온이 가장 빠르게 올라간 도시에 속한다. 애리조나주의 주도인 피닉스는 2017년 6월 섭씨 48도로 그때까지의 기록을 깼다. 자동차 운전자들은 불처럼 뜨거운 운전대를 잡기 위해 두툼한 주방장갑을 꼈다. 거리의 간판이나 주택의 입구 끝에 있는 미국의 전형적인 편지통은 표면이 녹아내렸다.[3] 비행기는 설계상 이런 온도를 감안하지 않았기 때문에 이륙할 수 없었다. 155명이 더위로 목숨을 잃었다. 이런 추세로 30년만 지나면 피닉스는 1년에 기온이 38도에 육박하는 기간이 6개월이나 될 것이다.

많은 주민은 이제 더위에 너무 지쳤다. 형편이 되는 사람은 좀 더 서늘한 애리조나주 북쪽에 있는 플래그스태프로 빠져나간다. 해발

2,000미터 고지에 있는 플래크스태프는 소나무 숲 한가운데 자리 잡은 전원적인 환경이다. 하지만 도심에 사는 7만 명의 주민은 인구 유입을 달가워하지 않는다. 대부분 백인 부유층인 그들은 애리조나 주 남쪽에서 들어오는 기후난민을 막아줄 '장벽'을 요구한다. 아직은 대부분 자유주의 성향인 플래그스태프 주민들이 미국과 멕시코 국경에 세우려고 하는 트럼프 대통령의 축성에 빗대 농담조로 하는 말이다. 하지만 플래그스태프의 시장인 코럴 에반스는 별로 농담할 기분이 아니다. 에반스는 "날씨가 더워질수록 더 많은 기후난민이 우리 쪽으로 들어올 겁니다"라고 영국 《가디언》지 기자에게 말했다.[4] 유입 자체를 반대하지는 않지만 주택의 25퍼센트가 제2의 집으로 이용되는 것은 문제라는 것이다. 임대료와 생활비가 오르기 때문이다. "기후변화의 사회적 영향에 대해서는 별다른 말이 없죠. 저소득층은 어디에서 살라는 말인가요? 이 도시에서 그들이 어떻게 견딜 수 있겠어요?"

미국에서도 기후변화는 빈곤계층에 가장 가혹하다. 진찰스섬Isle de Jean Charles 주민들은 미국 최초의 '공식적'인 기후난민으로 여겨진다. 19세기 초 뿌리를 박고 살던 터전에서 쫓겨난 유럽인들이 도착했을 때 루이지애나 해안 앞에 있는 이 섬에는 빌록시·치타마샤·촉토 등의 원주민 부족이 정착해 살고 있었다. 하지만 상승하는 해수면과 갈수록 사나워지는 허리케인 때문에 이곳의 습지와 늪 대부분이 계속 침수되었다. 1950년대만 하더라도 약 90평방킬로미터였던 크기에서 이제 남은 것이라고는 2평방킬로미터도 채 안 되는 지협밖에 없다. 이곳에 파이프라인을 설치하고 운하를 연결하는 석유·가스

회사는 토목공사를 벌이면서 섬 주민들에게 깨끗한 담수를 파주기까지 했다.

2016년에 섬의 원주민은 이주 대가로 워싱턴 정부로부터 4,800만 달러의 자금을 받았다(그러나 이것은 루이지애나주에서 관리하는 돈으로, 주민대표들은 억압을 계속하겠다는 의미라고 비판했다).[5] 이 돈으로 전에 사탕수수농장이었던 지역에 새집들이 지어졌다. 지역사회 전체가 이주하는 문제는 루이지애나주에서는 곧 주요 의제로 부각된다. 매년 60평방킬로미터가 넘는 해안이 사라지는 것과 관련되었기 때문이다. 유명한 타바스코 소스의 고향인 에이버리 아일랜드조차 머지않은 미래에 멕시코만 속으로 가라앉을 수 있다. 이를 둘러싸고 벌써 갈등이 나타나고 있다. 납세자의 비용 부담은 차치하고라도, 많은 주민은 조상 대대로 살던 고향에서 떠날 준비가 안 되었기 때문이다.

하지만 이런 생각은 바뀔지도 모른다. 지구온난화로 해수면이 계속 상승한다면 30년 후 미국 해안의 30만 이상의 가구가 2주마다 바다에 잠길 것이다. 과학자들의 환경 관련 조직인 참여과학자모임 UCS의 기후전문가 크리스티나 달은 "이런 침수작용이 이 지역 주민들의 정착생활을 포기하게 만들 수도 있다"라고 했다. UCS의 연구에 따르면 결정적 변화가 없는 한 세기말쯤이면 240만 채의 건물이 (1조 달러 상당) 지속적으로 침수될 것이라고 한다.[6] 미국의 해안선은 새로 그려질 것이다. 플로리다 남단과 노스캐롤라이나의 해안 일부가 가라앉고 보스턴은 22세기의 아틀란티스가 될 것이다. 플로리다 주립대학교의 사회학자인 매트 하우어Mat Hauer의 이주 시나리오는 해수면이 계속 높아질 때 대륙의 해안선이 떨어져 나가는 상황을 가정한 대량탈출에서 시작한다. 하우어의 견해에 따르면, 플로리다의 600만 명을 포함해 약 1,300만 명의 미국인이 더 건조한 내륙의 주거지를 찾아 나설 것이라고 한다.[7] 하지만 이들의 이주 대상지가 새로운 인구 유입을 고분고분 받아들일 것인지도 문제다. 벌써 10만 명이 넘는 푸에르토리코인이 2017년 가을 허리케인 마리아로 폐허가 된 카리브해의 섬을 떠나 플로리다와 뉴욕으로 밀려들었지만, 거의 아무런 지원도 받지 못했다. 몇 달 지나지 않아 이들 중 다수는 노숙자와 실업자가 되었다. 한편 카리브해의 섬에 남아 있던 주민들은 1년 반 동안이나 워싱턴의 보조금을 기다려야 했다.

기후변화로 인해 사회적 불평등이 심화할 것이라는 징조는 이미 나타나고 있다. 일찍이 온라인 결제서비스 페이팔에 승부를 걸고 억만장자가 된 실리콘밸리의 투자가 피터 틸Peter Thiel은 만일을 위해 뉴질랜드에 농장과 산을 사들였다. 영화팬들이 〈반지의 제왕〉에 나오는 로맨틱한 배경으로 알고 있는 곳이다. 또 평범한 부자들도 기후에 따른 종말이 올 때를 대비해 안전한 피난처를 확보하기 시작했다. 가령 뉴욕에 있는 건물들의 지붕을 녹색으로 칠한 회사 소유주 마크 달스키가 그런 경우라고 할 수 있다. 그는《뉴욕타임스》기자에게 "보다 안전한 곳"을 찾고 있었다고 털어놓았다. 그러다 뉴욕에서 자동차로 북쪽 2시간 거리에 있는 중간 정도 높이의 캐츠킬 산맥에서 그런 곳을 찾아냈다는 것이다. 달스키는 그곳에 120평방미터 정도의 집을 짓고 가능한 한 전기와 수도도 없이 문명과 차단된 생활을 한다고 했다.[8]

《뉴욕타임스》는 이를 주제로 주말판에서 인기를 끄는 부동산 섹션 전체를 채우면서 데이브 앤더슨의 사연도 소개했다. 앤더슨은 딸의 가족을 위해 오리건에 목장 하나를 통째로 구입한 휴스턴의 할아버지다. 이웃에 사는 남자는 그에게 냇물의 송어와 숲속의 야생동물 이야기를 꺼내며 이렇게 말했다고 한다. "아마 여기서 먹는 것을 항상 좋아하지는 않을 겁니다. 그래도 먹을 것은 항상 있지요." 앤더슨의 불안은 2017년 여름에 억수 같은 비가 와서 휴스턴을 오염된 내해로 변하게 만든 허리케인 하베이 때문이다. 이때 발생한 1,250억 달러의 손실을 뛰어넘는 기록은 2005년 뉴올리언스를 강타한 허리케인 카트리나밖에 없다. 허리케인은 과거에도 드물지 않았지만 여기서 같은 결론에 이른 두 개의 연구에 주목할 필요가 있다. 즉 하베이가 대양의 온난화로 인해 과거의 다른 폭풍보다 40퍼센트나 더 많은 비를 몰고 왔을 뿐 아니라 그런 괴물 같은 폭풍이 발생할 확률을 3배나 높였다는 것이다.[9]

또 사회의 기상학적 분열을 가리키는 개념으로 '기후주택고급화 Climate Gentrification'(기후변화로 저소득층이 밀려나고 그 자리에 중산층 이상의 고급주택이 들어서는 현상-옮긴이)라는 명칭도 생겨났다. 마이애미에서는 건축회사들이 리버티시티·리틀아바나·리틀아이티 같은 시 구역에 호화주택을 짓기 위해 차례로 주택을 사들이기 시작한 후 시청이 이런 현상을 자세하게 조사하도록 연구용역을 의뢰했다.[10] 지금까지는 해변에서 멀다는 이유로 별 매력이 없는 것으로 여겨지던 이들 지역에는 대부분 소수민족이 살아왔다. 하지만 이제 부동산기업들은 지대가 조금 높은 도심이 낫다고 여기는 것이 분명하다.

오바마 정부는 홍수피해를 막을 수 있는 더 효과적인 정책을 시행했지만, 후임자인 도널드 트럼프는 취임 초기 오바마 정부에서 계획한 조치들을 전격 취소했다. 특히 그중에는 팜비치에 있는 트럼프의 리조트 마라라고를 보호하려는 계획도 들어 있었다. 비관적인 시나리오가 현실화한다면, 15년 후 트럼프의 부동산 목록에 있는 노른자 건물 중에서 보이는 것이라고는 석호 위로 솟은 적갈색 지붕밖에 없을 것이다.[11] 이 지역 신문인 《이스트베이타임스East Bay Times》의 독자는 계속 늘어나는 온실가스 배출 관련 보도를 보고 이런 글을 올렸다. '누군가 용기를 내어 원소유주에게 기후변화로 마라라고에 어떤 일이 생길지 설명해준다면, 아마 그 소유주는 갑자기 정신을 차리고 사활이 걸린 이 문제에 대한 생각이 바뀔 것이다. 넘쳐나는 투자가 어떤 의미인지 이해할 것이라는 말이다.'

하지만 기후변화의 극명한 문제점은 플로리다에서 자행되는 잘못된 개발에서만 드러나는 것이 아니다. 캘리포니아에서는 산불 때문에 희생자가 늘어나고 있으며 전보다 더 큰 재산손실이 발생하는데, 그 이유는 과거에 인구가 희박하던 지역으로 이주하는 사람들이 갈수록 늘어나기 때문이다. 이런 현상은 너무 만연해서 벌써 이를 가리키는 '산림-도시경계지대WUI'라는 개념까지 생겼다. 미국에서 새로 생기는 모든 주택의 60퍼센트는 산림으로 둘러싸인 주거지에 세워진다. 자연에 가까운 주거방식이라는 추세에서 가장 선두에 선 것은 캘리포니아다. 평가에 따르면, WUI 지역에 사는 캘리포니아 사람은 1,100만 명이 넘는다. 빌라노바대학교에서 2018년 발표한 연구를 보면 그사이에 캘리포니아주의 건물 중 산불 발생 위험이 큰 곳에 들어선 건물은 700만 동이 넘는다. 이것은 1940년대 이후 1,000퍼센트 증가한 수치다.[12] 기존의 주거지에서 밀려난 것이 주된 이유다. 해안에 있는 대도시는 지난 수년간 부동산 가격이 계속 올랐다. 샌프란시스코의 경우 방 두 개짜리 주택의 평균가격은 160만 달러에 이르며, 월평균 임대료는 3,700달러다.

캐스케이드 화재가 기승을 부리던 유바 카운티의 풋힐이 WUI의 비근한 예라고 할 수 있다. 전 항공기 승무원인 체릴 사이링이 도시 생활을 포기한 것은 조용한 곳에서 일몰을 감상할 수 있는 환경을 원했기 때문이다. 이런 이유로 사이링은 불탄 집이 있던 자리에 새 집을 지었다. 건축비용은 화재보험에서 나온 보험금으로 충당했다. 2017년과 2018년에만 캘리포니아의 보험사들이 산불 때문에 보상해준 비용은 240억 달러가 넘는다. 그 때문에 보험사들이 보험금 지급을 거부하는 사례가 점점 늘어나고 있다. 경찰력이 미치지 못하는 곳에 사는 주택 소유주는 2010년 이후 3배로 늘어났다.[13] 이런 경우 국영보험사인 FAIR가 개입한다. 하지만 보험료가 비싸고 민영보험사보다 보험금 적용의 폭이 좁다.

PG&E는 전력공급사로서 선택의 여지가 없기 때문에 WUI 주거지에 사는 고객도 기존고객과 같이 관리할 수밖에 없다. 대신 독점공급의 이점을 누린다. 이 회사는 높아진 위험 비용을 당연히 납세자들에게 전가할 것이다. 캘리포니아 법에 따르면, 전기회사는 화재에 직접적인 잘못이 없어도 손실에 대한 책임을 진다. 예를 들어 전선이나 변압기에 불꽃만 일어나도 책임을 지는 것이다. 따라서 PG&E

는 실수가 입증될 때로 책임을 제한하려고 노력 중이며 이 문제로 회사는 캘리포니아의 주도인 새크라멘토로 로비스트들을 파견했다. 의무사항의 변동은 법적인 결정을 거쳐야 하는 문제다. 시청으로서는 곤란을 겪는 기업을 도울 방법이 또 있다. 예컨대 캘리포니아 의회는 2017년의 산불로 인해 발생한 비용을 전기료 인상을 통해 사용자에게 부과하는 방안을 허가했다. 하지만 2018년의 화재로 발생한 손실도 사용자에게 부과하면, 미국 평균으로 볼 때 지나치게 비싼 전기요금을 다시 올리는 결과가 될 것이다. 주 정부는 과거에도 그런 조치를 통해 가장 비중이 큰 이 민간공급업체를 지원했다. 회사 경영진이 지역 정치인들의 가장 열성적인 후원자들로서 평소에도 밀접한 관계를 맺고 있기 때문이다.

반대로 이 기업은 시민들에게는 전혀 인기가 없다. 특히 불만이 많은 어떤 이는 PG&E 시설에 총격을 가하기까지 했지만 이런 반응은 별로 현명하지 못했다. 그로 인해 다시 화재가 발생했기 때문이다. 알 와인러브도 마찬가지로 과감한 행동을 시도했는데, 다만 이번에는 총기를 사용하지 않았다. 1960년대 청년 시절 베트남전 반대시위를 하기도 했던 와인러브는 핵물리학자로서 강력한 요구를 했다. 갈수록 값비싼 구제를 받으며 사회적 혼란을 일으키는 대신 PG&E를 해체하라는 것이었다. 와인러브는 샌프란시스코만 동쪽에 있는 항구도시 오클랜드의 시민단체 '지역청정에너지'의 책임자다. 이 기구의 사무실은 스프레이로 낙서를 한 도로의 낡은 연립주택 3층에 있는데, PG&E를 상대로 벌이는 투쟁은 마치 다윗과 골리앗의 싸움 같았다. 사무실 안에 있는 화분이나 기증받은 사무용 가구를 보면 실내 분위기는 혼란스럽기 그지없다. 이 사무실은 샌프란시스코의 비즈니스구역에 있는 34층짜리 PG&E 본사 높은 곳에서 잘 보이는 곳에 있다. 와인러브의 조직은 PG&E 같은 지역의 독점기업을 중소 전력공급업체로 대체하는 일에 전력을 기울이고 있다. 166년 역사의 이 에너지기업의 사업방식만 살아남은 것이 아니라 "고삐 풀린 자본주의가 우리를 나락으로 몰아넣었다"라고 와인러브는 말한다. 자신의 조직이 중시하는 것은 단지 전력생산의 문제뿐 아니라 민주적 자결권과 사회적 정의라는 것이다.

오클랜드에서는 이미 시민에게 공급하는 전력망이 갖춰져 있다. 장기적으로 이 전력수요를 100퍼센트 재생에너지로 공급해야 한다는 것이다. 또 샌프란시스코에서도 PG&E에 대한 대안을 요구하는 시민운동이 목소리를 키우고 있다. 하지만 와인러브의 지역 녹색전환운동은 대도시와 산불 위험이 있는 후방 내륙의 분리를 목표로 하며, 이것은 다시 새로운 분배의 문제를 제기한다. PG&E로서는 가장 위험한 고객만 유치하라는 의미가 될 수도 있다. 보험사도 투자자도 이런 부담은 지려고 하지 않을 것이다. 전력회사로서는 공급의무를 제한적으로만 이행하려 할 수 있다. PG&E는 파산 이후 연결선을 차단하고 WUI 지역에는 더 이상 전기를 공급하지 않겠다고 선언했다. 주민들은 비상발전기를 구입하거나 촛불을 사용하라는 말이었다. 여유 있는 사람은 태양광발전으로 전환할 수도 있을 것이다. 환경운동가들의 제안대로 국가가 장려하는 태양광 프로그램의 지원을 받을 수도 있을 것이다. 다만 그것은 세금이 들어가는 일인 데다 더 적극적인 정치적 의지가 있어야 하는데, 녹색의 캘리포니아라는 계획에는 아직 그런 요인이 부족한 실정이다. 이렇듯 PG&E의 사례는 기후변화에서 공동체의 연대가 얼마나 신속하게 이루어지는지 보여준다. 오늘날 이것은 은밀하게 진행되는 재앙의 사회적 비용에 속하는 문제이기도 하다.

그러나 아직도 많은 사람은 기후변화가 수십 년 후, 그것도 후진국에서나 발생할 문제라고 생각한다. 위험을 제때 파악해야 할 의무가 있는 기업의 경영진조차 지구온난화로 인한 위험을 괜히 복잡하게 생각한다.

위험? 어떠한 위험?

대부분의 기업처럼 PG&E도 친환경 전기나 지속가능성, 기후 보호 같은 문제로 홈페이지를 가득 채우고 있기는 하지만, 거기서 비롯되는 위험을 스스로 다스릴 능력은 없다. 따라서 자칫하면 치명적인 결과가 뒤따를 수도 있다. 2018년 11월 PG&E로 인해 발생한 캠프파이어Camp Fire는 모든 것을 초토화한 산불이었다. 이 화재로 유바 카운티의 파라다이스 마을 전체가 폐허로 변했다. 소방대의 보고에 따르면 건물 1만 8,804동이 불탔고 85명이 희생되었다. 재난이 벌어진 뒤 차로 돌아본 파라다이스 거리의 풍경은 불탄 자동차, 양 끝이 사라진 계단, 시커멓게 타버린 잔해 앞의 수조 등 현대판 폼페이를 보는 것 같았다. 간혹 불탄 집들의 벽돌굴뚝은 남아 있었다. 이후 관계 당국의 조사에 따르면, 이 불행한 사태의 책임은

PG&E의 시설 때문으로 밝혀졌다. PG&E도 이미 화재 직전에 회사 소유의 고압송전탑에서 전선이 풀어진 것을 시인했다. 50년이 넘은 철탑이었다.[14]

　여기서도 예외는 없었다. 산불로 인한 치명적인 위험성이 커지는데도 PG&E는 필수적인 기반시설의 정비와 유지보수를 하지 않았다. 전기로 인한 화재 위험성을 줄이기 위해 PG&E는 주기적으로 송전선 주변의 나무와 덤불을 베어내야 할 책임이 있다. 하지만 그것은 자체 평가에 따르면 거의 불가능에 가까울 정도로 방대한 작업이었다. 2018년 초에 나온 PG&E의 보고서를 보면 이 회사의 송전선과 접촉할 때 위험을 일으킬 수 있는 나무는 1억 2,000만 그루나 되었다.[15] PG&E는 매년 140만 그루의 나무를 적절하게 손질하는 계획을 세웠다.[16] 이런 식이라면 위험한 모든 식물을 제거하기까지는 85년이나 걸린다는 계산이 나온다. 미국에서는 보통 전선을 지상에 설치한다. 이것은 땅덩어리가 넓은 것과 관계가 있다. 캘리포니아만 해도 독일보다 면적이 넓다.

　PG&E는 송전선 일부를 지하에 매설하기 시작했다. 하지만 그것은 소모적이고 비용이 많이 든다. 육지의 경우 1킬로미터에 약 90만 달러가 들어가는데, 지상에 목탑을 세우면 1킬로미터에 10만 달러면 된다. 게다가 PG&E는 투자자들이 이익을 기대하는 상장기업이다. PG&E가 캘리포니아 주민의 안전보다 투자자의 이익을 우선한다는 말이 나오는 것도 그 때문이다. 이 회사를 상대로 윌리엄 알섭이 비난을 제기하며 한 말이다. 회사의 시설로 인해 1,500건의 화재가 발생했던 2014년부터 2018년까지 PG&E는 약 35억 달러를 배당금에 쏟아부었다는 것이다. 전력공급사로서 예방조치를 위해 그 돈을 더 잘 활용할 수도 있었다는 것이 알섭의 주장이다.

연방판사인 알섭은 2010년 PG&E의 가스관 폭발사고로 8명이 사망한 이후 이 회사의 활동을 감시하고 있다. 그는 자연에서 도보여행을 즐기는 자연 애호가로서 샌프란시스코 법원의 복도에는 그가 찍은 동식물의 사진들이 걸려 있다. 4월에 그는 위험성이 있는 모든 나무를 베어낼 때까지 PG&E가 당분간 이익을 배당하는 것을 금지했다. 기업에 예방조치를 강요하기 위해 법정에서 이익 배당을 금지하는 것은 자본주의의 보루인 미국에서 이제까지 없었던 일이다.[17]

상장회사인 PG&E의 파산은 투자자들에게는 생각만 해도 끔찍한 일이다. 독점적 지위와 이익이 보장된 이 전력공급업체의 주식은 지금까지 공익기업의 유가증권으로 여겨졌다. 투자의 짜릿함을 못 느낄 정도로 지루하기는 했지만 안정적이고 이익을 믿을 수 있었다. "투자자들은 기후변화에 따른 물리적 위험을 과소평가했는데, 그것이 변하고 있습니다"라고 스탠퍼드대학교의 환경법 전문가 마이클 와라는 말한다. 이 말은 특히 보험사에 적용된다. 예를 들어 이 말은 캘리포니아에서 보험사가 계속 움츠러든다는 의미일 수도 있다. 이것은 다시금 부동산 가치를 압박한다. 은행은 보증 없이는 대출해주지 않는다. 상인은 더 안전하고 저렴한 장소를 물색한다. 기후위험성 전문가이기도 한 와라는 "그렇게 되면 더 광범위한 의미에서 캘리포니아의 복지가 위험에 빠진다"라고 말했다. PG&E 같은 전력공급사나 병원, 혹은 그 밖의 민간운영시설을 국영화하는 것도 문제만 이전시킬 뿐 해결책은 아니라는 것이다. 크고 작은 지자체는 산불·폭풍·홍수에 따른 손실이 발생했을 때 주기적으로 그 비용을 치를 수밖에 없을 것이다. 긴장이 만성화된 공공단체의 경우에는 지역사회의 파산을 유발할 수도 있다. 비단 캘리포니아만의 문제는 아니다. 2019년 4월 초, 세계 최대의 자산운용사인 블랙록^{BlackRock}은 3조 8,000억 달러 규모의 미국 지방채 시장에서, 투자자들은 이제라도 기후변화에 따른 손실에 대비해야 할 것이라고 경고함으로써 충격을 주었다. 이 경고는 이 유가증권에서 안정적인 연금을 기대하는 연금생활자와 연금기금에도 해당한다.[18]

PG&E 사태는 다른 기업들에 준엄한 경고가 되었을 것이다. 이 경우는 기후변화에 따른 위험과 비용이 불확실한 미래 어느 시점에 닥치는 것이 아니라 이미 손실을 일으킬 수 있는 문제임을 보여주기 때문이다. 재보험사인 뮤닉리^{Munich Re}의 연례보고서에 따르면 홍수와 폭풍, 극단적인 기온 때문에 발생한 손실은 2018년에만 1,600억 달러 규모였다. 어떤 대륙도 손실을 피해 가지 못했다. 아무튼, 유럽의 가뭄과 열파에 따른 손실은 약 40억 달러였다. 독일은 기록이 시작된 이래 가장 길고 건조한 여름을 보냈다. 라인강의 수위가 너무 낮아서 국내 선박운송은 거의 고사 상태에 빠졌다. 최대 80퍼센트밖에 실을 수 없었기 때문에 더 많은 배를 투입해야 했다. 선박운송은 값이 올랐고 운송 기간도 더 오래 걸렸다. 이는 석유와 휘발유의 공급문제로 이어졌고, 주유소의 연료 주입기는 텅 비다시피 했다. 라인강과 그 지류인 네카·모젤·마인강은 독일에서 하천교통의 80퍼센트를 담당한다.[19] 극단적으로 낮은 수위 때문에 PG&E의 경우처럼 방치된 기반시설의 민낯이 그대로 드러났다. 연방 선박운행협회에 따르면, 이런 가뭄이 다시 찾아온다면 라인강에 갑문식 댐을 세워야 선박을 운행할 수 있을 것이라고 한다.[20] 농부들은 밭이 말라붙는 것을 지켜보아야만 했다. 가뭄 속에서 억지로 소를 도살할 수밖에 없었다.[21] 티셔츠와 반바지 수요만 있는 패션산업도 더위와 가뭄에 시달렸다. 특히 비키니와 수영복의 수요가 가장 많았다. 함부르크의 체인업체인 톰 테일러는 매출목표를 잡을 수 없었고, 게리 베버와 온라인 매점 찰란도의 경우에도 더위로 영업을 망쳤다.[22]

재난은 2017년에 이어 2018년에도 계속되었고 이로 인해 보험사는 값비싼 대가를 치러야 했다. 세계적인 손실비용은 두 배 이상 늘어나 3,600억 달러에 이르렀다. 보험사의 발표대로라면 경영진은 오래전부터 사태를 주시해온 것으로 보인다. 영국의 환경기구 CDP의 조사에 따르면, 미국의 25개 대기업 중 21개 기업이 '두드러진 재정적, 전략적 결과를 수반하게 될 특이한 기후 위험성에 노출되었다'라고 선언했다. 가령 코카콜라는 갈색 탄산음료에 필수인 청정 식수의 공급을 우려한다. 열파는 디즈니 놀이공원의 방문객 수를 떨어뜨릴 수도 있다고 한다. 미국 랭킹 2위의 금융기업인 뱅크오브아메리카는 홍수의 빈도와 강도가 계속 올라갈 경우 주택 소유주들이 대출금을 갚지 못하지나 않을까 걱정한다. 이미 은행융자를 받은 부동산 중 홍수 피해지역에 있는 것이 4퍼센트나 된다. 전기통신사인 AT&T는 2017년에만 폭풍으로 쓰러진 송전탑을 복구하는 데 약 6억 2,700만 달러를 지출했다. 회사의 예상대로 이 비용은 허리케인과 토네이도의 빈도가 높아질수록 계속 올라갈 것이다. 비자는 CDP

에 보낸 답변서에서 세계적으로 전쟁과 전염병이 발생할 경우의 끔찍한 시나리오를 예상하며, 그로 인해 여행 의욕이 대폭 감소할 것으로 봤다. 이는 다시 여행자들이 호텔이나 식사 및 음료, 선물 구입 등을 계산할 때 카드 사용이 줄어든다는 의미라는 것이다.[23]

유럽의 850개 기업도 CDP의 설문에 참여했다.[24] 이에 따르면 스위스의 식품기업 네슬레는 홍수로 인해 44개 공장의 위험성이 커지고 있다고 한다. 이상고온과 강수량의 변화 폭이 커서 커피·설탕·카카오, 그 밖의 향신료를 재배하는 데 타격을 받을 수 있다는 것이다.[25] 자동차기업인 BMW는 사우스캐롤라이나의 스파턴버그에 있는 공장 주변에 토네이도를 비롯한 폭풍의 빈도가 올라가는 것을 두려워하고 있다. 바이에른에 본사를 둔 이 회사가 거기서 제작하는 자동차는 아무튼 전체의 20퍼센트나 된다. 공장이 파괴돼 몇 개월씩 생산이 중단될 경우 그 손실은 최대 80억 달러에 이를 것이라고 한다.

경영진이 설문에 응하며 지목한 위험 중에는 수해도 빼놓을 수 없다. 응답자 중 무려 62퍼센트가 가뭄 또는 홍수로 인한 손실을 겁냈다. 이미 2018년에 22퍼센트는 물이 너무 적거나 많아서 발생한 문제로 약 40억 유로의 추가 부담이 생겼다고 응답했다. 흥미로운 것은 기업 총수들은 기후변화의 결과가 아니라 기후변화의 방지 노력에서의 위험성을 가장 크게 우려한다는 점이다. 이들은 CDP에 보내는 보고서에서 새로운 규정, 예컨대 유독가스 배출제한 같은 것의 영향을 우려했고, 기온 상승이나 극단적인 기후 발생 같은 물리적 위험 등은 훨씬 가볍게 여겼다. 설문참여자 중에서 물리적인 위험성을 '높게' 평가한 사람은 11퍼센트에 지나지 않았다. 더구나 14퍼센트는 '낮다고' 응답했다. '일시적인 위험성'을 높게 본 사람은 18퍼센트였다. CDP의 연구저자는 새로운 규칙과 기술적 변화, 지속적으로 변하는 소비자의 요구를 일시적 위험 항목에 요약 정리했다. 컨설팅사 EY(예전의 Ernst & Young)가 발행하고 2018년에 18개국 약 500개 기업이 참여한 '기후위험노출지표Climate Risk Disclosure Barometer' 도 비슷한 결론을 보여준다. 보고서는 물리적 위험성이 기업평가에서 간과될 뿐만 아니라 미래의 전략 수립 및 위험 관리에서도 완전히 빠져 있다고 지적한다. EY의 컨설턴트는 이것을 지나친 단견의 결과라고 말한다. "물리적 위험은 장기적으로 위험성이 큰, 많은 분야에서 핵심적인 문제가 될 것이다. 그리고 이런 점에서 이해와 투명성 부족은 오늘날 기업정보의 질적 수준이 얼마나 열악한지를 보여준다."[26]

그럼에도 경영진은 이에 개의치 않고 다가오는 위기의 긍정적인 측면을 이용하려고 한다. CDP 보고서에서 기업의 71퍼센트는 기후변화를 통해 새로운 제품과 서비스의 기회를 엿보고 있다고 답변했다. 예를 들어 캘리포니아의 대형 은행 웰스파고는 건축 대출 수요가 늘어날 것을 기대한다. 요컨대 기후재난이 발생한 뒤 많은 건물을 새로 지어야 할 것 아니냐는 계산이다. 건축자재 판매 체인 홈디포는 이상고온이 에어컨과 환풍장치를 베스트셀러로 만들어줄 것으로 생각한다. 또 스마트폰 제조업체인 애플은 앞으로 있을 재난 때문에 아이폰이 소비자들에게 더욱 중요해질 것이라고 확신한다. 애플은 CDP에 보내는 답변에서 '극단적인 기후의 빈도와 강도가 올라가면 우리는 자신과 가족의 안전을 위한 사전준비와 확실성에 대한 수요가 늘어날 것으로 기대한다'라고 썼다. 애플 전화기는 손전등과 사이렌 기능을 할 수 있다는 것이다. 또 하늘이 무너져도 스마트폰은 울린다는 것이다.

경제지의 머리기사를 보면 기후변화가 최고경영진 사이에서 최우선 의제로 다루어진다는 인상을 받을 수도 있다. 가령 2019년 세계경제포럼에 대한 —내부자들 사이에서 간단히 WEF라고 불리는— 기사 제목은 '사이버범죄나 데이터보안을 제치고 최고의 관심이 쏠린 기후변화의 위험성'이었다. 스위스의 휴가지 다보스에서 기업 총수와 은행가·금융가·정치인, 그리고 인기 밴드 U2의 리더인 보노가 모여 핑거푸드를 먹으며 연례적인 모임을 갖던 자리였다. 보노가 음악으로 알프스에 모인 엄선된 청중을 향해 자본주의는 '비도덕적'이고 '야생동물'이라며 가차 없는 야유를 퍼붓는 동안, 항공기 전세서비스 운영자인 앤디 크리스티는 또 다른 고충을 털어놓았다. 자신은 각 CEO와 회장들이 WEF에 올 수 있도록 개인제트기 약 1,500대의 조건을 탐문하며 전세기를 준비했다는 것이다. 그는 영국의 《인디펜던트》지 기자에게 현재는 걸프스트림 G파이브나 글로벌익스프레스처럼 비교적 큰 항공기를 선호하는 추세라고 설명했다. "부분적으로는 운항 거리에 달려 있지만, 가능하면 크기 경쟁에서 뒤처지지 않으려고 하죠."[27]

93세의 자연과학자인 데이비드 애튼버러David Attenborough 경은 행사장에서 윌리엄 왕자와 인터뷰를 하며, 아무 조치도 취하지 않으면 지구가 멸망한다고 경고했을 때 청중으로부터 기립박수를 받았다.

또 스웨덴에서 기차를 타고 참석한 그레타 툰베리Greta Thunberg는 눈
쌓인 초원에서 몇몇 눈천사(눈 위에 누워 팔다리를 흔들어 만드는 천사의
자취-옮긴이)를 만들고 난 뒤에 자칭 엘리트들에게 호통쳤다. 이렇게
노년, 중년, 소년 3세대의 대표들로부터 경고의 목소리가 나왔다. 어
쩌면 이런 경고는 전혀 필요 없었는지도 모른다. 헤지펀드 매니저부
터 자동차회사 회장에 이르기까지 기후변화에 맞서 싸우겠다고 다
짐했으니 말이다. 투자수익률이나 EBITDA라는 말처럼, 그들의 입
에서 종의 다양성이나 지속가능성이란 말이 술술 나온 지는 사실 오
래되었다.

기후 동맹이나 지속가능성 지표, 탄소추적기는 지중해의 해초 전
염병보다 빠르게 늘어나고 있다. 글로벌 투자사들이 모여 세계 100
대 온실가스 배출기업을 뽑아 탄소 배출 감축을 압박하는 '기후행
동 100+'가 있다. 다논·마르스·네슬레·유니레버는 공동으로 '지
속 가능한 식품정책동맹'을 설립했다. 엑슨·셰브런·BP, 브라질의
페트로브라스, 멕시코의 페멕스 등의 석유회사들조차 '석유가스기
후변화 이니셔티브' 같은 자체 기후클럽이 있다. 독일의 연방개발부
도 나섰다. 2018년 성탄절 직전에 개발부는 '개발과 기후를 위한 동
맹'을 출범시켰다.[28] 여기에 참여한 기업은 SAP·코메르츠방크·보
슈, 재보험사 뮤닉리 등이다. 이 자발적인 운동의 홈페이지에는 '기
후 보호는 인류의 생존이 달린 문제다'라는 말이 보인다. 특히 개발
도상국에서 볼 수 있는 이런 프로젝트는 그것이 어떤 의미든 '중간
기후 혹은 긍정적 기후에 도달하는 것'을 목표로 한다.

긍정적인 상태를 유지한다는 것은 비단 베를린 주도의 운동에서

외치는 구호만은 아니다. 해당 기구의 각 홈페이지에는 '갈수록 참여가 늘어나는 기업, 점점 더 늘어나는 약속, 점점 더 늘어나는 지속가능성'처럼 온통 성공에 대한 보고뿐이다. 기업들은 기꺼이 참여한다. 가령 바이에르의 경우에는 CDP의 '지속적인 배송관리'라는 표현에 대하여 트위터로 '아주 기뻐하는' 반응을 보인다. '기업의 지속가능성 및 비즈니스 관리 대표'인 볼프강 그로세 엔트루프 박사는 사진에서 웃는 모습으로 단호하게 말한다. "우리 바이에르는 지속가능성을 전 방위적 책임으로 이해합니다."

이 모든 것은 영어로 소개된 직위와 더불어 훨씬 더 무게감 있게 들린다. 이런 친환경 공간에 잠시 머물다 보면, 그런데 왜 온실가스 배출은 여전히 늘어나는가 하는 의문이 절로 든다. 왜 아마존 밀림에서는 계속 남벌이 자행되고, 왜 고래는 내장에 플라스틱 쓰레기가 가득한 상태로 해변에서 죽어가는가? 전문적인 기후변화 방지 운동가들의 말이 사실이라면 전체적인 화석연료 부문은 몰락할 수밖에 없는 운명이다. 석탄재벌이나 프래킹 업자, 정유소운영자, 가스터빈 제작자들에게 귀한 것, 특히 비싼 것은 머지않아 재나 다름없이 무가치한 것으로 변할 것이기 때문이다.

11

월스트리트의 동향

프래킹 업자의 미래는
충분한 자본의 확보 여부에 달려 있다.
지구의 미래도 마찬가지다.

과거 우량주의 퇴락

9시 직전에 뉴욕 쉐라톤호텔의 센트럴파크 볼룸에 있던 고객들은 '네트워킹 브렉퍼스트'에 나온 스크램블드 에그와 베이컨의 마지막 조각을 입에 넣고 일어났다. 긴장된 하루가 '석유와 천연가스 투자 심포지엄' 참석자들을 기다리고 있었다. 프로그램에는 '실질적인 석유 및 천연가스시장 개발의 기초'나 '평가지표: 최적화된 적용' 같은 강연이 들어 있었다. 그러나 참석자들이 내심 원하는 것은 단 하나, 현금이었다. 텍사스·콜로라도·노스다코타·캘리포니아 등지에서 24개 이상의 채굴회사들이 프래킹 사업의 확장을 지원해줄 투자자를 찾아온 것이다.

메트로폴리탄 웨스트홀에서는 아브락사스석유^Abraxas Petroleum의 경영자가 파워포인트를 이용해 갖가지 도표와 지도가 곁들인 강연을 하며 청중들에게 샌안토니오에 본거지를 둔 자사 주식이 유망한 상품임을 설득하려고 애를 썼다. 물론 지난 5년간 나스닥에 오른 아브락사스의 주식은 70퍼센트 넘게 손실을 보기는 했지만, 이 회사의 CEO는 장기적으로 프래킹 업자가 이익을 창출하는 데 필요한 모든 것을 갖추고 있다고 장담했다. 담수와 산업용수에 접근할 수 있는 기반시설도 제대로 갖췄다고 했다. 아브락사스는 생산성이 높은 울프캠프 셰일층 및 본스프링 지층이 있는 이상적인 위치의 시추권을 확보했으며, 거기에 측면으로 최대 4킬로미터까지 뚫을 수 있는 성능의 채굴탑도 가동할 수 있다고 했다. 하지만 메트로폴리탄 웨스트홀의 반응은 냉랭했다. 어쩌면 뉴욕에서 평소 설정하는 에어컨 온도가 16도로 체감될 만큼 서늘한 탓인지도 모른다. 투자펀드와 연금기금 대표, 참여회사의 정보원, 브로커 등으로 구성된 청중은 거의 예외 없이 정장 차림이었다. 아무튼, 강연이 진행되는 동안 한쪽에서는 메모를 했고 다른 한쪽에서는 랩톱을 클릭하며 블룸버그의 뉴스를 확인했다.

이렇게 '관대한 투자를 찾는 독창적인 시스템'으로 파티 분위기의 행사를 연 것은 오래되지 않았다. 금융전문가들은 채굴 종사자들로부터 생산 과정에 대해 제트기의 항적처럼 뚜렷한, 충분한 진단을 전혀 접할 수 없었다. 유가가 붕괴해도 투자자들에게 충격이 전달되지 않았다. 심리적 마지노선인 유가 30달러 선이 무너진 2016년에만 약 600억 달러나 되는 돈이 투자자로부터 프래킹회사로 들어갔다. 유가가 1배럴에 110달러였던 2011년 당시 업계에 새로운 자금이 들어갔을 때의 2배나 되는 규모였다. 투자자들은 주식을 매입했지만 대부분 빌린 돈이었다. 특히 정크본드가 많았고 온갖 종류의 대출금이 동원되었다. 전체적으로 프래킹 업자들은 셰일혁명이 시작된 이후 약 3,000억 달러의 빚을 졌다. 이것은 칠레의 연간 총생산보다 많은 규모다.

닷컴 열풍 때처럼, 월스트리트는 성장 스토리를 좋아했다. 기업이 이익을 내는지 아닌지는 이차적인 문제였다. 기업이 엄청난 부채를 청산할 수 있는지의 여부도 중요하지 않았다. 월스트리트의 사업은 장기적으로 미국의 에너지공급을 위한 자금지원에는 관심이 없었다. 거기서 중시하는 것은 단지 '상승 잠재력'이 있는 주식이 있는지, 연금기금이나 재단에 처분할 수 있는 대출금이나 예금이 있는지의 여부였다. 그리고 프래킹 업자들은 돈을 받고 끝없이 시굴을 했다. 투자자들의 참여 열기는 프래킹 업자들이 두려워할 정도로 지나쳤다. 2017년의 총회에서 애너다코석유Anadarko Petroleum의 회장인 앨 워커는 "우리 업계의 최대 문제는 바로 여러분입니다"라고 청중을 향해 말했다. 투자자는 효율성이 아니라 성장에 대해서만 보상하려고 한다고 워커는 지적했다. 그리고 그야말로 어떤 대가를 치르더라도 유정을 개발하라고 프래킹 업자들을 다그친다는 것이었다. 마치 바텐더가 알코올 중독자에게 계속 술을 따라주는 격이라고 했다. 성장 중독에서 벗어날 수 있게 투자자는 비용 보전과 이익 창출에 전력하도록 프래킹 업자를 독촉할 필요가 있다는 말도 했다. "여러분의 도움이 필요합니다. 그것은 마치 이름 모를 알코올 중독자를 돕는 것과 같은 것입니다"라고 회장은 호소했다.

워커의 바람은 실현되었다. 월스트리트는 이제 프래킹 업자들을 알코올 중독자처럼 대했다. 2018년에도 그들은 석유와 천연가스 주식에 30억 달러를 투자했는데, 이것은 위기에 휩싸였던 2016년의 투자 액수에 비하면 부스러기에 지나지 않았다. 2019년 봄 《월스트리트저널》은 '한때 그토록 견고했던 월스트리트와 프래킹업계의 유대는 무너졌다'라고 진단했다.[1] 에너지 컨설팅사인 에너컴의 분석가들도 뉴스레터에서 '월스트리트는 석유와 천연가스에 대한 자금지원을 막고 있다'고 전했다. 직전까지만 해도 마구잡이로 달려들었던 투자자들은 유망한 신규종목을 확보하기 위해 프래킹 업자들의 증시 진출을 정중히 거절했다. 프래킹의 아버지 미첼이 기술혁명을 이룩하기 전인 2003년만큼이나 증시에 나서려고 하는 석유회사나 가스회사는 별로 없었다. 숱한 석유업계의 자금담당 이사는 한때 자발적으로 자금지원을 했던 은행에서마저 갑자기 자신들이 기피인물이 되었다는 사실을 깨달아야 했다.

규제기관이 제동을 건 데도 이유가 있었다. 규제기관은 은행이 과거 부동산위기 때의 불량 모기지 대신 이제는 석유·천연가스기업의 불안한 대출금에 의존하려는 것은 아닌지 우려했다. 부채가 수입의 3배 반을 초과하는 기업은 '사면초가에 몰린' 것으로 여겨져 은행으로부터 꽤 큰 규모의 '비상준비금'을 통해 구제받아야 한다. 이 것은 오바마 정부의 미 재무부가 정한 규정이다. 이 때문에 적어도 부채 규모가 큰 프래킹사에는 대출이 매력 없었다. 석유업계에 뿌리내린 방식으로 수억 달러씩 투자한 슈퍼프래킹이 문제가 있는 것으로 드러나는 경우는 별로 없었다. 채굴 플랫폼을 건설하고 거기서 가능한 한 많은 유정을 판다는 주장은 겉만 번드르르한 아이디어였다. 이런 생각은 유감스럽게도 지질학과는 무관한 경우가 많다는 것이 드러났다. 프래킹 업자들에게는 또 이른바 '부자父子 간의' 문제라는 것이 생겼다. 추가로 판 유정(자식)이 그다지 생산성이 없는 데서 그치는 문제가 아니었다. 서로 가까운 지점에서 굴착했을 경우 '자식'은 (실생활과 아주 비슷하게) 부모의 생산성을 떨어뜨릴 수 있기 때문이다. 이 경우 생산성은 부분적으로 최대 50퍼센트까지 떨어진다. 《월스트리트저널》의 표현을 빌리자면 슈퍼프래킹은 '실패로 판명되었다.' 이 방법은 결과가 실망스러운 나머지 어쩌다 간간이 시도될 뿐이다.[2]

《월스트리트저널》은 한 채굴 플랫폼에서 32개의 유정을 파겠다고 발표한 퍼미언의 프래킹사인 러레이도석유Laredo Petroleum를 예로 들었다. 투자자들이 열광적인 반응을 보이는 바람에 러레이도의 시장가치는 30억 달러로 뛰었다. 그리고 몇 달 지나지 않은 2018년 11월, 러레이도는 유정의 생산성이 투자자들에게 약속한 것보다 11퍼센트 적다는 것을 인정해야만 했다. 이 회사는 부자간의 문제를 회피하기 위해, 이제 한 플랫폼에서 16에서 최대 24개의 유정만 파려고 한다. 투자자들에게는 전혀 마음에 들지 않는 방식이다. 대주주 중 하나로 사업에 참여한 세일링스톤캐피탈파트너스Sailing Stone Capital Partners 같은 경우는 유정을 그렇게 빽빽하게 굴착한 결과 주주들이 엄청난 대가를 치렀다고 불평했다. 실제로 러레이도가 부자간의 문제를 토로한 뒤 시장가치는 8억 달러로 75퍼센트나 떨어졌다. 러레이도만 그런 것이 아니다. '대대적인 기술혁신이 있지 않고서는 자녀 유정의 생산성은 떨어질 수밖에 없다.' 이는 에너지시장 평가사 우드매켄지의 애널리스트 로버트 클라크가 한 말을《월스트리트저널》이 인용한 것으로, 수많은 유정의 생산력이 프래킹 업자들의 약속을 따라가지 못한다는 것을 의미한다.

석유와 천연가스의 역사를 보면 믿을 수 없는 성공담으로 가득 차 있다. 하지만 기술적인 난관 외에 문제는 월스트리트의 관심이 수시로 변하는 시대가 오고 있다는 것이다. 세상에서 뜨거운 반응을 불러일으키는 것은 이제 더는 유전의 프래킹 업자나 그들의 묘기가 아니라 암호화폐와 인공지능이다. 거대 에너지기업과는 무관한 중소기업에 속하는 '독립 업체'들은 뉴욕의 쉐라톤호텔에서 열리는 행사 같은 기회를 통해 남아 있는 적극 투자층의 관심을 끌어내야 한다.

그들의 CEO들은 요지의 채굴권을 확보했다고 강조하며 최고재무책임자의 원칙과 '최대한의 초점'을 주주의 이익에 맞출 것을 약속한다.

점심시간에 컨설팅사인 IHS의 전문가 한 사람이 강연했다. 이 사람은 앞으로 수년간은 거대 석유기업이 수십억 달러 규모로 달려든다고 해도 퍼미언 등지의 프래킹회사가 석유 생산을 주도할 것이라고 예언하면서 식사 분위기를 북돋웠다. 하지만 이어서 그는 몇몇 경고의 메시지를 던졌다. 유정에서 계속 석유가 솟구치게 하려면 프래킹회사는 연간 1,000억 달러나 되는 새 자본을 조달해야 한다는 것이었다. 그 정도면 월스트리트에서도 엄청난 자본이다. 참석자들은 잠두크림과 회향 꽃가루를 섞은 부라타 치즈를 스푼으로 떠먹으면서 알아들었다는 듯 고개를 끄떡였다. 그런 다음 바닥까지 싹싹 핥아먹었다. 여기서 강연하던 전문가는 이어서 기후변화 이야기를 하기 시작했다. 단순한 언급에 그치지 않고 석유업계에서 깡그리 무시하려 드는 위험성을 강조했다. 모든 채굴권과 유정, 채굴탑 같은 것들이 경제적인 측면에서 썩은 목재처럼 쓸모없이 변할 위험이 있다는 말이었다. 월스트리트의 경우에는 언제나 그렇듯, 모든 것을 대수롭잖게 보이게 하는 개념이 있다. 거기서는 가치를 상실한 자산을 '좌초자산Stranded Assets'이라고 부른다. 마치 해변에 밀려와 죽은 고래를 연상케 하는 개념이다. 하지만 이 고래는 환경운동가들이 아무리 애를 써도 다시는 살려낼 수 없다는 것이 문제다.

기후 보호론자들의 희망, 좌초자산

　　　　　좌초자산은 평가절하를 가리키는 개념이다. 에너지로 말하자면 소비 절약과 재생에너지원의 확대를 통해 화석연료를 차츰 불필요하고 비교적 값비싸게 만든다는 것을 의미한다. 동시에 배출가스에 점점 엄격한 법적 제한을 가함으로써 화석연료의 사용을 계속 줄인다는 뜻이기도 하다. 이렇게 되면 산업시설과 기반시설이 쓸모없어질 뿐만 아니라 여전히 지하에 매장되어 있는 석탄·석유·천연가스도 실제로 불필요해질 것이다. 기후 보호 운동가들은 심지어 그 경우에 남게 될 '탄소 관련 예산'도 이익으로 계산했다. 가령 지구온난화를 섭씨 1.5~2도의 상승에서 제한하기로 한 파리기후협정의 목표가 달성되면, 그것은 원유의 약 3분의 1, 천연가스의 절반, 석탄 매장량의 80퍼센트는 절대 채굴해서는 안 된다는 의미라는 것이다. 그렇게 되면 소유주들에게 그런 자원은 가치가 없을 것이다.

　기후 보호론자들이나 UN, EU 같은 국제조직에서 하는 말을 들어보면, 아니면 거기서 발표한 조사결과를 읽어보면 얼추 판단해도 석유기업이나 화학공장, 석탄광산운영사가 소유한 수천억 규모의 재산을 감가상각할 수밖에 없고, 그것은 단지 시간문제에 지나지 않을 것 같다. 이런 맥락에서 볼 때 주주들은 이런 기업에 들어간 자본을 빼내거나 기후 파괴 행위에 맞서는 것이 좋을 것이다. 예를 들어 2019년 1월에 발표한 '카본트래커이니셔티브Carbon Tracker Initiative'의 분석을 보면, 정치인들이 녹색 에너지원을 비싼 보조금을 지급해야 하는 프로젝트로 보던 시각을 멈추고 화석연료에 벌금을 부과하기 시작하는 '티핑포인트'가 임박했다고 한다.[3] 런던의 이 싱크탱크는 현재 금융시장에 밀어닥칠 기후 위험 문제에 매달리고 있다. 연구진행자들의 결론은, 생태에너지의 비용이 계속 떨어져 화석연료보다 저렴해질 뿐만 아니라 에너지 안보나 사회정의 같은 장점 때문에 기후변화가 정치적 변화를 끌어낸다는 것이다. 그에 따르면 '저탄소'로 나아가는 변화를 거부하는 국가는 심각한 대가를 치를 수밖에 없다고 한다. 환경오염과 기술적인 노화로 인한 사망자가 늘어날 뿐 아니라 무엇보다 '국제사회의 외면'을 면치 못할 것이다.

이런 결론의 배후에는 UN사회책임투자원칙UN PRI이라는 이름의 투자자 네트워크가 개발한 이론이 있다. UN PRI는 2005년 당시 유엔사무총장이던 코피 아난의 주도로 빛을 보았다. 아난은 연금기금이나 투자펀드, 각종 재단 같은 대형 기관투자가들을 초대해 지속 가능한 투자에 뜻을 모으도록 했다.[4] UN PRI에서도 인정하다시피 2015년 파리기후협정이 합의된 이후 만족스러운 진전은 이루어지지 않고 있다. 환경운동의 개척자들은 그것을 고상하게 '정책야망의 격차'라고 부른다. 다시 말해 새로운 규정과 탄소 배출 제한을 실천할 추진력이 부족하다는 말이다. 다만 이론상으로는, 극단적인 이상기후와 천문학적인 보험비용 같은 요인 때문에 각국 정부는 그간 방치하던 기후규정을 서둘러 준수하고 재생에너지로 전환하는 일에 적극적으로 나서지 않을 수 없을 것이다. 2018년 가을에 유엔에서 지원하는 네트워크가 소개한 '불가피한 정책대응JPR '[5] 이론에 따르면, 이런 상황은 2025년 무렵에 나타날 것이라고 한다. 이런 변화는 순식간에 일어날 것이므로 준비가 안 된 투자 매니저는 좌초자산과 시대에 뒤진 전략 때문에 대대적인 손실을 볼 수밖에 없을 것이다. 리먼의 파산에 따른 금융위기 같은 사태가 벌어질 수도 있고, 최대 4조 달러의 손실이 발생할 수도 있다. 이는 독일의 국내총생산과 맞먹는 규모. 아무튼 이것이 2018년 6월에 네덜란드 · 마카오 · 영국의 학자들이 환경기구 '자연기후변화Nature Climate Change'에서 발행한 연구서의 결론이다.

또 투자자들은 계속 화석연료에 투자할 것이기 때문에 위험한 '탄소 버블'이 발생할 것이다.[6] 파이프라인 버블이나 플라스틱 버블을 경고하는 전문가들도 있다. 국제환경법센터CIEL의 분석에 따르면, 특히 신세대가 플라스틱을 거부하고 세계적으로 점점 더 비닐봉지를 금지할 것이라고 한다.[7] 그러므로 프래킹의 막내 세대가 최근에 자원 생산 능력을 확충하는 것은 엄청난 과오투자라는 것이다. 더욱이 캐나다 중앙은행은 위협적인 좌초자산에 놀란 반응을 보였다. 캐나다은행은 2018년 5월 경제 분야의 저탄소 경향이 석유와 천연가스 부문의 붕괴로 이어질 수도 있으며, 이것은 주식의 투매를 유발하고 전반적인 금융시장의 불안정을 부를 수도 있다고 발표했다. 이 같은 비판적인 경고로 언론에 대서특필된 최초의 중앙은행 총재는 마크 카니Mark Carney였다. 그는 잉글랜드은행 총재로서 2015년 파리기후 정상회의 행사 중 하나로 열린 런던 로이즈 직원들을 상대로 한 연설에서 기업과 은행에 밀려올 기후위험을 열거했다. 카니가 금융계의 주목을 받을 수 있었던 것은 그가 금융계의 국제적인 감시견 역할을 하는 금융안정위원회FSB 의장이기도 했기 때문이다.

하지만 런던 금융가에서 누구나 그렇게 생각한 것은 아니다. 그것은 결국 정치적인 문제 아니겠냐고 익명의 한 은행가는 유럽판《폴리티코Politico》기자에게 말했다. "우리를 못 자게 하는 건 따로 있어요. 브렉시트 말입니다." 한때 잉글랜드은행에서 일했던 버밍엄대학교 교수 토니 예이츠는 기후변화가 시스템에 충격을 줄 수도 있다는 생각을 반박했다. 이 교수는《폴리티코》기자 앞에서 카니의 돌출발언은 그 자신의 자만심을 충족시키는 것에 지나지 않는다고 비난했다.[8] "중앙은행을 친환경적이고 현대적으로 보이게 하는 섹시한 주제죠." 하지만 기후변화라든가 저탄소 경제의 과도기로 인한 모든 재정적 위험은 그렇게 빨리 나타나지 않는다는 것이다. 환경정책이, 예컨대 석유기업이 은행에 상환의무를 이행하지 못할 정도로 빠르게 바뀌는 일은 거의 상상할 수 없다는 말이었다.

무엇보다 그런 불가피성은 정부와 입법기관이 온실가스 배출제한 규정을 엄격하고 확실하게 적용할 때만 나타날 것이다. 또 이산화탄소 배출규제도 화석연료의 값이 비싸지면서 더 이상의 경쟁력을 상실할 때 효과를 낼 수 있을 것이다. 그리고 이것은 일국의 정부가 단독으로 원칙을 바꾸는 것으로는 부족하고, 적어도 G20 차원에서 어느 정도 병행해 실시해야 효과가 있을 것이다. 그러나 현재로서는 그럴 가망이 없다. 오히려 그 반대다. 트럼프 정부의 환경청이 2019년 미국의 전력생산 과정에서 차츰 이산화탄소 배출을 감축하기로 한 오바마의 청정발전계획을 취소했기 때문이다. 전 석탄 로비스트로서 환경보호청장이 된 앤드루 휠러는 기존의 기후 보호조치를 청정에너지합리규제ACE로 바꾸었는데, 휠러의 주장에 따르면 이것이 청정에너지를 '저렴한' 가격에 확보하는 방안이라는 것이다. 이를 위해 폐기가스 규정은 석탄발전소에 유리한 방향으로 바뀌었다. 게다가 환경청은 트럼프의 '저렴한 청정에너지' 계획을 통해 석탄화력 발전소를 새로 건설하기를 바랄 정도다(그러나 트럼프의 석탄 구제조치가 먼저 이루어져야 할 것이다. 같은 날 환경운동단체와 뉴욕주는 이 계획에 반대하는 성명을 발표했다). 독일의 석탄 사용 중단도 지금까지는 예고에 지나지 않으며, 2038년까지는 거쳐야 할 입법 기간이 있다. 사용 중단 방침이 취소되지 않는다는 보장도 없다. 정권이 바뀔 때마다 수차례나 취소되었던 핵발전소 폐쇄 방침을 보면 알 것이다.

프랑스의 마크롱 대통령은 휘발유와 디젤유, 전기와 천연가스에 대한 유류세를 인상하면서 방향전환을 시도했다. 이는 화석연료에서 벗어나려는 정부의 단호한 의지를 경제계에 설득하기 위해 필요한 조치였다. 하지만 수만 명의 시위대가 노란색 안전조끼를 입고 수 주간 때로는 폭력도 불사하며 거리로 뛰쳐나오자 마크롱은 물러섰다. 세금인상 조치는 철회되었다. 하지만 그것은 시민대표들의 뜻에는 어긋나는 보기 드문 시위였다. 경제를 위해서라면 다른 방법도 있었기 때문이다. 공익활동기구인 로비컨트롤에 따르면, EU 본부가 있는 브뤼셀에는 약 2만 5,000명의 로비스트가 등록되어 있다고 한다.[9] 그중 3분의 2는 기업의 위탁을 받고 활동한다. 화학업계의 경우 연간예산 1,200만 유로로 영향력 행사를 위한 지출에서 선두를 달린다.

이 돈을 헛되게 날리는 것이 아니다. 로비컨트롤이 2019년 보고서에서 전하는 바에 따르면, EU 위원회의 공식적인 만남 중 평균 70

퍼센트는 기업 대표들을 상대로 한 것이다. 다시 말해 환경단체나 노조, 소비자보호단체, 그리고 그 밖에 시민사회 대표들은 균형 잡힌 여론을 전달하기가 어렵다는 말이다. 더구나 EU 전체 총국 중에 경제계 대표와의 만남이 75퍼센트에 이르는 상위 10개 총국은 특히 에너지와 수송부문에 속한다. 보고서는 다음과 같이 이어진다. '설사 EU 위원회가 전문지식을 구할 때도 그들에게 아주 중요한 상담 상대는 기업이다. 사실 규제받아야 할 사람들이 결정적 발언권을 행사하는 경우가 너무 많다.' 일례로 EU 위원회가 자동차에 대한 보다 현실적인 폐기가스 테스트를 개발하도록 지원하는 전문가 집단은 70퍼센트가 자동차회사의 대표단이다. 또 개별 회원국 정부도 자국 산업의 이익을 위해 대표단을 브뤼셀에 파견하는 경우가 많다. 로비 컨트롤은 독일 연방정부가 무엇보다 효과적인 배출가스 테스트를 완화하거나 지연시켰다고 비판한다. 뮌헨과 슈투트가르트 · 볼프스부르크의 자동차회사들이 분명 좋아했을 결과라는 것이다.

워싱턴의 기업들이 영향력을 행사하기 위해 지출하는 비용에 비하면 유럽연합의 예산은 푼돈에 지나지 않는다. 공익기구인 오픈시크릿Open Secrets의 데이터베이스에 따르면, 미국 석유 · 천연가스기업의 로비용 지출은 2018년에만 1억 2,500만 달러나 되었다.[10] 대부분 직업적인 정보제공자를 위해 비용을 지출하는 기업 중에는 엑슨모빌 · 코크인더스트리즈 · 셰브런 등이 있다. 오픈시크릿에 의하면, 이뿐만 아니라 업계의 대표들은 후보자나 정당, 그 밖의 정치조직에 다시 8,400만 달러를 지출했다. 자금의 많은 부분은 공화당 후보나 조직으로 흘러 들어갔다.[11]

로비스트들은 또한 지금까지는 기후목표가 약속이나 예고 수준을 벗어나지 않았기 때문에 별 부담 없이 활동할 수 있었다. 유난히 강력한 역풍의 도움을 받을 필요도 없었다. 녹색당의 진출이 두드러졌던 5월의 EU 선거 직후, 2050년을 탄소 중립화의 기한으로 정하려는 EU 회원국 정부 수뇌부의 시도는 실패로 돌아갔다. 특히 동유럽의 폴란드·체코·헝가리는 그렇게 빨리 석탄을 포기할 생각이 없었다. 결국 구체적 시한을 정하지 말자는 데 의견이 모였다. 야심 찬 기후목표에 남은 것이라고는 모두 참고용 단서조항뿐이었다. 그 조항에서는 회원국 '대부분'이 2050년까지 노력할 것이라는 말이 들어갔다.[12]

하지만 힘겹게 이루어진 모든 협상이나 합의도, 여론의 눈치를 보는 정치인의 필요에 따라 언제든 폐기될 수 있다는 것을 누구보다 트럼프 대통령이 보여주었다.

돈으로 녹색 세상을 연다?

정치가 아니어도 석유·천연가스·석탄이 즉시 산업시대의 연료가 되도록 하는 세력은 또 있다. 바로 자본가다.

은행이나 투자자가 채굴회사나 광산경영자에게 더 이상 자본을 제공하지 않는다면 에너지업계는 곧 끝장날 것이다. 특히 끊임없이 어마어마한 현금 수요가 있는 프래킹 업자는 그대로 무너지고 말 것이다. 그러나 자본주가 에너지업계에 등을 돌릴 것 같지는 않다. 오히려 그 반대다.

파리기후정상회의 전에 세계적 금융회사는 기후 보호를 위해 금융지원을 해주마고 약속했다. 트럼프가 파리협정의 탈퇴를 예고했을 때 미국 최대 은행인 JP모건체이스의 제이미 다이먼 회장은 대통령의 결정에 동의하지 않는다고 말했다. 그는 "우리에게는 시민대표들이 건설적으로 협동하고 인간의 생명과 환경을 보호하기 위해 전력을 다하도록 격려할 책임이 있다"라는 견해를 표명했다.[13]

하지만 하필 그가 책임자로 있는 기관은 화석연료의 최대 자본주에 속한다. 기후보호협정 이후 그가 지휘하는 은행은 화석연료산업에 1,960억 달러를 융자해주었다. 파리협정 이후 상위 33개 금융회사로부터 총 1조 9,000억 달러가 이 분야로 흘러 들어갔다.[14] 이것은 독일연방 예산의 5배나 되는 규모다. 대부분 미국계 은행에서 나온 돈으로, JP모건 외에 캘리포니아의 웰스파고, 시티그룹, 뱅크오브아메리카 등이 있다. 골드만삭스와 모건스탠리도 참여했다(모두 금융위기 때 친숙해진 이름들이다). 유럽에서는 영국의 바클레이즈은행이 850억 달러로 석유와 천연가스에 가장 적극적인 자본주 역할을 했다. 하지만 도이체방크의 자금도 540억 달러나 들어갔다. 이것은 뱅크트랙BankTrack의 보고서에서 드러난 것이다.[15]

뱅크트랙은 기후 보호와 관련해 금융기관의 활동을 감시하는 것을 임무로 하는 비정부기구다. 그리고 '일반적으로 금융기관이 기후재난을 부채질하는 양상이다'라는 결론을 내린다. 이때 금융기관은 몹시 추악한 프로젝트도 마다하지 않는다. 해당 은행들은 캐나다의 오일샌드 사업을 하는 기업에 700억 달러가 넘는 자금을 지원했다.

또 북극처럼 오염에 취약한 환경에서 석유와 천연가스를 개발하는 채굴회사에도 기꺼이 지원한다. 여기서 도이체방크도 거의 10억 달러를 지원했다. 뱅크트랙에 따르면, 영국의 HSBC와 프랑스 은행인 소시에테제네랄, BNP파리바는 지금까지 야생 그대로 보존된 '아크틱내셔널야생동물보호지역^ANWR' 개발에 참여한 기업에 재정지원을 해주지 않았다고 한다. 이 보호구역은 트럼프 정부가 굴착 플랫폼과 파이프라인을 위해 가장 우선적으로 개방하려는 곳이다. 프래킹회사들은 2016년부터 2018년까지 2,150억 달러를 받았는데, 대부분 웰스파고·JP모건·뱅크오브아메리카에서 나온 자금이다. 아무튼, 뱅크트랙은 도이체방크가 프래킹회사에 지원한 금액을 60억 달러로 기록했다. 이 은행은 갈탄 채굴을 위해 수백 년 된 함바흐 숲을 파괴하려는 에너지기업 RWE의 주거래은행으로 선두를 차지했다. RWE의 거래은행 2위 자리는 스위스의 크레디트스위스가 차지했고, 3위는 BNP파리바였다. 골드만삭스와 UBS 또한 2016년부터 2018년까지 RWE의 거래은행이었다.[16]

금융계에서는 '월스트리트 워크^Wall Street Walk'라는 말이 있다. 상장주식의 경영방식에 동의하지 않는 투자자는 보유한 주식을 판다는 뜻이다. 경영진과 감사위원회의 사고 전환을 유도하기 위해서는 월스트리트로부터 탈출할 필요가 있다는 것이다. 하지만 이제까지는 가령 뉴욕주 공직자들의 연금을 관리하는 뉴욕연금펀드처럼 몇몇 사례에 불과하다. 아무튼 이 펀드는 2,100억 달러 규모의 미국 내 3위의 연금기금으로 2030년까지 100퍼센트 지속 가능한 투자처에 투자한다고 한다. 여기서 지속가능하다는 표현은 시설이 섭씨 1.5도

라는 기후목표와 일치되어야 한다는 말이다.[17]

아이로니컬하게도 국가의 석유 수익에서 나오는 1조 달러 규모의 노르웨이 국부펀드는 꽤 긴 정치적 논쟁 이후 어떤 형태로든 매출의 30퍼센트 이상이 석탄과 연관된 기업과는 거래를 끊기로 결정했다. 연금기금과 국부펀드에서 운용되는 규모는 세계적으로 30조 달러에 이르며 그만큼 영향력이 막강하다. 그러나 투명한 기후목표를 가지고 있는 경우는 별로 없다.

이와 관련해 월스트리트가 이 문제를 무시하는 것 같지는 않다. 사실 ESG 투자는 가장 빠르게 성장하는 부문에 속한다. ESG는 환경·사회·지배구조Environmental Social Governance를 가리킨다. 투자상품이나 유가증권은 친환경적이고 지속가능해야 하며 사회적이어야 한다는 말이다. 예를 들면 특히 독일이 금융 중심지가 되어 육성하려 하는 친환경채권Green Bonds이 그에 해당한다. 기업이나 지자체 혹은 모든 주정부는 그런 녹색채권을 통해 환경 프로젝트와 기후 보호 조치에 재정지원을 한다. 금융통신사 블룸버그는 2017년과 2018년에 그런 채무증권에 2,600억 달러가 투입되었다고 보도했다.[18] 네덜란드는 신용평가에서 최초로 최고 점수인 트리플A를 받은 국가로, 약 60억 유로 규모의 채권을 발행했다. 투자자들은 단 2시간 만에 이 유가증권을 덥석 채갔다. 발행목적은 여기서 조달된 자금으로 국가적인 환경정책을 추진하려는 데 있다.

마찬가지로 칠레와 미국 코네티컷주도 이미 녹색채권을 발행했다. 또 일찍이 전후 재건을 위한 금융기관으로 설립된 독일개발은행KfW도 적극적인 채권 발행기관에 속한다. 연방정부로부터 추진할 가치가 있는 프로젝트를 지원받는 이 국영은행은 2019년에 약 60억 유로 규모의 녹색채권을 발행할 계획을 세웠다. 독일 정부 역시 이 분야에서 뒤지지 않는다. 개발은행은 녹색연방채권에 욕심을 내고 있다. 다만《한델스블라트》는 그 프로젝트를 '한갓 상징적인 정책'이라고 비난하며 그 녹색증권은 더 이상 국가적 기후 보호로 이어지지 않을 것이라고 논평했다.[19] 또한 세계적인 개발문제 싱크탱크인 독일개방정책연구소[DIE]도 2017년에 발표한 〈녹색채권: 분홍빛 색안경을 벗고 바라보기〉라는 독특한 제목의 연구서에서 회의적인 태도를 드러냈다.

무엇보다 문제는 금융상품에 대한 일관된 기준이 아직 없다는 것이다. 지금까지 대부분 친환경으로 여겨지는 것은 유가증권 발행기관에서 친환경으로 평가한 것이 일반적이었다.[20] ESG에 대한 단일 기준이 없기 때문에 윤리적이고 지속 가능한 투자지분이 실제로 얼마나 되는지도 확실치 않다. 홈페이지에서 '지속 가능한 투자기구의 효과와 가시성을 강화하는 것'을 임무로 내세우는 세계지속가능투자연합[GSIA]은 ESG 투자가 31조 달러에 이르는 것으로 평가한다. 훨씬 더 보수적인 JP모건체이스는 반대로 3조 달러만을 '순수한' ESG 자산으로 인정한다. 전체적인 컨설턴트나 애널리스트를 비롯해 각종 관련 기구는 그동안 더 많은 정보를 확보하기 위해 애쓰고 있다. 이것도 번성 중인 사업 부문이다. 그리고 물론 미디어도 이 분야에 개입하는 추세다. 예를 들어 많은 독자를 확보한《파이낸셜타임스》의 칼럼니스트 질리언 테트는 ESG 투자가 티핑포인트에 도달했다고 말했다. 테트는 2019년 6월 '사회적으로 가만히 기다리는 위험이

현장에 참여하는 위험보다 더 크다고 생각할 때 혁명이 일어난다는 것을 역사는 보여준다'라고 썼다.[21]

월스트리트는 ESG를 좋아한다. 금융위기 이후 프래킹 업자와 셰일혁명이 그랬듯, 이 세 글자는 다시 고객에게 뭔가 새로운 것을 팔 기회가 있다는 것을 표현한다. 《로이터》 통신 기자들도 ESG가 가장 뜨거운 관심을 받는 구호임을 확인했다.[22] 그 이유의 하나는 인구 통계상의 변화 때문이라는 것이다. 밀레니얼 세대는 지속 가능한 음식뿐만 아니라 적절한 투자도 요구한다. 청춘기의 저항을 기억하는 베이비부머 세대는 60~70대에 접어들어 이제는 그런 참여의식을 달러와 유로로 표현할 수 있다. 《로이터》 통신 기자들은 "이 목표집단을 겨냥하고 자산운용사들은 이 부문을 그럴듯하게 치켜세운다"라는 결론을 내렸다.

블랙록에서도 ESG에 대한 관심을 주목한다. 평범한 자산운용사가 아닌, 세계에서 가장 막강한 영향력을 지닌 투자사인 블랙록이 운용하는 자산은 6조 달러가 넘는다. 0이 12개나 붙는 6,000,000,000,000달러는 그야말로 상상이 안 되는 액수다. 프랑스 연간 총생산의 2배가 넘는 규모다. 이렇게 거대한 금융권력은 이제까지 존재한 적이 없다. 이 회사는 어마어마한 규모에도 수년간 주목받지 않고 무대 뒤에 숨어 있을 수 있었다.[23]

하지만 독일에서는 블랙록이 기민당 정치인 프리드리히 메르츠를 독일지사 감독위원회로 스카우트한 이후 상황이 변했다. 세계적으로, 네트워킹이 잘되는 정치인과 공무원을 고용하는 것은 기업의 전략에 속한다. 정치와 자본 사이에서 벌어지는 이런 회전문 현상은 반대 방향으로 작용하기도 한다. 2018년 가을, 메르츠는 앙겔라 메르켈의 후계자 가능성이 있는 인물로 부각되었다. 처음에는 당 대표로 거론되었지만 그것은 총리 후보가 되는 자리다. 후보 자격을 갖춘 메르츠는 무엇보다 독일인들이 주식투자를 더 해야 한다고 요구했다. 총리에 대한 야망을 품었지만, 여전히 블랙록의 감독위원인 그는 한발 더 나아가 민간펀드에 대한 투자를 시민의 의무로 만들려고 했다. 이런 상황에서 블랙록은 최근에 주택 부족을 둘러싼 논란에 휘말리면서 언론의 주목을 받았다. 뉴욕에 본거지를 둔 블랙록은 열악한 서비스와 고가의 현대화, 부대비용의 착오 때문에 비난받는 보노비아Vonovia처럼 독일 주택건설기업의 대주주에 속한다.

소수의 국가를 제외하면 블랙록이 발을 담그지 않은 업계나 시장은 없다. 이 자산운용사가 관여하는 기업은 세계적으로 수천 개에 이른다. 블랙록의 펀드가 10대 주주에 속하는 경우도 흔하다. 1988년 블랙록을 창업한 래리 핑크Larry Fink는 그에 따르는 커다란 책임을 언급할 때가 많다. 매년 연초가 되면 산하 사장들에게는 그의 여러 가지 경고가 담긴 편지가 배달되는데, 이 편지는 물론 언론에서도 인기가 있다. 2018년 핑크는 다음과 같은 편지를 써서 큰 주목을 받았다. '기업이 번창하기 위해서는 경제적 성과뿐만 아니라 사회에 긍정적인 기여도 해야 한다. 기업은 자체의 모든 관심집단에 기여해야 한다. 거기에는 주주와 직원, 고객, 그리고 기업이 활동하는 주변 영역이 포함된다.'[24] 독일어로 된 홈페이지에는 '지속 가능한 투자'라는 제목 아래 다음과 같은 설명이 제시된다. '장기적인 사고와 행위는 일상적인 업무나 시설의 선택 및 관리, 고객지원에서뿐 아니라 우리와 고객이 사는 이 사회에 뭔가를 되돌려주려는 노력에서도 중요한 역할을 한다.'[25]

이때 기업은 이익과 기쁨을 결합할 수 있다. 그리니치어소시에이츠Greenwich Associates 분석가들의 조사에 따르면, 유럽에서 전체 대형 투자사들의 절반은 2025년까지 자본의 절반 이상을 ESG 기준에 따라 투자할 것이라고 한다. 이것은 수요가 급격하게 증가하고 있다는 것을 말한다.[26] 하지만 지금까지 이 회사에서 관여한 총 800개 펀드 중에서 ESG 기준에 따라 투자한 블랙록의 펀드는 28개에 지나지 않는다. 그럼에도 블랙록은 ESG에 들어간 출자금이 현재의 120억 달러에서 2028년까지 2,500억 달러로 20배 이상 늘어날 것을 기대한다.

이 액수에 깊은 인상을 받은 국제에너지기구IEA는 지속 가능한 경제로 전환하기 위해 해마다 연간투자가 적어도 1조 달러에 이를 것으로 예상한다.

그리고 핑크엔코Fink & Co의 기본방침이 아무리 환영할 만하다고 해도 블랙록이 녹색펀드 외에 아이셰어iShares에서 관리하는 '미국 석유와 천연가스 탐사 및 생산' 같은 펀드를 갖고 있는 것은 숨길 수 없는 노릇이다. 이 펀드는 금융 웹사이트 '모틀리풀Motley Fool'이 '위험 기피 투자자들에게 탁월한 투자'라고 표현한 적이 있다. 이 펀드는 2019년 6월, 40퍼센트 가까이 석유 대기업에 투자되었다. 거기에는 천연자원을 개척하는 프래킹사 코노코필립스와 발레로Valero 혹은 2001년 떠들썩한 회계 스캔들로 세계를 놀라게 한 엔론의 석유·천연가스 자회사였던 EOG 같은 거대 정유소가 포함된다. 물론 최근 블랙록이 점점 더 환경운동가들의 관점에 가까워지는 것은 사실이다. 반면, 이 거대금융기업의 뉴욕 본사 앞에서 시위했던 '이니셔티브 블랙록스 빅 프로블럼' 같은 단체는 "블랙록은 지구상 최대의 환경파괴조직"이라고 주장한다. 이런 주장의 배후에는 지구의친구FOEI, 아마존워치Amazon Watch, 다이베스트네트워크Divest Network, 미국 내 최대 자연보호연맹인 시에라 클럽 같은 시민운동 네트워크가 있다. 빅 프로블럼 이니셔티브의 홈페이지에 따르면[27], 블랙록은 석유·천연가스기업에 대한 대표적인 투자사일 뿐만 아니라 가장 선두에서 새로운 석탄 매장지를 개발하고 있으며 열대우림의 파괴에 책임이 있는 미국의 최대 투자기관이라는 것이다.

블랙록이 안고 있는 '중대한 문제점'은, 사업형태로 볼 때 이런 참여방식을 불가피하게 만든다는 데 있다. 그것은 외견상 인덱스펀드의 성장세가 멈추지 않는 월스트리트의 근본적인 변화 때문이다.

현금인출기 이후 최고의 혁신, ETF

인덱스펀드는 월스트리트의 많은 역사가 그렇듯이 참신한 아이디어에서 비롯되었다. 1976년 필라델피아 출신으로 그때까지 무명의 자산관리사였던 존 보글John Bogle은 주가지수 S&P 500을 똑같이 본떠 포트폴리오를 구성한 펀드를 창립했다. 이 말은 보글의 펀드가 매출과 시장가치를 기준으로 미국에서 가장 중요한 500대기업에 속하는 모든 회사의 주식을 사들였다는 뜻이다. S&P 500처럼 전국 시장이나 개별적인 산업 분야와 관련된 지수는 많다. 예를 들어 독일에는 독일 주가지수를 나타내는 닥스^{Dax}가 있다. 원래 개별기업의 주식을 이것과 비교하도록 해놓은 것이다. 그런데 보글은 이 목록에 나온 주식으로 펀드를 구성하고 투자자의 돈을 이런 방식으로 투자한 것이다.

이런 방식에는 많은 장점이 있다. 우선 개별기업이나 전망에 대해 열심히 파고들 필요가 없다. 이런 일은 특히 소액투자자들에게는 과중한 임무가 아닌가. 그리고 이런 일로 금융전문가에게 따로 대가를 지불하지 않아도 된다. 보글의 인덱스펀드는 대성공을 거두었다. 게다가 여러 가지로 비교해보면, 이런 방식이 펀드매니저가 주식을 사고팔면서 적극적으로 관리한 펀드보다 많은 이익을 내고 시장 평균보다 더 낫다는 보글의 가정이 맞았음을 확인할 수 있다. 가령 생명공학의 잠재력을 믿으면서도 개별기업에 투자하고 싶지 않은 사람은 해당 부문 지수를 사면 된다. 예컨대 연금수급자도 이런 방법으로 지금까지는 억만장자나 연금기금이나 하던 방식으로 폭넓은 투자를 할 수 있다.

하지만 월스트리트의 금융기술자들은 보글의 구성방식을 계속 발전시켰다. 혹은 2019년 1월, 90세로 사망할 때까지 비판자로 남았던 보글처럼 불평했다. 이에 따라 그들은 보글의 방식을 복잡하게 만들었다. 그것이 일확천금을 잡을 기회를 좀처럼 제공하지 않기 때문이다. 이렇게 해서 상장지수펀드^{ETF}, 즉 주가지수를 주식처럼 취급하는 인덱스펀드가 발명되었다. 이 방법으로 펀드매니저에게는

OPM(다른 사람의 돈)을 멋대로 굴릴 기회가 생겼다. 현금인출기를 제외하고 이런 방식으로 고객들에게 대히트한 금융상품은 없다. 2019년 5월, 이 수동적인 펀드에 대한 투자는 거의 6조 달러나 되었다. 이때만 해도 적극적으로 관리되는 펀드는 7조 달러로 우위를 유지했다. 그러나 신용평가사 무디스의 진단에 따르면, 2021년까지 적극적으로 관리되는 펀드와 인덱스펀드의 투자비율은 역전될 것이라고 한다.

이제 수동적 투자라고 하면 압도적으로 "ETF에" 투자하는 것을 의미하게 되었다. 그리고 세계적으로 ETF의 대표적 공급사가 블랙록이다. 이것은 왜 블랙록이 수천 개의 기업에 관여하는지, 왜 환경운동가들로부터 환경파괴범으로 비난받는지 이유를 말해준다. 투자자가 이런 기업과 연관된 적절한 인덱스펀드를 사는 한, 블랙록도 관리주식에 대한 투자를 계속할 것이다. 다만 이 공룡기업은 세계를 지속 가능한 방향으로 이끌기 위해 더 많은 것을 할 수도 있을 것이다. 빅 프로블럼 환경기구의 분석에 따르면, 블랙록에는 화석연료의 매장지가 최고의 투자처라는 확고부동한 인식이 있다. 이 회사는 자체 펀드를 통한 석탄화력발전소의 최대 투자자이기도 하다. 독일의 환경기구 우르게발트Urgewald가 이끄는 환경운동 콜엑시트Coalexit의 분석에 따르면, 블랙록의 펀드는 새 석탄화력발전소를 건설하는 기업에 약 110억 달러를 쏟아부었다고 한다. 콜엑시트는 석탄에 새 자본을 투입한 1,000곳이 넘는 대형 기관의 투자를 검증했는데, 여기서 블랙록은 1위에 올랐다(2위는 일본 정부에서 운영하는 연금기금이었다).[28] 워싱턴의 친환경 싱크탱크인 세계자원연구소WRI의 분석가들은 '엄밀하게 말하면, 이런 참여방식은 블랙록의 수동적 투자펀드에 의해 추진되고, 이 펀드는 전통적인 지수를 따른다고 해야 할 것이다'라고 썼다.[29]

그러나 환경운동의 선각자들은 블랙록이 적어도 유난히 많은 기후 파괴업체들이 포함된 지수를 그대로 복제하여 펀드를 제공하는 것만은 멈출 수 있을 것이라고 말한다. '하지만 고객이 이런 상품을 요구하는 한, 그것은 있을 법하지 않다'라고, 분석가들은 체념적인 결론을 내린다. 이런 점에서 석탄광산이나 석유회사, 프래킹 업자들은 새로운 투자에서 엄청난 돈을 벌어들일 것으로 보인다. 녹색투자는 어느 특정 목표집단을 위해 제공하는 기호 영역일 뿐이다. 누구에게도 희생을 요구하지 않는 정치인과 비슷하게, 자본주는 그런 방식으로 현 상태를 뒷받침하고 있다.

"석유는 전쟁을 승리로 이끌어주는 전투의 피다."

—1918년 11월. 조르주 클레망소 (프랑스 총리)

이제 어떻게 할 것인가?

새로운 석유시대의 디오라마는 이제 사방으로 펼쳐져 있다.
하지만 그것은, 텍사스 석유박물관에 있는 것과는 달리
더 이상 변할 수 없는 원시 세계가 아니다. 그것은 현재를 보여준다.
우리 모두가 소비자로서, 유권자로서,
그리고 투자자로서 손에 쥐고 있는 미래를 가리킨다.

2020년

석유전쟁의 여파는 전 세계로 뻗어 나가고 있다. 독일도 예외가
아니다. 그것은 우리의 안전과 에너지 공급과 일자리를 위협한다.
그 여파는 근본적인 변화를 수반하게 될 것이다. 나머지 세계가 대
부분 눈치채지 못하는 사이에, 끊임없이 솟아나는 유정을 가진 외
딴 서부 텍사스의 프래킹회사들은 검은 천연원료가 서서히 바닥나
는 불가피한 상황에서 우리 경제가 더 친환경적이고 지속 가능한 상
태로 나갈 것이라는 기대를 날려버렸다. 그런 기대는 이제 에너지
혁명에 수반되는 외부 요인의 제약보다 정치적 의지에 달렸다. 이미
그것은 역사적 도전 과제가 되었고 동시에 지정학적 균형은 셰일혁
명을 통해 근본적으로 충격을 받았다. 도널드 트럼프가 대선에 나오

기 전부터 미국은 하필 워싱턴 정부가 수십 년간 확립해놓은 서구적 제도로부터 등을 돌리기 시작했다. 트럼프는 그 자신의 국가주의적 정치를 통해 이런 이탈 흐름을 단지 가속했을 뿐이다.

여기서도 새로 발견된 석유와 천연가스의 국부는 결정적 열쇠 역할을 한다. 에너지 주도권이라는 트럼프의 강박관념은 친구와 적의 관계를 새로 규정했다. 그리고 그 바탕에서 그는 에너지 시장을 겨냥한다. 시장은 1970년대 이후와 달리 몹시 변덕스럽다. 선진국이 아무리 OPEC를 두려워한다고 해도 이 석유 카르텔은 과거 록펠러의 스탠더드오일이 그랬듯 석유세계에 일정한 예측가능성과 안정을 제시했었다. OPEC의 의미 상실은 오로지 OPEC+1의 형태(러시아와의 협력)를 통해서만 제동을 걸 수 있지만, 그 변화를 막을 수는 없다. 이 또한 프래킹 업자들의 작품이다. 하지만 앞으로 수년간 새 질서는 특히 점점 더 에너지 갈증이 심해지는 중국에 의해 틀을 갖추게 될 것이다. 젊은 세대를 만족시키기 위한 발 빠른 성장과 위험하게 파괴되는 환경 사이에서 이리저리 찢긴 나라가 향후의 질서를 규정한다는 말이다.

그리고 유럽은 갈수록 변두리로 밀려나고 있다. 아직도 변함없이 화석연료에 의해 규정되는 거대한 에너지 권력다툼에서 유럽은 공급이나 수요를 막론하고 힘을 쓰지 못한다.

이때 석탄과 석유, 나아가 천연가스에서 벗어나는 에너지 혁명은 바로 독일이 부유한 산업국가로 나가는 유일한 기회가 될 수 있을 것이다. 이를 위해 재정적 수단뿐만 아니라 필요한 기술적 노하우도 있다. 아니, 있도록 해야 한다. 에너지 혁명은 포기와 희생 없이는 성공하지 못하기 때문이다. 여러 면에서 독일 혼자 그 짐을 짊어진다면 에너지 혁명은 그만큼 어려워질 것이다. 이것은 제2차 세계대전 이후의 재건이 그랬듯, 모두의 노력을 요구하는 도전적 과제다. 그리고 최선의 경우를 가정해도, 우리가 오늘날 알고 있는 독일은 사라질 것이다.

2050년

미국

31.9453611,−103.0093889. 좌표를 보면 계속 도로가 좁아지는 가운데 메스키트와 유카 같은 관목이 드문드문 자라는 돌투성이의 황량한 풍경 속으로 점점 더 깊이 들어가게 되어 있다. 길을 따라가다 보면 갑자기 모래광산이 있던 곳의 녹슨 저장고가 나타난다. 방문객은 곳곳에서 서부 텍사스의 퍼미언에 석유 열풍이 불던 때의 잔재를 보게 된다. 크리스 주니어는 폐쇄된 모래광산에서 태양광발전소를 운영한다. 그의 부친만 해도 석유회사에 다녔다. "우리는 프래킹 사업을 했어요. 여기서 돈 좀 벌었죠." 기름때에 전 빨간 야구모자를 쓴 70대의 크리스가 하는 말이다. 모자에는 '미국을 다시 위대

하게'라는 글자가 희미하게 남아 있다. "여기가 이렇게 되리라고는 꿈에도 생각하지 못했어요." 석유 시추탑이 서 있던 곳에 요즘 들어선 풍차를 가리키는 말이다. 사막을 가로지르는 고압선이 지평선 위로 사라지는 내륙에는 도시들이 있다. 크리스 부자는 지역의 신흥 중심지로 부상하는 내륙에 2대째 자리 잡고 사는 소수에 속한다.

솔라센터시티Solar Center City, 과거의 '오일타운'은 이제 스스로 태양광 시스템의 중심도시로 자처한다. 태양전지판과 터빈을 관리하는 대부분 노동자는 미국의 해안도시에서 왔는데, 특히 플로리다 출신이 많다. 점점 더 사나워지는 폭풍과 홍수가 많은 주민을 쫓아냈다. 기후난민의 대부분은 내륙의 신흥 대도시로 갔지만 일자리와 주택 부족으로 새 이주민은 그곳에 터를 잡기가 힘들다. 게다가 몇몇 도시는 새 주민을 받아들이지 않는다.

단백질 공장은 번창하는 산업에 속한다. 이곳에서는 햄버거나 치킨너겟, 혹은 그와 비슷한 제품에 사용하는 식물성 고기의 원료를 생산한다. 원래의 맛과 성분에 가장 가깝게 세포로 배양돼 자란 고기는 더 비싼 독점품목이다. 아주 부유한 계층은 인간이 없는 초원의 농장에서 생명윤리 방식으로 사육된 동물을 도살한 고기를 먹을 수도 있다. 최대 규모의 육우업자 중 한 명은 아마존을 창업한 제프 베조스다. 아마존은 오늘날까지도 거의 모든 품목의 소매점사업과 광범위한 정보산업을 장악한 기업이다.

중국

이 나라는 끊임없이 환경폭동으로 몸살을 앓는다. 중국의 젊은 세대가 공기와 식수 오염으로 빈번하게 발생하는 질병을 받아들일 생각이 없기 때문이다. 베이징 정부는 재생에너지로 전환하고 필요한 속도로 지속 가능한 산업을 실천하는 데 게을렀다. 서구에서는 수년 전 금지된 석탄화력발전소가 여전히 가동 중이다. 지금까지 베이징 정부는 저항운동을 무자비하게 진압했다. 그러나 중국의 관측자들은 파국이 임박했다고 본다. 다만 친환경 봉기의 계획이 무엇인지 아는 사람은 아무도 없다.

사우디아라비아

리야드에서는 절대군주인 선왕이 사망하고 나서 64세의 모하메드 빈 살만MBS이 통치하고 있다. 사우디왕국은 얼마 남지 않은 산유국에 속한다. 배럴당 생산원가가 낮은 덕분에 사우디아라비아는 수요가 불안정하고 유가가 떨어지는 상황에서도 석유사업으로 돈을 번다. 또 모든 나라가 전기자동차로 전환한 것도 아니다. 중국의 화학 산업도 여전히 고객에 속한다. 그러나 수익은 국내의 천연원료가 가져다주던 과거의 부와 비교가 되지 않는다. 일찍이 MBS가 왕국을 석유 의존으로부터 해방시키려고 계획했던 녹색의 거대도시 네옴은 여전히 첫 공정단계를 벗어나지 못했다. 10년 전부터 시작된 내전의 혼란 속에 거의 공식적인 자리에 등장하지 않는 MBS는 이따금 무너진 건물의 잔해로 행차하는 모습이 보인다.

독일

독일연방공화국의 해안에는 풍력발전소가 줄지어 서 있다. 육지에서도 풍차는 거의 어디서나 볼 수 있는 풍경이 되었다. 특히 바람이 많이 부는 주에서는 주민들이 "아스파라거스로 변신한" 고향 풍경을 놓고 끊임없이 불만을 토로한다. 하지만 이들을 방해하는 것은 비단 풍차뿐이 아니다. 그 밖에 수소생성기가 있을 때도 흔하다. 이미 전국에 수천 기가 있는 이 시설은 풍력을 이용해 물을 수소와 산소로 분해한다. 독일 산업은 이 기술을 선도하고 있다. 전국 모든 주택의 지붕은 태양전지판으로 덮여 있다. 조류 보호 운동가들은 아직 남아 있는 철새가 해마다 죽어가는 책임을 번쩍이는 표면이 달린 엄청나게 많은 태양전지판 탓으로 돌린다. 아무리 노력해도 철새의 죽음을 효과적으로 막을 방법은 아직 없다.

이 문제는 노란색 조끼부대가 스스로 찾아냈다. 그들은 이제 전국적으로 가장 강력한 야당이다. 총리후보의 선두주자인 야당 당수는 독일이 환경독재국가라고 주장한다. 자동차와 휴가, 항공여행도 특권층만 가능하다는 것이다. 그는 《차이트》지와 인터뷰에서 "대부분 시민에게 에너지 혁명은 이동과 자유의 포기를 의미한다"라고 말했다. 무엇보다 자동차산업의 대량실업으로 엄청난 문제가 발생했다는 것이다. "우리는 국가의 가장 중요한 산업을 파괴했습니다." 특히 최근 중국의 BYD가 다임러를 인수한 것이 쓰라리다고, 그는 조끼부대의 여성대표로서 말했다. "메르세데스라는 상표가 중요한 것이지, 중국인들은 기업과 종업원들의 운명에는 아무런 관심도 없다고요."

하지만 여당일 때 대대적인 경제의 구조전환을 요구했던 녹색당은 에너지 혁명이 성공적이라며 반기고 있다. "희생 없이 이룬 것은 아니지만 우리는 우리가 함께 달성한 것에 자부심을 느껴도 됩니다"라고 이제 노령이 된 로베르트 하베크 총리는 베를린에서 열린 '에너지 중립 2050' 기념식에서 말했다. 이산화탄소 세금이 없었더라면 이런 결과는 이루지 못했을 것이다. 이 행사에는 스웨덴의 그레타 툰베리도 참석했다. 툰베리는 16세 때 '미래를 위한 금요일 Fridays-for-Future' 운동으로 누구보다 청소년 세대를 기후보호운동으로 끌어들였다. 툰베리는 연설을 통해 에너지 혁명을 비판하는 사람들의 주장을 일축했다. "이들은 우리가 이 모든 변화를 끌어내지 못했을 때 이 세계가 어떻게 보일지 깊이 생각해봐야 합니다"라고 이제 47세가 된 이 스웨덴 여성은 말했다. 그리고 기후혁명은 아직도 끝나려면 멀었다는 것이다. "석탄화력발전소가 더 이상 연기를 내뿜지 않을 때까지, 내연기관 자동차가 더 이상 이 세계에서 부르릉거리지 않을 때까지 우리는 멈춰서는 안 됩니다."

2050년 세계의 모습이 어떨지는 아직 정해지지 않았다. 확실한 것은 미래가 우리의 에너지 정책에 의해 정해질 것이라는 점이다.

어쩌면 인류사에 전례가 없는 일일지도 모른다. 분명히 말할 수 있는 것은, 우리가 에너지 혁명으로 나갈 때 우리의 삶과 환경도 극적으로 변한다는 것이다. 그리고 그렇게 하지 않을 때, 우리 모두의 지구는 파괴될 것이다.

석유전쟁의 서막

1. https://www.adidas-group.com/de/nachhaltigkeit/nachhaltigkeitsmanagement/ allgemeiner-ansatz/ (abgerufen am 1.7.2019)

2. https://de.fashionnetwork.com/news/Pfand-aufs-Paket-Zalando-soll-umwelt freundlicher-werden,1101677.html#.XRDsOLwZ43E (abgerufen am 1.7.2019)

3. https://www.beiersdorf.de/nachhaltigkeit/ueberblick (abgerufen am 1.7.2019)

4. https://www.lufthansagroup.com/de/verantwortung/klima-umwelt.html (abgerufen am 1.7.2019)

5. https://www.haribo.com/deDE/karriere/stellenmarkt/job/4991/title/assistent-in-corporate-social-responsibility.html (abgerufen am 1.7.2019)

6. https://www.spiegel.de/wirtschaft/unternehmen/strom-2018-gab-es-erstmals-mehr-als-40-prozent-oekostrom-a-1246124.html (abgerufen am 1.7.2019)

7. https://www.umweltbundesamt.de/daten/energie/stromerzeugung-erneuer bar-konventionell#textpart-3

https://www.umweltbundesamt.de/themen/kli ma-energie/erneuerbare-energien/ erneuerbare-energien-in-zahlen (abgerufen am 1.7.2019)

8. https://www.wiwo.de/technologie/green/energie-oekostrom-anteil-in-deutschland-2018-erstmals-ueber-40-prozent/23823074.html (abgerufen am 1.7.2019)

9. https://heizung.de/heizung/wissen/heizen-in-zahlen-daten-und-fakten-im-ueberblick/ (abgerufen am 1.7.2019)

10. https://www.theguardian.com/environment/2016/sep/03/breakthrough-us-china-agree-ratify-paris-climate-change-deal (abgerufen am 1.7.2019)

11. https://petroleummuseum.org/ (abgerufen am 1.7.2019)

12. https://www.smithsonianmag.com/travel/when-texas-was-bottom-sea-180953653/ (abgerufen am 1.7.2019)

1장. 새로운 석유시대로의 급변

1. https://www.npr.org/2017/06/01/531090243/trumps-speech-on-paris-climate-agreement-withdrawal-annotated (abgerufen am 1.7.2019)
2. https://www.umweltbundesamt.de/daten/energie/primaerenergiegewinnung-importe (abgerufen am 1.7.2019)
3. https://www.reuters.com/article/us-usa-oil-eia-outlook/u-s-oil-output-to-hit-new-record-above-13-million-bpd-in-2020-eia-idUSKCN1Q12C3 (abgerufen am 1.7.2019)
4. https://www.prnewswire.com/news-releases/us-chemical-industry-investment-linked-to-shale-gas-reaches-200-billion-300710371.html (abgerufen am 1.7.2019)
5. https://www.spiegel.de/wirtschaft/unternehmen/lng-deutsche-gaskunden-sollen-trumps-terminals-bezahlen-a-1258452.html (abgerufen am 1.7.2019)
6. https://www.csis.org/analysis/trade-war-hitting-fever-pitch (abgerufen am 1.7.2019)
7. Larry McMurtry: Walter Benjamin at the Dairy Queen: Reflections at Sixty and Beyond New York 1999
8. https://www.forbes.com/sites/rrapier/2017/02/12/the-worlds-hottest-oil-play/#55cdf6be1d33 (abgerufen am 1.7.2019)
9. https://www.houstonchronicle.com/business/energy/article/fracking-2018-american-crude-oil-production-12524642.php (abgerufen am 1.7.2019)
10. https://www.eia.gov/todayinenergy/detail.php?id=38732 (abgerufen am 1.7.2019)
11. https://www.houstonchronicle.com/business/energy/article/fracking-2018-american-crude-oil-production-12524642.php (abgerufen am 1.7.2019)
12. http://fortune.com/longform/permian-basin-oil-fortune-500/ (abgerufen am 1.7.2019)
13. https://www.usgs.gov/news/usgs-announces-largest-continuous-oil-assessment-texas-and-new-mexico (abgerufen am 1.7.2019)

14. https://www.mrt.com/news/article/City-has-had-many-nicknames-through-its-history-7425443.php (abgerufen am 1.7.2019, Seite aus Urheberrechtsgründen außerhalb der USA n icht aufrufbar)

15. https://www.mrt.com/news/article/Census-Bureau-Midland-posts-largest-population-13779066.php (abgerufen am 1.7.2019, Seite aus Urheberrechtsgründen außerhalb der USA nicht aufrufbar)

16. https://tshaonline.org/handbook/online/articles/fri30, https://tshaonline.org/handbook/online/articles/ryp02 (abgerufen am 1.7.2019)

17. https://aoghs.org/petroleum-pioneers/west-texas-petroleum/ (abgerufen am 1.7.2019)

18. https://www.newyorker.com/magazine/2000/10/16/a-place-called-midland (abgerufen am 1.7.2019)

19. https://www.mrt.com/news/article/MOTRAN-Midland-County-has-most-fatal-crashes-in-13105919.php (abgerufen am 1.7.2019, Seite aus Urheberrechtsgründen außerhalb der USA nicht aufrufbar)

20. https://publicintegrity.org/environment/a-brief-history-of-bush-harken-and-the-sec/ (abgerufen am 1.7.2019)

21. http://www.texasescapes.com/ClayCoppedge/Big-Boom-of-1882.htm (abgerufen am 1.7.2019)

2장. 수압파쇄, 지구가 요동칠 때까지

1. https://www.wsj.com/articles/the-texas-well-that-started-a-revolution-1530270010 (abgerufen am 1.7.2019)

2. https://www.economist.com/business/2013/08/03/the-father-of-fracking (abgerufen am 1.7.2019)

3. https://www.forbes.com/sites/davidblackmon/2013/07/30/george-p-mitchell-a-

visionary-life/#55f574b01340 (abgerufen am 1.7.2019)

4. https://www.forbes.com/sites/christopherhelman/2013/07/27/father-of-the-fracking-boom-dies-george-mitchell-urged-greater-regulation-of-drilling/#1b4761d61978 (abgerufen am 1.7.2019)

5. https://www.independent.co.uk/news/obituaries/george-mitchell-fracking-pioneer-and-philanthropist-8760105.html (abgerufen am 1.7.2019)

6. https://www.theatlantic.com/business/archive/2013/11/breakthrough-the-accidental-discovery-that-revolutionized-american-energy/281193/ (abgerufen am 1.7.2019)

7. https://oilprice.com/Energy/Crude-Oil/The-Real-History-Of-Fracking.html (abgerufen am 1.7.2019)

8. https://www.geoexpro.com/articles/2014/02/unlocking-the-earth-a-short-history-of-hydraulic-fracturing (abgerufen am 1.7.2019)

9. Gary G. Lash, Eileen P. Lash: Early History of the Natural Gas Industry, Search and Discovery Article #70000, 29.8.2014, auf: http://www.searchanddiscovery.com/pdfz/documents/2014/70168lash/ndx_lash.pdf.html (abgerufen am 1.7.2019)

10. https://www.theatlantic.com/technology/archive/2013/08/shooting-the-well-the-petroleum-torpedoes-of-the-early-oil-fields/278901/ (abgerufen am 1.7.2019)

11. http://d3n8a8pro7vhmx.cloudfront.net/themes/55dc9a8f2213933dc0000001/attachments/original/1464723479/BarnettShale.pdf?1464723479 (abgerufen am 1.7.2019)

12. https://www.theatlantic.com/business/archive/2013/11/breakthrough-the-accidental-discovery-that-revolutionized-american-energy/281193/ (abgerufen am 1.7.2019)

13. https://www.washingtonpost.com/opinions/fracking-is-too-important-to-foul-up/2012/08/23/d320e6ee-ea0e-11e1-a80b-9f898562d010_story.html?utm_term=.1241f0438026 (abgerufen am 1.7.2019)

14. https://www.bloomberg.com/news/articles/2016-03-09/death-of-a-shale-man-the-final-days-of-aubrey-mcclendon, https://www.texasmonthly.com/articles/thefall-of-aubrey-mcclendon/ (abgerufen am 1.7.2019)

15. https://www.rollingstone.com/politics/politics-news/the-big-fracking-bubble-the-scam-behind-aubrey-mcclendons-gas-boom-231551/ (abgerufen am 1.7.2019)

16. https://www.vanityfair.com/hollywood/2017/12/all-the-money-in-the-world-getty-kidnapping (abgerufen am 1.7.2019)

17. https://www.rollingstone.com/politics/politics-news/the-big-fracking-bubble-the-scam-behind-aubrey-mcclendons-gas-boom-231551/ (abgerufen am 1.7.2019)

18. Ebd.

19. https://www.reuters.com/article/us-chesapeake-wallstreet-machine-idUSBRE84900620120510 (abgerufen am 1.7.2019)

20. https://www.businesswire.com/news/home/20080102005206/en/Chesapeake-Energy-Corporation-Announces-Monetization-Producing-Properties (abgerufen am 1.7.2019)

21. https://www.reuters.com/article/us-chesapeake-mcclendon-loans-idUSBRE83H0GA20120418 (abgerufen am 1.7.2019)

22. https://www.chicagotribune.com/news/ct-xpm-1987-03-20-8701210932-story.html (abgerufen am 1.7.2019, Seite aus Urheberrechtsgründen außerhalb der USA nicht aufrufbar)

23. https://www.forbes.com/sites/christopherhelman/2012/05/14/as-icahn-looms-chesapeakes-mcclendon-taps-friends-for-3b-emergency-loan/#4cd4d1c631b0 (abgerufen am 1.7.2019)

24. http://www.na-businesspress.com/JABE/GoodrichJ_Web19_4_.pdf (abgerufen am 1.7.2019)

25. https://www.thestreet.com/story/13964208/1/jefferies-banks-on-permian-oil-rush.html (abgerufen am 1.7.2019)

26. https://www.sifma.org/wp-content/uploads/2017/08/Corporate-US-Corporate-Issuance-SIFMA.xls (abgerufen am 1.7.2019)

27. https://www.tulsaworld.com/business/energy/master-limited-partnerships-big-draw-for-energy-businesses-investors/article_05c07926-4abe-591a-ace6-c61aaf1b7e68.html (abgerufen am 1.7.2019, Seite aus Urheberrechtsgründen

außerhalb der USA nicht aufrufbar)

28. https://opportune.com/Energy-Sector-Insights-Events/Insights/The-Role-of-Private-Equity-in-Oil-Gas-Funding/ (abgerufen am 1.7.2019)

29. https://www.nytimes.com/2011/06/26/us/26gas.html, https://archive.nytimes.com/www.nytimes.com/interactive/us/natural-gas-drilling-down-documents-4.html#annotation/a22692 (abgerufen am 1.7.2019)

30. https://www.wsj.com/articles/frackings-secret-problemoil-wells-arent-producing-as-much-as-forecast-11546450162 (abgerufen am 1.7.2019)

31. https://www.wsj.com/articles/wall-streets-fracking-frenzy-runs-dry-as-profits-fail-to-materialize-1512577420 (abgerufen am 1.7.2019)

32. https://www.reuters.com/article/us-chesapeake-wallstreet-machine-idUSBRE84900620120510 (abgerufen am 1.7.2019)

33. https://www.bloomberg.com/features/2016-aubrey-mcclendon/ (abgerufen am 1.7.2019)

34. https://www.reuters.com/article/us-aubrey-mcclendon-specialreport-idUSKCN0WD27N (abgerufen am 1.7.2019)

35. https://www.nytimes.com/2017/06/15/business/energy-environment/gas-oil-petrol-opec.html (abgerufen am 1.7.2019)

36. https://www.bloomberg.com/news/articles/2018-10-16/the-permian-oil-boom-is-showing-signs-of-overheating (abgerufen am 1.7.2019)

37. https://hbr.org/2018/03/oils-boom-and-bust-cycle-may-be-over-heres-why (abgerufen am 1.7.2019)

38. https://www.huffpost.com/entry/odessa-west-texas-oil-town_n_59e65086e4b00905bdad10e8 (abgerufen am 1.7.2019)

39. https://www.jwnenergy.com/article/2016/7/here-are-five-main-costs-frac-job-us/ (abgerufen am 1.7.2019)

40. https://www.wsj.com/articles/the-next-big-bet-in-fracking-water-1534930200 (abgerufen am 1.7.2019)

41. https://www.eia.gov/analysis/studies/drilling/pdf/upstream.pdf (abgerufen am 1.7.2019)

42. https://www.wsj.com/articles/in-this-oil-boom-town-even-a-barber-can-make-180-000-11551436210 (abgerufen am 1.7.2019)

43. https://www.wsj.com/articles/oils-new-technology-spells-end-of-boom-for-roughnecks-1531233085 (abgerufen am 1.7.2019)

44. https://www.worldoil.com/blog/2017/06/05/anadarko-s-walker-industry-poised-to-capitalize-on-terabytes-of-unused-data (abgerufen am 1.7.2019)

45. https://www.ft.com/content/b45eccee-025d-11e9-9d01-cd4d49afbbe3 (abgerufen am 1.7.2019)

46. https://www.bloomberg.com/news/articles/2018-02-22/permian-s-mammoth-cubes-herald-supersized-future-for-shale-boom (abgerufen am 1.7.2019)

47. https://www.devonenergy.com/news/2017/Devon-Energy-Announces-Record-STACK-Well-Reaching-6000-BOE-per-Day-Provides-Development-Update (abgerufen am 1.7.2019)

48. https://oilprice.com/Energy/Energy-General/Trouble-In-Paradise-For-US-Frackers.html (abgerufen am 1.7.2019)

49. https://www.houstonchronicle.com/business/energy/article/As-oil-majors-move-into-Permian-cool-efficiency-12495086.php (abgerufen am 1.7.2019)

50. https://www.bloomberg.com/news/articles/2018-03-07/was-chevron-smart-or-just-lucky-in-the-permian-basin (abgerufen am 1.7.2019)

51. https://corporate.exxonmobil.com/en/news/newsroom/news-releases/2019/0305_exxonmobil-to-increase-accelerate-permian-output-to-1-million-barrels-per-day-by-2024 (abgerufen am 1.7.2019)

52. http://fortune.com/longform/permian-basin-oil-fortune-500/ (abgerufen am 1.7.2019)

53. https://oilprice.com/Latest-Energy-News/World-News/IMF-Saudi-Arabia-Needs-80-85-Oil-Price-To-Balance-2019-Budget.html (abgerufen am 1.7.2019)

3장. 시대를 지배하는 석유

1. https://www.wietze.de/portal/seiten/hornbosteler-hutweide-908000181-22050. html
2. Rainer Karlsch, Raymond G. Stokes: Faktor Öl. Die Mineralölwirtschaft in Deutschland 1859–1974, München 2003
3. Stephan Lütgert: »Die Vorgeschichte der industriellen Erdölgewinnung in Norddeutschland am Beispiel Wietze: eine grundlegende Neubewertung anhand bislang unbekannter historischer Quellen«, in: Der Anschnitt, 69. Jg, 1.2017, S.10–17
4. Lütgert, Vorgeschichte
5. Ebd.
6. Karlsch/Stokes, Faktor Öl
7. Ebd.
8. Der Kulturkämpfer, Zeitschrift für öffentliche Angelegenheiten, 4. Band, 2. Halbjahr 1881
9. Ron Chernow: Titan. The life of John D. Rockefeller, Sr., New York 1998
10. Ebd. S.68
11. Ebd. S.22
12. Ebd.
13. American Oil & Gas Historical Society https://aoghs.org/petroleum-pioneers/american-oil-history/ (abgerufen am 1.7.2019)
14. https://www.geoexpro.com/articles/2009/03/the-birth-of-the-modern-oil-industry (abgerufen am 1.7.2019)
15. Ebd.
16. Chernow, Titan
17. Ebd.
18. https://www.crf-usa.org/bill-of-rights-in-action/bria-16-2-b-rockefeller-and-the-standard-oil-monopoly.html (abgerufen am 1.7.2019)

19. Ebd.

20. Chernow, Titan

21. https://www.press.uillinois.edu/books/catalog/38xck2bq9780252069864.html (abgerufen am 1.7.2019)

22. https://www.smithsonianmag.com/history/the-woman-who-took-on-the-tycoon-651396/ (abgerufen am 1.7.2019)

23. https://connecticuthistory.org/ida-tarbell-the-woman-who-took-on-standard-oil/ (abgerufen am 1.7.2019)

24. https://www.npr.org/2019/03/14/703535364/the-evolution-of-antitrust-laws-in-america (abgerufen am 1.7.2019)

25. Chernow, Titan

26. https://historycooperative.org/biggest-oil-john-d-rockefellers-life-story/ (abgerufen am 1.7.2019)

27. Karlsch/Stokes, Faktor Öl

28. Ebd.

29. »Weltmacht Öl«, in: Spiegel Ausgabe 50 vom 10.12.1973 https://www.spiegel.de/spiegel/print/d-41810413.html (abgerufen am 1.7.2019)

30. »The International Oil Industry«, Sir Henry Deterding Obituary, in: The Times of London vom 6.2.1939

31. Spiegel, »Weltmacht Öl«

32. Karlsch/Stokes, Faktor Öl

33. Ebd.

34. Ebd.

35. https://www.freitag.de/autoren/der-freitag/schule-demo-krieg (abgerufen am 1.7.2019)

36. https://www.eia.gov/tools/faqs/faq.php?id=709&t=6 (abgerufen am 1.7.2019)

37. Daniel Yergin: The Quest, Energy, Security, and the Remaking of the Modern World, New York 2011

38. https://www.futuremylove.com/technocracy (abgerufen am 1.7.2019)

39. https://www.forbes.com/sites/michaellynch/2018/06/29/what-ever-happenedto-peak-oil/#210cc90f731a (abgerufen am 1.7.2019)

4장. 트럼프식 우정

1. https://www.nydailynews.com/new-york/charred-body-found-prospect-park-walking-path-article-1.3933598 (abgerufen am 1.7.2019, Seite aus Urheberrechtsgründen außerhalb der USA nicht aufrufbar)
2. https://www.nytimes.com/2018/05/28/nyregion/david-buckel-fire-prospect-park-fossil-fuels.html (abgerufen am 1.7.2019)
3. https://www.forbes.com/sites/christopherhelman/2014/04/16/harold-hamm-billionaire-fueling-americas-recovery/#7edeeb38ac8e (abgerufen am 1.7.2019)
4. https://www.forbes.com/sites/christopherhelman/2012/12/06/birth-of-a-wildcatter/#1db4989c57cf (abgerufen am 1.7.2019)
5. Ebd.
6. https://www.wsj.com/articles/SB10001424052970204226204576602524023932438 (abgerufen am 1.7.2019)
7. Ebd.
8. https://www.washingtonpost.com/news/post-politics/wp/2016/07/20/heres-the-back-story-on-how-donald-trump-won-over-oil-billionaire-harold-hamm/ (abgerufen am 1.7.2019)
9. ttps://www.thedickinsonpress.com/news/4041606-trump-ready-unleash-oil-industry (abgerufen am 1.7.2019)
10. https://www.minotdailynews.com/news/local-news/2018/09/nd-oil-production-tops-record/ (abgerufen am 1.7.2019, Seite aus Urheberrechtsgründen außerhalb der USA nicht aufrufbar)
11. https://www.whitehouse.gov/briefings-statements/remarks-president-trump-antiquities-act-designations/ (abgerufen am 1.7.2019)

12. https://www.outsideonline.com/2278981/its-d-day-bears-ears (abgerufen am 1.7.2019)

13. https://www.reuters.com/article/us-usa-interior-methane/trump-administration-eases-rule-on-methane-leaks-on-public-land-idUSKCN1LY2N7 (abgerufen am 1.7.2019)

14. https://www.politico.com/story/2018/07/18/ryan-zinke-interior-probe-732005 (abgerufen am 1.7.2019)

15. https://www.revealnews.org/article/oil-executives-predicted-expanded-influence-in-trumps-interior-department (abgerufen am 1.7.2019)

16. https://www.nationalgeographic.com/animals/2018/07/american-west-sage-grouse-sagebrush-sea-fate/ (abgerufen am 1.7.2019)

17. https://www.reuters.com/article/us-usa-drilling-sale/u-s-holds-major-oil-and-gas-lease-sale-in-sage-grouse-habitat-idUSKCN1QH2PB (abgerufen am 1.7.2019)

18. https://www.huffpost.com/entry/daniel-jorjani-interior-solicitor-hearing_n_5ccb3aeae4b0e4d7572faef9 (abgerufen am 1.7.2019)

19. https://response.restoration.noaa.gov/about/media/wake-deepwater-horizon-oil-spill-gulf-dolphins-found-sick-and-dying-larger-numbers-ever. (abgerufen am 1.7.2019)

20. https://www.documentcloud.org/documents/3936141-Murray-s-letters-to-Trump-administration.html (abgerufen am 1.7.2019)

21. https://www.washingtonpost.com/politics/the-rise-of-gop-mega-donor-rebekah-mercer/2016/09/13/85ae3c32-79bf-11e6-beac-57a4a412e93a_story.html?utm_term=.ba59e14b8115 (abgerufen am 1.7.2019)

22. Ebd.

23. https://www.bloomberg.com/news/articles/2016-12-01/trump-villains-and-heroes-to-mingle-at-mercers-costume-party (abgerufen am 1.7.2019)

24. https://science.house.gov/imo/media/doc/2.28.19%20Letter%20to%20Trump%20Secret%20Climate%20Panel.pdf (abgerufen am 1.7.2019)

25. https://www.bizjournals.com/nashville/news/2017/11/14/transit-expert-slams-nashvilles-light-rail-plan-in.html (abgerufen am 1.7.2019)

26. https://www.nytimes.com/2018/06/19/climate/koch-brothers-public-transit.
html

5장. 세계를 지배하는 파이프

1. https://hanginghco.com/natural-gas-pipeline-construction-cost-per-mile/
(abgerufen am 1.7.2019)
2. https://globalenergymonitor.org/pipeline-bubble/ (abgerufen am 1.7.2019)
3. https://www.whitehouse.gov/briefings-statements/remarks-president-trump-
unleashing-american-energy-event/ (abgerufen am 1.7.2019)
4. https://www.thenation.com/article/donald-trumps-extract-everything-energy-
policy-dooms-us-all/ (abgerufen am 1.7.2019)
5. https://www.whitehouse.gov/wp-content/uploads/2017/12/NSS-
Final-12-18-2017-0905.pdf (abgerufen am 1.7.2019)
6. https://www.independent.co.uk/news/world/americas/dakota-access-pipeline-
protests-native-americans-attacked-dogs-north-dakota-sioux-a7225571.html
(abgerufen am 1.7.2019)
7. https://theintercept.com/2017/05/27/leaked-documents-reveal-security-
firms-counterterrorism-tactics-at-standing-rock-to-defeat-pipeline-insurgencies/
(abgerufen am 1.7.2019)
8. https://www.mprnews.org/story/2019/02/12/north-dakota-to-sue-feds-over-
pipeline-protest-police-costs (abgerufen am 1.7.2019)
9. https://okcfox.com/news/local/oklahomans-join-protest-against-pipeline-that-
will-cross-trail-of-tears (abgerufen am 1.7.2019)
10. https://insideclimatenews.org/news/22082018/pipeline-protest-laws-felony-free-
speech-arrests-first-amendment-oklahoma-iowa-louisiana (abgerufen am 1.7.2019)
11. https://insideclimatenews.org/news/24082018/pipeline-protests-new-louisiana-

law-activist-arrests-oil-bayou-bridge-energy-transfer-partners (abgerufen am 1.7.2019)

12. Ebd.

13. https://www.thenation.com/article/alec-exposed-koch-connection/ (abgerufen am 1.7.2019)

14. https://www.gq.com/story/criminalizing-pipeline-protests (abgerufen am 1.7.2019)

15. https://www.ogj.com/articles/2018/01/us-chamber-chief-wants-energy-included-in-infrastructure-discussions.html (abgerufen am 1.7.2019)

16. https://www.theguardian.com/commentisfree/2017/nov/14/canadas-shameful-environmental-secret-tar-sands-tailings-ponds (abgerufen am 1.7.2019)

17. https://www.imperialoil.ca/en-ca/company/operations/oil-sands/kearl?parentId=16eb4764-215a-42bf-ba5b-ec1bab575a08 (abgerufen am 1.7.2019)

18. https://www.pri.org/stories/2015-02-19/alberta-tar-sands-pollution-suspected-rare-cancer-cases (abgerufen am 1.7.2019)

19. https://edmontonsun.com/2014/07/07/study-says-oil-sands-affecting-fort-chip-residents-health/wcm/fcd86d68-b661-42e2-8e19-b1f8b202e48b, und https://news.umanitoba.ca/study-finds-oil-sands-creating-perfect-storm-of-danger-to-flora-fauna-and-people/ (abgerufen am 1.7.2019)

20. https://www.youtube.com/watch?v=K__JC4agw0o (abgerufen am 1.7.2019)

21. https://www.newyorker.com/news/news-desk/rex-tillerson-from-a-corporate-oil-sovereign-to-the-state-department (abgerufen am 1.7.2019)

22. https://www.pembina.org/pub/203 (abgerufen am 1.7.2019)

23. https://www.reuters.com/article/us-southkorea-usa-energy-analysis/south-koreas-big-buys-on-us-oil-gas-to-keep-bilateral-ties-strong-idUSKCN1PN339 (abgerufen am 1.7.2019)

24. https://www.reuters.com/article/us-usa-crude-india/u-s-oil-exports-to-india-soar-ahead-of-sanctions-on-iran-idUSKBN1K20AS (abgerufen am 1.7.2019)

6장. 에너지 냉전주의

1. https://www.spiegel.de/wirtschaft/ostsee-pipeline-regierung-schroeder-soll-buergschaft-fuer-gasprom-uebernommen-haben-a-409063.html (abgerufen am 1.7.2019)

2. https://www.tagesspiegel.de/themen/agenda/pipeline-nord-stream-2-wie-gerhard-schroeder-als-tueroeffner-fuer-gazprom-agiert/20739366.html (abgerufen am 1.7.2019)

3. https://www.unian.info/politics/10037915-parliament-speakers-from-five-european-countries-sign-letter-about-nord-stream-2-threats.html (abgerufen am 1.7.2019)

4. https://www.baltic-pipe.eu/gaz-system-the-agreement-regarding-eu-support-for-the-baltic-pipe-signed-5/ (abgerufen am 1.7.2019)

5. https://www.welt.de/politik/deutschland/plus171601464/Brisante-Naehe.html (abgerufen am 1.7.2019)

6. https://www.zeit.de/2018/41/nordstream-2-konflikt-polen-usa-deutschland-gaspipeline/seite-2 (abgerufen am 1.7.2019)

7. https://www.usatoday.com/story/news/politics/2018/07/11/trumps-nato-breakfast-germany-controlled-russia/774447002/ (abgerufen am 1.7.2019)

8. https://www.spiegel.de/wirtschaft/soziales/deutschland-ein-gefangener-russlands-donald-trumps-aussagen-im-faktencheck-a-1217900.html (abgerufen am 1.7.2019)

9. https://www.auswaertiges-amt.de/de/newsroom/170615-kern-russland/290664 (abgerufen am 1.7.2019)

10. https://watson.brown.edu/costsofwar/ (abgerufen am 1.7.2019)

11. https://www.forbes.com/sites/daneberhart/2018/07/10/why-president-trump-is-the-biggest-player-in-world-oil-markets-today/#51be073f724e (abgerufen am 1.7.2019)

12. https://www.bloomberg.com/news/articles/2019-02-01/the-great-oil-paradox-too-many-good-crudes-not-enough-bad-ones (abgerufen am 1.7.2019)

13. https://www.t-online.de/nachrichten/ausland/krisen/id_84163776/revolution-putsch-geiselnahme-warum-iran-und-die-usa-erzfeinde-sind.html (abgerufen am 1.7.2019)

14. https://www.cicero.de/aussenpolitik/islamische-welt-islam-iranische-revolution-irak-arabischer-fruehling-usa-krieg-fanatismus-fluechtlinge/plus (abgerufen am 1.7.2019)

15. https://www.nytimes.com/2018/09/22/us/politics/adelson-trump-republican-donor.html (abgerufen am 1.7.2019)

7장. 석유 카르텔의 균열

1. https://www.nytimes.com/1999/06/26/nyregion/fred-c-trump-postwar-master-builder-of-housing-for-middle-class-dies-at-93.html (abgerufen am 1.7.2019)

2. https://www.businessinsider.com/trump-has-deep-ties-with-saudis-from-selling-yacht-to-sword-dancing-2018-10 (abgerufen am 1.7.2019)

3. https://qz.com/1425852/a-saudi-prince-helped-save-trump-from-bankruptcy-twice/ (abgerufen am 1.7.2019)

4. https://www.washingtonpost.com/business/economy/a-scramble-to-assess-the-dangers-of-president-elects-global-business-empire/2016/11/20/1bbdc2a2-ad18-11e6-a31b-4b6397e625d0_story.html?utm_term=.0d62001ed197 (abgerufen am 1.7.2019)

5. https://www.washingtonpost.com/politics/saudi-funded-lobbyist-paid-for-500-rooms-at-trumps-hotel-after-2016-election/2018/12/05/29603a64-f417-11e8-bc79-68604ed88993_story.html?utm_term=.33029e690078 (abgerufen am 1.7.2019)

6. https://www.washingtonpost.com/politics/at-president-trumps-hotel-in-new-york-revenue-went-up-this-spring--thanks-to-a-visit-from-big-spending-

saudis/2018/08/03/58755392-9112-11e8-bcd5-9d911c784c38_story.html?utm_term=.761710d04af5 (abgerufen am 1.7.2019)

7. https://www.citizensforethics.org/presidential-profiteering-trumps-conflicts-got-worse/ (abgerufen am 1.7.2019)

8. https://www.wsj.com/articles/the-making-of-saudi-arabias-energetic-ruthless-crown-prince-11555082281 (abgerufen am 1.7.2019)

9. https://www.wsj.com/articles/saudi-arabias-economic-overhaul-is-backfiring-11553338819 (abgerufen am 1.7.2019)

10. https://www.ft.com/content/fc240c0e-29fb-11e9-88a4-c32129756dd8 (abgerufen am 1.7.2019)

11. https://www.wsj.com/articles/aramco-is-the-most-profitable-company-on-earth-ratings-agencies-say-11554102173 (abgerufen am 1.7.2019)

12. https://www.ft.com/content/e0a6775c-2e4f-11e9-ba00-0251022932c8 (abgerufen am 1.7.2019)

13. https://oilprice.com/Energy/Crude-Oil/How-Much-Spare-Capacity-Does-Saudi-Arabia-Really-Have18418.html (abgerufen am 1.7.2019)

14. https://www.dw.com/en/eu-mechanism-for-trade-with-iran-now-operational/a-49407662 (abgerufen am 1.7.2019)

15. https://www.zeit.de/2018/23/us-dollar-leitwaehrung-welt-macht-finanzkrise (abgerufen am 1.7.2019)

16. https://www.ft.com/content/f68ca2c2-55f8-11e5-9846-de406ccb37f2 (abgerufen am 1.7.2019)

17. https://www.cnbc.com/2018/12/04/an-annotated-guide-to-trumps-2018-opec-tweets.html (abgerufen am 1.7.2019)

18. https://www.wsj.com/articles/opec-has-a-new-best-friendrussia-11555340752 (abgerufen am 1.7.2019)

19. https://www.waterwaysjournal.net/2018/11/09/port-of-corpus-christi-carlyle-group-to-develop-crude-oil-export-terminal/ (abgerufen am 1.7.2019)

20. http://fortune.com/2019/03/11/u-s-top-oil-exporter-by-2024/ (abgerufen am 1.7.2019)

21. https://www.apnews.com/0998c52d79974f41927e8dcfdf3976a0 (abgerufen am 1.7.2019)

22. https://www.nti.org/about/leadership-and-staff/ernest-moniz/ (abgerufen am 1.7.2019)

23. http://energy.mit.edu/research/future-natural-gas/ (abgerufen am 1.7.2019)

24. https://phys.org/news/2010-06-mit-major-future-natural-gas.html (abgerufen am 1.7.2019)

25. http://www.cleanskies.org/about/ (abgerufen am 1.7.2019)

26. https://www.researchgate.net/publication/257548159_Climate_consequences_of_natural_gas_as_a_bridge_fuel (abgerufen am 1.7.2019)

27. https://www.nature.com/articles/nature13837 (abgerufen am 1.7.2019)

28. https://www.edf.org/media/new-study-finds-us-oil-and-gas-methane-emissions-are-60-percent-higher-epa-reports-0 (abgerufen am 1.7.2019)

29. https://www.ft.com/content/695b9e2a-435d-11e9-b168-96a37d002cd3?desktop=true (abgerufen am 1.7.2019)

30. https://www.bp.com/en/global/corporate/news-and-insights/bp-responds-to-ft-article-on-methane-rules.html (abgerufen am 1.7.2019)

31. https://oilprice.com/Energy/Natural-Gas/Panama-Canal-Cant-Handle-US-LNG-Boom.html (abgerufen am 1.7.2019)

32. https://www.wsj.com/articles/shipping-companies-banking-on-gas-carriers-as-lng-demand-grows-11552555800 (abgerufen am 1.7.2019)

33. https://www.energy.gov/articles/department-energy-authorizes-additional-lng-exports-freeport-lng (abgerufen am 1.7.2019)

34. https://www.nytimes.com/2019/05/29/us/freedom-gas-energy-department.html (abgerufen am 1.7.2019)

35. https://www.euractiv.com/section/energy/news/freedom-gas-us-opens-lng-floodgates-to-europe/ (abgerufen am 1.7.2019)

36. https://www.woodmac.com/press-releases/afpm-2019-over-$200-billion-to-be-invested-in-u.s.-petrochemical-industry/ (abgerufen am 1.7.2019)

37. https://www.bloombergquint.com/business/exxon-sabic-greenlight-new-texas-

plant-to-process-shale-output (abgerufen am 1.7.2019)

38. https://www.chemietechnik.de/vci-zahlen-belegen-rege-investitionstaetigkeit-megaprojekte-in-deutschland-und-usa/ (abgerufen am 1.7.2019)

39. https://www.handelsblatt.com/unternehmen/industrie/chemiekonzern-lanxess-laesst-sich-von-investitionen-in-den-usa-nicht-abhalten/22805134.html?ticket=ST-851408-oHGffFfihVx5IORVkdQE-ap1 (abgerufen am 1.7.2019)

40. https://press.covestro.com/news.nsf/id/covestro-to-invest-eur-15-billion-in-new-world-scale-mdi-plant-in-baytown-usa (abgerufen am 1.7.2019)

41. https://www.wiwo.de/unternehmen/industrie/sparprogramm-covestro-will-900-stellen-streichen/23228376.html (abgerufen am 1.7.2019)

42. https://www.theadvocate.com/baton_rouge/news/business/article_580f653a-5ca7-11e9-b545-8b2b7fa7e6db.html (abgerufen am 1.7.2019)

43. https://www.handelsblatt.com/unternehmen/industrie/chemiekonzern-basf-chef-geht-die-schwaechen-des-konzerns-an-6-000-stellen-fallen-weg/24501708.html (abgerufen am 1.7.2019)

44. https://www.voestalpine.com/group/en/media/press-releases/2016-10-26-opening-of-the-hbi-plant-in-texas-marks-start-of-a-new-era-at-voestalpine/ (abgerufen am 1.7.2019)

45. https://www.gesamtmetall.de/sites/default/files/downloads/me_wettbewerber_20190304.pdf (abgerufen am 1.7.2019)

46. https://www.industryweek.com/energy/pwc-study-increases-projected-shale-benefits-manufacturers (abgerufen am 1.7.2019)

8장. 석탄 없는 선진국, 독일?

1. FAZ Woche, Nr. 6 vom 1.2.2019
2. https://www.wwf.de/themen-projekte/klima-energie/energiepolitik/

energiewende/ (abgerufen am 1.7.2019)

3. https://www.nationalgeographic.com/magazine/2015/11/germany-renewable-energy-revolution/ (abgerufen am 1.7.2019)

4. https://www.wsj.com/articles/worlds-dumbest-energy-policy-11548807424 (abgerufen am 1.7.2019)

5. https://www.spiegel.de/plus/energiewende-in-deutschland-murks-in-germany -a-00000000-0002-0001-0000-000163724123 (abgerufen am 1.7.2019)

6. https://www.mckinsey.de/news/presse/2019-03-25-energiewende-index (abgerufen am 1.7.2019)

7. https://www.bundesrechnungshof.de/de/veroeffentlichun-gen/produkte/ sonderberichte/energiewende (abgerufen am 1.7.2019)

8. https://www.pv-magazine.de/2019/05/10/fraunhofer-energiewende-barometer-zubau-von-photovoltaik-und-windkraft-fuer-pariser-klimaziele-zu-gering/ (abgerufen am 1.7.2019)

9. https://schleswig-holstein.nabu.de/politik-und-umwelt/energie/ windenergie/22684.html (abgerufen am 1.7.2019)

10. https://www.zeit.de/2011/44/GL-Interview-Hansen/seite-2 (abgerufen am 1.7.2019)

11. https://bizz-energy.com/klimaschutz_gebaeudesektor_ist_deutschlands_ achillesferse (abgerufen am 1.7.2019)

12. https://www.energieverbraucher.de/de/daten-und-statistiken__1277/ NewsDetail__18154/ (abgerufen am 1.7.2019)

13. https://www.polarstern-energie.de/magazin/waermepumpe-nur-mit-oekostrom-sinnvoll/ (abgerufen am 1.7.2019)

14. https://www.zvei.org/fileadmin/user_upload/Presse_und_Medien/ Publikationen/2018/Januar/Klimapfade_fuer_Deutschland_BDI-Studie_/ Klimapfade-fuer-Deutschland-BDI-Studie-12-01-2018.pdf (abgerufen am 1.7.2019)

15. https://www.kba.de/DE/Statistik/Fahrzeuge/Bestand/b_jahresbilanz.html; jsessionid=7E9F7FFAA52765FC064F67753549BD30.live21301?nn=644526

(abgerufen am 1.7.2019)

16. https://www.sueddeutsche.de/wirtschaft/vw-stellenabbau-co2-grenzwerte-1.4164002 (abgerufen am 1.7.2019)
17. https://www.accenture.com/t00010101T000000Z__w__/de-de/_acnmedia/PDF-92/Accenture-Top-500-Deutschland-German.pdf (abgerufen am 1.7.2019)
18. https://www.iao.fraunhofer.de/lang-de/presse-und-medien/aktuelles/2037-weichenstellung-fuer-die-automobilindustrie.html (abgerufen am 1.7.2019)
19. https://www.ft.com/content/61684fa6-d2f6-11e8-a9f2-7574db66bcd5 (abgerufen am 1.7.2019)

9장. 중국의 친환경 야심

1. https://www.bloombergquint.com/global-economics/china-s-spending-30-billion-to-assemble-its-electric-detroits (abgerufen am 1.7.2019)
2. https://knowledge.wharton.upenn.edu/article/chinas-ev-market/ (abgerufen am 1.7.2019)
3. https://www.marketwatch.com/story/china-not-tesla-will-drive-the-electric-car-revolution-2019-05-14 (abgerufen am 1.7.2019)
4. https://qz.com/1517557/five-things-to-know-about-chinas-electric-car-boom/ (abgerufen am 1.7.2019)
5. https://www.ft.com/content/e9b83834-155b-11e8-9376-4a6390addb44 (abgerufen am 1.7.2019)
6. Ebd.
7. https://www.scientificamerican.com/article/why-china-is-dominating-the-solar-industry/ (abgerufen am 1.7.2019)
8. https://www.handelsblatt.com/unternehmen/energie/solarmodul-hersteller-solarworld-ist-schon-wieder-pleite/21122208.html?ticket=ST-866106-

dHy1RmApbMPZ0YFk5GGG-ap1 (abgerufen am 1.7.2019)

9. https://singularityhub.com/2019/04/04/china-is-taking-the-worldwide-lead-in-wind-power/ (abgerufen am 1.7.2019)

10. https://www.cfr.org/blog/opec-chinas-problem (abgerufen am 1.7.2019)

11. https://www.nytimes.com/2019/05/24/climate/china-arctic.html?rref=collection%2Ftimestopic%2FArctic%20Regions&action=click&contentCollection=world&region=stream&module=stream_unit&version=latest&contentPlacement=3&pgtype=collection (abgerufen am 1.7.2019)

10장. 이글거리는 징후

1. http://fortune.com/2019/01/29/pge-bankruptcy-filing-wildfire-bill/ (abgerufen am 1.7.2019)

2. https://www.usatoday.com/story/news/nation/2018/08/08/california-heat-july-state-hottest-month-ever-recorded/934540002/ (abgerufen am 1.7.2019)

3. http://www.ladbible.com/more/weird-the-arizona-heat-is-forcing-some-people-to-wear-oven-gloves-to-drive-20170626 (abgerufen am 1.7.2019)

4. https://www.theguardian.com/environment/2018/sep/25/climate-gentrification-phoenix-flagstaff-miami-rich-poor (abgerufen am 1.7.2019)

5. https://www.nytimes.com/2016/05/03/us/resettling-the-first-american-climate-refugees.html (abgerufen am 1.7.2019)

6. https://ucsusa.maps.arcgis.com/apps/MapJournal/index.html?appid=b53e9dd7a85a44488466e1a38de87601 (abgerufen am 1.7.2019)

7. https://www.researchgate.net/publication/316178479_Migration_induced_by_sea-level_rise_could_reshape_the_US_population_landscape (abgerufen am 1.7.2019)

8. https://www.nytimes.com/2018/11/30/realestate/climate-change-insurance-buyland-somewhere-else.html, https://www.scientificamerican.com/article/global-warming-tied-to-hurricane-harvey/ (abgerufen am 1.7.2019)

9. http://www.cgd.ucar.edu/staff/trenbert/trenberth.pdf/2018_Trenberth_et_al-Earths_Future.pdf (abgerufen am 1.7.2019)

10. https://www.miamiherald.com/news/local/environment/article222547640.html (abgerufen am 1.7.2019)

11. https://www.businessinsider.com/trump-climate-change-sea-level-rise-south-florida-mar-a-lago-2017-7 (abgerufen am 1.7.2019)

12. https://docs.wixstatic.com/ugd/fc36a1_9415de656b0445b09ba1022078f8a6d5.pdf (abgerufen am 1.7.2019)

13. https://www.latimes.com/local/lanow/la-me-ln-wildfire-homeowners-insurance-20180830-story.html (abgerufen am 1.7.2019)

14. https://www.pge.com/en/about/newsroom/newsdetails/index.page?title=20190515_pge_responds_to_camp_fire_announcement_from_cal_fire (abgerufen am 1.7.2019)

15. https://www.pge.com/en/about/newsroom/newsdetails/index.page?title=20181213_pge_proposes_critical_investments_to_enhance_wildfire_safety_and_help_reduce_wildfire_risk (abgerufen am 1.7.2019)

16. https://www.pge.com/en/about/newsroom/newsdetails/index.page?title=20180327_pge_working_to_reduce_wildfire_risks_by_increasing_distances_between_trees_and_power_lines_and_reducing_fuels (abgerufen am 1.7.2019)

17. https://www.cnbc.com/2019/04/03/us-judge-orders-pge-to-use-dividends-to-pay-for-efforts-to-reduce-wildfire-risks.html (abgerufen am 1.7.2019)

18. https://www.blackrock.com/corporate/newsroom/press-releases/article/corporate-one/press-releases/investors-underappreciate-climate-related-risks-in-their-portfolios (abgerufen am 1.7.2019)

19. https://www.welt.de/wirtschaft/article182131982/Binnenschifffahrt-Trockenheit-bringt-Branche-in-Schwierigkeiten.html (abgerufen am 1.7.2019)

20. https://binnenschifffahrt-online.de/2019/04/haefen-wasserstrassen/6818/bdb-

warnt-vor-einem-weiteren-duerre-jahr/ (abgerufen am 1.7.2019)

21. https://www.welt.de/wissenschaft/article181616914/Duerre-in-Deutschland-Was-der-trockene-Sommer-bewirkt-hat.html (abgerufen am 1.7.2019)

22. https://www.fr.de/wirtschaft/kein-schoener-sommer-10968963.html (abgerufen am 1.7.2019)

23. https://www.bloomberg.com/news/articles/2019-01-22/muggy-disney-parks-downed-at-t-towers-firms-tally-climate-risk (abgerufen am 1.7.2019)

24. https://www.cdp.net/en/research/global-reports/europe-report-2018 (abgerufen am 1.7.2019)

25. https://www.nestle.com/asset-library/documents/creating-shared-value/cdp-nestle-climate-change-2018.pdf (abgerufen am 1.7.2019)

26. https://www.ey.com/en_us/assurance/climate-change-disclosures-revealing-risks-opportunities (abgerufen am 1.7.2019)

27. https://www.independent.co.uk/environment/davos-2019-private-jets-climate-change-world-economic-forum-summit-attenborough-a8742681.html (abgerufen am 1.7.2019)

28. http://www.bmz.de/de/themen/klimaschutz/AllianzfuerEntwicklungundKlima/index.html (abgerufen am 1.7.2019)

11장. 월스트리트의 동향

1. https://www.wsj.com/articles/frackers-face-harsh-reality-as-wall-street-backs-away-11551009601 (abgerufen am 1.7.2019)

2. Ebd.

3. https://www.carbontracker.org/reports/the-political-tipping-point/ (abgerufen am 1.7.2019)

4. https://www.breakingviews.com/features/breakdown-esg-investing-faces-

sustainability-test/ (abgerufen am 1.7.2019)

5. https://www.unpri.org/download?ac=5363 (abgerufen am 1.7.2019)

6. https://www.sciencedaily.com/releases/2018/06/180604121041.htm (abgerufen am 1.7.2019)

7. https://www.ciel.org/wp-content/uploads/2018/04/Fueling-Plastics-Untested-Assumptions-and-Unanswered-Questions-in-the-Plastics-Boom.pdf (abgerufen am 1.7.2019)

8. https://www.politico.eu/article/bank-of-england-mark-carney-eco-warrior-climate-change-sustainable-finance-banks-investors/ (abgerufen am 1.7.2019)

9. https://www.lobbycontrol.de/2019/04/eu-lobbyreport-konzerne-haben-zu-viel-macht-in-europa/ (abgerufen am 1.7.2019)

10. https://www.opensecrets.org/industries/lobbying.php?cycle=2018&ind=e01 (abgerufen am 1.7.2019)

11. https://www.opensecrets.org/industries/summary.php?cycle=2018&ind=e01 (abgerufen am 1.7.2019)

12. https://www.tagesschau.de/ausland/eu-gipfel-klimaziele-101.html (abgerufen am 1.7.2019)

13. https://www.scmp.com/business/companies/article/2096653/jpmorgans-dimon-says-he-disagrees-trumps-paris-climate-accord (abgerufen am 1.7.2019)

14. https://www.banktrack.org/article/banking_on_climate_change_fossil_fuel_finance_report_card_2019 (abgerufen am 1.7.2019)

15. https://www.banktrack.org/download/banking_on_climate_change_2019_fossil_fuel_finance_report_card/banking_on_climate_change_2019.pdf (abgerufen am 1.7.2019)

16. Ebd.

17. https://www.osc.state.ny.us/press/releases/apr19/041619.htm (abgerufen am 1.7.2019)

18. https://www.bloomberg.com/opinion/articles/2019-06-18/green-bonds-are-finally-sprouting-up-all-over-the-globe (abgerufen am 1.7.2019)

19. https://www.handelsblatt.com/meinung/kommentare/kommentar-die-gruene-

bundesanleihe-ist-reine-symbolpolitik/24324182.html?ticket=ST-1111531-7xqgUVchJW9QAbqWyhFx-ap1 (abgerufen am 1.7.2019)

20. https://www.die-gdi.de/analysen-und-stellungnahmen/article/gruene-anleihen-ohne-rosarote-brille-betrachtet/ (abgerufen am 1.7.2019)

21. https://www.ft.com/content/7d64d1d8-91a6-11e9-b7ea-60e35ef678d2 (abgerufen am 1.7.2019)

22. https://www.reuters.com/article/us-global-asset-management-breakingviews/breakingviews-breakdown-esg-investing-faces-sustainability-test-idUSKCN1SY1VM (abgerufen am 1.7.2019)

23. Heike Buchter: BlackRock. Eine heimliche Weltmacht greift nach unserem Geld, Frankfurt a.M. 2015

24. https://www.blackrock.com/corporate/investor-relations/2018-larry-fink-ceo-letter (abgerufen am 1.7.2019)

25. https://www.blackrock.com/de/privatanleger/themen/nachhaltig-investieren/esg?siteEntryPassthrough=true&locale=de_DE&userType=individual (abgerufen am 1.7.2019)

26. http://www.ethicalcorp.com/blackrock-push-make-sustainable-investment-mainstream (abgerufen am 1.7.2019)

27. https://www.blackrocksbigproblem.com/ (abgerufen am 1.7.2019)

28. https://coalexit.org/report-investments (abgerufen am 1.7.2019)

29. https://www.greenbiz.com/article/blackrock-serious-about-sustainability (abgerufen am 1.7.2019)

Aboutenergy.com: »The Energy Dominance Agenda: Myth vs. Reality«, 11. Januar 2019, auf: https://www.aboutenergy.com/en_IT/topics/energy-dominance. shtml#

Agora Energiewende: »Was die Bundesregierung jetzt tun muss, um das Klimaschutzziel 2030 sozial ausgewogen zu erreichen«, Pressemitteilung, 13. Mai 2019, auf: https://www.agora-energiewende.de/presse/neuigkeiten-archiv/ was-die-bundesregierung-jetzt-tun-muss-um-das-klimaschutzziel-2030-sozial-ausgewogen-zu-erreichen-u/

Ball, Jeffrey: *Inside America's Oil Boom,* Brookings Institution, 1. Juni 2018, auf: https://www.brookings.edu/blog/planetpolicy/2018/06/01/inside-americas-oil-boom/

Bloomberg: »Hidden Pitfalls Could Hamstring America's Hottest Oilfield«, 26. Februar 2018, auf: https://www.bloomberg.com/news/articles/2018-02-26/ permian-pitfalls-world-s-hottest-oil-field-also-carries-risks

Bloomberg: »Exxon Mobil Begins Production at Kearl Oil Sands«, 28. April 2018, auf: https://www.bloomberg.com/news/articles/2013-04-27/exxon-mobil-begins-production-at-kearl-oil-sands-after-delays

Bloomberg: »Exxon Doubles Down on Oil«, 15. Juni 2018, auf: https://www. bloomberg.com/news/articles/2018-06-15/exxon-doubles-down-on-oil

Bloomberg BusinessWeek: »The Dark Side of America's Rise to Oil Superpower«, 25. Januar 2018, auf: https://www.bloomberg.com/news/articles/2018-01-25/ the-dark-side-of-america-s-rise-to-oil-superpower

Bloomberg Businessweek: »The Twilight of Combustion Comes for Germany's Empire of Cars«, 1. April 2019, auf: https://www.bloomberg.com/ features/2019-bmw-electric-car-german-engines/

Bluma, Lars, Michael Farrenkopf, Stefan Przigoda: *Geschichte des Bergbaus.* Berlin: L&H Verlag 2018

Businessinsider: »The Wrong Kind of Oil is Flooding the Market«, 19. April 2018, auf: https://markets.businessinsider.com/commodities/news/us-oil-industry-mismatch-to-benefit-some-shale-producers-2018-4-1021516367

Carbon Tracker: »The $2 Trillion Stranded Assets Danger Zone«, 24. November 2015, auf: https://www.carbontracker.org/reports/stranded-assets-danger-zone/

Chernow, Ron: Titan. *The Life of John D. Rockefeller,* Sr. New York: Vintage Books 1998

Council on Foreign Relations: »Opec in a Changing World«, 18. Januar, 2019, auf: https://www.cfr.org/backgrounder/opec-changing-world

DeSmogBlog: »How Wall Street Enabled the Fracking ›Revolution‹ that's Losing Shale Oil Companies Billions«, 4. Mai 2018, auf: https://www.desmogblog. com/2018/05/04/wall-street-shale-oil-fracking-revolution-losing-billions-continental-resources

Energy Realpolitik: »The New Oil Darwinism«, Council on Foreign Relations, 26. März 2019, auf: https://www.cfr.org/blog/new-oil-darwinism

Financial Times: »Nord Stream 2 Is a Trap of Germany's Own Making«, 5. Dezember 2018, auf: https://www.ft.com/content/37c7670e-f7d1-11e8-a154-2b65ddf314e9

Financial Times: »›Ostpolitik‹ Breathes its Last in the Nord Stream 2 Pipeline Controversy«, 12. Februar 2019, auf: https://www.ft.com/content/04903cb0-2eb0-11e9-ba00-0251022932c8

Financial Times: »Nord Stream 2 Marks a Failure for EU Energy Policy«, 13. Februar 2019, auf: https://www.ft.com/content/4fae0a48-2f9a-11e9-ba00-0251022932c8

FT Alphaville: »Hello World I Am the PetroEuro!«, 25. Juni 2015, auf: https:// ftalphaville.ft.com/2015/06/25/2132956/hello-world-im-the-petroeuro/

Forbes: »Why Donald Trump Is the Biggest Player in the World Oil Markets Today«, 20. März 2018, auf: https://www.forbes.com/sites/daneberhart/2018/07/10/why-president-trump-is-the-biggest-player-in-world-oil-markets-today/#2a521964724e

Forbes: »Can Anyone Catch America in Plastics?«, 1. Oktober 2018, auf: https:// www.forbes.com/sites/simonlack/2018/10/01/can-anyone-catch-america-in-plastics/

Foreign Policy: »How Venezuela Struck it Poor, 16. Juli 2018, auf: https:// foreignpolicy.com/2018/07/16/how-venezuela-struck-it-poor-oil-energychavez/

George, Eric, Jaqueline George: *Fracking 101, A Beginners Guide to Hydraulic Fracturing.* Australia: Q Press 2016

Houston Chronicle: »Permian Oil Headed for Corpus Christi Export Terminals as US Upends Global Markets«, 6. März 2018, auf: https://www.houstonchronicle.com/news/article/Permian-oil-headed-for-Corpus-Christi-export-12741617.php

Jones, Bruce, David Steven, and Emily O'Brien: *Fueling a New Order, The New Geopolitical and Security Consequences of Energy.* Brookings Institution, 15. April 2014, auf: https://www.brookings.edu/research/fueling-a-new-order-the-new-geopolitical-and-security-consequences-of-energy/

Karlsch, Rainer, Raymond G. Stokes: *Faktor Öl. Die Mineralölwirtschaft in Deutschland 1859 – 1974.* München: C.H. Beck 2003

Klare, Michael: *Donald Trump's Energy Nostalgia and the Path to Hell,* TomDispatch.com, 15 Dezember 2016, auf: http://www.tomdispatch.com/post/176222/tomgram%3A_michael_klare,_donald_trump%27s_energy_nostalgia_and_the_path_to_hell/

McLean, Bethany: *Saudi America, The Truth about Fracking and How it's Changing the World.* Columbia Global Reports 2018

The Narwhal: »Latest Oilsands Mega Mine Proposal a Reality Check for Alberta's Emissions Cap«, 24. September 2018, auf: https://thenarwhal.ca/latest-oilsands-mega-mine-proposal-a-reality-check-for-albertas-emissions-cap/

The New Yorker: »There's a Dangerous Bubble in the Fossil Fuel Economy, and the Trump Administration is Making it Worse«, 19. Oktober 2017, auf: https://www.newyorker.com/tech/annals-of-technology/theres-a-dangerous-bubble-in-the-fossil-fuel-economy-and-the-trump-administration-is-making-it-worse

The New Yorker: »The Dark Bounty of Texas Oil«, 25. Dezember 2017, auf: https://www.newyorker.com/magazine/2018/01/01/the-dark-bounty-of-texas-oil

The New Yorker: »The PG&E Bankruptcy and the Coming Climate-related Business Failures«, 26. Februar 2019, auf: https://www.newyorker.com/business/currency/the-pg-and-e-bankruptcy-and-the-coming-climate-related-businessfailures

New York Times: »Oil Exports, Illegal for Decades, Now Fuel a Texas Port Boom«, 15. Juli 2017, auf: https://www.nytimes.com/2017/07/05/business/energy-environment/oil-exports-corpus-christi-texas.html

New York Times: »Trump Fracking Boom Imperils Landscape of American West«, 28. Oktober 2018, auf: https://www.nytimes.com/2018/10/27/climate/trump-fracking-drilling-oil-gas.html

New York Times: »The High Costs of Climate Risk«, 30. Januar 2019, auf: https://www.nytimes.com/2019/01/29/opinion/climate-wildfires-bankruptcy-california.html

New York Times: »How a ›Monster‹ Texas Oil Field Made the US a Star in the World Market«, 3. Februar 2019, auf: https://www.nytimes.com/2019/02/03/business/energy-environment/texas-permian-field-oil.html

NPR Radio: »Midland, Texas, is Booming as Oil Prices Rise«, Marketplace, 24. April 2018, auf: https://www.marketplace.org/2018/04/24/midland-texas-booming-oil-prices-rise/

Olien, Roger: *Black Gold. The Story of Texas Oil & Gas.* Texas Energy Museum & the Petroleum Museum 2011

O'Sullivan, Meghan L.: *Windfall: How the New Energy Abundance Upends Global Politics and Strengthens America's Power.* New York: Simon & Schuster 2017

Paeger, Jürgen: *Die Energiewende,* auf: http://www.oekosystem-erde.de/html/energiewende.html

Quantum Diaries: »Superfracking and Physics«, 5. August 2014, auf: https://www.quantumdiaries.org/2014/08/05/super-fracking-and-physics/

Solarenergie Förderverein Deutschland: »Au Weihe! Dem Roten Milan wird von Windgegnern ein Bärendienst erwiesen«, 15. Februar 2016, auf: https://w3.windmesse.de/windenergie/news/20918-sfv-dem-roten-milan-wird-von-windgegnern-ein-barendienst-erwiesen

Texas Tribune: »How Washington Unleashed Fossil-fuel Exports and Sold Out on Climate«, 16. Oktober 2018, auf: https://www.texastribune.org/2018/10/16/

how-was-hington-unleashed-fossil-fuel-exports-and-sold-out-climate/

Texas Tribune: »Surge of Oil and Gas Flowing to Texas Coastline Triggers Building Boom, Tensions«, 29. November 2018, auf: https://www.texastribune.org/2018/11/29/oil-and-gas-surge-texas-coastline-triggers-building-boom-tensions/

Wall Street Journal: »Exxon is Running Low«, 14. Juli 2018, auf: https://www.wsj.com/articles/exxon-once-a-perfect-machine-is-running-dry-1531490901

Wall Street Journal: »Opec vs. Shale: the Battle for Oil Price Supremacy«, 18. April 2019, auf: https://www.wsj.com/articles/opec-vs-shale-the-battle-for-oil-price-supremacy-11555588826

Washington Examiner: »Inside Trump's Energy Dominance 2.0 Agenda«, 22. Februar 2019, auf: https://www.washingtonexaminer.com/daily-on-energy-presented-by-gain-inside-trumps-energy-dominance-2-0-agenda

Washington Post: »The Energy 202: The GOP Tax Plan is a Windfall for Oil and Gas Industry«, 21. Dezember 2017, auf: https://www.washingtonpost.com/news/powerpost/paloma/the-energy-202/2017/12/21/the-energy-202-the-gop-tax-plan-is-a-windfall-for-oil-and-gas-industry/5a3afa4d30fb0469e883fd40/

Yergin, Daniel: *The Quest, Energy, Security and the Remaking of the Modern World.* New York: The Penguin Press 2011

Zeihan, Peter: The Absent Super Power, The Shale Revolution and a World Without America. Zeihan on Geopolitics 2016

Die Zeit: »Ein Land wird umgekrempelt«, 22. November 2017, auf: https://www.zeit.de/2017/48/energiewende-deutschland-windparks-solarparks-studie

옮긴이_ 박병화

고려대학교 대학원을 졸업하고 독일 뮌스터 대학에서 문학박사 과정을 수학했다. 고려대학교와
건국대학교에서 독문학을 강의했고 현재는 전문번역가로 일하고 있다. 옮긴 책으로《공정사회
란 무엇인가》《유럽의 명문서점》《하버드 글쓰기 강의》《슬로우》《단 한 줄의 역사》《마야의 달력》
《에바 브라운, 히틀러의 거울》《사고의 오류》《구글은 어떻게 일하는가》《저먼 지니어스》《나는 단
호해지기로 결심했다》《사이버 스트레스》《필환경도시》등 다수가 있다.

석유전쟁

초판 1쇄 발행일 2020년 10월 30일

지은이 하이케 부흐터
옮긴이 박병화
펴낸이 김현관
펴낸곳 율리시즈

책임편집 김미성
표지디자인 송승숙디자인
본문디자인 진혜리
종이 세종페이퍼
인쇄 및 제본 올인피앤비

주소 서울시 양천구 목동중앙서로7길 16-12 102호
전화 (02) 2655-0166/0167
팩스 (02) 6499-0230
E-mail ulyssesbook@naver.com
ISBN 978-89-98229-83-2 03320

등록 2010년 8월 23일 제2010-000046호

ⓒ 2020 율리시즈 KOREA

이 도서의 국립중앙도서관 출판시도서목록(CIP)은 서지정보유통지원시스템
홈페이지(http://seoji.nl.go.kr)와 국가자료공동목록시스템(http://www.nl.go.kr/kolisnet)에서
이용하실 수 있습니다. (CIP제어번호: CIP2020043643)

책값은 뒤표지에 있습니다.